HZBOOKS | Economics Finance Business & Management 华章经管

共演战略

重新定义企业生命周期

CO-EVOLUTION STRATEGY ●●●

路江涌 【著】

机械工业出版社
China Machine Press

图书在版编目（CIP）数据

共演战略：重新定义企业生命周期 / 路江涌著 . —北京：机械工业出版社，2018.4（2025.1重印）

ISBN 978-7-111-59461-1

I. 共… II. 路… III. 企业战略 – 战略管理 IV. F272.1

中国版本图书馆 CIP 数据核字（2018）第 050595 号

　　本书中提出的"共演战略"框架，综合了近年来有关创业、创新和战略管理理论研究的精华，结合了效果推理逻辑、企业生命周期等相关理论的发展，并尝试与相关领域的应用性研究（如精益创业、商业模式创新）结合，力图为创业者和企业家提供一个综合企业战略组成要素、发展阶段和发展路径，并适用于不确定和不连续条件下的战略分析框架。

共演战略：重新定义企业生命周期

出版发行：机械工业出版社（北京市西城区百万庄大街 22 号　邮政编码：100037）

责任编辑：岳小月　　　　　　　　　　　　　　　责任校对：殷　虹

印　　刷：北京文昌阁彩色印刷有限责任公司　　　版　　次：2025 年 1 月第 1 版第 5 次印刷

开　　本：170mm×242mm　1/16　　　　　　　　印　　张：27.75

书　　号：ISBN 978-7-111-59461-1　　　　　　　定　　价：99.00 元

凡购本书，如有缺页、倒页、脱页，由本社发行部调换
客服热线：（010）68995261　88361066　　　　　投稿热线：（010）88379007
购书热线：（010）68326294　88379649　68995259　读者信箱：hzjg@hzbook.com

版权所有 • 侵权必究
封底无防伪标均为盗版
本书法律顾问：北京大成律师事务所　韩光 / 邹晓东

谨将此书献给我的父母妻儿和兄弟姐妹

推荐语

《共演战略》融创业、战略理论和实践为一体,采用具有开放性、系统性、启发性的思维模式,提升企业战略决策的能力。

——蔡莉,吉林大学常务副书记、教授

面对越来越不确定的外部环境,《共演战略》不仅为企业家提供了一个系统有效的思考框架,而且还能够帮助企业制定不确定环境下的发展战略和实现路径。

——李垣,同济大学经济与管理学院院长

新时代对我国的管理教育提出了新要求。新形势下,管理教育如何发展?管理理论如何创新?《共演战略》对中国的管理教育发展和企业战略创新有重要的参考价值。

——王宗军,华中科技大学管理学院院长

创业是很多人的梦想,但其中相当多是噩梦。《共演战略》重新定义了企业生命周期,给创业者和管理者带来全新的启示。

——张燕,美国莱斯大学讲席教授

《共演战略》系统地介绍了企业如何在动态环境中制定最佳战略,

对于正在进行商业模式创新或转型的企业是一本不可多得的好书。

——朱峰，哈佛大学商学院副教授

《孙子兵法》中说："知可以战与不可以战者胜。"《共演战略》从用户、组织、市场和产品四个维度，为管理者绘制了一幅企业的"战略地图"，告诉企业如何"知胜"，如何"制胜"！

——曹仰锋，《海尔转型：人人都是CEO》作者

寄宏大于掌略，化浮光为时程。我赋西江月，贺江涌兄《共演战略》大作：

内外人事四要，精专增升四阶，

协同四路骋雄杰，共演斯书战略。

奇点裂天如锁，云浮庙众食嗟。

一江独涌竞横绝，流转年轮仙翰。

——周宏桥，独立学者、《半面创新》作者

《共演战略》以思辨性的哲学思想、实用的工具和大量鲜活的中国案例，成为中国创业者和企业家不可不读的一本书！

——郑毓煌，清华大学经济管理学院博导、营创学院院长

《共演战略》构建了一个系统化、结构化的战略思考框架，能有效地帮助企业经营者迅速建立企业战略的系统思考。

——冯新，碳9加速器创始人

《共演战略》是一本对战略管理深度洞察的著作，宏大格局背后有理论也有案例，更有方法。

——周掌柜，FT中文网专栏作家、知名商业战略专家

《共演战略》恰逢其时，无论你的企业是数万人的"500强"公司，还是刚刚起步的创业企业，都值得好好读一读本书，认真按照书里的方法做一做！

——王玥，创业邦合伙人

越来越多的企业"并没有做错什么",却依然快速地衰落。在这个时代,最需要的就是在变化中找到不变,《共演战略》可以助你抓住时代的机会。

——郝志中,大咖说创始人、《用户力》作者

《共演战略》提供了系统性和动态性的战略思维框架,既能让你站在高处,鸟瞰战略全局,也能帮你着眼小处,打磨战术细节。

——薛兆丰,"薛兆丰的经济学课"主讲人

《共演战略》以空间和时间为两条基本线索,对战略这个宏大事物进行解析。所有的战略本质上都是"共演"的,"共"就是要素协同,"演"就是要素演化。

——施展,《枢纽》作者

《共演战略》既饶有趣味,又大道至简。企业可以从中寻找制胜时代的行动指南,个人也可从中学到人生决策的战略性思维。

——唐涯,《香帅的金融江湖》作者

"共演战略"是一个从企业创业到卓越转型的"统一理论"。《共演战略》说明,最高明的管理学必然暗合生物演化之道。

——万维钢,得到"精英日课"作者

面对快速变化、不确定和不连续的未来,我们该用什么心法制定战略?"共演战略"是一套人人看得懂、可实操的面对不确定环境的确定策略。

——古典,《跃迁》作者、得到"超级个体"专栏作者

《共演战略》是写给每个想要洞见未来的人的书。这本书综合了战略管理学、复杂系统、生物学等跨学科领域知识,值得每个人好好学习!

——成甲,《好好学习》作者

我一直在寻找一本书,能把复杂的战略思想梳理成简洁的实用工具,方便我和团队做战略决策。推荐《共演战略》给所有想要用战略思想来提高效益的人。

——李叫兽,知名营销人、百度副总裁

《共演战略》是一本基于中国本土企业的鲜活实践，以国际研究水准呈现的企业战略著作。它既体现了严密的演绎思维逻辑，又能启发读者深入思考企业战略。

——陈朝晖，亿联资本执行合伙人

《共演战略》将大量复杂、深刻的商业逻辑，绘成清晰明了的图例，由浅入深，娓娓道来。一气呵成读下来，如醍醐灌顶。愿将此书推荐给每个愿意终生学习、勇敢创业、实现梦想的朋友。

——陈俊，一德集团董事长、中城联盟第八届轮值主席

今天的商业世界充满了不确定，并处于动态变化中，过去行之有效的方法和策略，显得苍白无力。《共演战略》给你提供了一套适用于混沌时代的战略思维方法论。

——路跃兵，法国空气集团中国公司董事长

《共演战略》"明心见性，直指人心"，带给我对管理认知的提升。愿此书能给更多创业者以启发。

——贾伟，洛可可设计集团创始人

横看成岭侧成峰，远近高低各不同。《共演战略》构建的系统性、动态性的战略思维框架，启发我从不同的角度和维度思考商业规律，努力做到企业的基业长青，驶向未来的星辰大海！

——白云峰，好未来（学而思）国际教育集团总裁

《共演战略》中的战略思维方式，结合了传统的管理学理论和复杂多变的商业实践，能帮助企业在竞争中认清和获取自身优势，最终实现发展目标。

——李林琳，深圳中国农大科技股份有限公司董事长

《共演战略》的分析框架，能帮助企业家以第三视角更客观地看待商业演化，用更科学的眼光捕捉到企业生命周期不同阶段中的不同要素对未来趋势

起到的决定性作用。

——陈继程，苏州正力蔚来新能源科技有限公司总经理

《共演战略》是一本集理论和实操相结合的企业战略管理实用好书，它创造性地运用"2X2矩阵"和"双S曲线"，把企业战略分析得入情入理。

——黄鸿伟，复诺健生物科技有限公司创始人兼CEO

《共演战略》启发企业在"做成、做大、做强、做长"的不同阶段找到与之相对应的方法，使企业在复杂多变的竞争环境中能够具有更强的适应力、发展力和竞争力。

——张连，德诚国际集团（香港）有限公司董事长

《共演战略》能让你非常轻松地首先抓住战略的本质，然后一层层、一步步地分析企业发展的规律。整个框架有三个特点——简洁、简洁还是简洁，但它又能帮你理解复杂的战略问题。

——贺欣浩，上海金投赏文化传媒有限公司CEO

《共演战略》揭示了企业内外之间存在的适应性协同关系和相互演进的共同变化，清晰而系统地排列出企业工作的轻重缓急，给企业提供了一个可选择性的战略发展模板。

——沈剑虹，上海国之杰投资发展有限公司副董事长

《共演战略》的定位是高的，但又简单、实用并具有普适性。动态分析了企业在不同阶段、不同要素相互影响下如何设计合适的战略，能帮助企业在市场竞争中更系统地思考战略问题。

——朱保全，万科企业股份有限公司高级副总裁、万科物业CEO

《共演战略》通过对大量企业发展规律的总结，提出了一套关于企业发展的图谱和逻辑框架，使创业者和企业家可以增强应对复杂环境的能力。

——闫军，智慧互通科技有限公司董事长

在当前充满不确定性的时代，创业和创新是否有章可循？这是众多创业

者和企业家关心的问题。《共演战略》是路教授通过长期研究和洞察，提炼出的具有指导意义的创业创新战略模型。

——施东升，灵壶展示设计（上海）有限公司合伙人

企业面临着复杂的环境，企业发展自然是一个系统性和动态性的演化过程。《共演战略》用大量的案例、实用的工具和系统的理论，说明了企业战略要素共同演化的基本规律。

——李传刚，北京小鱼儿科技有限公司合伙人

我尝试用《共演战略》中提供的四阶段画布等工具，分析了自己所负责业务的发展过程，整个思考过程和得出的结论对我很有启发。《共演战略》的确是一本能够启发实践者的好书。

——姜燕，长安国际信托股份有限公司总裁助理

《共演战略》是路教授基于创业和成长相关的学术研究和实践观察的积累，而总结出的一套企业战略要素在整个企业生命周期中共同演化的分析框架。

——朱伟利，香港万利加集团控股有限公司前CEO

如何才能在复杂多变的环境中制定战略？《共演战略》从企业的内和外、人和事出发，以框架结构演绎战略路径，并配有大量本土案例，梳理出清晰的战略画布，是一本创业者和管理者的必读书。

——徐建胜，170创业营创始人

Co-evolution Strategy

目 录

推荐语
推荐序一 精一、双融与动态共演（陈明哲）
推荐序二 战略思考的能力（陈春花）
推荐序三 混沌与共演（李善友）
推荐序四 从混沌到混序的共同演化（李文）
推荐序五 在不确定与不连续的环境中寻找企业的制胜规律（魏炜）
推荐序六 以非线性思维和系统性思维书写战略智慧（魏江）
序

第一部分　共演战略四要素 // 1

第1章　复杂环境和共演战略 // 2

复杂：不确定性 × 不连续性 // 3
生命：成、大、强、长 // 12
战略：系统性 × 战略 // 23

第2章　共演战略四要素 // 30

管理：复杂事情简单做 // 31
原则：先人后事和先外后内 // 37
关键：5个W和1个H // 45

用户：企业存在之因 // 47
组织：企业能力之源 // 53
产品：企业价值之基 // 60
市场：企业未来之路 // 67
画布：战略之妙，方寸之间 // 73

第二部分　共演战略四阶段 // 77

第3章　共演战略的四个阶段 // 78

企业：步步为营、步步维艰 // 79
战略：创新价值曲线 // 82
阶段：精、专、增、升 // 111

第4章　精益创业阶段 // 122

出发：创业四问 // 123
精益：创业的十二要点 // 133
画布：创业，站稳脚跟再离家 // 172

第5章　专益成长阶段 // 177

赶路：成长四问 // 178
专益：成长的十二要点 // 192
画布：成长，一路歌来一路发 // 227

第6章　增益扩张阶段 // 231

圈地：扩张四问 // 232
增益：扩张的十二要点 // 241
画布：扩张，黄沙百战穿金甲 // 267

第7章　升益转型阶段 // 271

变轨：转型四问 // 272

升益：转型的十二要点 // 287
画布：转型，病树前头万木春 // 315

第三部分　共演战略四路径 // 321

第8章　共演战略的系统性 // 322

系统：要素、连接和目标 // 323
协同：众人拾柴火焰高 // 331
内部协同：同舟共济扬帆起 // 336
相互协同：乘风破浪万里航 // 350

第9章　共演战略的动态性 // 366

动态：流入、流出和反馈 // 367
用户演化：笑问客从何处来 // 389
组织演化：何须马革裹尸还 // 394
产品演化：沉舟侧畔千帆过 // 399
市场演化：各领风骚数百年 // 403

后记 // 408

推荐序一

精一、双融与动态共演

2009年,在芝加哥召开的美国管理学会(AOM)年会期间,我和江涌第一次见面。当时江涌刚从清华大学转到北京大学任教,研究领域也刚从经济学转向管理学,从那时开始,近10年来,我们的交往互动越来越频繁。在我组织的全球华人管理学者社群(CMSC)里,江涌不但深度参与、协助筹办一系列的活动,而且对我长期倡导的"精一""动态"和"双融"等理论与思维,也有深入而独特的理解与诠释。

2017年春节,江涌与我通话,提到他正在写一本书,其中整理了他近年来对于创业与企业战略的观察与思考,这本《共演战略》大作,就是江涌心血的结晶。在本书中,江涌不仅充分地结合了研究与实务,对于企业运作的细节及其背后的思维基础也做了深度解析,令人佩服。尤其是,内容还融入了"精一""动态"和"双融"等概念,更让我倍感亲切和欣慰。因此,以下我就从这些概念切入,期望能提供给读者一种理解本书的视角,帮助读者细细品味这本值得一再研读的专著。

精一:复杂与简单

"精一"一词出自《尚书·大禹谟》的"人心惟危,道心惟微,惟精惟一,允执厥中",这是舜传位给禹时所授予的16字心法,可以理解为:"人心是不安、浮躁的,道德心是非常微弱的,只有用精、一的功夫，诚恳地秉持中道，因时空制宜、顺应人性做事，才能妥善因应这样的情况。"《共演战略》的框架以复杂的营商环境为背景，特别提到未来方向的不确定性和发展路径的不连续性。其中，不确定性如同"道心惟微"，不连续性如同"人心惟危"。面对不确定性和不连续性，《共演战略》强调战略系统性和动态性的必要性，并且提出"复杂的事情简单做，简单的事情重复做，重复事情认真做，认真的事情创新做"作为解决方案，这与"惟精惟一，允执厥中"的道理是一致的。

更重要的是，《共演战略》还根据"人和事"和"内和外"两个维度，将企业战略所对应的目标分为用户、组织、产品和市场四个层面，借以回答"何因、何人、何物、何地、何时、如何"六个基本问题。透过这个简明的整合性框架，经理人、创业者和企业家将知道如何在多变的环境中固本清源，因时、因对象制宜来拟定与执行战略，做到"精一"和"双融"。

共演：双融与动态

所谓"双融"，是指多个事物彼此关联、密切沟通，即便是极端的事物或概念（如阴—阳、危—机、得—失）也可以互相融合，这是我所提出的文化双融理论（ambiculturalism）的精髓。事实上，在全球化的背景下，东西方管理理念随着人员、贸易等社会和经济行为的密切往来，已然是你中有我、我中有你，在交融的状态中截长补短、相互学习，并且一荣俱荣、一损俱损。《共演战略》将企业战略分为用户、组织、产品和市场四个层面，强调企业战略的系统性和四个要素之间的协同性，与"双融"的理念若合符节。

至于"动态"，则是指事物是持续发展且变动的，这是我首创的动态竞争理论（competitive dynamics theory）的基本论述之一。简单地说，参与竞争的企业双方或多方经常彼此关注，当一方发起竞争行动时，其他参与方必定有所反应，因此发起行动的一方需要事先预测他方的可能反应，从而未雨绸缪，调整自己的行为。企业之间的竞争如此，企业战略要素之间的关系也如此。《共演战略》把企业战略划分为创业、成长、扩张和转型四个阶段，强调不同阶段战略间的关联和演变，正与"动态"的观念不谋而合。

总而言之，《共演战略》既是双融，也是动态。其中，"共同"是双融，"演化"是动态，"共同演化"就是双融和动态的结合。

以终为始

《共演战略》提供了一个成功公式：战略 = 格局 × 视野。在复杂的营商环境中，很多创业者和企业家喜欢关注眼前的事情，赚钱希望赚快钱，听课喜欢听干货。然而，情势变化万端，当环境越不确定、路径越不连续时，若要达成预定目标，实际需要的是更宽广的格局和更深远的视野。

就此而言，本书与史蒂芬·柯维在《高效能人士的七个习惯》一书中提到的第二个习惯"以终为始"（Begin with the end in mind），即"想清楚了目标，然后努力实现之"，乃是相互呼应的。从企业实例来看，电商巨头阿里巴巴就一直强调终局思维，因为只有认清终局，才能应对变局，从容布局。为此，《共演战略》依据企业生命周期理论，为创业者和企业家提供了一个建立终局思维的方法论，相当实用。

"关注内心，享受过程"（Put yourself into the process, and the process will carry you through）是我经常说的一句话，我用这句话来鼓励年轻学者和企业家回到初心，享受研究或创业的过程。《共演战略》所提出的价值创造曲线与这句话可以说不谋而合。从内容观之，本书不仅适用于企业拟定战略，也适用于学者或企业家自身战略思维的发展，因此我相信不管个人的背景如何，只要能将书中要点"put yourself into the process"，这个"process"必然会"carry you through"。

陈明哲博士

全球著名企业战略专家

美国弗吉尼亚大学达顿商学院讲座教授

动态竞争理论与文化双融理论创始人

国际管理学会暨战略管理协会终身院士

2017 年 12 月 20 日

推荐序二

战略思考的能力

在一个不确定的复杂的时代,还要不要战略?战略又是什么?该怎样进行战略思考?这些问题似乎从来没有像当下这样成为问题。

毫无疑问,如果局面清晰而简单,就不需要考虑那么多战略问题,因为选项很清晰,路径很明确,结果可展望,向前走就好了。如果局面太复杂,以至于不能依靠理性做出分析,恐怕战略也要让位于玄学吧。从这个角度来看,当前这个不确定的复杂时代,正是战略制胜的舞台。

不得不承认,很多企业现在不做战略,或者做一个束之高阁谁也不看、谁也不信的战略。或许没有成文的规划,但我相信基本上每个企业家还是有战略考虑的,只是程度不同而已。有些企业家会定期分析检视,并遵循一个基本合理的方法和过程,从多个角度对当前的情况进行反思,并对下一阶段的工作做出调整。但还有些企业家平时忙于事务,到处解决问题,督导执行,只是当危机临头时才被迫做一些系统性的思考,或许他们对自己的危机处理能力过于自信了。

我并不鼓励每个企业都要做一个漂亮的战略规划,这在当前时代就如同田园牧歌般美好,就只当缅怀而不要力行了吧。但我希望每个企业有能力进行战略性思考,这是应对不确定性的必要能力,我相信这也是本书所致力的方向。

如何进行战略性思考，可借鉴很多成熟的体系，本书就提供了一个很好的思考框架，大家可以根据企业生命周期，从创业、成长、扩张到转型四个不同阶段，分别考察用户、组织、产品和市场四大要素的互动及演化，分析每个要素的一组关键问题。这些问题找到了答案，企业就可以在不确定性的经营迷雾中打开一条航道。

认识路老师多年，知道路老师在研究与思考的领域所积淀的能力，他在本书中呈现出的鲜明逻辑和精彩图例，这是多年学术研究的功力。在旁征博引的分析论证之外，更喜欢看到的是路老师信手拈来、随处可见的新鲜生动的企业案例，这是从学院走出来更好还原这门学科并服务于企业实践的态度。希望我们在知行合一的道路上有更多的发现和感悟，希望我们的学界和企业界逐步共同演化成一个精彩互动的生态圈。

陈春花

北京大学国家发展研究院管理学讲席教授

2017 年 11 月 17 日于朗润园

推荐序三

混沌与共演

与路江涌教授相识多年，他理论功底扎实，为人谦逊，我非常尊敬他。

2016年，我邀请路教授到"混沌创业营"担任特邀观察员。这里汇聚了中国最顶尖的一群投资人和创业者，包括真格基金的徐小平老师、得到联合创始人脱不花、碳云智能创始人王俊、分期乐创始人肖文杰等。

在创业营，我们讨论的核心话题是不确定性与非连续性的。移动互联网、人工智能等技术让商业世界变得异常动荡，即便非常成功的企业家都难免焦虑。但是，当我们理解了世界的本来面目就是不确定的，企业发展迟早都会遭遇非连续性时，我们反而有了平常心。企业家需要做的，就是在危机到来之前，找到企业发展的下一条曲线。

在创业营的一年，路教授走访了所有学员企业。他跟我说，在创业营的一年，是这部《共演战略》最重要的启发之一。

在本书中，路教授建立了不确定性、不连续性的象限图，将这两个哲学概念的落地往前又推了一步。

毫无疑问，这个框架非常有意义。如果企业管理者能从这两个维度重新审视自己，也许会恍然大悟，对企业所处的阶段也会有更深刻的认识，减少在战略决策上的焦虑。

创新是一门非常年轻的学科，没有成熟的方法论，路教授和我都是探寻创新方法论上的拓荒者。我为路教授的成就感到骄傲，将本书郑重推荐给身处大时代的创业者。

李善友
混沌大学创办人

Co-evolution
Strategy

推荐序四

从混沌到混序的共同演化

非常高兴收到江涌教授邀请为他的新作《共演战略》作推荐序。拿到书稿以后,立刻认真仔细地阅读,读完后深感振奋并欣然作序推荐。在这个日益开放的、快速变化的数字化商业世界中,企业未来如何适应,如何生存竞争?对教授前瞻性的战略趋势把握,以及建构的系统性的企业战略框架感到非常赞赏。我们身处的这个移动互联网时代正被新技术、大数据、人工智能推动着快速向前演化,基于稳定的、线性的、连续的、确定的背景下的企业战略已经过时。取而代之的是,在不稳定的、非线性的、不连续的和不确定的时代背景下,动态的、混沌变化的商业世界中的新战略模型。

世界已从混沌走向秩序,同时又在打破旧的秩序走向新的混沌。在秩序与混沌的边缘,诞生出无数新型的商业物种和企业经营模式。通过深度学习、跨界混搭、连接整合,企业间的竞争已经远远超出行业的概念,已经从原来的价值链上升为生态圈,是全方位的、立体的、全要素的开放式竞争。尤其是近五年来,在移动互联网深度改变商业生活以及人们的消费习惯的背景下,各个国家的企业创新和组织进化层出不穷,全新的商业模式不断涌现,基于共享经济、平台经济、社群经济、大数据经济之上的跨界企业让人目不暇接。在这一快速变化的进程中,企业家正被各种碎片化的、片段的、孤立的管理思想影响，很难形成系统的、全面的、前瞻性的新时代战略性思维，呈现出只重视战术和短期方法而忽略长期的系统战略思考的现象，这给我们正在经历转型的企业家提出了严峻的挑战。

这让我联想到自己所创立的混序部落的实践。通过开放、联结，自发形成近700个社群部落，然后在互联网的虚拟空间中把用户、组织、产品和市场通过社群驱动的协同创新，进行重新组合、快速落地，创造出了300多个项目和品牌，孵化出了60多家公司。从虚到实，从零到一，从混出创意到序出结果，展现出了完全不同于以往的商业图画。混序部落的社会创新案例，从另外一个角度印证了《共演战略》一书中提出的，在不确定性时代，非连续性创新所要把握的战略要点和发展路径。我本人是企业家出身，曾经把一家小企业做到了500亿元，同时通过内部创业，孵化出了2000多个项目，上百个创新型公司，使企业连续10年保持两位数的增长。我个人经营企业的经历让我体会到，企业发展战略，无论在什么国家、无论在什么时代，都要与时俱进，都要站高一层。要脚踏实地做实事，更要仰望星空问方向。在读完《共演战略》后，深感本书在未来企业发展演化的方向路径、要素组合、环境协同等方面价值巨大。

在这个纷繁复杂的动荡环境下，企业家如何把握这个时代的创新趋势，主动靠近涌动而来的未来风口，如何在不确定性中把握企业前进的方向，如何在不连续的创新中守住企业的安全边界，如何在跨界连接中形成生态，如何在平台加团队的混序组织中孕育出未来的核心竞争力，江涌教授的这本书给出了答案，为企业家付诸行动提供了蓝图。他用系统的顶层设计提出了共演战略的模型，紧紧抓住用户、组织、产品和市场四个战略要素，在创业、成长、扩张和转型/衰退四个阶段中，组合出了48种战略演化，并且创新性地提出了精益创业、专益成长、增益扩张和升益转型四个新的企业生命周期阶段。在动态中把握住企业战略与环境的适应性，在行动与要素变化中共演企业的路径战术，用大量的真实案例和鲜活生动的故事，把四个关键战略要素连为一体，相互协同、共同演化，形成了一幅全景式的企业时空战略地图。对于正在向共享经济和互联网+转型的企业家来说，本书有非常高的指导意义和实用价值，它将帮助企业家在未来混沌世界中占领战略制高点，涌现强大创新力，引领商业新秩序，把你的组织变成有机适应性结构，具备强大的应对变化的适应能力和反脆弱性，与环境共同演化，实现基业长青。

李文

混序部落创始人、《触变》作者

2017 年 12 月 6 日

推荐序五

在不确定与不连续的环境中寻找企业的制胜规律

路江涌教授的新著《共演战略》，把企业生命周期理论和战略四要素（用户、组织、产品、市场）连接起来，探寻企业在成长的动态历程中共性的演进规律和阶段性特点，并以此创设工具，以期指导企业在不同阶段的战略决策问题。全篇读下来，既有理论高度，又有工具实操性，还有翔实的案例佐证，深入浅出，文笔通俗，很值得推荐给专家学者、企业家和企业高管阅读。

《共演战略》一书在笔者看来，至少有三大亮点值得关注。

第一点，本书很好地诠释了理论与实践彼此促进、螺旋式上升的"共演"关系。理论来自实践，没有实践基础、缺乏实践检验的理论是苍白的；理论可以指导实践，缺乏理论的提炼、升华和界定，很多实践就会沦为个性化、个体化，从而缺乏在时间维度上的认知积累，企业将陷入无效率的多次试错循环。

总的来说，理论与实践的"共演"关系主要体现在以下三点：

首先，理论能提炼、提升实践的普遍性，探讨这些个体化、个性化的实践能够推广到哪些领域，从而拓展实践的应用场景。

其次，理论能帮助厘清实践的应用边界，讨论经验的可行性会受到哪些环境因素的制约，需要具备哪些前提假设。

最后，在前面两点的基础上，理论能够具备较好的预见性和前瞻性，从而提前做好规划和决策预案。

从这个意义上，把实践提炼成理论、扩展其应用场景，厘清理论的前提条件和应用环境，应用其前瞻性、辅助战略决策，应该是理论联系实践、理论指导实践最重要的三件事情。事实上，路教授这本书也很好地完成了这三个目标。在书中，路教授的文笔不断游走于理论和实践之间，中间的桥梁则是一系列有创新性和实践性的战略工具，娓娓道来，让我们在阅读中不断领略实践的生动、丰富以及理论的洞见、缜密。

第二点，基于现在企业竞争环境的现实情况，本书对动态和复杂性主要关注了两个维度的影响：时间维度上未来发展方向的不确定性；空间维度上未来发展路径的不连续性。并由此列出了企业的四种状态：混沌、无常、动荡、恒常，并将其与企业生命周期四阶段（创业期、成长期、扩张期、转型/衰退期）形成了一定的对应关系，探讨其规律性原理，这就为后文结合企业生命周期所处阶段做战略决策定下了一个很好的坐标系。在解决未来发展方向的不确定性、未来发展路径的不连续性上，本书提供了体系化的思考框架，让企业家和企业在这个复杂、动态的竞争环境下能找到自己的决策坐标点和对应的决策工具。

第三点，本书以企业生命周期为时间主线，以战略四要素（用户、组织、产品、市场）为空间结构，从而形成了一个立体的战略讨论结构。正如著名管理学家明茨伯格教授在《战略历程》中所总结的，战略有十大流派：设计学派、计划学派、定位学派、企业家学派、认知学派、学习学派、权力学派、文化学派、结构学派、环境学派。在《共演战略》一书中，路教授通过企业生命周期、战略四要素的时空结构，把历史上和当今流行的几乎所有流派的战略思想整合在了一起，让企业在不同生命阶段能够适用不同的战略思想与理论，展现了作者深厚的学术功底。

同时，有两个地方我也想补充一些自己的观察，提出来供路教授以及广大读者批评指正。

第一，书中把战略驱动力，分为组织驱动、环境驱动、自上而下驱动和自下而上驱动四种情况，将其分别对应着四种战略思路，并和企业生命周期结合起来，认为企业在不同的生命周期阶段，会对应不同的驱动力。但是，根据我的观察，绝大部分企业在经营的不同阶段，其核心战略驱动力基本是一致的，在企业整个生命历程中，保持了时间上的稳定性（除非是企业经历了巨大的组织变革，或者核心团队产生了大比例的更迭）。

第二，企业生命周期和战略四要素所结合起来的"共演战略"，我认为，应该也会受到不同国家文化、政治和经济环境的影响。举例而言，如果做一个互联网企业生态的中美对比，那么美国互联网企业的演进路径主要沿着不同用户的共同需求展开（例如，谷歌主要满足用户的搜索需求，其演进主要是扩展各种应用场景、扩大用户种类和规模），而中国互联网企业的演进路径主要沿着同样用户的不同需求（例如，腾讯的演进主要是不断扩展用户的需求，从社交工具，到QQ空间装扮、会员、公众号、小程序、移动支付等）。我相信，这种演进路径的差异，也必将体现在"共演战略"的具体特征上。

综上所述，我非常乐意向大家推荐路教授这本新著。本专著有机结合了理论框架、战略工具、企业实践案例，同时文笔优美，内容精彩，兼具实践指导意义和美好阅读体验，相信会让大家爱不释手。

魏炜

北京大学汇丰商学院管理学教授

Co-evolution
Strategy

推荐序六

以非线性思维和系统性思维书写战略智慧

我认识江涌教授十多年了，一直认为他是个非常杰出的创业理论研究学者，直到这次因为受托写推荐序而读完他的《共演战略》时，发现他竟然对战略管理实践有如此独到且深刻的洞察。当我一口气读完他的著作，真有"相见恨晚"的感觉，因为我们太需要这种建立在对实践作系统思考之上的战略智慧了，因为我和他对于战略实践和理论的认识有如此的共鸣，也因为我自己也一直在考虑写一本关于扎根中国实践的战略思维的书。

作为战略研究群落中的一分子，我觉得自己非常幸运，能够观察到、参与到全新的战略实践探索和战略理论重构过程中。在过去10年，我国企业所发生的管理变革，是跨越之前100年的。最近10年来，中国的企业领袖正在改写全要素生产函数，因为企业价值创造的核心要素已远不是索罗提出的资金、土地和劳动力，也不仅仅是柯布－道格拉斯提出的科技进步，因为企业作为经济基本单元，其组织模式已经颠覆了韦伯、法约尔所提出的科层组织，企业边界也远远跨越了科斯的交易边界。但是，我们很遗憾地看到，目前的战略分析模型和方法，还停留在三五十年前相对静态的情境条件下和理论范式上，直到今天，绝大部分课堂上的战略教学内容和分析方法，还刻舟求剑地抱着连波特、鲁梅尔特等人自己都已经扬弃的五力模型、SWOT模型。

江涌教授这部著作，把复杂的分析情境和战略分析方法进行了新的诠释，从"不确定性×不连续性"来界定复杂的战略环境，从价值创造特征划分了战略演变的四个阶段，以用户、组织、产品、市场四要素来刻画企业生命周期不同阶段的战略共演逻辑，由此呈现出企业战略的动态性、系统性两个本质特征。这些内容很好地把现实世界中纷繁复杂的现象，概化为理论逻辑，并通过大量的实例来验证，对读者认识和分析当今高度复杂、高度动态的现实世界，具有极强的启发意义。

在过去的10年中，我们见证了太多的发展奇迹，小米可以在不到5年的时间里实现从创业到突破100亿美元的营收；腾讯在10年左右的时间里做到上市，其市值超过8个中石化；阿里巴巴当营收突破1000亿元时，竟然还有50%以上的净利润……这些奇迹在传统的战略逻辑下，是没有办法给出答案的。这些企业的发展路径告诉我们，当今的战略思维已经不是线性的，而是非线性的，这种非线性思维的最基本特征，就是颠覆传统的智慧。在这样的时代，我认为中国人和中国企业正是大有作为的时候，作为中国的战略学者，理应在这样的时代承担起自己应有的责任，记录下这个伟大的时代，创新出我们自己的理论，而不能再仅仅去做西方理论的搬运工、传教士。

让我们一起携起手来，像江涌教授那样，去做有益于这个时代、有益于中国企业、有益于这个世界的事情。

魏 江

浙江大学管理学院院长

Co-evolution
Strategy

序

我从多年研究、教学和与创业者互动的过程中发现,很多从事实务工作的人有特别强的直觉能力,但归纳、演绎等系统思考能力相对较弱。直觉能力在企业小的时候和环境稳定的时候可能足够帮助企业发展和个人成功,但当企业变大或者环境复杂的时候,系统思维能力缺失就成为企业和个人发展难以逾越的障碍了。因此,基于企业创业和成长相关学术研究和实践观察的积累,我总结了一套企业战略要素在整个企业生命周期中共同演化的分析框架,以这本书的形式呈现出来。我把这个框架称为共同演化战略(共演战略)。基于共演战略,创业者和企业家可以更系统和动态地理解企业发展的规律,应对复杂环境的不确定性和不连续性。

共演战略有几个关键点,可以用图0-1中的几个"魔法数字"来表示。首先是1个环境特征:复杂。构成复杂环节的主要是两个特性:未来发展方向的不确定性和未来发展路径的不连续性。其次是2个战略维度:其一是企业管理的对象(人和事);其二是企业边界(内和外)。按照人和事以及内和外两个维度,可以提取出构成企业战略的4个战略要素:用户、组织、产品和市场。如果把企业比作一个生命体,那么战略要素就好比构成企业战略的基因,而企业从小到大的发展就是一个战略要素的共同演化过程。这个过程通常分为 4 个阶段：创业阶段、成长阶段、扩张阶段、转型阶段，企业的演化也可以看成四个战略要素演化的过程，企业战略包括用户战略、组织战略、产品战略和市场战略 4 条战略路径。

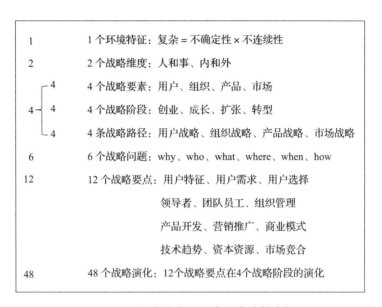

图 0-1　共演战略的几个"魔法数字"

从战略要素、战略阶段和战略路径三个方面分析企业战略，目的是回答和企业生存、发展密切相关的 6 个战略问题：why、who、what、where、when 和 how。共演战略四要素中的用户要素讨论企业存在的原因（why），组织要素讨论企业由谁组成（who），产品要素讨论企业提供什么服务（what），市场要素讨论企业的经营环境（where），共演战略四阶段讨论企业生命周期（when），共演战略四路径讨论企业发展方式（how）。

进一步，共演战略四要素可以细化为 12 个战略要点：用户特征、用户需求、用户选择、领导者、团队员工、组织结构、产品开发、营销推广、业务模式、技术趋势、资本资源、市场竞合。从要素到要点的细化，可以帮助我们更细致地理解构成企业的战略基因，而战略要点在各战略阶段间的变化构成 48 个战略演化。"1、2、4、6、12、48"这组数字构成了共演战略的魔法数字。

共演战略作为一个企业战略的系统框架，除了魔法数字，还有一套"算法"。首先，创业阶段、成长阶段、扩张阶段、转型/衰退阶段分别称作从 0 到 1、从 1 到 N、从 N 到 N+ 和从 N+ 到 Z。从 0 到 1 意味着企业的从无到有，从 1 到 N 意味着初期业务的用户从少到多，从 N 到 N+ 意味着围绕核心业务的多元化，而从 N+ 到 Z 意味着企业转换或拓展新的跑道，再次起飞。在每个发展阶段，各要素的重要程度有所不同，推动企业发展的主要动力也有所不同，这些差异可以比喻为各阶段的战略运算规则不同（见图 0-2）。

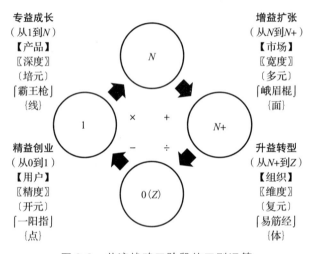

图 0-2　共演战略四阶段的四则运算

我也把创业阶段称作精益创业阶段，突出一个"精"字，说的是，在创业阶段这个从 0 到 1 的过程中，创业者的主要任务是精研用户需求，注重对需求的精准把握，把全部力量聚焦到需求这个点上。好比一阳指，聚全部的力道于食指，出指可缓可快，缓时潇洒飘逸，快时疾如闪电，但着指之处，分毫不差。如果用一个运算符号表示创业阶段的核心算法，那应该是"减法"。在精益创业阶段，创业者的时间和空间都有限，在产品需求周期趋零的时代，必须拿极致的精神去挖需求，把与用户核心需求不相干的功能都减掉，在某一点上达到单点极致。

我把成长阶段称作专益成长阶段，突出一个"专"字，说的是，在成长阶段这个从 1 到 N 的过程中，创业者的主要任务是做好产品，利用单点极致的产品在市场上单点突破，实现快速增长。能够实现快速增长的创业者往往是抓住了一个有"深度"的市场。专益成长阶段的创业者好似使着一杆霸王枪，枪扎一条线，借助霸王枪，把一阳指的威力放大。如果用一个运算符号表示专益成长阶段的核心算法，那应该是"乘法"。在专益成长阶段，创业者和企业家的关注点应该是如何用单点极致的产品服务于数量快速增长的用户量，以单一用户价值乘以用户量。

我把扩张阶段称作增益扩张阶段，突出一个"增"字，说的是，在扩张阶段这个从 N 到 N+ 的过程中，企业的主要任务是围绕企业在精益创业和专益成长阶段打造的核心产品和积累起来的核心竞争力进行扩张，为用户增加新的价值，从"宽度"的角度做强企业。这个阶段的创业者好比使着一条峨眉棍，枪扎一条线，棍扫一大片。如果用一个运算符号表示增益扩张阶段的核心算法，那应该是"加法"。在增益扩张阶段，创业者和企业家的关注点应该是基于累积的用户数量和产品核心功能，如何增加为用户创造的价值。这些用户价值之间的"叠加"，将极大地帮助提升企业价值。

扩张阶段也叫多元化阶段，所谓"元"，即是"二"+"人"，"二"是"上"的意思，"元"的本意是人之上的混沌太空，表示天地之始，混沌太初。我们把创业初期的市场叫作混沌市场，表达的含义就是，创业就是要在混沌中"开元"；成长阶段，企业要做的是"培元"，就是培育企业自己的元；扩张阶段，企业做的事情是"多元"，这里的"多"不是多个的意思，而是"使……多"的意思，就是让"元"变得丰富，所以说，多元化不是简单地把多个业务拼凑起来，而是要围绕"元"展开。

我把转型阶段称作升益转型阶段，突出一个"升"字，说的是，在转型阶段这个从 N+ 到 Z 的过程中，企业的主要任务是抓住未来的发展趋势，保证企业在波涛汹涌的大海中不至于航行在通往死亡的航线上。这个阶段的企业应该在前期注重市场的精度、深度、宽度的基础上，更加重视市场的维度。好比武功高手习得《易筋经》，打通了任督二脉。升益转型阶段的核心算法应该是"除法"。也就是说,企业家要想完成转型,必须下决心对原有产品、组织、市场乃至用户进行创新甚至是自我颠覆。转型阶段,企业做的事情是"复元",即恢复元气再出发。衰退阶段则可以比作"丧元",也就是丢掉了生命的意思。

"颠覆式创新"是近年来在创业者和企业家群体里特别流行的词汇。很多创业者都能随手画出一张颠覆式创新的图来,里面有多条非连续曲线,每一条都昂扬向上,预示着创业者将颠覆在位者,折射出画图的创业者的澎湃斗志。然而,企业面临的是一个复杂的营商环境,充满不确定性和不连续性,企业的发展也是一个系统性和动态性的演化过程。如果不理解构成企业的战略要素,不理解企业的生命周期,不理解企业的发展路径,企业在和环境共同演化的过程中,很可能成为"逝者"而非"适者"。企业家只有理解企业战略要素之间共同演化的逻辑,才能在物竞天择中,如图 0-3 中持续创造和创新价值的企业那样,挺起脊柱,成就卓越。

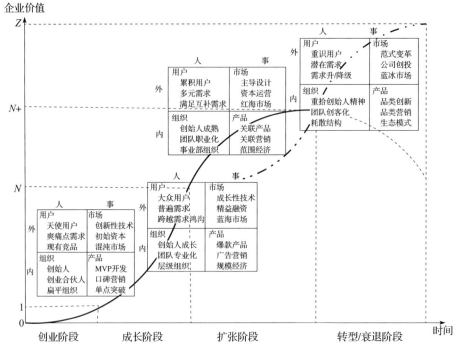

图 0-3　企业生命周期和共演战略脊柱

在本书的写作中，我特别强调系统化思维和图形化思维。系统化思维体现在全书用不确定性、不连续性、系统性和动态性贯穿起来，用用户、组织、产品、市场、生命周期和演化的概念来回答企业面临的 6 个基本问题：why、who、what、where、when 和 how。图形化思维体现在全书使用近 300 个图形把逻辑主线展示出来，帮助读者快速抓住要点。之所以强调图形化思维，是因为我注意到很多创业者和企业家都善于图形化思维方式，他们往往能够寥寥数笔画出企业经营的关键点，图形化的方式便于创业者和企业家阅读。之所以强调系统化思维，是因为很多创业者和企业家忙于应对日常事务，往往忽略了系统化思维的作用，因缺乏格局和视野而错失良机。因此，本书希望通过共演战略的框架，为创业者和企业家提供一套提升格局和开阔视野的工具。

路江涌

2017 年 11 月 17 日

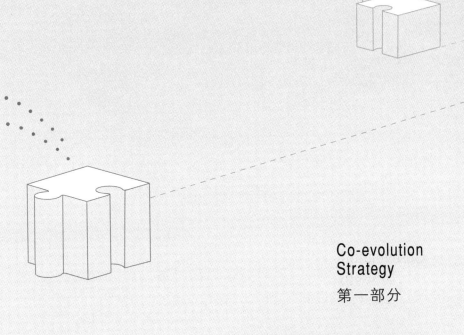

Co-evolution
Strategy

第一部分

共演战略四要素

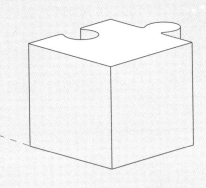

Co-evolution
Strategy
第1章

复杂环境和共演战略

复杂：不确定性 × 不连续性

1. 复杂

人类文明历史上所积累的知识和经验，都是基于我们能够比较方便地观察到的客观世界所得出的。人类的生存本能促使我们发现并偏好自然界中可以被总结和利用的规律，这些规律通常是基于确定性和连续性的。然而，从浩瀚宇宙的宏大时间和空间尺度上看，宇宙中充满了复杂的关系，从组成万物的极微小单元的时间和空间尺度上看，物体内部组成部分之间也充满了复杂的关系。

说起"复杂"，我们很自然会想起另外一个词——"简单"。其实，世界上最复杂的系统往往是由一些最简单的单元组成的，事物往往是从简单变复杂的。在传统社会里，人们习惯于生活在简单的状态中，喜欢时间慢慢地流逝。然而，在现代社会里，世界变得越来越多元，越来越复杂。先进的通信技术、交通手段、国际经济等因素使得几乎所有事物都联系在一起，交织在一起。

在简单的状态中，重复之前所做的事往往得到同一个结果，所以基于过去经验的预测是可靠的。然而，现实世界远比人类的认知要复杂得多。在复杂的世界里，重复之前所做的事无法得到同一个结果，基于过去经验的预测往往是不可靠的。在恒常的状态中，事物发展的路径往往是平坦的；在复杂的世界里，事物发展的路径往往是动荡的。在简单的状态中，事物发展的方向往往是事先确定的；在复杂的世界里，事物发展的方向往往是事先未知的。在简单的状态中，事物之间的关系往往是清晰的；在复杂的世界里，事物之间的关系往往是模糊的。

复杂科学是近些年兴起的一门新兴学科。科学家一般把复杂系统定义为:"由大量组成部分组成的网络不存在中央控制,而是通过简单运作规则产生出复杂的集体行为和复杂的信息处理,并通过学习和进化产生适应性的系统。"[一]

研究复杂系统的学者喜欢举巴西行军蚁的例子。单只行军蚁是已知的行为最简单的生物,但由上百万只行军蚁组成的群体俨然是一个具有超级集体智能的生物。虽然每只行军蚁都非常小,一滴水就可以将它冲走或淹死,但是它们合起来的力量非常大,没有什么东西能将它们挡住。碰到沟壑,它们就抱成团,像球一样滚下去连接到对岸,形成一个蚁桥,让大军通过。

由于行军蚁善于用身体搭建临时桥梁,有效地平衡了搭建桥梁的成本和效益,有科学家借鉴行军蚁这项"集体智慧",仿造特种机器人。2015年,《美国国家科学院院刊》发表论文称:之前大家误认为行军蚁搭桥后保持相对静态的结构,其实行军蚁会因地制宜调整它们的"桥梁",改变位置寻找最佳捷径,随时扩大"桥面",适应更大的蚂蚁交通流量。这对科学家的自组装系统的研发(如自调控的机器人族群)有很大启发。

行军蚁的复杂系统不仅启发了科学家,也启发了电影导演。我们能在最近几年上映的《蚁人》《长城》和《超能陆战队》中看到大量低智能动物(或简单机器人)一起行动的情景。与行军蚁的复杂系统没有中心控制中枢相比,这几部电影中的机器人和低智能生物仍然由电影主人公或兽王控制,算不上完全意义上的复杂系统,但这些存在智能中枢的复杂系统和现实中企业组织所处的复杂系统更为接近。

现实中的企业组织不是完全意义上的自组织,而是由企业领导者带领的、由各组成要素组成的网络,通过一定的规则形成集体行为,完成信息处理,并通过学习和进化适应复杂环境,应对环境中的不确定性和不连续性。

2. 不确定性和不连续性

习惯了恒常的营商环境的企业,在复杂多变的营商环境中会面临两大难题,即发展方向的不确定性和发展路径的不连续性。"往哪去"和"如何去"

[一] 梅拉妮·米歇尔. 复杂[M]. 唐璐,译. 长沙:湖南科学技术出版社,2013.

是战略管理要回答的企业发展核心问题,而发展方向的不确定性代表着"往哪去"不确定,发展路径的不连续性代表着"如何去"不清楚。"复杂"是一个能够用来精炼地概括现实世界的词汇,复杂包括不确定性和不连续性两个维度。如果把未来发展方向的不确定性分为"高"和"低"两种情况,把未来发展路径的不连续性也分为"高"和"低"两种情况,则可以得出图1-1中的恒常、无常、动荡和混沌四种状态。

如图1-1所示,当企业未来发展方向的不确定性和未来发展路径的不连续性双低时,这种状态我称为"恒常"。企业的发展好比一条直线,既没有发展方向选择的挑战,也没有发展路径上的断点。这个时候,企业主要是要防止形成发展惯性和惰性,防止错失未来发展的新机会。

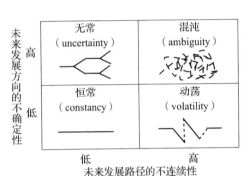

图1-1 复杂环境下的不确定性和不连续性

当企业未来发展方向不确定性高,而发展路径不连续性低时,这种状态我称为"无常"。企业面临的主要挑战来自未来发展方向的不确定性。这个时候,企业要注意的是决策树节点的判断,保持冗余和灵活度,避免把所有的鸡蛋都放在一个篮子里。

当未来发展方向不确定性低,而发展路径不连续性高时,这种状态我称为"动荡"。企业面临的主要挑战来自未来发展路径的不连续性。这个时候,企业要注意的是路径的转折和断点的处理,保持前进的动力,跨越不连续性。

当未来发展方向不确定性和发展路径不连续性双高时,这种状态我称为"混沌"。企业面临的挑战既来自未来发展方向的不确定性,又来自未来发展路径的不连续性。这个时候,企业既要注意未来发展方向的选择,又要注意未来发展路径上的障碍。

对企业家而言,发展方向不确定性高意味着需要有更大的格局,在选择正确大趋势的前提下不断调整具体方向；发展路径不连续性高意味着要有更远的视野，不仅要看到路径上的障碍，而且要看到越过障碍后的前途。在"恒常"环境中，未来的方向和路径是目前情况的延续，企业家通常只需要关注眼前的发展方向和路径；在"无常"和"动荡"的环境中，由于未来的方向或路径与目前的情况可能有较大差别甚至断裂，企业家需要看较远时间或较大范围的趋势；在"混沌"的环境中，由于未来发展方向和发展路径都有很高的不确定性，企业家既需要看更远的时间趋势，也需要寻找更大范围内的可能性。

绿公司年会组织者把2016年年会的主题定为"10人看10年"，邀请了10位企业家畅谈10年后的经济和产业发展。与会企业家的一个共识是未来的经济发展环境不再会是"恒常"的，而是"无常"和"动荡"的，甚至是"混沌"的。只能看一两年的企业会被淘汰，而看准10年的大趋势和拥有跨产业的视野是未来企业家成功的关键要素。最后一位上台的马云发言与众不同，他说："我看不清未来10年的情况，但我可以看清楚未来30年的趋势。我认为，对二三十年的趋势判断得对，近两三年做得才有可能会对。"

马云所说的实际上是，企业家要在更大的格局内，用更远的视野看未来。创业者群体中有一个流行的说法：创业者不需要战略，创业企业不需要管理。绿公司年会与会企业家们的发言恰恰说明，在发展方向充满不确定性、发展路径充满不连续性的环境里，创业者和企业家需要有更大的格局和更远的视野，需要有更为系统和动态的战略思维。

套用新东方创始人俞敏洪的名言："在绝望中寻找希望，人生终将辉煌。"在创业路上，需要"在不确定性中寻找确定性，在不连续性中追求连续性"。不仅创业如此，人生亦是如此。

3. 不确定和不连续的人生

电影《后会无期》中有这么一句台词戳中了很多人的痛点："听过很多道理，依然过不好这一生。"要理解"听过很多道理，依然过不好这一生"这句话背后的"道理",我们需要思考,什么是"一生"。和企业一样,我们个人也生活在未来发展方向不确定和未来发展路径不连续的世界里。如果把人的一生分成童年、青年、中年和老年四个阶段,人在这四个阶段面临的方向不确定和路径不连续的情况可以用图1-2来表示。

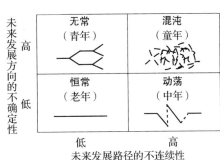

图1-2 听过很多道理,依然过不好这一生

我们先看童年。童年是人的一生中最有想象力的时期,儿童的未来发展方向有着"无限"可能性。同时,童年也是人比较脆弱的一段时期,缺乏人生经验,身体发育尚未完成,童年是人死亡率比较高的一段时期。所以,童年的未来发展方向不确定性高,且未来发展路径不连续性也高,是迷迷糊糊(混沌)的童年。

人进入青年时期之后,未来发展的不确定性仍然很高,但未来发展路径的不连续性降低了。青年人有强健的体魄和强大的学习能力,面对各种可能性,一旦做出选择,只要踏实肯干,通常是能够跨越发展路径上的不连续性的。

人到中年之后,由于生活经验和社会资源的积累带来的沉没成本,未来发展方向的不确定性会迅速降低。正因如此,我们很少看到50多岁的中年人还在不断地探索人生方向的可能性。同时,对于中年人来说,未来发展路径出现了不连续的可能性。研究表明,人到中年压力最大,事业上升可能遇到瓶颈,家庭责任来自各个方面,身体健康也可能出现问题。

等到人进入老年阶段,未来发展方向的不确定性会进一步降低,未来发展路径的不连续性也会降到较低水平。由于老年人通常不再选择冒险,个人面对的风险程度会迅速降低,加之人体新陈代谢速度放慢,老年人一般都会过上一种平稳、祥和的生活。

回到"听过很多道理,依然过不好这一生"这句话,为什么会是这样呢?这里面有个关键,就是"听过道理"和"过一生"之间存在知和行的矛盾。

父母会告诉童年阶段的孩子很多道理,但限于孩子的理解能力和行动能力，知和行很难合一，孩子通常会在迷迷糊糊中度过童年。到了青年阶段，父母会继续告诉孩子道理，但相信"选择比努力重要"的青年可能在忙于尝试各种可能性。等到尝试得差不多了，也许发现自己已步入中年，选择已经不多了，努力变得很重要，但未来的道路上出现了一些自己没有预料到的障碍。等到好不容易克服了这些障碍，"越过山丘，才发现无人等候"，人已到老年。

那么，如何过好这一生呢？实际上，我们应该把"这一生"当成"四世四生"来过。我们可以用未来发展方向不确定性和未来发展路径不连续性的框架进行分析（见图1-3）。

童年阶段，未来发展方向的不确定性高意味着未来充满着可能性，要鼓励孩子尝试各种可能性。同时，未来发展路径不连续性高说明孩子干很多事情不一定能够坚持，因此应允许孩子以验证对各种事物的喜爱度为目的进行尝试。

未来发展方向的不确定性	无常（青年）追求成长性，保持专注度	混沌（童年）尝试可能性，验证喜爱度
	恒常（老年）强调持续性，抑制衰退度	动荡（中年）关注增益性，控制风险度

低　　　　　　　　　高
未来发展路径的不连续性

图 1-3　如何过好这一生

青年阶段，未来发展方向的不确定性仍然较高，意味着青年人面临的选择仍然较多。在面对这些选择时，青年人应该在童年阶段试错的基础上，选择具有成长性的方向，同时保持对选定方向的专注度。保持专注可以帮助青年人避免选择过多带来的时间浪费，追求成长性可以让青年人发挥快速成长的能力。

中年阶段，未来发展方向的不确定性较低，意味着中年人面临的选择相对较少，但由于沉没成本的存在，中年人的每一个选择都比较关键，应注意控制选择的风险度。同时，中年人已有一定的积累，对方向的选择应该基于原有的积累，注意增益性，以帮助克服发展路径的不连续性。

老年阶段，未来发展方向的不确定性和未来发展路径的不连续性都低。老年人选择要做的事情时，应该注意这些事情的可持续性。例如，应该培养一些高龄老人也能从事的活动爱好，随着自己年龄的增长才能坚持下去。同时，应该选择一些能帮助抑制身心机能衰退的事情来做。

我们之所以花这么多篇幅讨论人生的不确定性和不连续性，以及人生的发展阶段，是因为企业如人，企业生命周期和人生一样，都有生老病死。企业要想过好"这一生"，在发展的不同阶段也需要适应各个阶段的战略。

我们说，复杂可以从不确定性和不连续性两个维度分析，有四种情况：混沌、无常、动荡和恒常。那么，怎么理解这四种情况呢？

4. 混沌

混沌学是近几十年来基于动力系统理论发展起来的一个新兴学科，[○]而亚里士多德是目前所知最早论述运动理论的人之一。亚里士多德认为，地面上的运动和天上的运动不同，地面上的物体在受到力推动时才会沿直线运动，没有力物体就会静止；在天上，行星等天体围绕着地球不断做圆周运动。到公元16世纪，人们发现亚里士多德关于运动的论述是错的。这时，哥白尼已发现行星不是围绕地球，而是围绕太阳运行；开普勒发现行星的运动轨迹不是圆的，而是椭圆的；伽利略则不仅研究天上的运动，也研究地上的运动，如单摆、自由落体等。

动力学历史上最重要的人物是牛顿，牛顿三大定律包括：在任何情况下，一切物体在不受外力时，总保持静止或匀速直线运动状态；物体的加速度与物体的质量成反比；两个物体之间的作用力和反作用力，在同一条直线上，大小相等，方向相反。牛顿三大定律的伟大之处在于，它们不仅适用于地面上的物体，对天上的物体也同样适用。

1846年9月23日，德国天文学家约翰·加勒按照法国天文学家乌阿班·勒维烈基于牛顿定律的推算，在预定的天区发现了太阳系第八颗行星——海王星。这一天，被历史评价为"牛顿力学最辉煌的一天"。海王星的发现让人们认为，即使是未知天体，也是可以被精确预测的。

○ 弗里德里希·克拉默. 混沌与秩序：生物系统的复杂结构 [M]. 柯志阳，吴彤，译. 上海：上海世纪出版集团，2010.

然而，1927年海森堡提出的量子力学"测不准原理"，证明不可能在准确测量粒子位置的同时，又准确测量其动量（质量乘以速度）。混沌理论后来的发展从根本上挑战了人们对精确预测的看法。混沌指的是一些系统（即混沌系统），对于其初始位置和动量的测量如果有极其微小的不准确，也会导致对其长期预测产生巨大的误差，也就是常说的"对初始条件的敏感依赖性"。

第一个明确的混沌系统的例子来自法国数学家庞加莱研究的"三体问题"。三体问题指的是，用牛顿定律预测通过引力相互作用的三个物体的长期运动。牛顿已经解决了二体问题，他发明了微积分，但三体问题要复杂得多。为解决三体问题，庞加莱创建了拓扑学，但也不能完全预测混沌系统中的变化规律。在混沌系统内，物体间的关系是非线性的，即便完全知道了运动规律，两组不同但差别很小的初始条件，也会导致系统随后的运动极为不同。

科幻作家刘慈欣以"三体问题"为背景写了长篇科幻小说《三体》[一]，书中描述的三体星系就是一个混沌系统。三体星系有三颗恒星，三颗恒星不规律的运动，造成三体星系的气候变化是没有规律的，使得三体星人经常被毁灭。为了寻找适合生存的环境，三体星人入侵地球。

5. 无常

华为总部有个湖，2016年正式命名为"天鹅湖"。华为创始人任正非从国外引入了八只黑天鹅，养在湖中，目的之一是提示华为职工，要警觉国际范围内的"黑天鹅"事件。他说："国际黑天鹅事件群发，全球会产生咱们幻想不到的波动，咱们严格的内外合规还没有完全树立，运营的有效性、财务的健康性还有待尽力。"

《黑天鹅》[二]是一本有名的关于不确定性的书，这本书中文版的副标题是"如何应对不可预知的未来"。这里的"不可预知"就是无常，就是不确定性。与不可预知相反的是"可预知"。人类的预知能力主要来自两个方面：一是经验；二是逻辑。从经验中总结规律的方法叫归纳法，是根据观察到的一类

[一] 刘慈欣. 三体（1-3）[M]. 重庆：重庆出版社，2008.
[二] 纳西姆·塔勒布. 黑天鹅：如何应对不可预知的未来[M]. 万丹，刘宁，译. 3版. 北京：中信出版社，2011.

事物中部分对象具有的某种性质，推出这类事物的所有对象都具有这种性质的推理。例如，《黑天鹅》一书里的那只火鸡，在过去1000天都在每天早上得到主人带来的食物，所以它在第1001天早上得出主人今天还会带来食物的结论，但它没有料到的是主人这天要把它端上餐桌。

从逻辑上推演结论的方法叫演绎法，是从一般性的前提出发，通过推导，得出具体陈述或个别结论的过程。演绎推理一般表现为大前提、小前提、结论的三段论模式。演绎推理成立还有两个基本条件：一是大小前提的判断必须是真实的；二是推理过程必须符合正确的逻辑形式和规则。演绎推理的正确与否首先取决于大前提的正确与否，如果大前提错了，结论自然不会正确。还举《黑天鹅》一书中的例子。假如大前提是"自然界里所有天鹅都是白的"，小前提是"有一只动物是黑的"，结论就是"这只动物不是天鹅"。但是，如果大前提不对，即"自然界里不是所有天鹅都是白的"，那么结论就不对了。

可以看出，归纳法和演绎法都有局限性，两种方法基于的都是人类已经积累下来的经验或逻辑。由于人类所积累的经验或逻辑是有限的，人类的预知能力也是有限的，所以很多事情发展的方向和发生的概率对人类来说是不可预知的。对于个人和企业而言，所积累的经验或逻辑更是有限的，因此未来的不确定性更大。

6. 动荡

自然界中周期性波动的现象很多，太阳黑子周期是一个有代表性的例子。太阳黑子是在太阳的光球层上发生的一种太阳活动，实际上是太阳表面一种炽热气体的巨大漩涡，温度大约为4500℃。因为比太阳的光球层表面温度要低，所以看上去像一些深暗色的斑点。太阳黑子周期按照出现的时间间隔长短，又分为太阳活动周期、太阳磁活动周期、太阳活动世纪周期等。

太阳活动周期为7.3~16.1年，平均为11.2年。在每个太阳活动周期中，黑子从最少年开始，在3~5年中增大，达到一个极大值，然后在随后的5~7年再减小到一个极小值，相对应的年份分别称为黑子极大年和黑子极小年。由于黑子具有明显的磁场，而且太阳南北两半球黑子的磁极是相反的，所以太阳磁活动周期的平均长度为 22 年，是太阳活动周期长度的两倍。一般在连续三四个太阳活动周期高峰后便接连出现三四个 11 年的低谷，总共持续的年数近于一个世纪，称为太阳活动世纪周期。

太阳是地球万物赖以生存的能量来源。天文学家观察到的太阳黑子周期现象只是宇宙中周期现象的一种，太阳本身也是有生命周期的。科学家认为，太阳的寿命大致为 100 亿年，目前太阳大约 45.7 亿岁。也就是说，在 50 亿～60 亿年之后，太阳内部的氢元素几乎会全部消耗尽，太阳的核心将发生坍缩。还有科学家认为，宇宙也是有生命周期的。随着目前宇宙的加速膨胀、时空的扩大和延伸，暗能量的密度也在增加，这将可能导致宇宙大撕裂的发生。根据宇宙学家的计算结果，宇宙可能只能维持 220 亿年，而目前宇宙已经走过了 137 亿年。⊖

经济和社会中也经常发生周期性波动。以经济周期为例，按周期的时间长短可以分为短周期、中周期和长周期。短周期是英国经济学家基钦提出的一种为期 3～4 年的经济周期；中周期是法国经济学家朱格拉提出的一种为期 9～10 年的经济周期；长周期是俄国经济学家康德拉季耶夫提出的一种为期 50～60 年的经济周期。

总之，动荡或波动是自然界和社会中普遍存在的规律，而平静或平稳反而不是常态。正所谓，世上唯一不变的就是变化本身。

生命：成、大、强、长

1. 宇宙生命周期

宇宙是一个复杂系统，从诞生那天起，宇宙经历了混沌、无常、动荡等状态。按科学家的假想，未来的宇宙终将归于热寂状态，也就是恒常状态。

按天体物理学家的观测和计算，宇宙起源于 138 亿年前的一次"大爆

⊖ 约翰·格里宾. 宇宙传记［M］. 徐彬，吴林，等译. 长沙：湖南科学技术出版社，2012.

炸"。已知的物理定律只能从宇宙起源 10^{-43} 秒之后开始起作用，这就是"普朗克时间"。○在普朗克时间之前，物理学的四种相互作用（即引力、强相互作用、弱相互作用、电磁相互作用）是统一在一起的。从 10^{-43} 秒开始，引力就脱离出来，单独起作用了。那时候宇宙还是个直径为 10^{-35} 米的一个小点（普朗克长度），但温度无比得高。到了 10^{-35} 秒的时候，强相互作用和弱相互作用分开了。后来，弱相互作用和电磁相互作用也分开了。至此，物理学的四种相互作用都分开了。到一万亿分之一秒的时候，宇宙里有了粒子，夸克和轻子已经出现了，电子就是我们最熟悉的"轻子"。这时候宇宙里有夸克和电子，还有反夸克和反电子。

这时候的宇宙处于混沌状态，就好像是一锅夸克轻子粥。夸克和反夸克、电子和反电子一旦相遇就会湮灭，并且释放两个极高能量的光子，而这个时候在宇宙的高温之下，光子又会再产生正反夸克和电子。

夸克和反夸克、电子和反电子的作用循环持续发生。每 10 亿对夸克和反夸克湮灭，会留下一个正夸克作为幸存者，比率是十亿分之一。到百万分之一秒的时候，整个宇宙已经膨胀到像太阳系这么大了，温度进一步下降，夸克会被三个一组束缚在一起，形成"重子"，也就是质子和中子。与此同时，质子和反质子、中子和反中子之间也不停地发生碰撞湮灭变成光子，光子再生成正和反的质子和中子。正物质的质子和中子的幸存率，也是十亿分之一。到一秒的时候，宇宙已经膨胀到几光年大了。更低的温度使得质子和中子被结合在一起形成原子核。这个时候，光子的温度使它能够产生正电子和反电子，但是电子和反电子之间也在不停地发生湮灭，同样地，正电子的幸存率也是十亿分之一。

这个时候的宇宙处于无常状态。经过正负夸克、正负光子、正负电子之间的相互转变，正电子的幸存率只有三个十亿分之一相乘的概率。这是一个多么高度不确定的过程啊。然而，正是这个高度不确定的过程，产生了形成

○ 1900 年，物理学家马克斯·普朗克发现，能量可以分为不可再分割的单位，并将其命名为"量子"。这一发现标志着量子力学的诞生。把普朗克量子同光速和其他常数结合在一起，就可以得出空间和时间方面不可分割的量子，也就是最短的距离单位和最短的时间单位。普朗克长度为 10^{-35} 米，普朗克时间为 10^{-43} 秒。

现在宇宙的基本物质——原子核和电子。

到宇宙形成 38 万年的时候,温度低到让所有电子都被原子核捕获,变成氢原子和氦原子。到 10 亿年的时候,这些原子在引力的作用下结合在一起,就会变成恒星,然后这些恒星又会组成星系。那个时候,已经有了 1000 亿个星系,每个星系里面会有几千亿个恒星,在恒星的高温高压之下,产生了一些更重的元素,比如氧和碳。到 90 亿年的时候,在宇宙中某个不起眼的地方产生了一个不起眼的恒星,这个恒星就是太阳。太阳所处的位置正好有很多重元素构成的气体,这些气体在引力作用下慢慢凝聚在一起,形成了行星。其中某一颗行星,距离太阳不远不近,正好允许液态水的存在,这个行星就是地球。

现在的宇宙处于动荡状态,宇宙发展方向的不确定性相对于混沌时期和无常时期要小,但存在一定程度的路径不连续性。可以这样理解,宇宙中已形成的无数天体在不断地相互作用。例如,过去 30 年间,天文物理学家发现宇宙正在加速膨胀,暗能量和暗物质吞噬着邻近宇宙区域的所有光线和物质。

近些年来的科学进展使得多数天文物理学家相信,宇宙终将走向生命的尽头。热寂学说是猜想宇宙终极命运的一种假说。根据热力学第二定律,作为一个"孤立"的系统,宇宙的熵[⊖]会随着时间的流逝而增加,由有序向无序,当宇宙的熵达到最大值时,宇宙中的其他有效能量已经全数转化为热能,所有物质温度达到热平衡。这种状态称为热寂,这样的宇宙中再也没有任何可以维持运动或是生命的能量存在。

如果宇宙终有一天达到热寂状态,我们可以认为宇宙进入了恒常期。追溯宇宙起源和发展,我们可以把宇宙的生命周期也用未来发展方向不确定性和未来发展路径不连续性两个维度表示。图 1-4 展示了宇宙生命周期四个阶段的状态。

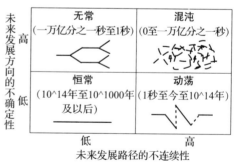

图 1-4 宇宙的生命周期

⊖ 熵是热力学中表征物质状态的参量之一,其物理意义是体系混乱程度的度量。

2. 企业生命周期

我们可以把生命体的生命周期分为初生期、成长期、成熟期和衰老期。在初生期,生命体的目标是活下来;在成长期,生命体的目标是长大;在成熟期,生命体的目标是把基因传下去;在衰老期,生命体的目标是尽可能活得久一点。

和生命体类似,企业的生命周期也可以分为创业期、成长期、扩张期、转型/衰退期。在创业期,企业的目标是"做成";在成长期,企业的目标是"做大";在扩张期,企业的目标是"做强";和生命体不同的是,企业的生命可以超过企业创办人的寿命,企业虽然都会经历衰退期,但也可能经历转型革新期,企业衰退期和转型革新期的目标是"做长"(见表1-1)。

表 1-1　企业与生命体的生命周期

生命阶段	生命目标	企业阶段	企业目标
初生期	活下来	创业期	做成
成长期	长上来	成长期	做大
成熟期	传下去	扩张期	做强
衰老期	活下去	转型/衰退期	做长

如果把做企业比作建造一座城堡,"做成"意味着盖好城堡中主要宫殿的地基,搭建好宫殿的基本架构,完成宫殿的主题工程;"做大"意味着扩大宫殿的面积,修建配殿等设施;"做强"意味着在宫殿周围修建围墙、护城河等防护措施;"做长"意味着城堡在一代一代主人的维护下能够经历岁月的风雨洗礼,成为历史的见证。

3. 企业生命周期与不确定性和不连续性

我们知道,未来发展方向不确定性的高与低,与未来发展路径不连续性的高与低的组合,构成了不同特点的外部环境。当不确定性和不连续性双低的时候,环境的特点是"恒常";当不确定性高、不连续性低的时候,环境的特点是"无常";当不确定性低、不连续性高的时候,环境的特点是"动荡";当不确定性和不连续性双高时,环境的特点是"混沌"。

重要的是，环境的特点不是绝对的，而是相对于环境中特定主体的。同样程度的发展方向不确定性和发展路径不连续性，对于有的主体而言，影响就很大，对于其他主体而言，影响可能就很小。例如，对于儿童来说，环境的特点是"混沌"；对于青年人来说，环境的特点是"无常"；对于中年人来说，环境的特点是"动荡"；对于老年人来说，环境的特点是"恒常"。

对于企业来说，情况也是类似的。对于创业阶段的企业而言，企业需要在很多不确定的方向中探索和尝试有价值且自己能走的路径，未来发展方向的不确定性和未来发展路径的不连续性都高，环境的主要特点是"混沌"；对于成长阶段的企业而言，企业在创业阶段基本上确定了发展方向，但发展路径上仍然有很多障碍，发展路径的不连续性仍然较高，环境的主要特点是"动荡"。

对于成熟阶段的企业而言，企业经历了创业和成长两个阶段后，发展方向和发展方式都基本确定，发展方向不确定性和发展路径不连续性都降了下来，环境的主要特点是"恒常"；对于衰退阶段的企业而言，企业过去的主要发展方向出现了下降的趋势，企业面临新的选择，发展方向不确定性提高了，环境的主要特点是"无常"。

4. 战略管理的十大学派

战略管理学科自第二次世界大战结束以来，伴随着世界经济的变化和全球企业的发展，经过几十年已形成庞大的理论体系和学派分支。

著名管理学家亨利·明茨伯格在《战略历程》一书中把战略管理分为十大学派。⊖这十大学派包括：把战略看作与组织结构设计密切相关的"设计学派"；把战略看作可以分为目前确定、环境审查、战略评价和实施等阶段的"计划学派"；把战略看作在产业环境中寻找最佳定位的"定位学派"；把战略看作企业家构筑和实现愿景的"企业家学派"；把战略看作通过做企业认知世界的"认知学派"；把战略看作一个不断获取新的信息和反思做法

⊖ 亨利·明茨伯格，布鲁斯·阿尔斯特兰德. 战略历程：穿越战略管理旷野的指南 [M]. 魏江，译. 北京：机械工业出版社，2012.

的"学习学派";把战略看作社会权力体系在企业内映射的"权力学派";把战略看作企业文化形成和落地的"文化学派";把战略看作企业结构变化过程的"结构学派";把战略看作企业适应外部环境变化的"环境学派"(见表 1-2)。

表 1-2 明茨伯格划分的十个战略管理学派

学派名称	战略是一个什么过程	象征动物	关注点
设计学派	孕育过程	蜘蛛	强调"事"
计划学派	程序化过程	松鼠	
定位学派	分析过程	水牛	
结构学派	变革过程	变色龙	
环境学派	适应性过程	鸵鸟	
企业家学派	构筑愿景过程	狼	强调"人"
认知学派	心智过程	猫头鹰	
学习学派	学习过程	猴子	
权力学派	协商过程	狮子	
文化学派	集体思维过程	孔雀	

实际上,这十大战略管理学派又可以分为"强调事"的战略和"强调人"的战略。"强调事"的战略包括设计学派、计划学派、定位学派、结构学派和环境学派。其中,设计学派和计划学派强调的主要是如何通过组织的设计和计划来完成组织任务,定位学派、环境学派和结构学派强调的主要是组织如何取得在行业和环境中的有利地位。

"强调人"的战略包括企业家学派、权力学派、认知学派、学习学派、文化学派。其中,企业家学派和权力学派强调的主要是,如何发挥企业家的能力,以及通过权力在组织内的合理配置完成组织任务;认知学派、学习学派和文化学派强调的主要是,如何通过打造认知升级组织、学习型组织和文化组织实现组织战略目标。

上述十大战略管理学派是明茨伯格教授事后总结,这些战略管理框架在最初起源时,并没有设定对人和事的关注角度。现在回头看,有必要把这些战略学派中关于人和事的主要观点提取出来,提炼融合成为一个对人和事有更为全面概况的综合性战略框架。本书后续的内容将进行相关尝试。

除了强调人和事外,明茨伯格教授在总结战略管理学派时强调得最多的词是"过程"或书名中的"历程"。《战略历程》书名中的"历程"一词很容易被理解为战略管理学科发展的历程,但实际上,明茨伯格教授想表达的意思是战略管理本身反映的是企业发展的"历程"。

表1-2中总结了十大战略管理学派各自强调战略管理是一个什么样的过程。例如,设计学派认为,战略是一个组织的精密设计过程,像蜘蛛织网一样;计划学派认为,战略是一个程序化的计划制订和实施过程,像松鼠储备坚果一样;定位学派认为,战略是一个分析行业特点和企业优势的过程,像水牛利用自己的优势在水田里耕作一样;结构学派认为,战略是一个根据实际情况调整组织结构的过程,像变色龙改变皮肤颜色一样;环境学派认为,战略是一个组织适应环境的消极反应过程,像鸵鸟把头藏在草堆里一样。

类似地,企业家学派把战略看作一个构筑远景的过程,而企业家需要像狼群的头狼那样带领企业;认知学派把战略看作一个心智的过程,而企业家和团队员工的认知水平和认知升级对于企业发展非常重要;学习学派把战略看作一个学习过程,而企业需要变成一个学习型组织,像猴子那样灵活机巧;权力学派把战略看作权力协商和分配的过程,而企业内部的权力结构至关重要,好比狮子群中的等级制度那样;文化学派把战略看作一个集体思维的过程,而企业文化的形成不是一朝一夕的事情,需要不断重复和强化,像孔雀开屏那样把企业最美的一面展示给内部和外部的利益相关者。

在本书中,我们把战略看作一个共同演化的过程,即在不确定性和不连续性的环境中,企业战略四个要素(用户、组织、产品、市场)在企业生命周期的四个阶段(创业、成长、扩张、转型/衰退)的共同演化过程。

5. 企业战略与不确定性和不连续性

上文中,我们讨论了不确定性和不连续性,以及战略管理的十大学派。那么,我们能否把两者结合起来,看看在不确定性和不连续性的各种组合情况下哪些战略更为适合呢?

在图 1-5 中，我用四种战略思路与四种不确定性和不连续性的情况相对应。这四种战略思路不仅体现了四种情况下的环境特点，而且和我们接下来要讨论的企业生命周期不同阶段应采取的战略思路相对应。

当未来发展方向不确定性和未来发展路径不连续性双低时，企业的内外部环境处于"恒常"状态，企业未来发展的方向是确定的，通向未来的发展路径是连续的。这种情况下，企业可以相

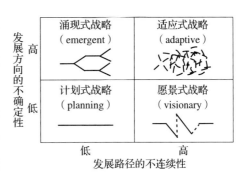

图 1-5　不确定性和不连续性与四种战略思路

对容易地规划发展战略，这种战略思路被称为"计划式战略"（planning strategy）。

在计划经济时代，经济和社会的发展方向不确定性较低，而技术和管理发展速度也比较慢，不存在明显的发展方向不确定性和发展路径不连续性。在这种情况下，以国有企业为主体的企业群体采用计划式战略思路，提前进行 5～10 年的战略规划，把企业发展的战略方向和战略路径确定下来。通过自上而下的层层分解和自下而上的层层汇总，形成非常复杂的计划经济体系。

当企业家面对较低的未来发展方向不确定性和较高的发展路径不连续性时，企业的内外部环境处于"动荡"状态，企业基本上可以判断企业发展的大方向，但实现战略发展目标的道路上阻碍重重。这时候，企业家通常可以采用的是愿景式战略（visionary strategy），即带领企业朝着心中笃定的未来目标进发，并利用远大的使命和愿景引导企业克服发展路径上的不连续性。

例如，1999 年马云创建阿里巴巴时，中国互联网刚刚兴起，电商发展所需要的基础设施（如电子支付、物流、商家信用等）都没有发展起来，电商能否短期内在中国成功存在很大疑问（发展路径的不连续性高）。然而，电商作为 1999 年的创业风口是毋庸置疑的。在这一年，除阿里巴巴外，8848、当当网、携程旅行网、易趣网等一大批知名电商网站纷纷成立，大家都认为电商是

中国未来必须发展的方向（发展方向的不确定性低）。在这种情况下，阿里巴巴以使命、愿景和价值观驱动的战略思路的优势就显现出来了。首先，在"让天下没有难做的生意"的使命驱动下，阿里巴巴不断完善互联网基础设施，先后创立了支付宝、阿里妈妈、阿里云、菜鸟网络等业务，完善了电商基础设施；其次，阿里巴巴提出较为具体的愿景，"构建未来的商务生态系统。让客户相会、工作和生活在阿里巴巴，并持续发展最少102年"，并把愿景分解为阶段性的战略目标。

当企业有能力克服发展路径上的不连续性，但因为发展方向的不确定性很高，不知道怎么选择未来的方向时，企业的内外部环境处于"无常"状态。在这种情况下，适合企业发展的战略是涌现式战略（emergent strategy）。涌现式战略指的是通过简单的规则激发复杂的集体行为，发挥组织的学习能力和自下而上的活力，使企业能够适应不确定的外部环境。涌现和自组织是复杂系统的两个重要特征。

例如，海尔正在经历的组织变革，就是以涌现和自组织为主要特征的。在海尔集团董事局主席张瑞敏看来，传统的企业和用户之间最大的问题，也是最头疼的问题是：客户到底要什么？而要激发全体员工对市场需求的敏感度，则需要"船小好调头"的"小微"组织形式。一方面，组织运营微型化，从科层制的大型管控型组织裂变为自冒出的小微公司，使后者在海尔创业生态圈中吸收营养，成长为行业引领企业；另一方面，员工经营创客化，使过去雇用制下的执行者，变为动态合伙人制下的"CEO"，内部员工和外部员工直面市场做创客，利用互联网技术创业创新。

最后一种情况是，创业者和企业家并不能清晰地确定未来的发展方向，而且未来发展采取什么方式更好也不确定。在这种情况下，适合企业发展的战略是适应式战略（adaptive strategy），采取快速适应环境变化的措施，不断调整自己的发展方向和做事的方式。打个比喻就是：脚踩西瓜皮，滑到哪里是哪里。

例如，创业初期的"罗辑思维"就以互联网营销和"造浪"出名，采用的是适应式战略。在2015年之前，罗辑思维依托罗振宇的知名度和公众号上"粉丝"的关注度，不断创造自媒体电商的销售纪录。例如，罗辑思维第一次卖书箱就在一个小时内卖光了8000套定价499元的书箱。罗辑思维还在2014年中秋节卖出了4万盒"真爱月饼",并曾仅用4秒钟就卖出了一辆标价25万元的汽车。罗辑思维早期的发展战略正是在看不清自媒体未来发展方向的情况下,依靠罗振宇的个人能力"连续性"地在"粉丝群"体中尝试各种变现手段。然而,罗振宇和罗辑思维CEO脱不花(本名李天田)在2015年都注意到,罗辑思维面临发展方向不确定和发展路径不连续性的挑战。包括一些投资人在内的朋友总是问他们一个问题:"假如罗振宇干不动了,罗辑思维怎么办?"好在2015年年底罗振宇和CEO脱不花突然觉得他们摸到了一张"大牌",这就是知识服务的"风口"。

6. 四种战略的驱动逻辑

我们看到,适应式战略、愿景式战略、计划式战略和涌现式战略四种战略类型使用的环境条件不同,这背后的原因是它们的战略驱动力不同。如果我们考虑战略驱动力来自组织内部还是外部,以及驱动力来自基层还是高层两个维度,可以按照图1-6所示分为组织驱动、环境驱动、自上而下驱动和自下而上驱动四种情况。这四种驱动力的组合分别对应着四种战略思路,也就是说,四种战略适用于需要不同战略驱动力的情况。

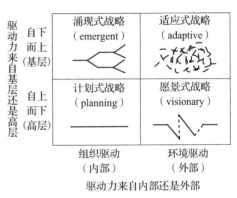

图1-6 四种战略的驱动逻辑

适应式战略的驱动力是企业一线员工获取的关于外部环境(包括用户和市场)的信息。华为提出的"让听到炮声的人呼唤炮火"就是这个意思。正是利用了基层的战略驱动力和从环境中获得市场的重要信息,华为的手机终端转型战略才能实施得这么成功。

愿景式战略的驱动力是企业家基于自己对外部环境的理解设想出的企业使命、愿景和价值观。一个很好的例子就是阿里巴巴战略的"上下三板斧",上三板斧是使命、愿景、价值观,下三板斧是组织、人才、KPI。

计划式战略的驱动力是企业高层对组织已有的发展基础和设定的发展目标的理解。一个例子是国内各大学正在进行的"双一流"建设。各个大学的领导层都在根据学校目前在全国和世界大学中的位置，以及未来打算达到的目标，规划"双一流"建设方案。

涌现式战略的驱动力是组织内部的基层员工。例如，创立于 2006 年的"韩都衣舍"，2016 年年底运营了近 100 个品牌。2016 年年底，韩都衣舍 CEO 赵迎光提出了"二级生态运营商"概念，定位介于品牌和一级平台（淘宝、天猫）之间的二级平台。韩都衣舍的战略就是涌现式战略，发挥组织内部基层员工创新和创业的动力，而公司则负责输出供应链、IT 系统、仓储物流、客服系统等能力。

7. 企业生命周期与企业战略

从前面的讨论中，我们知道了企业本身是有生命周期的，在生命周期的不同阶段，企业面临的环境是不同的，企业本身的特点也是不同的。我们会自然而然地想到两个问题：企业在生命周期的不同阶段是不是应该有不同的战略思路？是不是有一个整体战略思想可以把企业在生命周期的不同阶段的战略思路概括起来？

企业在生命周期的各阶段的战略思路应该能够反映这些发展阶段的特点，而整体战略思想应该能够反映企业全生命周期的一贯性战略发展规律。我仍然利用发展方向不确定和发展方向不连续的分析框架，把环境复杂性、企业生命周期和各阶段的战略思路结合起来（见图 1-7）。

在创业阶段，企业好比猴子，适应式战略是比较适合的战略思路。创业初期，企业面临不确定的未来发展方向和不连续的发展路

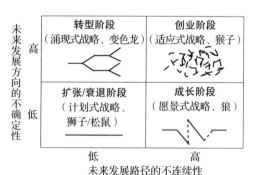

图 1-7　企业生命周期与四种战略

径，创业者不知道往哪个方向发展有前途，也不清楚如何达到这个目标。这种情况下，对于创业者而言，最合适的做法是多尝试、及时调整。这就好比

儿童，对各种事物都有好奇心，在尝试后才知道什么是可以做的，什么是适合自己的。适应式战略的驱动力来自环境的不确定性。

在成长阶段，企业好比狼，愿景式战略是比较适合的战略思路。当业务开始真正的成长，企业再把大量时间花在寻找方向上就不合适了，应该把精力花在战略愿景的执行上，也就是阿里巴巴战略的"下三板斧"。这好比青年，虽然有美好的发展前景，但如果认为"选择比努力重要"而不努力，可能最终一事无成。

在扩张阶段，企业好比狮子，在衰退阶段，企业好比松鼠，计划式战略是比较适合的战略思路。扩张阶段的企业已经掌握了自身业务发展的主要规律，应该在未来的发展空间内合理规划发展速度，并在主要业务发展进入下行通道之前考虑好转型。这好比中年人，应该对自己的人生有很好的把控能力，坚持把自己擅长的事情做好。正所谓，因自律而自由。

在转型阶段，企业好比变色龙，涌现式战略是比较适合的战略思路。对于衰退阶段或转型阶段的企业而言，企业积累的资源和高管积累的经验可能成为企业发展的阻碍。这时候，应该鼓励基层员工创新创业，用自组织和涌现的方式让新的机会和业务"冒出来"。这好比老年人，应该放手给年轻人机会，让新的生命自然成长。

能够把企业生命周期四阶段的战略思路统一起来的战略思想，就是接下来要讲的共同演化战略。

战略：系统性 × 动态性

1. 企业战略的系统性和动态性

在当今世界，企业营商环境中的不确定性和不连续性越来越突出，"恒常"状态不再是常态，而"无常""动荡"和"混沌"成为新常态。

战略管理研究要回答的一个核心是"企业间绩效差异的来源是什么"。换句话说，为什么有些企业绩效好，而另一些企业绩效差呢？传统的研究往往只看一些要素独立的静态影响。例如，公司层面的管理是否有效，行业竞争程度如何，业务单元层面的运营效率的高与低，等等。通常情况下，这些要素独立的静态影响只能解释企业间绩效差异的40%。

最近，加拿大温莎大学的郭广瑞教授利用创新的研究方法发现，美国上市企业间绩效差异的来源在近30年间越来越多地来自系统性和动态性的因素（见表1-3）。⊖具体地，1979～1996年，美国上市企业间绩效差异的来源中有3.82%来自公司层面的要素，有5.48%来自行业层面的要素，有29.59%来自业务单元层面的要素。这几个要素的独立静态影响占绩效差异来源的38.89%，而加上公司和行业要素交互作用（系统性因素）16.19%的影响后，静态因素的影响占总影响的55.08%，动态要素的影响（包括跨期连续性变化及其交互作用和跨期不连续性变化及其交互作用）占总影响的44.92%。

表1-3 美国上市企业间绩效差异的来源（1979～1996年）

绩效差异来源		所占比例	小　计
静态效应	公司层面	3.82%	55.08%
	行业层面	5.48%	
	业务单元层面	29.59%	
	公司和行业交互作用	16.19%	
动态效应	跨期连续性变化及其交互作用	11.17%	44.92%
	跨期不连续性变化及其交互作用	33.75%	

郭广瑞教授的进一步研究发现，由于"9·11"事件的发生，1985～2002年美国上市企业间的绩效差异来源中，静态效应占总影响的比例下降到33.35%，而动态效应占总影响的比例上升到66.65%，也就是说，有2/3的差异来自动态效应。到了这项研究关注的最近期间（1995～2012年），动态效应已经占到了美国上市企业间绩效差异来源的83.42%（见表1-4）。

表1-4 美国上市企业间绩效差异的来源（1980～2012年）

绩效差异来源	1980～1997年	1981～1998年	1982～1999年	1983～2000年	1984～2001年	1985～2002年	1986～2003年	1987～2004年
静态效应	53.86%	54.96%	58.42%	59.73%	57.30%	33.35%	31.35%	26.87%
动态效应	46.14%	45.04%	41.58%	40.27%	42.70%	66.65%	69.65%	73.23%

⊖ 郭广瑞，"Demystifying Variance in Performance: A Longitudinal Multilevel Perspective"，国际管理学会年会，2015。

（续）

绩效差异来源	1988~2005年	1989~2006年	1990~2007年	1991~2008年	1992~2009年	1993~2010年	1994~2011年	1995~2012年
静态效应	27.97%	24.16%	21.61%	19.11%	16.83%	16.77%	17.03%	16.58%
动态效应	72.03%	75.84%	78.39%	80.89%	83.17%	83.23%	82.97%	83.42%

根据这项研究所反映的企业间绩效差异来源，如果战略管理研究还仅仅关注独立的静态要素，是远远不能反映企业间战略差异的；同样，如果企业的战略管理实践仅仅关注某些重要资源的作用，也是不能适应复杂多变的外部环境的。为此，本书提出了"共同演化战略"（共演战略）的理论框架。

2. 共演战略的框架

共演战略理论框架由三个部分组成：共演战略四要素、共演战略四阶段和共演战略四路径（见图1-8）。其中，共演战略四要素包括用户、产品、组织和市场；共演战略四阶段包括精益创业阶段（从0到1）、专益成长阶段（从1到N）、增益扩张阶段（从N到$N+$）和升益转型阶段（从$N+$到Z）；共演战略四路径包括用户战略路径、产品战略路径、组织战略路径和市场战略路径。

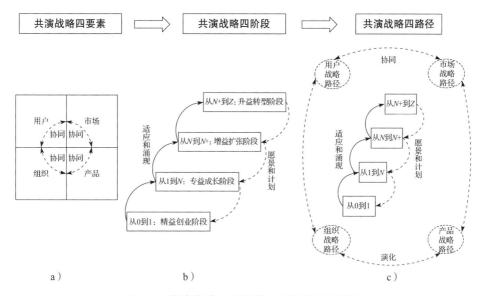

图1-8 共演战略：四要素、四阶段和四路径

3. 共演战略的四要素

共演战略四要素指的是企业的两个内部要素（产品和组织）和两个外部要素（用户和市场）。同时，组织要素和用户要素主要是和"人"有关，而产品要素和市场要素主要是和"事"有关。换句话说，用户要素讨论的是企业外部的人，组织要素讨论的是企业内部的人，市场要素讨论的是企业外部的事，产品要素讨论的是企业内部的事。共演战略四要素反映了企业战略的"系统性"特征，用户、组织、产品和市场四要素的"协同"是要素间关系的要点（见图1-8a）。

我们看一下"罗辑思维"的例子。用户、产品、组织和市场四要素构成了罗辑思维发展战略的基本框架。罗辑思维的基本战略逻辑是：聚焦"粉丝"中的重度用户和付费用户对优质内容和节省时间的强需求（用户），针对这些用户需求推出"罗辑思维"公众号和"得到"平台两大业务（产品），依靠罗振宇的创作能力、脱不花的管理能力和快刀青衣的产品能力，建立起支持产品运营和用户服务的组织架构（组织），逐步获得资本市场和内容创作"大咖"的认可，从而在内容创业市场上获得一席之地（市场）。

本书第2章介绍共演战略四要素，以及每个要素可以进一步分解成的要点和指标。通过第2章的内容，读者可以了解到，共演战略四要素涵盖了企业的主要战略方面，并且能够分解形成落地执行工具的指标系统。共演战略四要素构成企业大厦的四个支柱，而由这四个要素分解而成的要点和指标，是构成这些支柱的钢筋和混凝土。

4. 共演战略的四阶段

共演战略四阶段指的是企业战略通常经历由四个阶段组成的发展过程。这四个阶段分别是创业阶段、成长阶段、扩张阶段和转型阶段。共演战略四阶段反映了企业战略的"动态性"特征。四个阶段之间的关系由图1-8b中的两个方向的箭头表示。向上的箭头表示的是各阶段战略间的"演进"关系，即企业后面的发展阶段的战略是组织在前面的发展阶段通过适应环境而涌现演化出来的；向下的箭头表示的是各阶段战略间的"反馈"关系，即企业前面的发展阶段的战略是可以根据组织后面阶段的发展愿景计划出来的。

以罗辑思维为例。最开始，罗辑思维抓住了内容平台爆发的机遇和平台对专业内容的强需求，在优酷、喜马拉雅和微信平台上分别推出了视频、音频和 60 秒语音等内容，为用户创造了价值（创业阶段）；紧接着，罗辑思维针对"粉丝"用户群体不断推出会员、电商（书籍、月饼等）等服务，扩大用户群体，完成了用户数量的增长（成长阶段）；接下来，罗辑思维推出了"得到"平台，吸引内容创作"大咖"加盟，为用户提供多元化的音频内容和精炼阅读内容，满足用户的多元需求（扩张阶段）；2017 年年初，罗辑思维发布了"致所有在校大学生：我们在找你的老师"公开信，希望从大学校园里找到最优秀的教师，将他们的知识通过罗辑思维传递给更多听众，从而使罗辑思维成为中国最好的知识服务商（转型阶段）。从发出公开信到 2017 年 6 月底，罗辑思维相继推出了由国内知名大学教授主讲的经济学、管理学和心理学课程。

第 3~7 章，详细解读共演战略的四阶段。第 3 章讨论共演战略四阶段的理论基础。读者可以看到，用户、组织、产品和市场这四个要素有一个共同的特点，就是它们都有由萌芽、成长、成熟和衰退/革新等四个阶段组成的生命周期。因为四个要素都有类似的生命周期，由四要素组成的企业自然也有生命周期。从第 4 章开始，本书用四章的篇幅讲述创业阶段、成长阶段、扩张阶段和转型阶段企业的特点。

第 4 章关注的是企业的创业阶段。在创业阶段，企业要回答的几个重要战略问题包括：为什么创业？谁是合适的创业者？创业做什么产品？创业的市场环境如何？等等。在创业阶段，企业战略四要素的主要特点是：用户量少，组织扁平，产品未定型，市场环境对企业影响大。总之，企业在创业阶段的死亡率很高，只有为未来的发展打好基础，才能跨越企业成长路上的鸿沟。

第 5 章讨论企业的成长阶段。在成长阶段，企业要回答的战略问题包括：企业为什么会成长？组织成员能否跟得上企业成长？产品是否能够成长？市场是否能支撑企业成长？等等。在成长阶段，企业战略四要素的主要特点是：

用户数量成长快，组织开始出现层级，主打产品支撑着企业的成长，市场上的竞争者开始抢夺市场份额。实际上，只有少数企业能够安全度过成长阶段，经历快速成长阶段之后，企业的增速会逐渐放缓。

第 6 章分析企业的扩张阶段。在扩张阶段，企业要回答的战略问题包括：企业扩张的目的是什么？组织应该怎么变？如何围绕核心产品扩张？市场环境是否适合扩张？等等。在成长阶段，企业战略四要素的主要特点是：累积用户成为企业的宝贵财富，矩形组织架构基本成型，产品线逐渐增加，市场竞争越来越激烈。扩张阶段对于企业来说也是很危险的，不少企业平稳度过了成长阶段后，却死在了盲目扩张的路上。即使企业能安全度过扩张期，接下来要面对的可能就是衰退期了。

第 7 章探讨的是企业的转型／衰退阶段。在转型／衰退阶段，企业要回答的战略问题包括：企业为什么要转型？组织是否能够承受转型的冲击？转型的方向是什么？市场环境是否支持转型？在转型／衰退阶段，企业四要素的主要特点是：原有的用户价值开始下降，甚至成为企业负担，组织惯性制约转型，现有的产品盈利能力迅速下降，原来的市场开始整体性衰退。在转型／衰退阶段，企业面临两种可能性：要么衰退，要么革新。生存还是死亡，是一个选择，只有经历了自我革新的企业，才能够重生。

5. 共演战略的四路径

共演战略四路径指的是企业发展是通过用户战略路径、组织战略路径、产品战略路径和市场战略路径实现的（见图 1-8c）。这四条发展路径是共演战略的实现途径。在实践中，企业发展是通过用户战略、组织战略、产品战略和市场战略等四个战略路径落地执行的。共演战略四路径反映了企业战略的"协同性"特征。

仍以罗辑思维为例。就用户战略路径而言，从最开始的罗振宇身边朋友作为用户（点），到专注服务"焦虑青年"（线），再到服务社会各界精英人士的多元知识需求（面），到最近的服务知识群体的终身学习需求（体）；就产品战略路径而言，从最开始的视频、语音、短文（内容创业），到内容电商（内容变现），再到得到订阅服务（内容即收入），到最近计划的"解放"更多知识分子（知识服务平台）；就组织战略路径而言，从最开始的经纪人/艺人组织结构，到引入专业管理团队，再到发挥扁平组织优势，到最近的打破组织边界；就市场战略路径而言，从最开始在混沌市场中靠自有资金和手艺探索模式，到获得外部融资并和出版社等合作开发蓝海市场，再到尝试投资、与"大咖"合作并与友商竞争内容创业市场份额，到最近的颠覆传统知识传播界线和商业模式。

第8章介绍共演战略的系统性。首先，对于一家企业而言，只有实现了人和事以及内部和外部要素之间的协同，才能健康发展。这就好比一个动物，如果只有躯干庞大，四肢发育不良，是无法生存的；也好比一棵树，如果只是树冠庞大，树根很小，也是无法存活的。其次，为了保障企业能够从一个阶段平稳地发展到下一个阶段，共演战略四要素之间的协同也是系统性的，当一个或几个要素发展到下一阶段，剩下的要素也必须尽快发展才行。

第9章分析共演战略的动态性。共演战略四要素说的是，企业战略由用户、组织、产品、市场四个基本要素组成。共演战略四阶段说的是，企业发展要经历创业、成长、扩张、转型/衰退四个阶段。把四要素和四阶段结合起来，就成了企业发展的四条路径：企业的发展势必伴随着用户、组织、产品、市场的共同演化。共演战略四要素在企业发展不同阶段体现出来的不同特点，以及各阶段间的变化，体现了企业战略的动态性。

现在，就让我们进入第2章。在第2章，我们将讨论精益战略四要素。用户、组织、产品、市场这四个要素构成企业战略的基本面，四要素在企业发展过程中的共同演化，构成了企业战略的基本内容。

Co-evolution
Strategy
第2章

共演战略四要素

管理：复杂事情简单做

1. 笛卡尔方法

近代科学的思想奠基人之一勒内·笛卡尔提出了对科学研究至关重要的研究方法——笛卡尔方法。如果一个问题过于复杂，以至于一下子难以解决，那么就将原问题分解成一些足够小的问题，然后再分别解决。笛卡尔方法指导了近代和现代科学的发展。例如，科学家对生命科学的分析使用的就是这种方法。科学家首先在宏观解剖学层次上进行分析，然后用光学显微镜和电子显微镜在组织学层次上进行分析，最后在化学层次上进行分析。⊖

然而，笛卡尔方法的一个假设是，当所有分割的问题都被解决之后，系统还可以恢复原状或重新组合起来，或者说，分割的各问题的解答之和就给出了一个对整体问题的答案。这个假设对于简单系统也许成立，但对于复杂系统，情况并不是这样的。

一个大家都熟悉的故事是盲人摸象。盲人摸象的故事里有六个盲人，他们分别摸到大象的不同部位，于是他们各自认为大象像绳子、柱子、扇子等。这个故事中缺了什么？缺了一个能够综合六个盲人的意见并形成整体概念的人。换句话说，面对大象这个复杂系统，盲人们不仅要把大象分为几个部分进行研究，还要进行整合，研究复杂系统各部分间的关系和作用机制。这个整合的部分却没能出现在盲人摸象的故事里。盲人摸象的故事最早出现在佛教《大涅槃经》里，据说东汉就传到了中国。然而，在之后的 2000 年里，我们大多数人只是嘲笑故事里的盲人，却没有想到我们自己也可能是这

⊖ 弗里德里希·克拉默. 混沌与秩序：生物系统的复杂结构［M］. 柯志阳，吴彤，译. 上海：上海世纪出版集团，2010.

样的"盲人"。

复杂系统的一个特点是，总体总是大于部分之和。以生命体为例，当系统被分解后，某些东西（包括生命本身）就不可挽回地失去了。在分解过程中，许多关键性的步骤是不可逆转的。当然，这些局限并不意味着我们不应该使用笛卡尔方法，因为我们实在是没有办法直接研究一个复杂的系统。人类认识世界的能力还没有达到通过一个研究就能够理解复杂事物的全部特性的程度，因而只能够通过对事物进行分解研究，然后整合。

但是，我们必须意识到笛卡尔方法的局限性。当我们把一个生命系统或复杂系统分解成各个部分时，我们常犯的错误是做不好分解研究后的整合，或者说分解研究没有进行整合。因此，我们必须注意各个部分之间的相互依赖性，也就是说，我们必须把包括生命体在内的很多系统理解为真正的复杂系统。

复杂系统是由大量相互作用的组成部分构成的系统，和整个系统比起来，组成部分相对简单，组成部分之间没有全局性通信，组成部分的相互作用导致了复杂行为。[一]复杂系统的定义中有几个关键词：组成部分、相互作用、全局性通信和复杂行为。

我们可以把企业及其环境理解为一个复杂系统。首先，企业的战略行为属于复杂行为，具有不确定性和不连续性；其次，企业和环境组成的复杂系统内没有全局性通信，也就是说，没有一只"看不见的手"可以事先为这个复杂系统做出明确的规划；最后，这个复杂系统是由一些部分组成的，这些部分之间的相互作用（而不是部分的简单相加）构成企业战略的整体。

对复杂系统内各要素的整合很重要，但在整合之前，我们必须先理解组成复杂系统的要素，也就是盲人摸象故事里组成大象的各个部位。那么，组成企业管理这头"大象"的要素是什么呢？

2. 管理中的人和事

首先，管理就涉及的对象而言，无非是人和事两类。管理就是要把人和

[一] 梅拉妮·米歇尔. 复杂. [M] 唐璐, 译. 长沙：湖南科学技术出版社, 2013.

事的关系理顺、管好。关于管理有一种说法叫"管人理事",强调把人管住,把事理顺;关于管理的另一种说法叫"管事理人",强调把事管住,把人理顺。这两种说法都有道理,但也都有偏颇之处。实际上,人和事构成了管理的要素,管理的目标是不仅仅是人和事这两大要素,而且包括它们内部和它们之间的关系,即人与人的关系、事与事的关系、人与事的关系。

"管理"包括两个字"管"和"理"。"管"的原意之一是中国古代的一种管乐器,起初用玉制成,后改用竹,有六孔,长一尺。管乐器的原理是用特定的形状引导气流,发出不同的声音;"管"的原意之二是通过管乐器的演奏,与人体器官各种功能相谐振。所以,"管"既有疏导事物(气流)的意思,又有人与人之间协同的意思。

"理"原意之一是物质本身的纹路、层次、次序和规律。所以,研究物质运动一般规律和物质基本结构的学科叫物理学;研究生命运动一般规律和生命基本结构的学科叫生理学。"理"原意之二是古代的外交官名,负责传递国书等外交事宜。所以,"理"也是既有探究事物本身规律的意思,又有维护人与人之间关系的意思。

例如,联想集团创始人柳传志曾提出著名的联想管理三要素:搭班子、定战略、带队伍。[○]搭班子,讲的是把管理的核心团队建立起来,主要考虑的是构成核心团队的人,但也要考虑人与人之间的关系;定战略,讲的是把企业发展的方向定下来,主要考虑的是构成战略的事,但也要考虑企业的人能否干成这些事;带队伍,讲的是战略的执行,主要考虑的是怎么把定下来的事干成,但也要考虑队伍之间的关系。

其次,我们说企业战略管理管理是一个复杂系统,不仅仅是因为战略管理涉及人和事以及它们之间的关系,还是因为战略管理不仅要考虑企业内部也要考虑企业外部。

我们还回到"管理"二字的原意。"管"作为一种乐器,有内部结构和外部环境。管乐器之所以能够发声,是内部和外部气流交互作用的结果;人之所以能够让管乐器发声,也是人体内部和外部气流交互作用的结果。"理"作

○ 张涛. 柳问:柳传志的管理三要素[M]. 杭州:浙江人民出版社,2015.

为一种规律，涉及的不仅仅是事物本身的结构，更重要的是事物之间的作用规律。

以物理学为例，发展到今天，物理学理论有四个基本要素：质量、能量、力和它们背后的基本粒子。爱因斯坦发现的质能公式 $E=mc^2$（这里的 E 代表能量，m 代表多少质量，c 代表光的速度）之所以伟大，就是因为它统一了质量和能量之间的关系。爱因斯坦认为能量与质量并不是彼此孤立的，而是互相联系的，物体质量的改变，会使能量发生相应的改变，而物体能量的改变，也会使质量发生相应的改变。

复杂系统定义中有一个重要的概念：简单运作规则。人们相信，在复杂的世界背后有简单的运作规则。例如，物理学家认为物理学的最终目标是找到"大统一理论"（grand unified theories）。是要统一些什么？归纳起来有三个方面：一是物理规律的统一；二是物质本源的统一；三是相互作用的统一。以相互作用为例，微观粒子之间存在四种相互作用力：万有引力、电磁力、强相互作用力、弱相互作用力。理论上宇宙间所有现象都可以用这四种作用力来解释。科学家希望研究四种作用力之间联系与统一，寻找能统一说明四种相互作用力的理论，即大统一理论。

宇宙是一个非常庞大的复杂系统，不同维度上的规律很难用一个统一的理论来解释。然而，理解宇宙是由质量、能量、力和粒子等基本要素组成，是非常重要的。只有先理解宇宙的组成要素，科学家才能发现反映这些要素间关系的普遍规律。如果现在的科学家还像古希腊哲学家那样，认为宇宙是由水组成的，⊖那么发现解释宇宙中基本力的大统一理论只能是痴人说梦了。

和理解宇宙一样，讨论构成战略基本要素的目的就是，先理解战略这个复杂系统的组成部分，再理解这些组成部分之间的关系。科学界评价一个理论的最高标准是"简约美"。著名的奥卡姆剃刀原理强调"如无必要，勿增实体"。本书的目的就是探索企业从创业到卓越之路上的"简单理论"。

从管理的组成部分（人和事）和组成部分之间的边界（内和外）两个维度

⊖ 弗兰克·梯利. 西方哲学史［M］. 贾辰阳，解本远，译. 北京：光明日报出版社，2014.

考虑，战略管理包含四个构成要素：用户、组织、市场、产品。用户是企业外部的人，组织是企业内部的人，市场是企业外部的事，产品是企业内部的事。

虽然在信息化、网络化、智能化日益发展的今天，企业的内外边界和人事边界经常融合在一起，但用"人和事"以及"内和外"两个维度把共演战略的对象分为四个要素（见图 2-1），有助于管理者简化战略思维，抓住管理核心。

图 2-1 共演战略四要素

把战略要素分成"人和事"与"内和外"两个维度，以及用户、组织、产品、市场四个要素，一个重要目标是从一个"简单"的框架开始，帮助我们理解企业战略这个"复杂"的问题。

有一个说法："复杂的事情简单做，你就是专家；简单的事情重复做，你就是行家；重复的事情认真做，你就是赢家。"做企业，目标不是成为能够用简单而优美的公式解释宇宙奥秘的专家，也不是要成为有庖丁解牛功力的行家，而是要成为赢家。要想成为赢家，同时也得是专家和行家，要有从复杂中寻找简单的能力，要有把简单的事情千锤百炼的耐力，还要有用心做事的心力。

复杂的事情简单做，实质上就是在不确定性中寻找确定性。科学的目标是追寻真理，所谓真理，可以理解成宇宙中的确定性规律，或者至少是限定范围内的确定性规律。在哲学中，有"第一原理"的表述，亚里士多德说："在每一系统的探索中，存在第一原理，是一个最基本的命题或假设，不能被省略或删除，也不能被违反。"

特斯拉的创始人埃隆·马斯克喜欢用第一原理来思考问题。他说，当遇到创业和创新方面的难题时，他通常用第一原理的思考方式。也就是说，一层层剥开事物的表象，看到里面的本质，然后再从本质一层层往上走。换句话说，任何事物都有一个起源，这个起源是唯一的、确定性的，事物的后续发展可能是不确定的、复杂的，但如果能找到这个确定性的起源，就有了认识复杂事物的基础,有了应对不确定性的办法。

如果我们把"在复杂中寻找简单"这句话应用到企业战略四要素中,可以得出图 2-2 的框架。通常来说,在商业世界,人比较复杂,事情相对简单。所以说,需要用相对简单的方式处理人之间的关系,用相对复杂的方式处理事情间的关系。于是,这就是图 2-2 右侧和下侧"简单"和"复杂"的意思。

图 2-2　在复杂中寻找简单

关于用户,我们可以记住这样一句话,"把复杂留给自己,让用户体验简单"。2017 年 9 月发布的 iPhone X 集合了无线充电、Face ID、人工智能芯片等黑科技,运用这些复杂科技的目的是让用户体验随手充电、刷脸开机等简便的体验。

关于组织,复杂和简单的关系可以理解为"用简单规则,赋予组织应对复杂的能力"。我们提到过,复杂系统中有效的组织形式是自组织,有效的治理手段是自治理。自组织和自治理背后是简单的规则,这些反映了人性和组织本质的简单规则能够提高组织运行效率。例如,在谷歌等公司实行的 OKR(目标与关键成果法)比 KPI(关键绩效指标)更有助于企业应对复杂的情况。

关于产品,我们可以借用那句"复杂的事情简单做,简单的事情重复做,重复的事情认真做"。企业做产品,就是要在复杂的产业分工中找到自己的位置,做自己擅长的"简单"的事情,长期坚持重复做这个事情,用心做这个事情。在德国和北欧,有很多被称作"隐形冠军"的企业,在某一个细分市场中专心致志地耕耘了几十年、上百年,打造出了极致的产品。

我们可以把市场理解成一个生态,而复杂生态总是由简单的规律所支撑。例如,进化论认为自然界发展的规律只有八个字:"物竞天择、适者生存"。刘慈欣的科幻小说《三体》中提出的"宇宙社会学"则认为,宇宙的文明生态也只有两条基本公理:一是,生存是文明的第一需要;二是,文明不断增长和扩张，但宇宙中的物质总量保持不变。所以，我们可以用"遵循简单规律、应对复杂生态"来理解市场中的简单和复杂关系。

简单的事情重复做，实质上就是在不连续性中寻找连续性。实践的目标是验证和修正科学发现，就是把科学成果用到日常生活中，再把实践中发现的和科学不符的现象反馈给科学体系，帮助拓展科学边界。

关于不连续性，在哲学中有"科学范式转换"的表述，这个概念是美国著名科学哲学家托马斯·库恩在《科学革命的结构》一书中提出的。范式指常规科学所赖以运作的理论基础和实践规范，是从事某一科学的研究者群体所共同遵从的世界观和行为方式。我们可以理解成，每一个"科学范式"都是建立在特定的"第一原理"基础上的。然而，科学范式会随着科学的进步发生改变，科学范式的突破导致科学革命，从而使科学获得一个全新的面貌。

作为创业者和企业家，我们可以这样理解：每个时代都有特定的"商业范式"，包括这个时代企业所赖以运作的理论基础和实践规范，是这个时代企业群体所共同遵从的世界观和行为方式。每个"商业范式"都是建立在特定的"第一原理"基础上的。然而，商业范式会随着商业的进步发生改变，范式的突破导致商业革命，从而使商业获得一个全新的面貌。历史上，工业革命、信息革命都称得上是"商业范式的转换"。在商业范式转换前后，商业的第一原理发生了变化，原来商业范式中的确定性可能变成了不确定性，原来商业范式中的连续性可能变成了不连续性。

重复的事情认真做，实质上就是匠心精神，格物致知，用心体会重复的事情中的不确定性和不连续性，为应对未来新的不确定性和不连续性做好准备。

原则：先人后事和先外后内

1. 先人后事原则

管理学大师艾尔弗雷德·钱德勒在研究了美国四个大企业从 19 世纪 80 年代到 20 世纪 30 年代之间的发展史后发现，企业组织结构是随着经营战略的变化而变化的。钱德勒因此得出组织结构跟随战略的命题，指出：企业的经营战略决定着企业组织结构模式的设计与选择，反过来，企业经营战略的实施过程及效果又受到所采取的组织结构模式的制约。然而，很多企业家和学者把结构跟随战略片面地理解为先事后人，认为创立一个优秀公司的第一步是为公司设定一个新的使命、愿景和战略，然后找到合适的人，再朝着这个方向前进。

这是一个误解。吉姆·柯林斯在《从优秀到卓越》一书谈到先人后事时指出，先人后事就是"把合适的人请上车，让大家各就各位，然后让不合适的人下车，最后才决定把车开向哪里。"○柯林斯强调了三点：第一点，如果企业家从"做事"而不是"选人"开始创立公司，就很难适应这个变幻莫测的世界；第二点，如果有合适的人在车上的话，激励和管理他们就不是问题；第三点，如果车上的人合适，那么无论车子开始的行进方向是否正确，都会在前进的过程中调整到正确的方向（见图 2-3）。

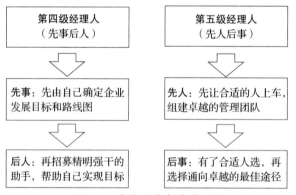

图 2-3　先人后事与先事后人

关于第一点，"企业家应该从'选人'而不是'做事'开始创立公司"，阿里巴巴是一个经典的案例。阿里巴巴"参谋长"曾鸣教授在谈到阿里巴巴创业早期"人"和"事"的动态协同时强调，阿里巴巴在创业初期没有钱，但并没有因为没有钱就放弃找最好的人。在"一没有足够的钱，二没有靠谱的事"的情况下，马云靠个人理想和阿里巴巴的愿景吸引到了包括蔡崇信、彭蕾、金建杭等人在内的"十八罗汉"一起创业。对于阿里巴巴而言，如果

○　吉姆·柯林斯. 从优秀到卓越［M］. 俞利军，译. 4 版. 北京：中信出版社，2009.

没有这些目前在阿里各个重要岗位担当重任的创始人在早期加入，阿里巴巴的航船恐怕早就在电商行业惨烈竞争的惊涛骇浪中沉没了。

马云能靠理想和愿景在创业初期吸引到优秀人才的一个重要原因是他是教练型领导者，而不是明星型领导者。吉姆·柯林斯在《从优秀到卓越》中把领导者分成两类：优秀的领导者（第四级经理人）和卓越的领导者（第五级经理人）。第四级经理人采取的是"一个明星和1000个助手"模式，而第五级经理人采取的是"一个教练和一个优秀团队"模式。对应地，第四级经理人采用的是"先事后人"模式，即先由自己确定企业发展目标和路线图，再招募精明强干的助手，帮助自己实现目标；第五级经理人采取的是"先人后事"模式，即先让合适的人上车，组建卓越的管理团队，一旦有了合适人选，再选择通向卓越的最佳途径。

关于第二点，"如果有合适的人在车上的话，激励和管理他们就不是问题"，罗辑思维CEO脱不花认为，合适的人才一定会自我激励。有一次，脱不花在朋友圈里发消息说罗辑思维有17个副总裁。有朋友好奇，一个不到150人的公司有17个副总裁，如何管理？脱不花的回答是："副总裁的意思就是免管理"。在《重新定义公司》一书中，谷歌创始人表达的核心观点是：未来企业的成功之道，是聚集一群聪明的创意精英（smart creative），营造合适的氛围和支持环境，充分发挥他们的创造力，快速感知客户的需求，愉快地创造相应的产品或服务。简单而言，这些创意精英不需要管理，只需要合适的氛围。⊖

关于第三点，"如果车上的人合适，那么无论车子开始的行进方向是否正确，都会在前进的过程中调整到正确的方向"，这一点在创业投资领域有很强的共识。例如，高瓴资本合伙人张磊认为，真正的好公司是有限的，真正有格局观、有胸怀又有执行力的创业者也是有限的，因此投公司就是投人。好的创业者应该既有格局观又有执行力，还有很深的对变化的敏感，以及对事物本质的理解。张磊决定投资京东的一个重要的因素就是投资刘强东，因为他认为刘强东"很真实"。类似地，联想创始人柳传志的名言"搭班子、定

⊖ 埃里克·施密特，等.重新定义公司：谷歌是如何运营的[M].靳婷婷，陈序，何晔，译.北京：中信出版社，2015.

战略、带队伍",也道出了先找合适的人,再确定适当战略的底层逻辑。先搭班子,找到合适的合伙人,再定战略,确定企业发展方向,然后通过带队伍,使上下同心,向战略目标前进。

吉姆·柯林斯在《从优秀到卓越》里讲的是企业内部的先人后事,即先有合适的团队,再找合适的业务。先人后事的原则在企业外部同样适用。

在创业初期,创业者往往面临资源困境,找投资难,找技术难,找商业合作伙伴难。创业者面临这些困境的主要原因是没有用户,没有满足用户需求。解决这些难题的一个方法是采用精益创业的思路:先理解用户需求,根据需求开发最小可用产品,不断测试商业假设,通过数据验证和支撑商业模式,并最终凭借经验证的商业模式吸引资源、技术和商业合作伙伴(见图2-4)。

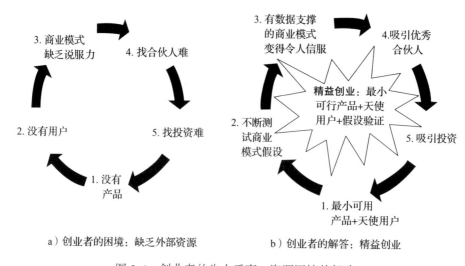

图 2-4 创业者的先人后事:资源困境的解决

在发展期,传统企业经常面临需求增长跟不上业务发展要求的情况,用户增长不够快,用户需求挖掘不够深,导致传统企业投入大量资源进行营销和推广,但往往效果不佳。以互联网企业为代表的"新经济"企业解决这个问题的方法是先人后事,利用"粉丝"经济原理,先圈"粉",再深挖需求。在"粉丝"经济方面,小米是个典型的例子。小米通过圈"铁粉"、磨产品、建社群、小内测、大传播、快量产、挖需求、建生态等步骤，按照先人后事的思路，在几年内从无到有建成了一个以手机用户为核心用户，以手机为核心产品的生态体系。

如图 2-5 所示，小米先通过"年轻人手机"的概念吸引铁杆"粉丝"，把用户定位在发烧友群体，再通过挖掘发烧友的需求和吸引他们参与设计形成小米产品基本的特点和调性。同时，小米不断扩大"粉丝"群体，把用户从发烧友扩大到喜欢分享的年轻人，建立稳定的社群，并在社群内测试手机的各种新功能。当核心社群和产品核心功能稳定后，小米开始利用社群和新媒体进行大范围传播，提高小米品牌在大众用户中的认同度，同时开始快速量产。在手机产品系列成型后，小米开始挖掘手机用户的多元需求，并形成了包括手机、手机周边、智能产品、生活耗材等产品系列和相关企业的生态系统。

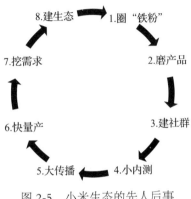

图 2-5 小米生态的先人后事

在转型期，企业同样需要先人后事的思路。克里斯坦森在总结为什么大企业会被技术和能力都不如自己的小企业和新企业颠覆时，强调的不是企业的技术水平和管理能力，而是用户需求。正因为大企业的发展方向是被现有用户推动的，大企业在面临未来发展方向的不确定性时难以做出方向的调整。同时，由于大企业需要持续依靠原有成熟技术和模式取得大规模收入，难以采用新技术和新模式来应对发展路径的不连续性。换句话说，被颠覆式创新颠覆的大企业是因为各种自身的限制，没能观察到需求的变化和没能及时做出反应，导致它们失去了市场地位和资源优势。⊖应对颠覆式创新，克里斯坦森给出的药方是"洞悉客户的待办任务"，是先人后事，是先洞察客户需求，再提供产品供客户"雇用"。克里斯坦森认为："购买产品时，客户本质上是在'雇用'该产品帮助他们完成任务。如果完成得好，下次遇到相同任务时客户还愿意再次雇用该产品；如果完成得不好，客户就会'解雇'该产

⊖ 克莱顿·克里斯坦森. 创新者的窘境 [M]. 胡建桥, 译. 2 版. 北京：中信出版社, 2014.

品,并寻找替代产品。"[①]

综上,"先人后事"强调的不是人比事重要,而是强调人和事间的逻辑顺序应该是:先人后事,而不是先事后人;先找人,再找事,不断寻求人和事的动态协调。

因此,做企业的主体思路应该是:在企业范围外,先考虑用户需求,再考虑市场环境,最终达到用户需求和市场环境的协同;在企业范围内,先考虑组织和员工,再考虑产品和模式,最终达到组织员工和产品模式的协同(见图2-6)。

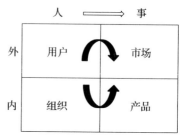

图2-6 共演战略四要素与"先人后事"原则

2. 由外而内原则

战略管理思想的发展史上经历了几次从"由外而内"到"由内而外",又从"由内而外"到"由外而内"的变化过程。第二次世界大战后,战略管理思想产生的外部环境是世界经济的快速复苏。在这个阶段,企业面临的是相对确定的发展方向和相对连续的发展路径,此时的战略管理思想强调企业内部因素;20世纪70年代末,石油危机造成了企业未来发展方向的不确定性,此时产生了迈克尔·波特为代表的定位学派,强调行业结构等影响企业绩效的"五种力量";20世纪90年代,全球企业并购风潮兴起,其背景是企业希望通过并购快速积累资源和能力,以应对企业发展路径上的不连续性;21世纪初以来,消费者的新兴需求不断涌现,促使新创企业的快速发展。新创企业不仅面临较高的发展方向不确定性,而且面临较高的发展路径不连续性。虽然新创企业缺乏独特的资源和能力,但对用户和市场的反应速度快。在此背景下,注重用户和市场的由外而内战略思想逐渐流行起来。

由内而外战略和由外而内战略的思考重点和思考问题不同。上文谈到战略四要素包括用户、市场、组织和产品。由内而外战略思想的思考重点是组

[①] 克莱顿·克里斯坦森,等. 洞悉客户的待办任务[J]. 哈佛商业评论(中文版),2016(9).

织和产品,由外而内战略思想的思考重点是用户和市场(见表 2-1)。

表 2-1 "由外而内"和"由内而外"战略的思考重点和关注问题

	由外而内	由内而外
思考重点	用户和市场	组织和产品
关注问题	**用户:** ● 用户需要我们做什么 ● 如何为用户创造新价值 ● 如何才能更好利用用户资产 ● 应该进行哪些用户价值创新 **市场:** ● 市场要求我们怎么做 ● 资源和资本为何青睐我们 ● 如何与友商竞争和合作 ● 应该进行哪些市场价值创新	**组织:** ● 组织擅长什么 ● 如何更好地发挥现有能力 ● 如何提高组织效率 ● 可以进行哪些组织创新 **产品:** ● 我们的产品是什么 ● 如何才能创造更大的销量 ● 如何获得更高的市场份额 ● 可以进行哪些产品创新

由内而外战略关注的主要问题包括:组织擅长什么?如何更好地发挥现有能力?如何提高组织效率?可以进行哪些组织创新?我们的产品是什么?如何才能创造更大的销量?如何获得更高的市场份额?可以进行哪些产品创新?

由外而内战略关注的主要问题包括:用户需要我们做什么?如何为用户创造新价值?如何才能更好利用用户资产?应该进行哪些用户价值创新?市场要求我们怎么做?资源和资本为何青睐我们?如何与友商竞争和合作?应该进行哪些市场价值创新?

正如彼得·德鲁克所说:"企业的唯一目的就是创造顾客。"由外而内战略以用户需求为决策起点,由内而外战略以资源能力为决策起点。由外而内战略认为利润来自创造用户价值,用户是宝贵的资产,用户购买的是需求的满足,最好的点子来自用户,优质意味着"用户满意",用户忠诚度是盈利关键;由内而外战略认为利润来自降低成本、提高效率,用户是管理对象,用户购买的是产品性能,用户不清楚他们要什么,优质意味着符合质量标准,升级产品是盈利关键(见表 2-2)。⊖

⊖ 乔治·戴伊. 由外而内的战略 [M]. 荣慧, 译. 北京: 中国财富出版社, 2015.

表2-2 "由外而内"和"由内而外"战略思维模式的差异

由外而内	由内而外
用户需求是一切决策的起点	资源能力是一切决策的起点
利润来自创造用户价值	利润来自降低成本、提高效率
用户是宝贵的资产	用户是管理对象
用户购买的是需求满足	用户购买的是产品性能
优质意味着"用户满意"	优质意味着符合质量标准
最好的点子来自用户	用户不清楚他们要什么
用户忠诚度是盈利关键	升级产品是盈利关键

2014年5月6日,阿里巴巴向美国证券监管委员会递交上市注册登记书。在递交上市注册登记书的几分钟前,马云给全体员工发出了一份邮件,邮件中写道:"上市后我们仍将坚持'客户第一,员工第二,股东第三'的原则。"在把股东价值最大化奉为圭臬的美国股票市场上市,阿里巴巴仍然明确地强调了"客户第一,员工第二,股东第三"原则,直接挑战了传统上认为企业发展的目标是股东利益最大化的逻辑。

自创业以来,阿里巴巴一直强调"客户第一,员工第二,股东第三"原则,认为只有满足了客户需求,员工快乐,才有可能创新。客户满意了,员工满意了,股东一定会满意。这个观念反映的正是由外而内战略思想。客户是企业外部的人,员工和现有股东是企业内部的人。阿里巴巴做的是平台生意,企业发展需要吸引更多的卖家和买家到平台上交易,这些卖家和买家就是阿里巴巴的客户。为了吸引更多的客户,阿里巴巴一是把"让天下没有难做的生意"作为企业使命,二是把"客户第一"作为企业经营的原则。要做到客户第一,必须有员工的努力,而员工努力的方向是满足客户需求。同时,股东作为提供企业创始和持续发展资本金的资源提供方,必须认可企业为客户创造价值的使命和认同员工为客户创造价值的努力,否则就会频发资本市场上资本方为获得高额资本回报操纵企业发展方向的"野蛮人现象"。

在谈到供给侧改革时,马云认为:"其实供给侧改革的核心思想,就是以客户为中心,以市场为中心,改变企业适应市场。供给侧的改变,要求企业改进流程、改进工作来真正适应社会发展。大多数企业原来的模式是B2C,

企业自己想象客户需要什么，生产出东西再去找客户，未来的变革方向是消费者提出需要什么，按需定制。企业要做到规模柔性化定制，必须要改革自己去适应未来，而不是改变别人适应自己。这其实是思想观念的问题。"马云所说的思想观念问题也就是要有"由外而内"的思想观念。

需要注意的是，"由外而内"不是强调企业外部比内部重要，而是强调外部和内部间的逻辑顺序应该是：先考虑外部用户需求和市场环境，再考虑组织和产品的调整和定位。

与之相应，做企业的主体思路应该是：在人的维度上，先考虑用户特点和需求，再配合相应的组织架构；在事的维度上，先考虑能够获得什么市场资源，再考虑产品如何利用资源和适应市场（见图2-7）。

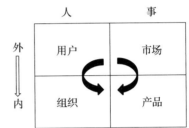

图 2-7 共演战略四要素与"由外而内"原则

关键：5个W和1个H

有一个笑话在网上广为流传。北京大学的校园保安是出了名的，不仅是因为北大经常有考上研究生的保安，更是因为北京大学校门口的保安会问来访者三个问题：你是谁？你从哪里来？你到哪里去？访客回答了这三个问题，才能进北大校门。

北大保安问的三个问题被称作三个终极哲学问题。实际上，不仅仅是哲学，还包括神学、天文学、物理学和生物学，每个学科存在的价值就在于它们回答的终极问题。

例如，天文学所要回答的终极问题是：宇宙从何而来？宇宙现在是什么样子？宇宙向哪里去？关于宇宙从何而来，科学家已经在20世纪末达成了对宇宙大爆炸理论的普遍认同，认为宇宙产生于大约138亿年前的一次大爆炸，那时宇宙万物都堆积在一个密度无穷大的称为"奇点"的点上，从这个奇点出发，宇宙开始暴涨，随后进入重组阶段，形成宇宙中的各种星体，至今，宇宙的体积仍然在不断扩张。关于宇宙现在是什么样子，科学界普遍认为，宇宙是有层次结构的、不断膨胀的、形态多样的、不断运动发展的天体系统。关于宇宙向哪里去，部分科学家认为热力学定律不会让宇宙获得永生，新的恒星无法继续形成时，宇宙会抵达热寂平衡点，回到如同诞生之初的状态；也有科学家认为随着新一轮大爆炸，将诞生下一个宇宙。㊀

和其他学科一样，管理学也要回答自己学科的"终极问题"。以企业为对象的工商管理所回答的问题应该类似于：企业是什么？企业从哪里来？企业到哪里去？

作为工商管理学科的子学科，战略管理应该回答比这些终极问题更为具体一些的问题。借用经典的"5W1H"框架，共演战略打算回答企业战略的"5W1H"，即why、who、what、where、when、how。对于这六个关键战略问题，我将在共演战略四要素、四阶段和四路径分别回答。其中，四要素部分回答why、who、what、where四个问题，四阶段回答when的问题，四路径回答how的问题（见图2-8）。

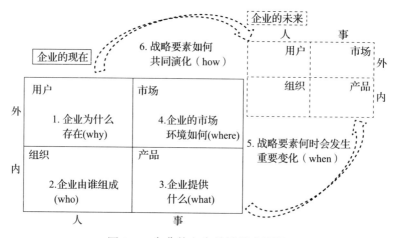

图2-8 企业的六个关键战略问题

共演战略包含四个构成要素：用户、组织、市场、产品。其中，用户是企业外部的人，组织是企业内部的人，市场是企业外部的事，产品是企业内部的事。用户要素回答有关"企业为什么存在"（why）的问题；组织要素回

㊀ 约翰·格里宾. 宇宙传记[M]. 朱芸慧, 罗璇, 雷奕安, 译. 长沙：湖南科学技术出版社，2012.

答有关"企业由谁组成"(who)的问题;产品要素回答有关"企业提供什么"(what)的问题;市场要素回答有关"企业的市场环境如何"(where)的问题。用户、组织、市场和产品这四个要素分别涵盖了企业的战略目标(用户)、战略结构(组织)、战略实施(产品)和战略环境(市场)。

企业发展一般会经历创业阶段、成长阶段、扩张阶段和转型/衰退阶段。这四个阶段回答了企业战略要素何时(when)会发生重要变化的问题。在企业不同的发展阶段,战略要素如何发生变化,则回答了how的问题。

用户:企业存在之因

在以不确定性和不连续性为特点的宏观环境下,企业的战略目标是什么?阿里巴巴马云说是"活得久",而华为任正非的答案是"活下去"。

2000年4月的《华为人报》发表任正非的文章《活下去是企业的硬道理》。文章指出,"一个人再没本事也可以活60岁,但企业如果没能力,可能连6天也活不下去。如果一个企业的发展能够顺应自然法则和社会法则,其生命可以达到600岁,甚至更长时间。对华为来讲,长期要研究的是如何活下去,寻找我们活下去的理由和活下去的价值。"

企业活下去的理由和活下去的价值是什么?被认为是全球最有影响力的管理学大师彼得·德鲁克给出的答案是,"企业的唯一目的就是创造顾客"。

早期的华为是一家贸易公司,"十几个人,七八条枪",既无产品,又无资本。要生存,就得在外企和国企的铁壁合围中杀出一条血路。当时,在华为最响亮的口号是"胜则举杯相庆,败则拼死相救",这时候活下来就是胜利。华为走出未来发展方向不确定和发展路径不连续的混沌状态的时点是1994年。在当年6月发表的《胜利祝酒辞》中,任正非讲道:"在当前产品良莠不齐的情况下,我们承受了较大的价格压力,但我们真诚为客户服务的心一定会感动上帝,一定会让上帝理解物有所值,逐步地缓解我们的困难。我们一定能生存下去……"⊖

⊖ 田涛,吴春波. 下一个倒下的会不会是华为 [M]. 北京:中信出版社,2012.

企业的发展，任正非和华为无数次强调用户的重要性："从企业活下去的根本来看，企业要有利润，但利润只能从客户那里来。华为的生存本身是靠满足客户需求，提供客户所需的产品或服务并获得合理的回报来支撑；员工是要给工资的，股东是要给回报的，天底下唯一给华为钱的，只有客户。我们不为客户服务，还能为谁服务？客户是我们生存的唯一理由。"⊖

因此，创造用户是企业生存的唯一目的，创造用户价值是企业生存的唯一理由。换句话说，用户是企业生存的第一因！⊜ 用户也是共演战略的第一要素。

从共演战略的角度理解用户，需要关注三个要点（见图2-9）：第一，用户是谁，有何特征？第二，用户的需求是什么？第三，用户为什么使用和消费本企业的产品或服务？

图2-9 "用户"要素三要点

1. 用户特征

服务用户首先要了解用户有哪些特征。用户特征通常包括多个层次，从表面到内在的层次划分大致上可以分为个人生理特征、心理特征、社会特征等。个人生理特征包括年龄、性别、身高等；心理特征包括气质、能力、性格等；社会关系特征包括工作、收入、行为、价值观等。

清楚和全面地了解用户特征非常重要，了解用户特征可以帮助企业准确定位产品、确定组织形式、认清市场竞争合作关系等。以罗辑思维为例，罗辑思维曾对微信公众号、喜马拉雅、优酷、得到App等平台上的罗辑思维用户做了特征分析（见图2-10）。发现罗辑思维的用户大多是青壮年男子，平均年龄34岁（微信公众号新用户占比60%，得到App男性用户占比78%）；用户半数来自经济发达地区，约40%来自广东、北京、江苏、上海和浙江五省市；用户收入普遍较高（罗辑思维微信公众号用户中49%用iPhone，得到App用户中53%用iPhone）；有很强烈的知识内容需求（用户每天听音频、

⊖ 《华为公司的核心价值观》，2007年修改版。
⊜ "顾客""客户"和"用户"等词汇在不同场景下的意义不尽相同，本书主要使用"用户"，但在引用原文时尽量使用原文中使用的词汇。

读文章和电子书的数量非常巨大）；用户有独特的内容偏好（方法技能的提升、商业、互联网、创业、心理学以及趋势等领域，是用户最偏爱的知识内容）；用户很主动和积极（在看订阅文章时不仅仅会看文章本身，很多人也会浏览下面的大段评论）；用户爱评论、爱分享（评论大多是针对订阅内容的深入探讨和阐述，评论篇幅都很大）。

图 2-10　罗辑思维用户的特征

基于对用户特征的深入了解，罗辑思维推出了"通往未来财富之路"等订阅产品，并在产品中加大了评论、分享和积极参与的成分。"通往未来财富之路"的出品人李笑来通过只用文字分享的形式，促使用户认真阅读每一条分享，积极参与到分享讨论中，并针对优秀的评论进一步点评，形成了出品人和用户间的良性互动，"通往未来财富之路"也成为得到 App 上第一个突破付费订阅用户 10 万人的产品。

2. 用户需求

理解用户需求可以从需求深度、需求广度和需求频度三方面考虑。需求深度和需求广度考虑的是用户需求可以挖掘的潜力和需求涉及的范围，需求频度说的是单位时间内需求发生的次数。

要理解这几个概念，我们需要先搞清楚"需求"和"需要"的差别。简单而言，可以按用户是否有购买力来区分需求和需要两个概念："需求"是用户有购买力的"需要"，而"需要"是用户希望能够得到的满足，如果用英文表达，需求更接近 need，需要更接近 want。

ofo 共享单车创始人戴威曾分享 want 和 need 的区别。[一]2015 年 4 月，ofo 面临着员工发不出工资，也找不到创业方向的困境，融资也被投资人挑战。当时 ofo 做的创业项目是长途骑行旅游，他们筹划了包括环台湾岛骑行等几个路线。戴威和另外两个联合创始人在苦闷时就骑着自行车在夜里漫无目的地闲逛，看到马路边的自行车就想，"这么多人骑车，怎么才能让他们成为我们的用户"。最后，他们得出的结论是："骑游是一个伪需求，自行车最本质的需求还是代步，代步是真需求，所以慢慢就想到共享单车的方向上去了。"

进一步理解需求和需要，可以在购买力维度之外加上技术维度。如图 2-11 所示，当用户有购买力且产品能力能够达到时，称为"实际需求"；当用户有购买力但产品能力不能达到时，称为"潜在需求"；当产品能力能够达到但用户没有购买力时，称为"实际需要"；当产品能力不能达到且用户没有购买力时，称为"潜在需要"。

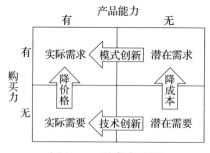

图 2-11　需求和需要

上面这几个概念间的关系可以用智能手机的例子来帮助理解。智能手机产品经过了 10 年的发展，已经成为有充分购买力和产品能力的行业。大多数成熟行业都和智能手机行业类似，这些行业有大量实际需求和产品能力（甚至可能产能过剩），也是最成熟和竞争最激烈的行业。美国皮尤研究中心（Pew Research Center）的调查显示：2015 年年底，全球的智能手机普及率

[一] 戴威把骑游称为（需要），短途出行称为 need（需要），就好像"I want Ferrari（我想要法拉利）却不会真买，这跟 I need water（我需要水）有本质区别"（参见《李翔商业内参》，2017 年 4 月 6 日）。

（成年人拥有智能手机的比例）为 43%，中国智能手机的普及率达到 58%。近年来，智能手机的快速普及得益于使用安卓系统的智能手机价格的下降，即价格下降使得很多没有能力购买 iPhone 的消费者能够支付较低价格使用低端安卓手机，这个过程把大量实际需要变成了实际需求。

从表面上看，实际需求的实现是由于产品价格的下降，但实际上，价格下降的背后是技术创新和模式创新双重力量推动的成本降低。在 2009 年苹果公司推出 iPhone 手机之前，生产智能手机所需要基于的技术创新已经历了多年积累，所以苹果公司可以把市场上积累的技术创新和以 iTunes 为代表的模式创新结合起来，降低了智能手机的软硬件开发成本，从而把人人拥有强大移动计算能力的潜在需要变成了实际需求，开启了移动互联网时代。

因此，利用共演战略理解用户需求，不仅要关注实际需求，而且要关注实际需要、潜在需求和潜在需要等概念，以及各个概念之间的转化路径。对这些概念的理解，能够帮助企业发现和开启新的战略路径和发展机会。

3. 用户选择

了解用户特征和理解用户需求，是为了评估用户选择具体产品或服务的意愿。因为只有用户选择了企业的产品，企业才能参与到用户价值创造和价值获取的过程中。

用户选择意愿（willingness to choose）是一个重要的概念，它表明用户愿意选择某产品或服务并愿意为之支付企业要求的价格。只有当用户有足够的选择意愿和支付能力时，需求才能成为实际需求，交易才可能发生。

如图 2-12 所示，用户选择意愿和产品或服务品质密切相关，用户会对产品或服务做一个整体的评价，并基于自己的满

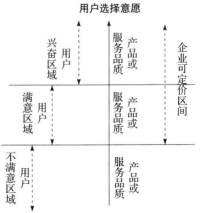

图 2-12　用户满意度和用户选择意愿

意程度决定是否愿意选择。用户满意程度可以分为三个区域：用户不满意区域、用户满意区域和用户兴奋区域。[一]当产品或服务品质落在用户不满意区域内时，用户选择意愿小于0，并可能成为诋毁型用户；当产品或服务品质落在用户满意区域内时，用户选择意愿大于0，可能选择企业的产品或服务；当产品或服务品质落在用户兴奋区域内时，用户选择意愿远大于0，非常可能选择企业的产品或服务，并可能成为推荐型用户。就企业而言，只有当产品或服务品质落在用户满意区域和用户兴奋区域内时，企业才能对产品和服务进行定价，并获取价值。

当地时间2007年9月12日晚，沃尔玛的新版广告首次出现在美国电视观众面前，新口号"省钱让生活更美好"（Save Money，Live Better）取代了沿用了40多年的口号"永远提供低价"（Always Low Prices）。每日低价法则是由沃尔玛引进零售业的，即始终向消费者提供低价商品服务。每日低价法则曾一度给消费者带来省钱的兴奋，但在消费者认为低价是理所当然之后，沃尔玛的产品或服务就从用户兴奋区下降到了用户满意区域。近年来，亚马逊等电商为用户提供更大的购物便利、更丰富的选择、更高的商品品质或更好的服务来与沃尔玛的低价战略争夺消费者。于是，沃尔玛不得不放弃坚持了40多年的"毫无悬念"的低价策略，强调沃尔玛让生活更美好的口号，以期给用户带来新的兴奋点，这也折射出其从基于成本的定价策略到基于价值的定价策略的转变。

除了选择意愿，还应该考虑用户的选择过程和选择障碍。选择过程说的是用户的选择有哪些流程和步骤，在流程的各个环节和各个步骤有哪些障碍可能妨碍用户的选择。

综合来看，可以利用图2-13来帮助我们理解用户。从生理特征、心理特征、社会特征等角度分析用户特征；从需求深度、需求广度和需求频度等方面分析用户需求；从选择意愿、选择过程和选择障碍等方面考虑用户选择。

[一] 金寅镐，路江涌，武亚军.动态企业战略：最佳商业范式的发现和实现［M］.北京：北京大学出版社，2013.

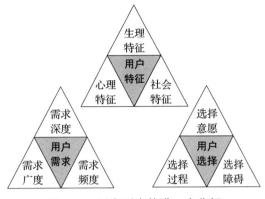

图 2-13 用户要素的进一步分解

组织：企业能力之源

企业由谁组成和如何组织起来，这个问题看似简单，实则是企业"活下去"的关键。之所以说简单，是因为企业自然是有企业家（创业者）、团队和员工组成。之所以说关键，恰如任正非所说，企业的寿命可以远远长于个人寿命，但大多数情况下却是远远短于个人寿命，造成这种差别的原因在于能不能以适当的方式把适当的人组织起来。

马云曾分享一个故事。有一次他在日本看到一个小店，门口挂了一块牌，写有"庆祝本店152周年店庆"。马云很好奇，这家店竟然有152年，他跑进店里一看，估计（店面）不会超过20平方米，一个老头、一个老太在做糕点。马云问："你们这个店有152年啊！"店主答："152年。我们家的糕点提供给了日本皇宫。"马云问："你怎么不想搞得大一点呢？"店主答："现在挺好的，我们几代下来就在这个地方做，我们挺享受的。"马云问："那你们家孩子呢？"店主答："孩子在京都大学读书，不过毕业以后，也会把这个店搞下去。"马云分享的这个故事里的小店是一个家族企业。之所以有的家族企业能够延续几百年，是因为用最自然的方式（血缘）把人组织了起来，把企业的寿命和家族的寿命联系了起来。

企业要达到"活下去"的目标，完成为用户创造价值的使命，就必须用适当的方式把适当的人组织起来才能做适当的事。

马云的愿景是把阿里巴巴做成102年的企业。为此，阿里巴巴要有一个远大的使命，需要这么长时间来实现。于是，"让天下没有难做的生意"成为阿里巴巴的使命。也就是说，阿里巴巴要为天下做生意和想做生意的人降低做生意的难度，创造用户价值。为了实现这个使命，阿里巴巴提出了"客户第一，员工第二，股东第三"原则，提出了"客户第一、团队合作、拥抱变化、诚信、激情、敬业"的"六脉神剑"价值观体系。可以看出，阿里巴巴的原则中，"员工第二"是为"客户第一"服务的；同样，阿里巴巴的价值观中，"团队合作"等五个方面也是为"客户第一"服务的。每年2月会有两个星期左右的时间，阿里巴巴各个部门的负责人跟马云等人汇报这一年干了什么，明年怎么干？马云从来没有问过："你们赚多少钱？"从来问的都是三个问题："谁是你的客户？你给客户带来了什么价值？为什么别人不能给这个客户带来同样的价值？"

因此，"组织"是共演战略的第二要素，是完成企业创造用户价值目标（第一要素）的人员和组织保障。

从共演战略的角度理解组织，主要关注三个要点：第一，领导者；第二，团队员工；第三，组织管理。领导者、团队员工、组织管理可以理解为组织的头、肢体和神经系统（见图2-14）。

图2-14 "组织"要素三要点

1. 领导者

"火车跑得快，全凭车头带。"领导者是企业的核心，是企业的头脑，领导者的眼界和格局决定着企业发展的方向和成败。然而，领导者作为个人，其生命有限的长度和宽度往往成为企业永续经营和持续发展的最大障碍。换句话说，很多企业之所以失败，是因为头脑先于身子死掉了。

与领导者密切联系的战略问题包括领导经验、领导资源和领导潜力。领导经验说的是领导者是否有相关的创业和管理企业的经验；领导资源说的是领导者能够给企业带来什么资源；领导潜力说的是领导者是否有学习能力和成为更好领导者的潜力。

人们往往寄希望于产生伟大的企业领导者，多出现一些任正非、张瑞敏和马云等能带领企业创造辉煌的企业家。持这种观点的人主要关注企业家的自我认知，信赖企业家积累的经验和思考能力，认为企业家的成长更多是由内而外的过程。然而，这种思路可能对企业家个人的特质过度依赖，也可能对外部环境变化估计不足。现实中，很多创业者和企业家都是白手起家，他们也没有什么经验，只能在创业和经营中边干边学，在行动中不断获得新的经验，并能运用这些经验帮助企业从外部获得用户、团队和资源。

我们称前一种领导者的成长模式为"由内而外"模式，后一种模式为"由外而内"模式。在现实中，企业领导者的成长模式可能更多是"由外而内"模式，同时以"由内而外"模式为补充（见图2-15）。

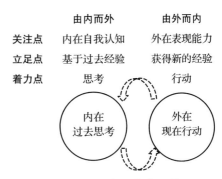

图 2-15　领导者：由内而外 vs. 由外而内

美团网创始人王兴虽然毕业于清华大学，但他不认为自己是个非常聪明的人，他更认同马尔科姆·格拉德威尔在《异类》一书中所谈到的 1 万小时理论，对一件事情全心拥抱、全力奔赴、全情投入足够的时间。㊀王兴总结他本人有三个特点：对世界充满好奇，始终保持开放的学习心态；独立思考；长期专注研究互联网。从校内网到饭否网，再到美团网，王兴具有说干就干的行动力和把产品做到极致的决心。正因为把"由外而内"和"由内而外"的企业领导者成长模式结合了起来，王兴才能在创业和企业管理中越挫越勇，不断成长。㊁

企业创始人成长很重要，创始人总有一天不得不面对无法陪伴企业继续成长的现实，这时候，领导者继任就成为企业的头等大事。企业创始人的继

㊀ 马尔科姆·格拉德威尔.异类:不一样的成功启示录［M］.季丽娜，译.2版.北京：中信出版社，2012.

㊁ 李志刚.九败一胜：美团创始人王兴创业十年［M］.北京：北京联合出版公司，2014.

任者有两种选择：要么是创始人的直系后代，要么是创始人极其欣赏的功臣（或当年一起的创业伙伴）。继任者即使工作努力、精力充沛，也通常不具备创始人的野心和想象力。因此，继任者往往能将创始人奠定的事业沿着同一个方向推进，却很难去另辟一个全新的市场。以微软公司为例，鲍尔默2008年接替比尔·盖茨后，微软遇到了移动互联网的爆发，但鲍尔默无法改变微软的传统互联网基因。同样，在库克接替乔布斯成为苹果公司总裁后，他所能做的最好情况也就是忠实地执行乔布斯路线，继续深化苹果在移动市场上的地位，但很难推动苹果超越乔布斯时代。

2. 高管团队和员工

与旧式火车的"火车跑得快，全凭车头带"模式不同，动车和高铁采用的是分散动力，即动力分散在全列各节车厢（包括车头在内）。动力分散的优点在于加速快，容易达到较高的速度。企业中团队和领导者的关系就好比动车组和车头的关系，与领导者互补的高管团队能够给企业的长期、稳定发展带来源源动力（见图 2-16）。

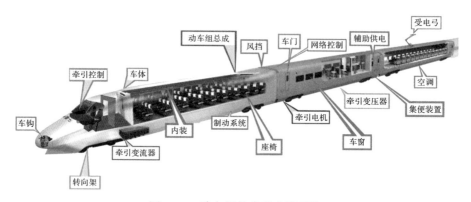

图 2-16　动车组的多动力源系统

一般来说，高管团队的最佳模式是技能上互补，但在价值观等软概念上合得来。好的团队通常有如下特点：（1）有一个明确的团队核心；（2）团队成员之间彼此信任、相互尊重、相互理解；（3）亲兄弟明算账，股权结构清晰、合理。

高管团队和员工是需要随着企业发展而发展的。以阿里巴巴为例，阿里巴巴的组织成长有几个关键节点：一是成立初的"十八罗汉"，如今这些人中有七个进入了阿里巴巴的持股合伙人团队；二是 2003 年"非典"时期，阿里巴巴分出了一个七人小团队开发淘宝网，此后阿里巴巴迎来了快速发展期；三是 2007 年 11 月，阿里巴巴在港交所上市以后，员工规模以每年数千人的速度增加，迅速成长为一个 2 万人以上的巨型公司；四是 2012 年阿里巴巴从港交所退市实现私有化之后的几年，企业规模又进入了缓慢增长期，期间进行了多次架构调整和机构变革，力图创造出一种新的适合互联网时代的组织形态。

此外，企业团队和员工的价值观建设非常重要。以阿里巴巴的"六脉神剑"价值观体系为例，"客户第一、团队合作、拥抱变化、诚信、激情、敬业"共分为三层。第一层是"客户第一"，这是阿里文化价值观的核心，是阿里巴巴的使命决定的。第二层是"团队合作、拥抱变化"，强调共享共担，平凡人做非凡事。团队合作在阿里巴巴已经不再是老板要求的团队合作，而是人和人之间随时随地会发生的团队合作。例如，2012 年和 2013 年，阿里巴巴曾经做过两次大轮岗，涉及的员工达上万人，但整个调整期基本在一个月内全部完成，这样的效率是阿里巴巴长期强调团队合作和拥抱变化价值观的结果。第三层是"激情、诚信、敬业"，要求员工乐观向上、诚实正直、喜欢自己的工作。核心价值观的传承在阿里巴巴已经变成全体员工的思维习惯，在阿里巴巴应对未来发展方向不确定性和发展路径不连续性，保持持续发展方面起到很大作用。㊀

3. 组织管理

组织结构是组织管理的重要内容，是领导者、高管团队和员工在组织内的关系体系。从人员分布规律的角度出发，我们可以绘制一张组织结构图，横轴体现了个体之间的功能与流程关系，纵轴则体现了不同层级之间基于责权的层级与管控关系。自上而下的层级体现了不同级别部门或岗位之间的汇报关系，而每一个层级内，个体之间的关系则体现了该层级结构划分的依据。

㊀ 创业家.创始人：搞定了团队，你才能做大［M］.杭州：浙江出版集团数字传媒有限公司，2015.

以图 2-17 中的组织结构示意图为例，企业内各职能部门向相应的副总经理汇报，而副总经理向总经理汇报。在职能部门层级，包括市场开发部、研发中心、采购部、供应链管理部、质量管理部、投资发展部、人力资源部、工程建设部等业务部门，也包括总裁办、财务部、审计部等职能部门，此外还包括六个事业部。可以看出，各职能部门是按研、产、销的价值链维度进行划分的，按产品种类维度或区域维度进行划分的。⊖

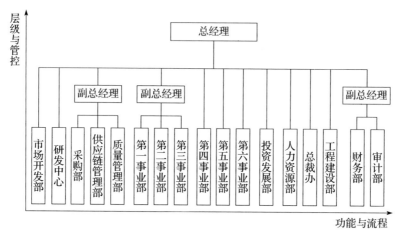

图 2-17　某企业组织结构图示例

随着企业发展，图 2-17 中的组织结构会沿着横轴和纵轴发生动态变化。一般规律是：先变得越来越复杂，再被迫逐渐简化。一方面，随着企业规模和业务种类增加，分工的复杂化一定会加强结构性特征；另一方面，如果组织结构过于复杂、缺乏弹性，将不能适应未来发展方向的不确定性和发展路径的不连续性。组织结构和组织人员的动态平衡，以及组织与用户、业务和市场的动态平衡，成为企业发展过程中组织结构设计的核心。

在传统经济环境中，许多企业习惯于在近似稳定的均衡状态下运行，可现在却发现需要在混沌状态下经营。未来发展方向的不确定性和发展路径的不连续性赋予了组织结构新的内涵：⊜（1）个体与组织的共生关系，即个体不能忽视组织，要对组织目标给予承诺，组织也不能忽视个体，不能够简单地

⊖　李书玲. 组织设计：寻找实现组织价值的规律 [M]. 北京：机械工业出版社，2016.
⊜　陈春花. 激活个体：互联时代的组织管理新范式 [M]. 北京：机械工业出版社，2015.

要求个体服从组织；（2）组织必须外部导向，即组织必须时刻关注用户和市场的变化。正如德鲁克所言：每隔3年，组织都应该针对每一个产品的服务政策和销售渠道提出质疑；（3）组织需要打开内外边界。对内部，需要打破传统的条块分割的组织单位，探索自组织和为个体赋能的方式；对外部，需要探索加入甚至建立生态系统的可能性。

以海尔为例。1984～2012年，海尔经历了五个清晰的变革阶段，每个阶段都经历了组织结构和战略的动态调整。第一次重大变革发生在1984～1991年，这期间是名牌战略与全面质量管理的结合；第二次变革发生在1992～1998年，这期间是多元化发展战略和OEC管理模式的结合；第三次变革发生在1999～2005年，这期间是国际化战略与市场链管理的结合；第四次变革发生在2006～2012年，这期间是全球化品牌战略与人单合一管理模式的结合；⊖第五次变革发生在2013年至今，这期间是网络化战略和网络化组织的结合。正是因为不断思考和实践环境与组织变革的关系，张瑞敏于2015年11月获得了"全球最具影响力50大商业思想家"（Thinkers 50）授予的"最佳理念实践奖"。

综合来看，可以从领导经验、领导资源和领导潜力角度分析领导者；从团队规模、团队素质和团队成长等方面分析团队员工；从组织结构、组织制度和组织文化等方面考虑组织管理（见图2-18）。

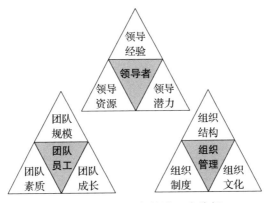

图2-18　组织要素的进一步分解

⊖ 曹仰锋. 海尔转型：人人都是CEO [M]. 北京：中信出版社，2014.

产品:企业价值之基

如果说创造用户价值是企业存在的目标,适当的人员和组织形式是企业存在的形式,那么产品或服务就是企业实现创造用户价值目标和获取所创造的部分价值的手段和载体。

商业模式反映企业利益相关者的交易结构。[⊖]企业提供的产品或服务是这个交易结构的核心,是企业业务的交易对象,是企业资源和能力的运用结果,反映了企业的盈利模式,是企业现金流结构的保障,并最终体现企业价值。以产品交易为核心的商业模式包含两个基本过程:一是价值创造;二是价值获取。

在传统的以价值链为基础的商业模式中,组织和用户之间发生联系是通过市场机制在组织和用户间交易产品而实现的。价值创造过程如下:首先是组织生产产品,创造生产价值;然后将产品推向市场,创造流通价值;最后是用户从市场上购买产品,创造交易价值。价值获取过程如下:首先是市场从用户手中获得交易价值;然后市场将扣除流通价值后的剩余部分传递给组织;最后由组织将扣除生产价值后的剩余部分传递给上游(见图 2-19)。在以价值链为基础的商业模式中,组织和用户不(或很少)发生直接联系,价值创造和价值传递过程是在产品生产出来后通过市场发生的。

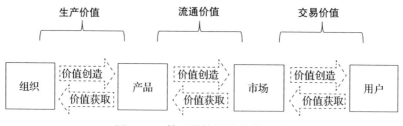

图 2-19 基于价值链的价值系统

我们把共演战略体系下的价值系统称为基于价值网的价值系统。在这个系统中,战略各要素之间的联系更加直接和紧密。如图 2-20 所示,组织和用户在产品生产出来之前即发生联系,组织通过更好地理解用户需求,为用户创造更高价值,并与用户共同分享价值,传统的价值创造和价值获取过程也

⊖ 魏炜,朱武祥.发现商业模式[M].北京:机械工业出版社,2009.

由直线型变成 U 形。除了价值创造和价值获取过程中的顺序关系外，共演战略四要素之间也发生着更多的直接联系。用户和组织间存在着价值共创和价值共享关系，而这种关系在基于价值链的价值系统中是不存在或不明显的。

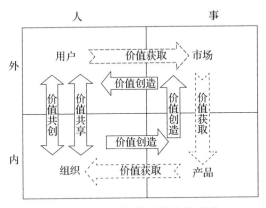

图 2-20　基于价值网的价值系统

以小米生态链公司石头科技为例。石头科技的产品是扫地机器人，满足的需求是家庭和办公环境的地面清扫，所在的是以 iRobot 为代表企业的智能扫地机器人市场，组织的成员包括创始人昌敬、张志淳和吴震等。石头科技的价值创造过程可以描述为公司通过为家庭和办公场所提供米家扫地机器人产品，创造高效、节能和智能的地面清扫解决方案。从性能上讲，米家扫地机器人采用 5200 毫安锂电池，续航达到 2.5 小时，可以清扫 200 平方米的可清扫面积；[⊖]从节能上讲，米家扫地机器人每年消耗电能所需电费大约 20 元；从智能上讲，米家扫地机器人安装 12 大类不同的传感器和 3 个独立的处理器，机器人可以认知它处在什么样的环境里，以及它具体处在什么位置，也就是"这是哪儿和我在哪儿"这两个问题。很明显，在价值创造过程中，优质的产品是核心。

企业的生存不仅要有价值创造，也要有价值获取。石头科技的价值获取过程可以描述为：家庭和办公用户为满足地面清扫需求，对比不同解决方案，然后通过米家或其他渠道支付 1699 元人民币的价格购买米家扫地机器人，

⊖ 一般家庭的可清扫地面面积占住房使用面积的 30%～50%，也就是说，米家扫地机器人理论上一次充电可以完成 400～500 平方米房间的清扫工作。

这1699元的产品价格扣除渠道费用后回流到石头科技公司，而石头科技公司获得扣除各项成本后的价值。

从上面的描述可以看出，产品是企业战略实现所依托的核心载体。从共演战略的角度理解产品，主要关注三个要点：第一，产品开发；第二，营销推广；第三，商业模式（见图2-21）。从创新的角度来看，产品开发侧重技术创新，营销推广侧重营销创新，商业模式侧重模式创新。三个要点分别围绕产品讨论"卖什么""卖多少"和"怎么卖"。

图2-21 "产品"要素三要点

1. 产品开发

在未来发展方向确定性高和发展途径连续性高的情况下，企业采用计划的方式制定战略，产品开发也相应地采用瀑布式开发模式。瀑布式产品开发模式严格遵循预先计划的需求分析、设计、编码、测试、维护等步骤进行（见图2-22）。瀑布式产品开发思路假定用户面临的问题和产品的特征都是已知的，它的严格分级导致自由度降低，早期即做出产品承诺导致后期难以针对需求变化调整，失败代价高昂。

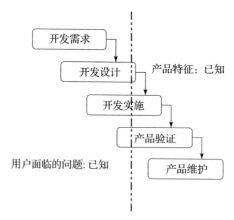

图2-22 计划战略模式下的瀑布式产品开发

在软件行业，瀑布式开发是传统的开发方式。Windows和Office等软件的更新周期大致为 3 年，这 3 年通常会被分成若干个阶段，其中软件的规划和设计工作要占到 6～8 个月，之后是 6～8 周的代码编写和为期 6 个月的测试阶段，接下来如果出现较大的需求变更，就需要 6～8 周的时间来进行第二轮的代码编写和 6 个月的第二轮测试，如果无须大的调整，则进入 6 个月的稳定期，直到产品最终发布。在大部分人的印象里，微软的新版本软件好像很少按照既定时间发布（Windows 95、Windows 2000 和 Windows Vista 均延期发布），而微软本身也很少就软件延期发布正式的官方声明。虽然微软凭借其垄断地位长期获得高额利润，但其不断出现的产品开发失败和无法应对移动互联网时代的困境，正反映了其瀑布式产品开发方式存在的问题。

有一则寓言：一位老者让年轻人烧壶开水。年轻人装满一壶水便烧了起来，可由于壶太大，柴火烧尽了，水也没有开。老者问年轻人："假如只有这些柴火，怎么才能把水烧开呢？"年轻人想了想，恍然大悟，说："把水壶里的水倒掉一些。"这则寓言说明一个道理：在时间和资源有限的情况下，可以先简化问题，把资源放在最重要的问题上。在产品开发方面，通常可以用 20% 的时间和资源开发出满足用户 80% 需求的产品。还是以微软产品为例，即使像 Windows 和 Office 等大型软件，编写代码的时间只占产品开发总时间很少的一部分。

小米公司的开发口号是"快速迭代，随做随发"，他们依据的理念就是敏捷开发。任何产品推出时肯定不会是完美的，完美是一种动态的过程，所以要迅速让产品感应用户需求，从而一刻不停地升级进化，推陈出新，这才是保持领先的唯一方式。在小米 MIUI 部门，产品永远是 Beta 版，可能每几天一个版本，快速地去升级，不断地倾听论坛、用户的反馈，不断地调整修改，然后决定后面的方向。所以，"快速迭代"是小米公司对产品的基本要求，能否做得足够快已成为衡量一款产品研发是否成熟的标准之一。小米公司采用了业内比较激进的开放式创新的模式，就是在小米公司官方网站及合作论坛发布（包括 Alpha、Beta、RC 及正式版），以最大限度地让"粉丝"和用户参与进来，这种方式极大地激发了小米公司"粉丝"群中技术粉的创新热情。

从微软计划驱动的瀑布式开发方式，到小米用户需求驱动的敏捷开发方式，除了两者软件特点的差异外，也反映了两家公司在用户需求导向和组织管理方面的差异。瀑布式开发方式是在确定产品功能的前提下，变动投入的资源和时间，以达到产品功能为目标。敏捷开发方式，是在给定资源和时间的前提下，开发最小功能产品，并在产品迭代中不断学习和改进产品（见图 2-23）。

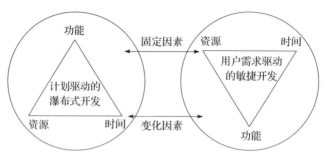

图 2-23　从瀑布式开发到敏捷开发

2. 营销推广

《定位》一书中文版的副标题是"有史以来对美国营销影响最大的概念"。的确，在以确定的未来发展方向和连续的未来发展路径为特征的传统经济时代，用简化的信息占领用户的心智是快速有效的营销方式。㊀

"定位"思维曾在商界创造过不少的经典案例，加多宝凉茶、东阿阿胶、香飘飘奶茶、方太厨电、脑白金都成为各自品类的代名词。史玉柱在谈到脑白金的营销策略时说："其实我现在都不知道教科书里的营销是怎么定义的，我觉得营销最核心的一个问题是要了解你的产品卖给谁，把目标消费群研究透了，路子对了，也就成了。"史玉柱当时和公园里的老头老太太聊天，发现他们知道脑白金，但不舍得买，因为中国的老年人对自己是最抠门的，除非是儿子或女儿买给他们，否则他们是不会买的。于是史玉柱就把广告的目标群体改为老人的儿子和女儿们（客户），让他们买给自己的父母（用户）吃。㊁史玉柱还说，脑白金的同一个广告一打就打了 15 年，而且 15 年内连续被评为十差广告第一名，但消费者的印象特别深，广告效果特别好。

㊀ 阿尔·里斯，杰克·特劳特. 定位：有史以来对美国营销影响最大的观念 [M]. 谢伟山，苑爱冬，译. 北京：机械工业出版社，2011.
㊁ 优米网. 史玉柱自述：我的营销心得 [M]. 北京：同心出版社，2013.

在移动互联网时代，无论是用户、产品还是渠道都发生了重大变化，基于"定位"思维原理的营销推广策略是否完全适用值得商榷。首先，用户发生了变化。随着社会结构、经济结构的变化，甚至是受到"反腐"的影响，用户和客户分离的情况越来越少；其次，随着用户教育程度的提高，产品信息越来越透明，用户选择的多样化程度和理性程度也越来越高；最后，电商的发展冲击着线下产品渠道，自媒体的发展也冲击着传统广告渠道。

以手机行业为例。2015年之前，小米凭借互联网营销渠道一度成为国产手机销量冠军，极大地冲击了依赖传统线下渠道的其他国产品牌。从2016年开始，以vivo和OPPO为代表的手机厂商，利用遍布全国的线下渠道和铺天盖地的广告反超小米。于是，2016年成为了小米的线下渠道补课年。然而，移动互联网发展毕竟是大趋势，而手机是移动互联网的天然载体。应该可以预见，在以手机为代表的移动互联网硬件产品行业里，未来的营销渠道一定是多元化的。

3. 商业模式

产品是企业商业模式的核心，而商业模式所依托的主要是企业的商业模式。魏炜和朱武祥认为，商业模式反映的是企业与其内外各种利益相关者之间的交易关系，主要包括四个方面：（1）企业拥有或者可以从事什么样的业务活动；（2）行业周边环境可以为企业提供哪些业务活动；（3）企业可以为各个相互作用的主体提供什么价值；（4）从共赢的角度，企业应该怎么做才能将这些业务活动形成一个有机的价值网络。⊖从共演战略的四要素及其形成的价值系统来看，商业模式是以产品为核心，支持用户、组织、产品和市场四要素间价值创造和价值获取的业务体系。

以小米生态企业石头科技为例（见图2-24）。石头科技从上游采购机电设备、导航系统、主板、芯片和清洁系统等零部件，生产米家扫地机器人及相关产品，供货给米家平台和其他渠道，最终销售给家庭和办公用户。在市场上，石头科技与科沃斯、iRobot、福玛特、飞利浦等厂商进行竞争，并与小米生态链的其他企业形成互补和合作关系。从供应商、竞争者、互补者、

⊖ 魏炜，朱武祥. 发现商业模式. 北京：机械工业出版社，2009.

石头科技、渠道到用户是价值创造过程,反向是价值获取过程。

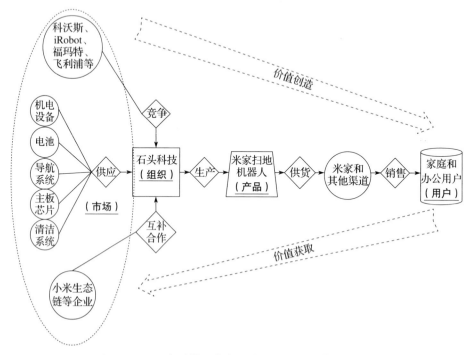

图 2-24　石头科技(米家扫地机器人)的商业模式

综合来看,可以从产品创新、流程创新和技术创新角度分析产品开发;从营销定位、营销渠道和营销力度等方面分析营销推广;从业务模式、盈利模式和现金流模式等方面考虑商业模式(图 2-25)。

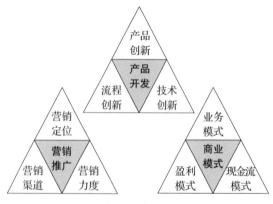

图 2-25　产品要素的进一步分解

市场：企业未来之路

如果连米家扫地机器人为完成扫地任务都需要知道"这是哪儿"和"我在哪儿"，那么市场环境对企业的重要性就不言而喻了。市场环境是影响企业发展的重要因素，企业发展史往往是一部从市场环境中发现机会和适应市场环境变化的历史。

以海尔集团为例。张瑞敏有一个著名的"三只眼"理论：企业必须长三只眼睛，第一只眼睛盯住内部管理，第二只眼睛盯住市场变化，第三只眼睛盯住国家宏观调控政策。正是紧盯市场变化和宏观调控政策的两只眼睛为海尔带来了各发展阶段所需要的资金、资源、技术和市场。

海尔集团的前身是 1980 年由几家集体所有制工厂合并后建立的青岛电冰箱总厂。1984 年 10 月，青岛电冰箱总厂和德国利勃海尔公司签约引进当时亚洲第一条四星级电冰箱生产线。同年 12 月，张瑞敏就任青岛电冰箱总厂厂长。作为集体企业，当时海尔面临的市场环境基本情况是缺资金、缺技术、市场竞争混乱。张瑞敏和杨绵绵等领导团队通过到当地农村大队借钱才给员工发上工资，通过"跑部钱进"解决了引进生产线所需的 1100 万元"巨额资金"。海尔派出技术团队到德国利勃海尔系统学习冰箱生产技术，补上了技术缺口。同时，张瑞敏分析了当时电冰箱市场品种繁多、竞争激烈的形势，提出了"起步晚、起点高"的原则，制定了海尔发展的"名牌战略"。

1992 年 2 月，邓小平"南方讲话"发表了，刚刚成立的海尔集团抓住机遇，在青岛东部高科技开发区征地 800 亩，建立了海尔工业园。同年，海尔还成为国内家电行业第一个通过 ISO9001 国际质量体系认证的企业。1992～1998 年，海尔凭借自身的技术和管理优势，以成本扩张的方式先后并购了青岛红星电器、广东顺德洗衣机厂、莱阳电熨斗厂、合肥黄山电视机厂等 18 个企业，初步实现了"多元化战略"。

1999 年 4～5 月，海尔在美国南卡罗来纳州建立了生产厂，在欧洲和中东建立了销售网络，开启了"国际化战略"阶段。1999～2005 年，海尔通过与竞争者合作，先后和爱立信、声宝集团等建立了合作关系，通过市场竞合获得发展所需的技术、资金和资源。在此期间，海尔还明确了"走出去、走进去、走上去"的三步走国际化战略。在国际化战略取得初步成效的基础上，海尔于 2006 年开始推行"全球化战略"。与国际化战略不同，海尔在全球化战略实施过程中，更加注重本土化和开放平台的建设。通过全球研发资源整合平台的搭建，海尔整合了全球超过 10 万名在知名高校、科研机构工作的专家学者，形成了"世界就是你的研发部"的开放体系。通过重新定义竞争合作关系，海尔实现了全球资源、资本和技术的整合。

2012 年 12 月 26 日，张瑞敏宣布海尔进入"网络化战略阶段"。海尔进行这次战略调整的背景是用户、信息、技术和资源等的网络化。在这样的大背景下，海尔提出了"企业无边界、管理无领导、供应链无尺度"的三无原则。企业无边界，指的是用户与组织的边界变得模糊；管理无领导，指的是组织内部的层级结构被彻底打破；供应链无尺度，指的是企业产品生产和提供的过程变得更加灵活且富有弹性。

从海尔的发展历史我们可以看出，市场环境要素对企业的用户、组织和产品三个要素的重要影响。市场环境与用户、组织和产品三个要素一起，构成了共演战略的四大要素。

从共演战略的角度理解市场要素，我们主要关注三个要点：第一，技术趋势；第二，资本资源；第三，市场竞合（见图 2-26）。如果把市场比作战场，把企业比作军队，那么技术来源就是枪炮，资本资源就是钱粮，市场竞合就是与对手的搏杀、与兄弟部队的合作。

图 2-26　市场要素三要点

1. 技术趋势

如果说资本在经济中的作用有所下降的话，那么重要性上升最明显的要素非技术莫属。21 世纪初至今，全球最耀眼的科技企业要数苹果公司了。苹果公司最常用的一句宣传语是"重新发明了……"例如，苹果公司以 iPod 重新发明了音乐播放器，以 iPhone 重新发明了手机，以 iPad 重新发明了平板电脑。然而，苹果公司并没有称自己"发明了……"其原因在于苹果公司是在某些技术达到成熟前的恰当时机很好地利用这些技术创新了产品。

苹果公司的 iPod 是在首个数字播放器问世后很长时间之后发布的。但是，iPod 以其独特的界面、简洁的设计迅速风靡全球，并结合 iTunes 商店，占据了市场主导地位，挽救了整个音乐产业。像很多产品一样，在 iPod 取得成功之前，数字音乐播放器经历了漫长的发展过程。有关数字压缩标准的早期工作开始于 20 世纪 80 年代，也就是 iPod 出现前 20 年。

大多数技术的产生和发展都遵循一条 S 形的成熟度曲线（见图 2-27）。（1）萌芽阶段。例如，20 世纪 80 年代早期关于 MPEG 数字音频标准方面的工作只存在于实验室中，还没有投入商业使用。（2）新兴成长阶段，其特点是供应商开始早期的商业化，早期采用者开始实验项目，行业的领导者开始应用。例如，1998 年 11 月，一个重 2.5 盎司⊖、只有小型寻呼机大小的 Diamond Rio 数字音频播放器问世，它能够存储 20 歌曲，价格为 199 美元。（3）快速成长阶段，其特点是厂商对技术商业化流程的理解加深，围绕创新的基础设施得到发展。在 iPod 推出时，虽然移动互联网还没有发展起来，但基于 PC 的互联网和 Windows 操作系统已经非常普及，这为 iTunes 的推出提供了条件。（4）主流市场阶段，其特点为某项技术在市场上占主流地位，它的发展方向和商业价值比较容易预测。例如，iTunes 商店的启用使 iPod 更受欢迎，并开始进入主流市场阶段。苹果在基本款 iPod 的基础上不断推陈出新，发布了 iPod mini、iPod Shuffle 等一系列产品。

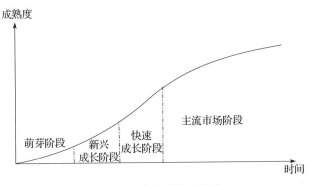

图 2-27 技术成熟度曲线

⊖ 1 盎司 = 28.3495 克。

技术成熟规律表明，企业需要在合适的时间选择合适的创新，而不能逆技术趋势而动，盲目进行创新。[一]同样，技术创新往往也不是企业可以单独完成的，而是要与市场上的竞争者和合作者共同完成。

2. 资本资源

传统战略管理理论主要从企业内部角度考虑资本和资源，关注股东利益最大化和企业资源的独特性。随着组织边界的不断开放和分享经济理念的日益盛行，共演战略更关注资本和资源的动态变化，以及企业与外部资本和资源的互动关系。

在《资本主义的窘境》一文中，克里斯坦森认为：当今，资本主义面临严峻的挑战，其原因在于资本主义本质上将资本视为稀缺资源。在"资本是稀缺资源"的指导思想下，社会经济结构是围绕着保护资本和资本利益最大化的目标来设计的。然而，在"后资本主义时代"，资本收益率逐渐降低，而资本丰裕程度在逐渐提高。[二]因此，企业应注重在发展过程中资本的动态变化，而非在整个企业生命周期中仅仅为最初的资本投入方获取最大化的利益。

除了资本稀缺假设之外，共享经济理念挑战的资本主义制度的另一个核心假设，即私有财产的重要性。私有财产是资本主义制度的本质特征，具有排他性。进入互联网时代，人们不再仅仅从"排他性"角度理解人与人之间的财产关系，而是希望通过物品与更多的人和物联系起来。人们的理念正从所有权和排他权向使用权和分享权转变。正如杰里米·里夫金在《零边际成本社会》一书中所说："21世纪上半叶，协同分享将伴随着资本主义市场蓬勃发展，并且已经开始改变我们组织经济生活的方式，它极大地缩小了收入差距，实现了全球经济民主化。"[三]

被称作"共享经济之母"的罗宾·蔡斯（Robin Chase）在她的网站首页

[一] 杰姬·芬恩，马克·拉斯金诺. 精准创新：如何在合适的时间选择合适的创新[M]. 中欧国际工商学院专家组，译. 2版. 北京：中国财富出版社，2014.
[二] 克里斯坦森，范贝弗. 资本主义的窘境[J]. 哈佛商业评论（中文版），2014（6）.
[三] 杰里米·里夫金. 零边际成本社会[M]. 赛迪研究院专家组，译.2版. 中信出版社，2014.

宣示着她的梦想："让我们打造一个富足的经济；让我们发现过剩产能，并将其释放出来；让我们开放资产、数据，还有头脑；让我们努力解决气候变化和贫富不均问题；让我们创造一个我们愿意生活其中的世界。"㊀正是怀着这样的梦想，罗宾·蔡斯创办了汽车分享公司Zipcar。

Zipcar的商业模式非常简单，顾客第一次加入Zipcar时需要支付申请费并完善信用卡资料，然后会得到一张会员卡。Zipcar的汽车通常停放在居民比较集中的地区，当会员需要用车时，可以直接上Zipcar的网站或者通过电话搜寻需要的那段时间内有哪些车可用，网站就会根据汽车与会员所在地的距离，通过电子地图排列出可租用车辆的基本情况和价格，会员可以根据自身出行的特点选择汽车的生产厂家、型号甚至颜色进行预约，预约后就在预约的时间内到车子的所在地拿车，用会员卡就可以开/锁车门，然后将车开走。使用完之后于预约的时间内将车开回原本的地方，用会员卡上锁，走人。

如果说因为Zipcar还拥有这些汽车，模式不够"轻"的话，以Uber和滴滴为代表的网约车模式则是"彻底的"分享经济。网约车公司通常不拥有汽车，它们仅提供约车平台，由私家车司机提供汽车和驾驶服务，而乘客和私家车司机在网约车平台上实现供需对接。诚然，网约车模式的打造也需要投入大量的资本和资源，但这些资本和资源的投入方向并不是传统模式下的固定资产，而是用于用户消费习惯的养成和技术平台的搭建。

3. 市场竞合

近年来，平台型商业模式得到广泛应用，在互联网领域尤其如此。平台型商业模式的一个重要特征在于考虑互补者的作用，从价值观角度设计商业模式。如图2-28所示，企业的价值网包括除企业之外

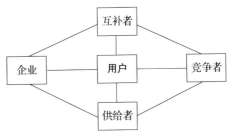

图2-28 用户为中心的价值网

㊀ www.robinchase.org.

的供应商、用户、竞争者和互补者。企业从供应商处获得原材料，生产加工后提供给用户，企业除了面临竞争者的竞争，还需要充分考虑互补者的作用。具体地，在平台型商业模式中，互补者在平台上提供产品或服务，供用户选择。互补者越多且提供的产品质量越高，企业平台对用户的吸引力就越大。

企业需要同时考虑竞争者和互补者，需要具有竞合思维，想办法把市场做得更大，而不是仅仅与竞争者争夺一个现有的市场，需要考虑如何通过发展互补性来扩大市场。

在商业史上，微软和英特尔的竞合关系非常经典。英特尔提供计算机所必需的中央处理器，微软提供计算机上运行的操作系统和主要应用软件。人们购买计算机的目的是使用操作系统和应用软件来完成工作或娱乐，而中央处理器是高效完成这些工作的保障。因此，微软和英特尔的产品就形成了典型的互补关系：由于摩尔定律的推动，英特尔需要不断推出更快速的中央处理器以应对竞争对手 AMD 的挑战；于是，英特尔希望微软保持同步的开发速度，不断推出需要更快中央处理器的操作系统和应用软件。正是由于这种互补关系，微软的软件变得越来越复杂。当移动互联网时代到来时，微软和英特尔都不能适应移动互联网对便捷性的要求，其根本原因是两家企业被它们所在的价值网束缚住了，双方都要求对方沿着原来的价值曲线发展，提供更快速的中央处理器或更庞大的软件。而它们的竞争对手，如 ARM 和基于安卓或苹果系统的 App，则在移动互联网的价值网内彻底打败了以微软和英特尔为代表的传统软硬件开发者。

共演战略认为，考虑企业与市场环境的关系，必须从价值网角度出发，全面考虑用户、供应商、竞争者和互补者之间的竞争合作关系。这样才能帮助企业在未来发展方向不确定和发展路径不连续的环境中，取得持续、稳定的发展。

综合来看，可以从技术突破性、技术稳定性和技术经济性角度分析技术趋势；从资金资本、有形资源和无形资源等方面分析资本资源；从市场竞争、市场合作和市场生态等方面考虑市场竞合（见图 2-29）。

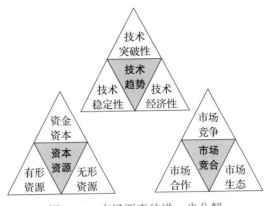

图 2-29　市场要素的进一步分解

共演战略以系统的视角，从人和事以及内和外两个维度，从用户、组织、产品和市场四个要素出发，对用户特征、用户需求、用户选择、领导者、团队员工、组织管理、产品开发、营销推广、商业模式、技术趋势、资本资源和市场竞合 12 个要点进行分析（见图 2-30）。帮助管理者把握企业在不同发展阶段（创业阶段、成长阶段、扩张阶段、转型阶段）的未来方向，并从用户战略、组织战略、产品战略和市场战略等四个方面探索企业发展的路径。

	人	事
外	**用户** 用户特征 用户需求 用户选择	**市场** 技术趋势 资本资源 市场竞合
内	**组织** 领导者 团队员工 组织管理	**产品** 产品开发 营销推广 商业模式

图 2-30　共演战略的 12 个要点

画布：战略之妙，方寸之间

为了让共演战略 12 个要点的框架变成实用工具，帮助创业者和企业家探索和执行企业发展过程中的战略方向和战略路径，我们把共演战略 12 个要点放在一张纸上，形成图 2-31 所示的“共演战略画布”。

共演战略画布具有四个特点：第一，共演战略画布可以把企业战略的 12 个要点放在一张纸上，便于提炼企业战略的精华；第二，创业者和企业家可以通过不同版本画布的迭代形成逐渐完善的企业战略；第三，可以运用共演战略四阶段的画布分析企业未来发展不同阶段的战略方向；第四，可以运用共演战略画布分析各要素要点之间的协调关系，做到协同作战。

共演战略基础画布			
用户特征	领导者	产品开发	技术趋势
用户需求	团队员工	营销推广	资本资源
用户选择	组织管理	商业模式	市场竞合

图 2-31　共演战略画布

（扫描二维码，可下载画布工具）

表 2-3 中列出了共演战略的三级指标体系。在研究用户特征时，可以从用户生理特征、心理特征、社会特征等方面进行分析；用户需求则可以从需求广度、需求深度、需求频度等方面进行分析；用户选择可以从选择意愿、选择过程和选择障碍等方面进行分析。

表 2-3　共演战略的三级指标体系

战略要素	战略要点	战略指标
用户	1. 用户特征	①生理特征　②心理特征　③社会特征
	2. 用户需求	①需求广度　②需求深度　③需求频度
	3. 用户选择	①选择意愿　②选择障碍　③选择过程
组织	1. 领导者	①领导经验　②领导资源　③领导潜力
	2. 团队员工	①团队规模　②团队素质　③团队成长
	3. 组织管理	①组织结构　②组织制度　③组织文化

（续）

战略要素	战略要点	战略指标
产品	1. 产品开发	①技术创新 ②流程创新 ③产品创新
	2. 营销推广	①营销定位 ②营销渠道 ③营销力度
	3. 商业模式	①业务模式 ②盈利模式 ③现金流模式
市场	1. 技术趋势	①技术突破性 ②技术稳定性 ③技术经济性
	2. 资本资源	①资金资本 ②有形资源 ③无形资源
	3. 市场竞合	①市场竞争 ②市场合作 ③市场生态

在研究领导者时，可以从领导经验、领导资源、领导潜力等方面进行分析；团队员工则可以从团队规模、团队素质、团队成长等方面进行分析；组织管理可以从组织结构、组织制度、组织文化等方面进行分析。

在分析产品开发时，可以从产品创新、流程创新、技术创新等方面进行分析；营销推广则可以从营销定位、营销渠道、营销力度等方面进行分析；商业模式可以从业务模式、盈利模式、现金流模式等方面进行分析。

在分析技术趋势时，可以从技术突破性、技术经济性、技术稳定性等方面进行分析；资本资源则可以从资金资本、有形资源、无形资源等方面进行分析；市场竞合可以从市场竞争、市场合作、市场生态等方面进行分析。

在图2-32中，共演战略的三级指标被放在一张画布里，这张画布可以引导管理者、员工和企业的利益相关者从四要素、12个要点和36项指标思考企业战略的基本架构，有助于达成关于企业战略的统一认识和行动。

可见，共演战略画布不仅仅是提供一套工具，更重要的是提供了一套思维方式，帮助创业者和企业家从企业战略的原点出发，从最基础的两个维度（人和事、内和外）出发，得到共演战略四要素（用户、组织、产品、市场），然后发展出共演战略12个要点和36项指标。沿着这样一个缜密的思维逻辑，创业者和企业家可以根据项目和企业的特点，进行细致的战略规划和执行，甚至发展出自己的战略思维体系。

共演战略实操画布			
用户特征	**领导者**	**产品开发**	**技术趋势**
①生理特征	①领导经验	①技术创新	①技术突破性
②心理特征	②领导资源	②流程创新	②技术稳定性
③社会特征	③领导潜力	③产品创新	③技术经济性
用户需求	**团队员工**	**营销推广**	**资本资源**
①需求广度	①团队规模	①营销定位	①资金资本
②需求深度	②团队素质	②营销渠道	②有形资源
③需求频度	③团队成长	③营销力度	③无形资源
用户选择	**组织管理**	**商业模式**	**市场竞合**
①选择愿意	①组织结构	①业务模式	①市场竞争
②选择障碍	②组织制度	②盈利模式	②市场合作
③选择过程	③组织文化	③现金流模式	③市场生态

图 2-32 共演战略实操画布

(扫描二维码,可下载画布工具)

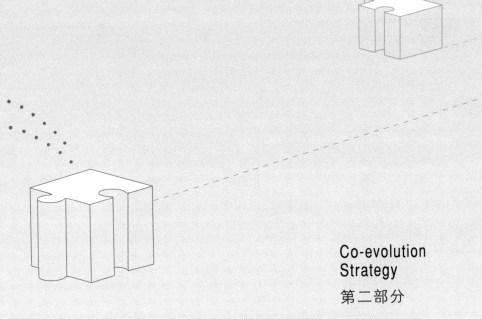

Co-evolution
Strategy

第二部分

共演战略四阶段

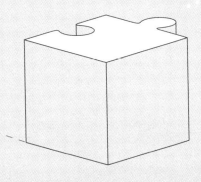

Co-evolution
Strategy
第3章

共演战略的四个阶段

企业：步步为营、步步维艰

阿里巴巴执行副总裁、首席战略官曾鸣把企业战略分成四个阶段：战略尝试期（从 0 到 0.1）、战略成型期（从 0.1 到 1）、战略扩张期（从 1 到 10）、高效执行期（从 10 到 N）。战略尝试期（从 0 到 0.1）的核心是创新试错，企业这个阶段发展的战略推动力是愿景和方向，最关注的是找到市场切入点，企业在这个阶段战略中最重要的是创始人。曾鸣教授认为从 0 到 0.1 是公司创业成功最关键的阶段，他说淘宝完成从 0 到 0.1 尝试期的标志是 2007 年实现每日交易总额（GMV）过亿元，每日 GMV 过亿元意味着淘宝作为网购平台实现了规模经济，可以开始引入精准广告体系，通过算法和智能引擎让商家和买家匹配起来。

曾鸣教授认为战略成型期（从 0.1 到 1）是企业战略从发散到收敛的过程，从探索中找到引爆点，企业这个阶段发展的战略推动力是战略共识的形成，而团队的打造是战略成型期最重要的工作。当企业发展到战略扩张期（从 1 到 10），发展战略已经非常清晰，商业模式已经成熟，企业的战略关注点是找到推动企业进一步发展的杠杆，组织建设成为支持企业扩张的重要基础。随后，企业进入高效执行期（从 10 到 N），发展战略从清晰到进一步优化，商业模式的高效运营成为企业发展的主要推动力，战略关注点是如何实现加速发展，企业文化的打造成为企业在加速发展过程中保持健康的基础（见表 3-1）。㊀

㊀ 曾鸣，湖畔大学演讲，"卓越企业的孕育期：企业发展 0 ～ 0.1 的这一阶段"，2016 年 11 月 18 日。

表 3-1　曾鸣教授的"企业战略四阶段"

战略阶段	尝试期	成型期	扩张期	执行期
战略描述	从 0 到 0.1	从 0.1 到 1	从 1 到 10	从 10 到 N
战略核心	创新试错	逐渐收敛	清晰化	优化
战略推力	愿景方向	战略共识	业务模式	运营模式
战略关注	切入点	引爆点	杠杆	加速度
战略基础	创始人	团队	组织	文化

曾鸣教授主要关注的是企业从创立到快速发展阶段的战略，而中欧国际工商管理学院龚焱教授则把创业分为"三步走"：试错期（从 0 到 1）、执行期（从 1 到 N）、转型期（从 N 到 $N+1$）（见表 3-2）。[⊖]从 0 到 1 是试错期，这个阶段的战略核心是大胆假设、小心求证，创业者所需的是探索未知世界的能力，在不确定的环境中找到突破点；从 1 到 N 是执行期，这个阶段的战略核心是保证持续稳定地沿着试错期找到的战略方向发展，企业所需的核心能力是标准化能力，以保证战略可以被高效、一致地执行；从 N 到 $N+$ 是转型期，这个阶段的战略核心是裂变式发展，实现战略跨越，所需的核心能力是创新能力，保证企业在发展的转折点实现向上的跨越发展，而不是向下的衰退。

表 3-2　龚焱教授的"创业三步走"

战略阶段	试错期	执行期	转型期
战略描述	从 0 到 1	从 1 到 N	从 N 到 $N+1$
战略核心	试错迭代	稳定持续	裂变跨越
战略能力	探索能力	标准化能力	创新能力
战略关注	突破点	一致性	转折点
举例：Netflix	信封设计超过 150 次迭代，以适应邮局分拣系统	定价标准化、物流标准化、线上算法标准化	从全球最大的 DVD 租赁平台转型为全球最大的流媒体平台

以视频租赁公司 Netflix 为例。创始人里德·哈斯廷斯创业时注意到了 DVD 取代卡式录像带的趋势，他为了利用遍布美国的全国邮政系统寄送 DVD，经过 150 多次设计迭代，最终形成了现在美国家喻户晓的"红信封"。探索符合家庭录像未来趋势的新技术和创造性地利用低成本的美国邮政系统的能力，使哈斯廷斯找到了创业试错期的突破点。在执行期，Netflix 实行

⊖ 龚焱，"精益创业三步走"，光速中国创业投资基金峰会发言，2016 年 10 月 29 日。

标准化的定价，有三个套餐：每次送一张碟片 7.99 美元；每次送两张碟片 11.99 美元；每次送三张碟片 15.99 美元。Netflix 的 DVD 处理过程也高度标准化，员工上班做三个动作——打开信封，清洁光盘，然后放回。这个标准化的过程，整整花了 3 年时间做测试。随着 Netflix 的快速发展，威胁也随之而来。以 YouTube 为代表的流媒体网站的诞生，标志着人们获得视频渠道网络化，Netflix 随之进入转型期。通过自我颠覆，Netflix 从全球最大的 DVD 租赁平台成功转型为全球最大的流媒体平台。

与曾鸣和龚焱两位教授所见相同，大数据专家吴军博士也在混沌研习社的分享中以谷歌为例阐述了科技企业通常经历的三个阶段：创业初期、快速发展期和成熟期（见表 3-3）。吴军认为，初创公司的基因主要来自创始人，创始人有三个首要任务：一是招人；二是定规矩；三是定战略。初创期的战略重点在于专注产品。进入快速发展期，企业就会面临组织结构建设问题，包括创始人和团队的关系处理，处理好这些关系能够提高组织效率和帮助企业快速发展。到了成熟阶段，企业将面临激烈竞争，这时候大企业不见得有优势，需要重新认识战略方向，创新组织架构和产品，以达到探索（exploration）和利用（exploitation）的平衡。

表 3-3 吴军博士的科技公司"发展三阶段"

战备阶段	创业初期	快速发展期	成熟期
组织特点	基因来自创始人	创始人和团队关系	重新认识战略方向
首要任务	招人、定规矩、定战略	构建稳定组织架构	创新组织架构，创新产品
战略重点	专注产品	组织效率	战略平衡
举例：谷歌	佩奇和布林各有特点，员工主动性高	产品经理+工程师的两层交叉结构	创业和守业并举，一个今天的谷歌（佩奇领导），一个明天的谷歌（布林领导）

以谷歌为例。谷歌有非常明显的创始人基因，在初创期就关注技术创新，具有非常明显的科学家和工程师文化；进入快速发展期后，谷歌建立了以产品经理和工程师交叉合作的组织结构；进入成熟期后，谷歌又进行了战略调整，由两位创始人分别负责战略探索业务和利用业务，拉里·佩奇领导着谷歌的传统业务部门，而谢尔盖·布林领导了谷歌的创新业务部门。两类

部门的并行且独立的发展,在制度上保证了谷歌既能保持基于搜索技术的主业稳定发展,也能抓住未来发展的大机遇。

战略:创新价值曲线

曾鸣、龚焱和吴军三位在谈到企业发展战略时,不约而同地使用了战略发展阶段的概念,针对不同发展阶段讨论企业战略的特点和重点,这种关注企业发展阶段的做法来自他们对企业实践的切身经验和观察。

无论是马云梦想做成102年企业的阿里巴巴,还是已经历了300多年历史的同仁堂,企业和任何生命体一样,存续期都是有限的。创业者和企业家必须了解企业发展的规律,理解企业发展过程中必将经历的跌宕起伏,了解企业创立、发展和衰亡的宿命。只有这样,企业才能在不同阶段采用适当的战略,根据企业和社会发展的需要,平稳地度过创业期,延长发展期和成熟期,延迟衰退期的出现。

由于共演战略是由用户、组织、产品和市场四要素组成的,对企业发展生命周期的理解也需要从共演战略四要素的生命周期入手进行分析。共演战略四要素生命周期内的价值变动趋势,可以描述为共演战略四要素的价值曲线,即用户要素价值曲线、产品要素价值曲线、组织要素价值曲线、市场要素价值曲线。

1. 用户要素价值曲线

用户需求是有生命周期的,产品能力和用户购买力决定着用户的实际需求水平。当产品能力通过技术创新得以提升后,潜在需要转化为实际需要;而当用户购买力因为价格下降或收入上升得以提升后,实际需要转化为实际需求。

需求生命周期曲线(见图3-1)⊖反映了在市场达到饱和之前,不同类型用户进入市场的顺序和需求发展的阶段。从用户进入市场的顺序看,可分为创新者、早期使用者、早期从众者、晚期从众者和落后者五类。其中,创新者

⊖ 希尔,琼斯,周长辉.战略管理[M].北京:中国市场出版社,2007.

和早期使用者在需求发展的萌芽期即进入市场，早期从众者在需求发展的成长期进入市场，而晚期从众者和落后者在需求发展成熟期才进入市场。等到用户中的落后者全部进入市场，市场需求就达到了饱和。

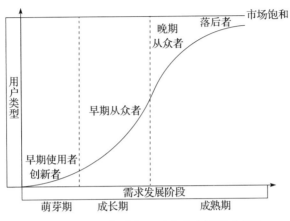

图 3-1 用户类型和"需求生命周期曲线"

不同类型用户的特征决定了他们进入市场的先后顺序和比例。创新者一般都是技术迷、发烧友，他们从成为第一批体验新产品的经验中获得乐趣，即使此时产品并不完善并且价格高昂，创新者也愿意尝试；早期使用者是第二批进入市场的用户，他们一般是时尚的追随者，或是看到了该产品未来的重要应用价值。对技术或产品的前瞻性追求促使创新者和早期使用者在需求发展的萌芽期即进入市场。根据统计，创新者的比例大致为 2%，而早期使用者的比例大致为 13%，两者之和在 15% 左右。

吴军在《智能时代：大数据与智能革命重新定义未来》㊀中称：智能时代到来了！吴军强调，任何一次技术革命，最初仅有 2% 的受益者，他们都是发展和使用新技术的人，而远离或拒绝新技术的人在很长时间里都是迷茫的大多数（98% 的人）。在历次技术革命中，一个人、一家企业甚至一个国家，可以选择的道路只有两条：要么进入前 2% 的行列，要么被淘汰。

亚马逊的创始人杰夫·贝佐斯和阿里巴巴的创始人马云就是这样的创新者。贝佐斯在 1994 年就看到可以利用互联网实现图书销售的创新，而马

㊀ 吴军. 智能时代：大数据与智能革命重新定义未来［M］. 北京：中信出版社，2016.

云在 1998 年就看到利用互联网改变中国商品交易的可能性。作为用户，他们比其他人更热衷于通过互联网满足自己的需求；作为创业者，他们比其他人更愿意承担早期投身互联网行业的风险。中国互联网行业的早期使用者是一些教育程度较高、从事与科技有关行业的白领人群和大学生。也正是因为这样的原因，中国早期的互联网社交平台都是从学校或白领群体开始切入的。

在创新者和早期使用者之后进入市场的是早期从众者，他们代表着大众市场上引领潮流的人群，他们的加入标志着需求成长阶段的开始。早期从众者对新技术和产品抱有好奇的态度，但他们也是实用主义者，会评估使用新技术和新产品的利益和成本，并且只有在产品能够为他们带来超出成本的利益时才会考虑使用。早期从众者的人数通常比较多，可能是达到市场饱和时所有用户的 35%。例如，中国互联网行业的早期从众者通常是一些一二三线城市的年轻人，虽然他们对新技术和新产品有关信息的获得没有科技人员方便，但他们是更大程度上的实用主义者，对新产品的性价比非常敏感。正是基于这样的原因，小米等互联网品牌手机快速地通过互联网渠道抓住了这些年轻人购买第一部智能手机的机会，快速成长为互联网手机领导品牌。

在早期从众者证明了新产品可以满足他们的需求之后，大量晚期从众者才会加入市场。这些用户获得信息的渠道通常比较传统，获得信息的时间比较晚，对新事物的接受程度比较低。他们通常是一些年龄较大的人，或者生活在四五线城市的人。然而，晚期从众者的数量也非常巨大，和早期从众者相仿，可以占到用户总量的 35%，非常重要。近年来，OPPO 和 vivo 等手机品牌的快速崛起很大程度上就是通过线下渠道抓住了晚期从众者使用智能手机的需求。

落后者是最后进入市场的用户群体，大致上占用户总量的 15%。他们通常比较保守，不喜欢新鲜事物，或者新产品不能满足他们的需求。这些用户通常只是在不得不接受新产品的情况下才会进入市场。例如，现在我们身边还偶尔有朋友说没有用微信或刚刚开通微信。这些朋友或者是非常忙，不希望微信打扰他们；或者是交际圈非常窄，不需要微信带来的社交便利。

腾讯公布的 2016 年第二季度及中期业绩报告显示，微信月活跃用户数达 8.06 亿，同比增长 34%。国家统计局网站显示，2014 年年末全国人口为 13.68 亿人，而工信部部长苗圩在 ICT 中国 2016 高层论坛开幕式上致辞时提及，截至 2016 年 7 月，中国移动电话用户总数达到 13.04 亿，这说明微信用户已经占到了全国手机用户乃至全国人口接近 60%。根据不同类型用户比例图（见图 3-2）[⊖]，有相当一部分晚期从众者已经成为微信用户。如果考虑到并不是所有人都会最终成为微信用户，微信应该已经进入了争取潜在用户中落后者的阶段。

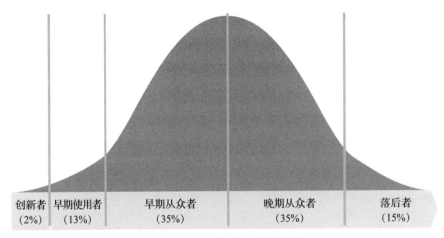

图 3-2　不同类型用户的比例

把传统的用户生命周期理论和共演战略的阶段性框架结合起来，创业者和企业家可以更好地理解用户要素在企业发展各阶段的作用。如图 3-3 所示，共演战略过程分为四个阶段：创业阶段（从 0 到 1）、成长阶段（从 1 到 N）、扩张阶段（从 N 到 $N+$）、转型/衰退阶段（从 $N+$ 到 Z）。与传统的用户生命周期曲线不同，以共演战略框架为基础的用户要素价值曲线分为两条可能的曲线：A 曲线和 B 曲线。

⊖ 希尔，琼斯，周长辉. 战略管理［M］. 北京：中国市场出版社，2007.

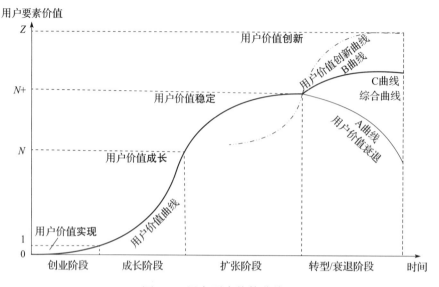

图 3-3　用户要素价值曲线

（扫描二维码，可下载画布工具）

A 曲线和传统的用户生命周期曲线形状类似，包括用户价值实现期、用户价值成长期、用户价值稳定期、用户价值衰退期四个阶段。在用户价值实现期，创业者发现创业机会，提供能够满足用户需求的产品以实现用户价值；在用户价值成长期，创业企业服务快速增长的用户群体，创造快速成长的用户价值；在用户价值稳定期，企业服务的用户数量增长趋缓，提供的用户价值趋于稳定；在用户价值衰退期，企业服务的用户数量出现下降趋势，每个用户需求的满足程度也可能有所下降，两种趋势综合起来，使得企业提供的用户总价值下降。

B 曲线和传统的用户生命周期曲线（A 曲线）不同之处在于，用户价值稳定期之后，企业避免了用户价值衰退，并且通过用户价值创新实现了向另一条用户价值曲线的跨越。企业之所以能够跨越到 B 曲线，是因为企业在原有用户价值曲线刚刚发展到稳定期的时候，就开始了新用户价值曲线的探索（如图 3-3 中的虚线曲线所示）。当企业原有用户价值曲线发展进入向下轨迹时，企业的新用户价值曲线与原有价值曲线相交，两条曲线的叠加效果构成企业在升益转型阶段的用户价值曲线（C 曲线）。C 曲线延续了企业创造的用户价值向上发展的趋势，避免了创造的用户价值衰退，实现了用户要素价值创新和用户要素生命周期的延续。

以小米公司为例。在创业阶段，小米针对手机技术发烧友的需求，开发能更好满足发烧友个性化需求的 MIUI 系统；在成长阶段，小米针对智能手机首次使用者对性价比高度敏感的特征，满足他们对手机外观（如色彩、屏幕大小）、特殊性能（如游戏流畅度）和心理方面（如不服跑个分）的需求，实现了用户数量的快速增长和用户价值成长；在扩张阶段，小米关注已有手机用户的智能生活需求，着力于围绕手机、电视和路由器三个流量入口的智能生活场景打造，初步形成了小米智能生活生态链；在转型 / 衰退阶段，小米首先面临中低端手机换代用户对小米手机需求下降的挑战。2015～2016 年，小米手机出货量出现严重下滑。

如果仍然延续定位于年轻用户对中低端手机和周边产品的需求，那么随着年轻用户需求的变化和对中低端手机需求萎缩，小米的手机和智能硬件产业链将难以避免地进入衰退阶段。为了应对年轻用户需求变化的趋势，小米在 2015～2016 年开始针对更大范围的用户开发小米 Note 和小米 Mix 等产品，用户群定位从原来的 17～35 岁扩展到了 17～45 岁。其中，小米 Mix 更是采用了"全面屏"和"全陶瓷机身"等让用户"有面子"的设计，从而出现了很多苹果手机用户转用小米手机的现象。实际上，小米发布面向更成熟用户的手机并不是仅仅看中了中高端手机的较高价格，而是在新用户价值曲线上的布局。小米看中的是中高收入人群对智能硬件、软件和金融方面的衍生需求。中高端手机产品只是小米从一家以硬件为主的厂家，向一家通过软件服务和金融服务创造用户价值的企业转变的起点。这个转型战略的实现路径就是通过图 3-4 中 A 曲线和 B 曲线融合形成 C 曲线的过程。

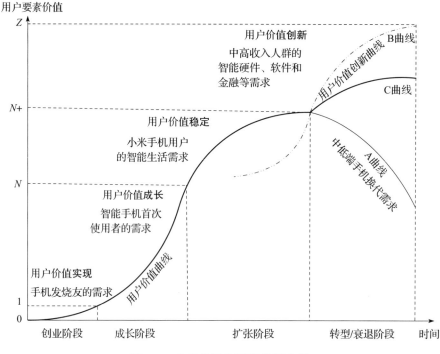

图 3-4 小米的用户要素价值曲线

2. 产品要素价值曲线

需求生命周期本质上是用户对产品需求的起伏变化，与产品生命周期紧密相关。产品生命周期理论由美国哈佛大学教授雷蒙德·弗农提出。弗农教授认为，产品和生命体一样，也要经历一个开发／引入、成长、成熟和衰退的阶段（见图 3-5）。

产品的开发和市场引入阶段可以合并作为产品的迭代研发阶段（从 0 到 1），而产品的成长阶段、成熟阶段、衰退阶段分别对应着共演战略的成长阶段（从 1 到 N）、扩张阶段（从 N 到 $N+$）、转型／衰退阶段（从 $N+$ 到 Z）。

产品开发和引入阶段的产品特点是批量小、成本高。这个阶段，用户对产品还不了解，关注产品的主要是极少数创新者和少数早期使用者，企业往往不得不投入大量的促销费用，对产品进行宣传推广。产品成长阶段的特点是，由于早期从众用户开始接受产品，产品销量上升，成本下降，价格也可能随之下降。产品成熟阶段的特点是,由于产品大批量生产并稳定地进入市场,随着晚期从众用户人数增多,市场需求趋于饱和,产品普及并日趋标准化,成本低且产量大,产品价格下降的压力和空间增加。产品衰退期的主要特点是,由于科技的发展和用户消费习惯的改变等原因,产品不能继续适应市场需求,市场上已经有其他性能更好、价格更低的新产品可以满足用户需求,原有产品的销售量和保有量持续下降。

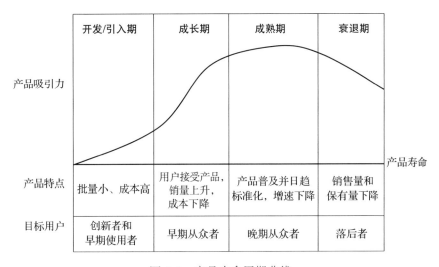

图3-5 产品生命周期曲线

以iPhone手机为例。自2007年1月9日第一代iPhone手机发布,已经过了10年时间。在这10年间,iPhone手机已经历了引入期和成长期,并进入了成熟期(见图3-6)。具体到iPhone各代产品,可以划归到引入期的产品大致有iPhone初代、iPhone3G和iPhone3GS等三款产品,可以划归到成长期的产品大致有iPhone4、iPhone4S和iPhone5等三款产品,可以划归到成熟期的产品大致有iPhone5S/5C、iPhone6、iPhone6S、iPhone7以及后续几代产品。

作为全球第一款真正意义上的智能手机,iPhone初代产品可以通过新型触摸屏幕播放音乐、浏览互联网和拍照,当时这部手机引起了非常大的震撼,完全可以说"重新定义了手机"。

90 // 第二部分 共演战略四阶段

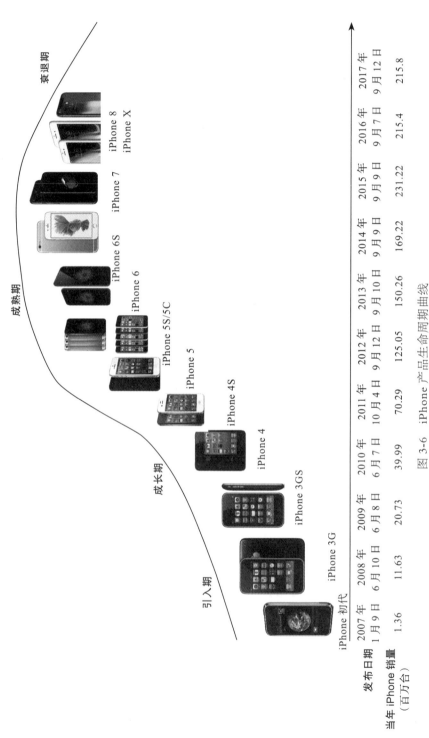

图 3-6 iPhone 产品生命周期曲线

资料来源：苹果公司，"iPhone at ten: the revolution continues"，2017 年 1 月 8 日，http://www.apple.com/newsroom/2017/01/iphone-at-ten-the-revolution-continues.html。

然而，即使是苹果这样的公司和 iPhone 这样的产品，也需要经历一定的市场引入期。iPhone 的真正成长期是随着整个智能手机行业爆发而来的。2010 年 6 月 7 日，美国加利福尼亚州旧金山，苹果公司首席执行官乔布斯在一年一度的苹果全球开发者大会上发布了 iPhone4。因为疾病原因，这是乔布斯最后一次站在发布会上介绍新一代 iPhone。新一代 iPhone4 相比 iPhone3GS 可以说有了质的变化：iPhone4 厚度仅有 9.2 毫米，相对于 iPhone3GS 12.3 毫米的厚度，变薄了 24%；iPhone4 采用了名为 Retina 的显示技术，采用了 960×640 像素分辨率的显示屏幕；内存也提升到 512M，在运行流畅度方面可以说进一步加强。2010 年 iPhone4 发布后，苹果公司的 iPhone 销量从 2010 年的 39.99 百万台上升到 2011 年的 70.29 百万台，并在 2012 年跃升到 125.05 百万台。

从 iPhone5S/5C 开始，苹果公司的手机产品大致上开始进入成熟期，2013 年所有型号 iPhone 销量为 150.26 百万台，只比 2012 年有小幅上升。此外，苹果公司同时推出 iPhone5S 和 iPhone5C 两款针对不同人群的产品，说明了 iPhone 在高端人群用户中的增长已经遇到了瓶颈。随后的 2014 年和 2015 年，iPhone 手机销售量分别为 169.22 百万台和 231.22 百万台。然而，2016 年，iPhone 手机销售量出现了小幅下滑（215.4 百万台）。2017 年 9 月，苹果公司发布 iPhone 8 的同时，发布了全面屏手机 iPhone X，集合了多项黑科技。这能否扭转 iPhone 略显疲惫的产品态势，值得我们拭目以待。

我们如果看每一代 iPhone 手机的话，就可以看到一个产品在短短几年内经历从进入市场到退出市场的完整周期。最近，为了改变人们长时间不更换苹果产品的习惯，苹果公司在官网上推出了一份文件，提出"产品使用年限"的概念并建议用户定期更新产品。文件指出："基于产品的第一代所有者，OS X 和 TV OS 产品的使用期限一般为 4 年，而 iOS 和 watch OS 产品为 3 年。"这意味着，如果用户手中还有三四年前发布的苹果产品，需要升级到新的苹果产品，苹果公司不会持续提供低版本软件维护和硬件维修服务了。这也意味着，苹果产品的生命周期大概在三四年。

在商业史上，存在着一个产品生命周期变得越来越短的趋势。以任天堂游戏机为例。1982年问世的"任天堂娱乐系统"（Nintendo Entertainment System）经历了近18年的时间才在2000年左右完全退出了市场。1990年左右问世的"超级任天堂娱乐系统"（Super Nintendo Entertainment System）经历了近14年的时间在2004年左右完全退出了市场。而1996年左右推出的"任天堂64位游戏机"（Nintendo 64）在2003年即完全退出了市场。纵然是"重新定义了家庭游戏机"的Wii，虽然在2006年11月19日发布后，截至2014年年底全球累积销售突破了1亿台，但现在也在市场上变得无声无息（任天堂后续推出了Wii U更新机型）。

对比图3-7中列出的任天堂各款主要游戏机产品，可以发现各产品的生命周期在变得越来越短，从早期的"钟形"曲线变成了近期的"鲨鱼鳍"曲线。对此，埃森哲咨询公司的拉里·唐斯和保罗·纽恩斯有过系统研究。㊀

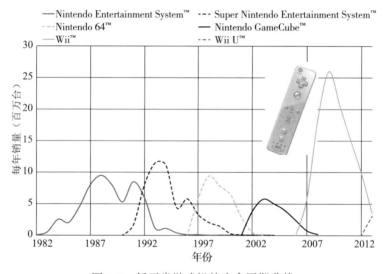

图3-7　任天堂游戏机的生命周期曲线

拉里·唐斯和保罗·纽恩斯在《大爆炸式创新》一书中指出，用户需求生命周期和产品的生命周期正在变得越来越短。埃弗雷特·罗杰斯提出的需求生命周期曲线和雷蒙德·弗农提出的产品生命周期曲线正在被更陡峭的

㊀　拉里·唐斯，保罗·纽恩斯.大爆炸式创新［M］.杭州：浙江人民出版社，2014.

"鲨鱼鳍"曲线代替。如图 3-8 所示，现在的顾客只有两种类型：一种是愿意参与产品开发的创新者，另一种就是其他所有人。⊖只要科技与商业模式找到了合适的结合点，然后成功地通过市场推出产品，主流消费者就会全部涌向成功的企业，需求曲线和产品曲线可能变成一条近乎垂直的直线，然后当市场达到饱和或新的颠覆性产品出现时，需求曲线和产品生命周期曲线就会立刻改变方向，急转直下。

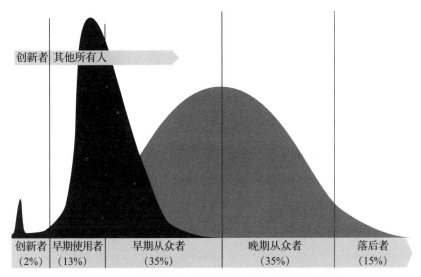

图 3-8 "钟形"和"鲨鱼鳍"产品生命周期曲线

从历史的角度看，虽然产品生命周期有变得越来越短的趋势，但也并不是所有的用户和产品都像唐斯和纽恩斯在《大爆炸式创新》一书中指出的那样，只分为两类人或两个阶段。以苹果公司为例，从第一代 iPhone 推出后，10 年来都保持着每年推出一代新产品的频率。在两代产品推出之间，同时在售的各种 iPhone 产品的组合为苹果公司带来了丰厚的利润。类似的策略在小米、华为、OPPO 和 vivo 等领先手机厂商近几年的实践中都可以看到，这些企业不再像前些年的手机厂商那样同时推出和运营很多款产品，而是通过每年（或半年）推出一款旗舰产品，尽量通过延长产品的生命周期来获利。

把产品生命周期曲线和共演战略框架结合起来，可以得出图 3-9 所示的

⊖ 这个观点和吴军关于只有 2% 的人可以引领科技潮流的观点近似。

共演战略产品要素价值曲线。与用户要素价值曲线类似，产品要素也在相应的共演战略发展阶段中经历产品价值实现、产品价值成长、产品价值稳定等阶段。随后，产品价值可能沿着图中 A 曲线的走向出现衰退，也可能沿着图中 B 曲线（新产品价值曲线）而继续上升。如果像苹果公司那样持续推出新产品，则新旧产品组合起来就可以扭转产品价值随时间而衰退的趋势，从而沿着 C 曲线向上发展。

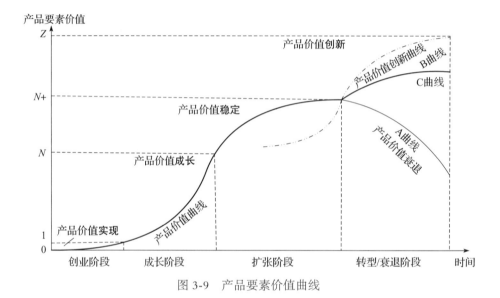

图 3-9　产品要素价值曲线

（扫描二维码，可下载画布工具）

公司在创业阶段一般都是以少量产品做主打产品，甚至以"单点突破"为口号，找到产品与需求、组织和市场的结合点，实现产品价值。在成长阶段，围绕主打产品，深耕市场和深挖用户需求，力争做到"一厘米宽，一公里深"，实现产品价值成长。在扩张阶段，主打产品需求增长趋缓，这时企业需要做的是稳定主打产品需求，并开始尝试在新的产品价值曲线上探索。在转型阶段，企业需要在新的产品价值曲线（B曲线）上创新产品，并与原有产品线结合，形成综合产品价值曲线（C曲线），避免企业整体的产品价值衰退（A曲线）。

以小米公司为例。小米在创业阶段以 MIUI 系统为"爆款产品"，从发烧友用户需求开始切入，打造易用的手机界面。以此为突破点，小米在成长阶段从软件切入到硬件，以中低端的小米手机为主打产品，在短期内取得销量的爆炸式增长。小米1系列，于2011年8月发布，销量790万台；小米2系列，于2012年8月发布，销量1742万台；小米3系列，于2013年9月发布，销量1438万台；小米4系列，于2014年7月发布，销量超过1600万台（仍在销售）；小米5系列，于2016年2月发布，仍在销售。⊖以小米手机系列为例，该系列产品在2014年已经进入了产品价值稳定期，产品的定位以及和同类产品的区分度已经基本固定，难以在价格和新的用户群中取得突破。如果仅仅以小米手机系列作为主打产品，小米公司的手机业务难以避免地进入产品销量下滑的轨道。

为了应对小米系列产品生命周期曲线的衰退，小米公司在2013年7月和2014年3月分别发布了红米手机和红米 Note 手机，向低端产品线延伸，并于2015年1月发布小米 Note 手机，向中高端产品线延伸。2016年5月和10月，小米还发布了小米 Max 和小米 Mix 两款手机，以填补产品线中的空白点。从小米手机发布的时间点看，2011～2013年大致上是小米手机的产品价值成长期，2014～2015年大致上是小米手机的产品价值稳定期，2016年之后大致是小米手机的产品价值衰退期/价值创新期。在原有的小米系列和红米系列手机生命周期出现进入衰退期迹象时，新的小米 Mix 和小米 Note 系列手机就担负了创新手机产品价值的任务。"全面屏"和"陶瓷机身"等黑科技，以及"澎湃 S1 芯片"等拥有核心自主知识产权产品的推出，有可能减缓小米手机产品下降的趋势，把手机的产品价值曲线向上拉升。⊜

⊖ 小米社．"历代小米手机销量回顾"，http://bbs.xiaomi.cn/t-12615969-n25。
⊜ 据报道，2017年第二季度，小米手机季度出货量达2316万台，环比增长70%。有市场分析师认为，小米回归背后的关键原因可能要归功于其最新旗舰小米6和低端机型，并且小米开始注重分销渠道的多样化。http://finance.qq.com/a/20170727/025132.htm。

此外，作为小米公司产品的组成部分，小米生态链上的一些公司也开始把产品价格层次拉开，来满足更多用户的多样化需求。例如，润米科技原来的主打产品是售价299元的"90分"品牌旅行箱，2016年发布了100%航空系铝镁合金箱体的行李箱，售价1799元，对标德国名牌RIMOWA；传统上只卖100多元的小米路由器系列2016年推出内置1G硬盘的HD版，售价1299元；原来只卖699的小米净化器系列，2016年推出带PM2.5显示的Pro版，售价1499元。在硬件产品之外，以硬件产品为入口的生活大数据和进一步衍生出来的金融等产品，可能是构成小米未来产品图景的几条"新产品价值曲线"（见图3-10）。

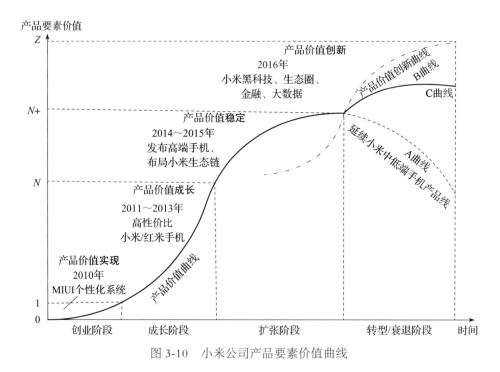

图3-10 小米公司产品要素价值曲线

3. 组织要素价值曲线

正如产品生命周期和需求生命周期紧密相连一样，组织生命周期也与产品生命周期密切相关。和君集团合伙人李书玲在《组织设计：寻找实现组织价值的规律》一书中把组织发展分为初创期、快速发展期、平稳发展期、变革突破期和衰退期（见表3-4）。㊀在企业初创期，由于尚未形成完整的商业模式，业务规模也非常小，企业的组织发展主要围绕以创业者为核心的创业团队展开，并随着商业模式的清晰化和业务规模的扩大，增加或调整相应的组织功能。

表 3-4 组织发展的不同阶段（生命周期）

组织发展阶段	业务发展特点	组织发展特点	组织建设核心命题
初创期	尚未完成完整的商业模式，业务规模小	以创业者为首的团队，根据业务需要，组织功能逐渐补充或分化	创业者和创业合伙人比什么都重要，核心是找到合适的人
快速发展期（增长期）	单一业务规模或业务数量快速增长	组织能力随业务的快速发展而发展，容易出现阻止滞后于业务的现象	组织快速跟进业务发展是关键，基于当前和未来的业务需要搭建管理体系
平稳发展期（成熟期）	业务结构相对稳定，增速处于或略高于市场平均水平	业务的相对稳定决定组织格局相对稳定，提升组织效率的重要性凸显	在相对稳定的组织格局下，完善和提升组织效率的核心
变革突破期	原有业务增速放缓，需要寻找新的业务方向或商业模式	组织基于过往业务逻辑形成路径依赖，出现大企业病，对市场的反应缓慢	思维转变的关键，思维转变推动组织变革，驱动企业实现新的突破
衰退期	业务尤其是核心业务增速放缓，甚至出现负增长，看不到回转的机会	组织僵化，思维和行为上的惯性已积重难返	重新评估组织的资源和能力，处理历史问题，寻找新的机遇

在快速发展期，企业的核心业务已经基本确定并得到快速发展，而业务快速增长的原因不一定完全来自于组织能力，可能是因为市场环境和用户需求带来了好的机遇。这种情况下，企业的组织能力很可能跟不上业务的发展和组织规模的增加，从而为企业的持续发展埋下了隐患。在快速发展阶段，企业组织建设的核心任务是促进组织能力发展，包括创始人、高管团队和员工的发展，及时调整组织架构，并根据业务的发展需要搭建规范的管理体系。

在平稳发展期，企业的业务结构将趋于相对稳定，业务发展速度和行业的平均水平相差不大。这时候，相对稳定的业务决定了企业组织结构的稳定

㊀ 李书玲.组织设计：寻找实现组织价值的规律[M].北京：机械工业出版社，2016.

性，调结构不是这个阶段企业组织建设的重点，而提升组织效率成为平稳发展期组织建设的核心命题。

在变革突破期，企业原有业务增速放缓，需要寻找新的商业模式。在此阶段，企业不仅面临寻找新商业模式的挑战，来自原有组织惯性的挑战更大。企业原有的业务逻辑和组织惯性会带来强大的惰性，这种惰性不止来自于普通员工和高管人员，企业创始人自身的局限将成为企业实现变革突破的最大障碍。在变革突破期，转变思维模式是组织创新的前提，包括员工和高管人员对既得利益的重新认识，也包括企业创始人对自己认知边界的重新探索。

如果企业不能突破组织惯性的束缚，那么企业将在组织方面进入衰退期。在有些情况下，企业的业务虽然还在持续发展，但已失去必要的组织活力和组织能力。这类企业也许还能凭借技术、需求、市场等方面的优势存续一段时间，但正如外强中干的枯木，会在不期而至的暴风雨中毁灭。

从共演战略的视角，我们从四个阶段讨论组织要素的发展。首先，在创业阶段，企业的组织结构可以比喻成"箭头"。创始人是箭头型结构的尖，而创始团队和早期员工是箭头两个侧面的刃。在创业阶段，创始人冲在业务最前线，与创始团队和早期员工一起刺破创业的障碍。此时，企业中所有人一起努力实现企业的组织价值，创始人与创始团队和员工的沟通是最直接和最有效的。

在成长阶段，企业的组织结构可以比喻成"金字塔"。企业领导者位于金字塔的顶端，高瞻远瞩，为企业发展指引方向。高管团队位于金字塔的中间位置，起到将企业发展战略落地和将战略实施效果反馈给领导者的作用。在成长阶段，企业的业务结构仍然比较单一，但增速较快。金字塔型结构可以使企业在业务规模快速增加的同时，不失去组织结构的稳定性，并且保证一定的效率，使企业在业务增长的同时实现组织价值的成长。

在扩张阶段，由于企业业务线在多元化过程中持续增加，为保证管理效率，企业的组织结构通常从简单的金字塔结构演变为"矩形组织结构"，按照不同的业务线组织事业部。事业部内部是以事业部总经理居于顶端的金字塔结构，各个事业部并行成为矩阵结构，而企业领导者则居于这个矩阵结构的顶端中心位置。矩阵结构保证了扩张阶段的企业能够以较高效率管理跨度很大的业务线，这些业务线以事业部的形式组织起来，在行业和区域两个维度形成交叉，以组织架构的稳定性支撑起企业的稳定发展。

然而，随着企业业务的不断扩张，各事业部和各部门的交叉支持可能变成盘根错节，官僚化倾向出现并越来越严重，造成组织效率的持续下降，企业可能随之进入组织价值衰退期。这时候，如果从企业组织结构的顶端向下看，可能会发现一个类似于"环形"的组织结构。企业领导者居于中心位置，而副总经理、事业部经理、部门经理、区域经理和普通员工等一层层向外展开。这样的企业组织结构应验了一句职场语录："从上向下看，都是笑脸；从下向上看，都是屁股；向左右看，都是耳目。"

与进入组织价值衰退期的企业不同，很多企业及早进行组织价值创新，在尚未进入组织价值衰退之前就构建新的组织价值曲线，通过组织结构、组织制度、组织领导和组织文化等多方面的调整，创新组织价值。这些企业往往会尝试与过往不同的组织结构，根据企业自身特点采用倒三角组织结构、网络化组织结构或"无边界组织"结构等。这些企业组织结构可以简化地用五角形表示。在这些创新的组织结构中，企业领导者不再只是居于企业组织的"核心"和"塔顶"位置，而是像创业企业一样，把目光再次投向企业外部，投向用户和市场，把自己放在战略和业务的最前线。

图 3-11 表示的组织要素价值曲线中，企业组织结构从创业阶段的箭头型结构，到成长阶段的金字塔结构，到扩张阶段的矩形结构，到转型阶段的网络组织结构，体现了组织结构随着企业发展的不断复杂化，同时也说明企业需要在复杂中保持组织要素的简洁和高效。

以小米公司的组织要素演变为例。在创业阶段，雷军和几位联合创始人连同 40 多位早期员工一起，采用箭头型组织结构，实行平层管理模式，奠定了小米公司的组织要素基因。在成长阶段，小米公司一直采用创始人、业务负责人和员工的三层组织结构，以最简单的三层金字塔型组织结构支撑起小米手机核心业务线的快速成长。

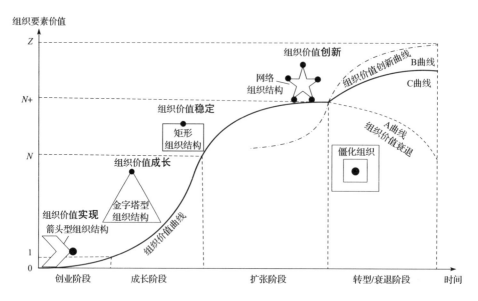

图 3-11 组织要素价值曲线

（扫描二维码，可下载画布工具）

在扩张阶段，小米结合了事业部组织结构和网络型组织结构形式。以事业部结构存在的主要包括黎万强负责的电子商务事业部、周光平负责的硬件及 BSP 事业部、黄江吉负责的路由器和云服务事业部、洪峰负责的 MIUI 事业部、王川负责的小米盒子及电视事业部。此外，业务部门有王翔负责的国际业务、知识产权和法务部门，祁燕负责的内部管理及外部公共事务部门，周受资负责的财务管理和投资部门。以网络型组织结构存在的主要是刘德负责的小米生态链业务和尚进负责的小米互娱业务。每一家小米生态链企业都是独立的，和小米公司是兄弟企业关系，以小米公司为核心，形成了"矩阵式孵化"网络结构。

从创立之初开始，雷军就把"找合适的人"放在"做合适的事"之前，引进了六位联合创始人。随着企业的发展，陆续又有多位高管加入小米公司团队，依靠群体智慧促进公司发展。然而，随着公司人员超过一万人，业务范围不断扩大，以及产业链的不断扩张，小米也出现了机构越来越臃肿、组织越来越复杂的大企业病。此时，快速增长造成的管理粗放问题和互联网企业基因带来的供应链短板制约了小米的进一步发展。为此，雷军在2016年亲自掌控小米供应链，以缓解各类产品均缺货的局面。此外，小米也在简化机构、提升效率、引入KPI等方面开始了新的尝试。可以看出，小米正试图通过这些组织要素的调整打造新的组织价值曲线，以避免组织价值衰退的出现（见图3-12）。

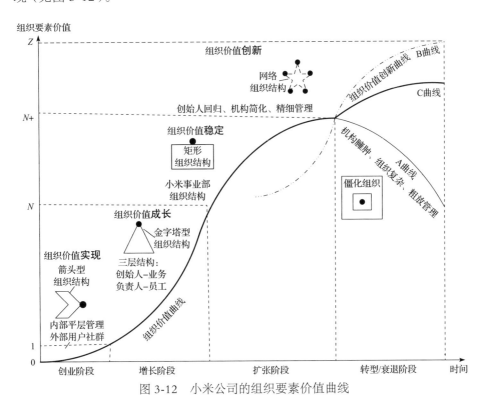

图3-12 小米公司的组织要素价值曲线

4. 市场要素价值曲线

市场要素是企业发展的重要外部环境因素，技术趋势、资源资本和市场竞合是市场要素的三个重要组成部分。分析市场要素价值可以从这三个方面进行分析。

首先，应用于商业的技术有其产生和发展的自身规律，通常会经历萌芽期、发展期、成熟期和衰退期四个阶段。企业在技术发展的不同阶段进入市场，对于企业后续发展有重要的影响。通常，在技术萌芽期即利用新技术进入市场的企业，在用户心目中将拥有技术领先者的地位，但由于技术本身尚未成熟，使用最新技术的企业不一定能取得最好的绩效。

其次，由于在行业发展的不同阶段市场中相互竞争的企业和潜在的合作者数量和地位不同，从市场竞合角度也可以把行业发展分为萌芽期、发展期、成熟期和衰退期四个阶段。在行业的萌芽期，市场上企业数量较少，企业之间的竞争与合作程度均有限；在行业的发展期，市场上企业数量增多，企业竞争对手和合作对象均快速增加，竞合程度增强；在行业的成熟期，由于行业增长空间变小，企业之间的竞争关系变得更加激烈，合作可能性减少；在行业的衰退期，行业中所剩企业数量减少，出现企业共谋现象的机会增强，企业之间的竞争趋缓，合作甚至合并的可能性增加。

最后，在行业的萌芽期，企业可以利用的行业相关资源稀缺，具有行业所需专门技能的人员很少，行业发展所依赖的供应链也尚未形成。同时，投资人对行业发展前景并不看好，企业获得资金和资本难度较高；在行业的发展期，具有行业所需专门技能的人员开始出现并聚集，围绕行业需求发展起来的供应链甚至是供应商集群开始形成。同时，资金和资本看好行业的发展前途，开始从其他行业流入本行业；在行业的成熟期，随着行业内企业自身的发展和积累，行业内的相关资源达到峰值，拥有大量的专门人才储备和完善的供应链体系，而先前进入本行业的资本开始获利退出；在行业的衰退期，由于行业发展空间萎缩，行业积累的大量资源使用效率下降，并开始流向其他行业。在此阶段，不仅新的资本不再流入衰退中的行业，并且衰退行业内企业的资本积累也开始投向其他行业。

虽然技术趋势、市场竞合和资源资本三种力量，在一个行业的产生、发展、成熟和衰退的过程中发生作用的时点和频率不完全一致，但三种力量结合起来，决定着行业和市场的生命周期（见图3-13）。

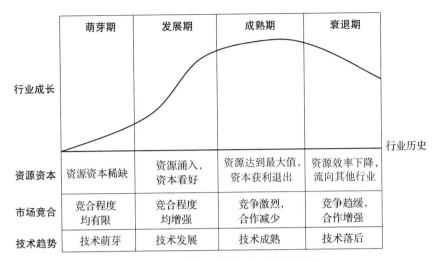

图 3-13 行业（市场）生命周期曲线

以 IT 产业的生命周期为例，IT 产业主要分为通信、硬件和软件三大行业（见图 3-14）。通信行业产生最早，1876 年，亚历山大·贝尔发明了电话，第二年成立了贝尔电话公司。后来，由于技术专利的失效，美国 10 年之内就诞生了 6000 多家电话公司，有线通信经历了快速发展期。之后，有线通信经历了长达 70 年的成熟期，并在无线通信和互联网的双重冲击下进入衰退期。

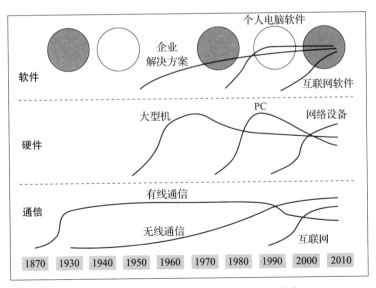

图 3-14 IT 产业的（市场）生命周期曲线

自1928年加尔文兄弟创办了摩托罗拉的前身加尔文制造公司，无线通信行业进入了萌芽期，在经历了漫长的缓慢发展期后，20世纪90年代美国联邦电信委员会对《电信法》进行了重大修改，消除市话、长话、移动电话和有线之间的人为割裂，并全面放开市场，无线通信行业迎来了快速发展期和成熟期。近年来，随着移动互联网时代的到来，在WhatsApp和微信等即时通讯软件的冲击下，无线通信可能开始步入衰退期。

IT产业中的硬件和软件行业几乎是相伴而生的。第二次世界大战后，一些原本服务于军事目标的公司开始谋求在民用领域的发展。IT硬件行业的第一波创新发生在大型机领域。1952年，小华生成为IBM的新总裁，并请来冯·诺伊曼做顾问，IBM从此开始领导电子技术革命的浪潮。就在IBM在大型机难逢敌手的时候，硬件的进步使得个人计算机（PC）的性能慢慢能够满足信息处理的需要，个人计算机开始抢夺大型机的市场。PC行业在20世纪90年代前经历了一段快速发展期，随后，在以苹果公司的牛顿PDA为发端的手持网络设备的冲击下逐渐走入成熟和衰退期。虽然牛顿PDA没有给苹果公司带来辉煌的业绩，但几年后开始陆续推出的iPod、iPhone和iPad等手持网络设备，以及日益流行的可穿戴设备构成了IT硬件的第三波产业周期。

随着IT硬件行业的产生和发展，IT软件行业必然伴随而生，并与硬件行业相辅相成，共同发展。IT软件行业最先发展起来的是基于大型机的企业解决方案，随后是基于PC的个人电脑软件，最近是基于移动网络设备的App。

影响IT行业生命周期的因素虽然很多，但技术趋势、资源资本和市场竞合等因素共同决定着IT行业的产生、发展、成熟和衰退过程。

把行业生命周期曲线和共演战略框架结合起来，可以得出共演战略市场要素价值曲线。共演战略市场要素价值曲线反映了企业如何根据自身发展阶段，利用市场要素（技术趋势、资源资本和市场竞合），完成企业市场价值的实现、成长、稳定和创新。

在创业阶段，创业者抓住新技术萌芽的趋势，运用自身可以得到的资源和资本，利用市场上缺少竞争对手的市场空间，实现企业的市场价值；在成长阶段，企业顺应技术快速发展并得到普遍应用的趋势，把握市场"风口"，迅速获得必要的资源和资本,并在市场上竞争变得非常激烈之前获得发展的先机;在扩张阶段,企业家利用成熟稳定的主导设计,凭借通过自身发展积累的资源和资本,在市场竞争与合作间取得战略平衡,最大化企业能够获得的市场价值;在升益转型/衰退阶段,有战略眼光的企业家为避免企业的市场价值出现衰退,往往提前布局,把握新的技术趋势,利用新的市场机会,充分运用资源资本,打造企业的市场价值创新曲线,并在原有市场价值曲线出现颓势时,把企业资源更多地转移到新的市场价值曲线上,以获得企业市场价值的持续提升(见图3-15)。

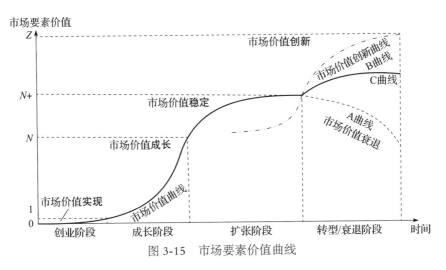

图 3-15　市场要素价值曲线

(扫描二维码,可下载画布工具)

以小米公司的市场要素曲线为例。在创业期,雷军等联合创始人抓住了安卓智能手机爆发的技术趋势和市场空白,通过自身的资本投入和引进风险投资,撬动产业资源和资本。由于小米抓住了市场"风口",当智能手机在中国的年轻人中迅速普及时,市场上没有过多的竞争对手。由于中国是全球手机的主要产地,手机制造业产业链成熟,使得小米可以用较低成本生产出较高质量的手机，从而被资本看好，小米迅速获得了很高估值和大量融资。随着手机市场竞争愈演愈烈，大量资源和资本投入这个行业，市场上迅速出现了众多竞争对手。这个阶段，小米开始围绕手机等核心产品布局智能家居生态链，在一定程度上形成了和竞争对手的差异化竞争，并且与很多手机行业之外的厂商取得了合作，为下一步的市场价值创新奠定了基础。随着智能手机、智能电视等行业竞争日趋激烈，以互联网模式管理的小米公司开始出现供应链断裂的危险，加之资本寒冬的到来，小米的市场估值迅速下降，面临着资金、供应链和技术瓶颈等多重压力。为了帮助企业渡过难关，2016～2017 年，小米提出降速调整的战略。2017 年年初，小米更是提出了聚焦"黑科技、新零售、国际化、人工智能和互联网金融"五个核心战略，而这五个战略方向可以说是组成了小米公司新的市场价值创新曲线。如果小米公司可以顺利过渡到新的市场价值创新曲线上，那么它在一定程度上就成功地应对了 OPPO/vivo 等公司通过线下零售渠道，以及华为等公司通过核心科技对小米公司互联网手机模式的颠覆（见图 3-16）。

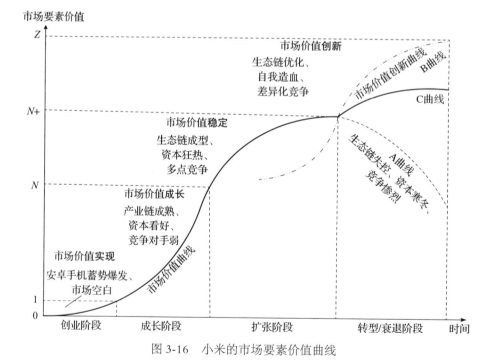

图 3-16　小米的市场要素价值曲线

5. 企业共演战略价值曲线

回到本章开篇提到的曾鸣、龚焱和吴军三位作者对企业发展战略的描述，可以看出，企业生命周期理论对于描述和指导企业发展战略有重要价值。可惜的是，在过去很多年战略管理研究和实践操作中，企业生命周期理论被很大程度上忽视了。

对企业生命周期理论的研究可以追溯到埃弗雷特·罗杰斯出版于1962年的经典著作《创新的扩散》[一]。这本书讨论了创新的产生、创新的被采用率、创新的扩散网络、创新的扩散过程等重要问题。罗杰斯关于创新生命周期的研究引发后续的关于用户需求、组织形态、产品、产业乃至生态生命周期的研究。正如译者在序言中的评价，这是一本"被严重低估了的书"。

主流战略管理理论研究往往从基于大企业的管理需要，主要讨论采用矩阵式组织结构的大企业如何制定职能层、业务层和公司层战略。例如，职能层战略如何提高企业管理效率，业务层战略如何提升企业竞争能力，公司层战略如何帮助企业应对全球化挑战等。主流战略管理理论不太关注企业是如何从创业企业成长起来的，不太关心企业在成长过程中的战略选择；或者说，关于企业的"生死存亡"，主流战略管理关注的主要是企业的"存"（大企业），而不太关注企业的"生"（初创企业和成长企业）、"亡"（衰退企业）和"死"（淘汰企业）。殊不知，企业的"存"不是一个静态画面，而是一个由"生、老、病、死"组成的动态过程，而卓越的企业更是能逃脱某些产品或产业的"生、老、病、死"规律，做到涅槃重生。

当理论界忽视了企业发展生命周期的重要性时，值得庆幸的是，很多企业史作者按照企业生命周期的脉络总结了一些卓越企业的故事。最近几年出版的一些关于中国企业的企业史有《腾讯传》《阿里传》《创京东》等，关于国外企业的企业史有《乐高：创新者的世界》《网飞传奇》《一网打尽：贝佐斯和亚马逊时代》等。然而，这些企业史虽然对一些卓越企业成长过程中的"生老病死"，乃至创业者和企业家的"酸甜苦辣"进行了细致的描述，但往往缺

[一] 埃弗雷德·罗杰斯. 创新的扩散[M]. 辛欣，译.5版.北京：电子工业出版社，2016.

乏对企业发展规律的系统梳理。

无论是理论界的学者还是实践界的创业者和企业家，了解和运用企业生命周期理论，可以帮助我们将企业发展实践做系统和细致的梳理，找到企业发展过程中的起点、方向、转折点和趋势。

举两个例子。第一个例子来自1974年发表在战略管理学术期刊《长远规划》（*Long Range Planning*）的一篇有关企业生命周期的文章。[⊖]虽然这是一篇发表在40多年前的学术文章，但作者在文章中给出的一个图（见图3-17）对于读者理解企业生命周期非常有帮助。该图把企业生命周期分为初创期、成长期、成熟期和衰退期/转型期。同时，把企业管理职能分为财务、营销、生产和后勤四个部分。该图的核心理念是，企业管理职能也有其生命周期，管理职能的生命周期综合起来组成企业生命周期。

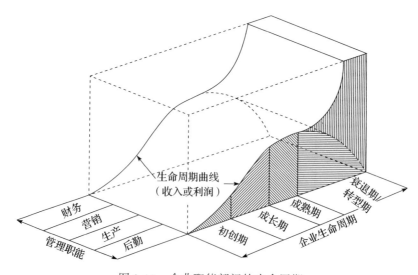

图3-17　企业职能部门的生命周期

第二个例子来自咨询界。埃森哲咨询公司的保罗·纽恩斯和蒂姆·布瑞恩曾在全世界的31个行业中选择了800家企业进行研究，并对其中的近100家企业进行了对比研究，研究的重点是对比这100家企业中的"卓越"企业和"其他"企业在突破业绩增长周期时的差异。

⊖ James B., 1974, "The theory of the corporate life cycle", *Long Range Planning*, 49-55.

在《跨越 S 曲线》①一书中，作者指出：对于实现长期增长的卓越企业而言，关键因素并不在于为达到顶峰做出多少努力（尽管这点确实重要），而是要跨过下一条 S 曲线并再次沿曲线攀登。同样，成功跨越 S 曲线的秘密不在于在曲线顶部或接近顶部时采取行动，而是为跨越下一条曲线提前做好准备。企业要想突破业绩增长的周期，需要了解财务业绩 S 曲线背后有三条隐含的 S 曲线：竞争 S 曲线、能力 S 曲线和人才 S 曲线（见图 3-18）。纽恩斯和布锐恩认为，竞争、能力和人才是决定企业绩效的重要因素。企业要想能够保持财务绩效的长期稳定上升，需要能够在财务 S 曲线增长趋缓甚至下滑前找到并解决导致竞争、能力和人才 S 曲线增长趋缓甚至下滑的原因，并解决问题。

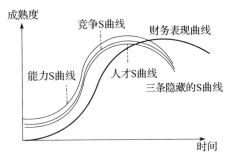

图 3-18　企业财务表现曲线和三条隐藏的 S 曲线

共演战略四要素的价值曲线分别反映了企业的用户要素价值、产品要素价值、组织要素价值和市场要素价值在企业发展四阶段中的变化趋势。这四条要素价值曲线组合起来就构成了"企业共演战略价值曲线"（见图 3-19）。"企业共演战略价值曲线"一词由"企业""共演""战略""价值"和"曲线"五个词组成，接下来一一拆解。

企业。之所以强调"企业"，是说这是一个综合性概念，是由企业共演战略四要素构成的一个整体，同时也是一条组合曲线，是由共演战略四要素价值曲线组合而成的一条综合曲线。

共演。"共演"二字的含义是"共同演化"。"企业共演战略价值曲线"用一个简单直观的图形概括企业发展过程中各个阶段面对的复杂情况。"企业共演战略价值曲线"还强调了企业发展过程中的变化，并且强调企业如何避免衰退且通过价值创新成功转型。"共演"体现了"企业共演战略价值曲线"的可操作性。

---

① 保罗·纽恩斯，蒂姆·布瑞恩.跨越 S 曲线：如何突破业绩增长周期［M］.北京：机械工业出版社，2013.

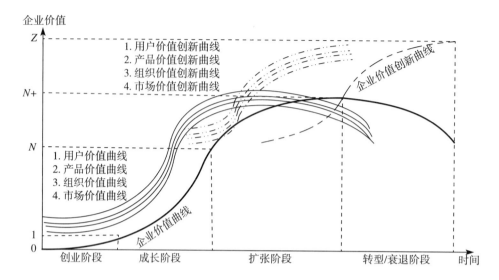

图 3-19　企业共演战略价值曲线和"隐藏的"战略要素价值曲线

战略。"战略"二字体现了"企业共演战略价值曲线"的前瞻性。前瞻性体现在曲线反映了企业从创业到转型/衰退过程中的一般规律，可以为各发展阶段的企业提供未来发展路径的导航图（GPS）。共演战略理论认为，共演战略要素价值曲线在时间上前置于企业价值曲线。也就是说，用户、产品、组织和市场要素价值曲线的变化会在一段时间后才反映在企业价值曲线上。创业者和企业家可以通过分析要素价值曲线预测企业价值曲线未来的变化趋势，也可以通过改变要素价值曲线影响企业价值曲线未来的变化。

价值。之所以强调价值性，是因为企业长期发展的基础一定是因为创造了价值，无论是用户价值、产品价值、组织价值，还是市场价值。价值创造和价值获取是企业战略得以落地、不流于形式的两大基础。

曲线。"曲线"二字体现了企业发展的曲折性，而多条曲线体现了企业发展的跨越性。就曲折性而言，企业发展一定有顺境和逆境，有高潮和低谷；就跨越性而言，企业发展一定不是自始至终沿一条曲线进行，而是要在不同的时点，在不同的曲线间实现跨越式发展。

"企业共演战略价值曲线"以共演战略四要素为分析基础，探讨企业在创业阶段、成长阶段、扩张阶段和升益转型/衰退阶段的发展趋势，并通过用户价值曲线、产品价值曲线、组织价值曲线和市场价值曲线分解企业价值的创造和获取，具有综合性、可操作性、前瞻性、价值性和跨越性，是帮助创业者和企业家理解企业发展过程和规律的有用工具。

阶段：精、专、增、升

1. 柯林斯"回到未来"

2017年年初，当"罗辑思维"第五辑开播的时候，罗振宇分享了一个故事。

1994年，吉姆·柯林斯出版了《基业长青》。之后有一天，彼得·德鲁克把他叫去聊天。当时，吉姆·柯林斯想创办一家自己的咨询公司，名字都想好了，就叫"基业长青"。

德鲁克就问他："你为什么要创办这样一家公司呢？是什么驱使你这么做的？"吉姆·柯林斯说："好奇心，以及其他人都是这么干的。"然后，德鲁克问柯林斯："你是想提出有深远影响的观念呢，还是想建立一家长久发展的组织？"吉姆·柯林斯说："我当然想跟您一样，提出有长远影响的思想啊。"德鲁克说："那你就不应该去开公司。因为一旦你开了一家公司，你就开始饲养那头野兽。如果你总是想着怎样才能喂饱这头野兽，就顾不上去想如何产生好的想法，结果是你的影响力就会下降，即便你在商业上获得了成功。真正的考验，在于对错误的机会说'不'。"

罗振宇在"罗辑思维"第五辑发刊词里用这个故事，是想说明"罗辑思维"转型的原因，说明为何要把"罗辑思维"从众多的平台上撤下来后只在"得到"App上播，为何要把以往每周更新的节目变成周一至周五的日更，以及为何要把每期1小时的节目改为每次8分钟的节目。罗振宇说："我知道，我该勇敢地动手清一清存量了，我不要亲手喂养出一只野兽。我要一个急转身，回到原来出发的地方。"

吉姆·柯林斯近20年主要出版了四本书，包括1994年的《基业长青》、

2001年的《从优秀到卓越》、2009年的《再造卓越》和2011年的《选择卓越》。如果我们把吉姆·柯林斯的这四本书仔细读一下，会发现它们正好反映了企业共演战略四阶段面临的问题（见图3-20）。

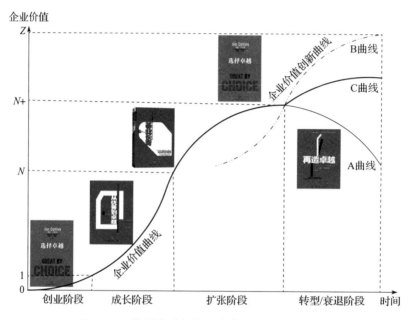

图3-20　从创业到卓越：企业共演战略四阶段

第一本书《基业长青》关注的是大企业，或者说是柯林斯讲的"高瞻远瞩公司"。柯林斯在选择研究对象公司时不可谓不小心，这些公司平均创立日期是1897年，是这本书出版的97年前。柯林斯想"决心发现历百年而不变、系杰出公司于不坠的管理原则"。[⊖]

第二本书《从优秀到卓越》研究的是如何才能将一家优秀公司变得卓越。该书的第9章"《从优秀到卓越》到《基业长青》"中，柯林斯在仔细对比了这两本书后得出了如下结论：（1）《基业长青》中描述的卓越公司在早期正是遵循从优秀到卓越的框架发展而来的。（2）《从优秀到卓越》并不是《基业长青》的续篇，而是它的前篇。刚起步的公司可以从《从优秀到卓越》中发现

⊖ 吉姆·柯林斯，杰里·波勒斯.基业长青[M].北京：中信出版社，2002.该书英文书名为"*Built to Last: Successful Habits of Visionary Companies*"。

创造持续增长业绩的办法，然后再学习《基业长青》中卓越企业的做法。㊀

对照图 3-20 中的共演战略四阶段，柯林斯在《基业长青》中研究的公司是那些已经历了快速成长期，进入扩张的成熟阶段的企业，他关注的是这些公司是如何在扩张阶段"屹立不倒"，避免进入衰退期的。在《从优秀到卓越》中，柯林斯关心的是企业如何在成长阶段取得快速成长。

然而，虽然《基业长青》和《从优秀到卓越》的书名听起来很有吸引力，书中的公司也的确取得过辉煌的业绩，但 21 世纪的经营环境和这些公司所经历的 20 世纪的经营环境有很大不同。当搜狗公司 CEO 王小川 2014 年在中国企业"未来之星"年会上致辞中提到《基业长青》中的"高瞻远瞩公司"时，已经有四家倒闭了，还有几家摇摇欲坠。

柯林斯显然也意识到了"基业长青"的企业是少数，而大多数"优秀"的企业最终难逃衰落命运。为此，柯林斯出版了《再造卓越》一书。虽然书名叫《再造卓越》，书中讨论的实际上是公司为何会衰落。这本 2009 年出版书中甚至还讨论了 2008 年金融危机中破产的房利美等企业的案例。柯林斯认为，企业衰落的"祸根"在快速成长阶段已经种下，他把企业衰落分为五个阶段：狂妄自大、盲目扩张、漠视危机、寻找救命稻草、被人遗忘或濒临灭亡。虽然《再造卓越》一书主要讨论的是公司为何会衰落，但柯林斯还是没忘在附录中简要地讨论了三家公司东山再起的案例，算是为书名做了一个交代。㊁

在连续研究了"卓越的"公司、"优秀的"公司和"衰落的"公司之后，柯林斯终于把目光投向"不确定的环境"和在这样的环境中"高速成长的"公司。2011 年，柯林斯出版了《选择卓越》（该书名更好的翻译应该是《因选择而卓越》）。㊂柯林斯称，"在 2002 年，我们开始了这一长达 9 年的研究课

㊀ 吉姆·柯林斯. 从优秀到卓越 [M]. 北京：中信出版社，2002. 该书英文书名为 "*Good to Great: Why Some Companies Make the Leap... and Others Don't*"。

㊁ 吉姆·柯林斯. 再造卓越 [M]. 北京：中信出版社，2010. 该书的英文版书名为 "*How the Mighty Fall: And Why Some Companies Never Give in*"，英文版书名更好地反映了书的主体内容：为何公司会衰落。

㊂ 吉姆·柯林斯，莫滕·汉森. 选择卓越 [M] 陈召强，译. 北京：中信出版社，2012. 该书的英文版书名为 "*Great by Choice: Uncertainty, Chaos, and Luck - Why Some Thrive Despite Them All*"。

题。2001年的'9·11'恐怖袭击事件让美国人感到了恐惧和愤怒，而战争也随之而来。与此同时，在全球范围内，技术变革和全球竞争仍一如既往地持续上演，让整个世界充满了不确定性。所有这些都把我们引向了一个简单的问题：在充满不确定性乃至混乱的环境中，为什么有的公司能够蓬勃发展，而有的则不能？"

《选择卓越》一书中实际上充满了"精益创业"的思想。例如，第一章的标题是"在不确定的环境中蓬勃发展"，而第四章的标题是"先发射'子弹'，后发射'炮弹'"。书中研究选择的时段是一些公司发展的早期阶段，用柯林斯的话说是，"企业经历了从弱小到卓越的发展历程，即在10倍速之旅的最开始，它处于脆弱状态，只是一家年轻的或规模很小的企业"。

按时间顺序看，柯林斯先研究了大企业为何能持续增长（《基业长青》，1994年出版），又研究了为何有的企业能成为大企业（《从优秀到卓越》，2001年出版），然后又注意到很多大企业会衰落（《再造卓越》，2009年出版），最近才关注到小企业快速成长为大企业的过程（《选择卓越》，2011年出版）。

回到图3-19。《基业长青》对应的是扩张阶段，《从优秀到卓越》对应的是成长阶段，《再造卓越》对应的是衰退阶段，而《选择卓越》对应的是创业阶段。如果把企业价值创新曲线当作第二次选择，那么《选择卓越》也可以对应新的企业价值曲线的选择。

从《基业长青》到《选择卓越》，柯林斯20年的出版之旅也算是从"卓越企业"的"今生"回到了它们的"未来"。

2. 共演战略四阶段

2017年3月27日，湖畔大学三期在杭州开学。湖畔一期学员、易到用车创始人周航分享自己的创业经验说："创业从某种意义上很像一个跳高比赛，如果你只是以挑战为目的，那这样创业的终极宿命可能就是失败。也就是说，可能失败就是创业的一种宿命，是一种不可避免的东西。如果我们认为失败是不可避免的话，那我们学习失败的目的不是为了避免失败，而首先是面对失败、接受失败、解决失败、放下失败，学习的目的是为了人生更好的前行。"

周航的分享道出了创业者的心声和他们面临的挑战。实际上，不仅仅是创业阶段，在企业发展的各个阶段，都存在失败的风险。马云在周航分享后总结道："失败是最佳的营养，这是心态，关键是你怎么看待这个失败，怎么跨过这个失败。阿里巴巴已经很大了，但未来是不是一马平川？企业越大，碰到的困难越大！阿里巴巴有 5 亿多用户，我需要在管理的过程中不断思考别人在这个关键时刻是怎么跨过去的。"

周航和马云讲到的创业企业和大企业发展过程中面临的失败风险正是共演战略理论关注的核心问题。共演战略理论把企业生命周期分为四个阶段：创业阶段（从 0 到 1）、成长阶段（从 1 到 N）、扩张阶段（从 N 到 $N+$）和转型/衰退阶段（从 $N+$ 到 Z），每一个阶段都存在失败的可能性（见图 3-21）。

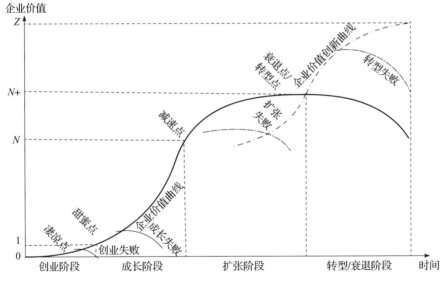

图 3-21 共演战略四阶段中的风险和拐点

"甜蜜点"（sweet point）是一个在高尔夫球具广告中常见的用语。每一支球杆的杆头，都有一个用于击球的最佳点，能与球碰撞出最为"甜蜜"的美好感受，因而在高尔夫的专业术语里被叫作"甜蜜点"，它的正式名称是"重力中心"，通常处于球杆杆头下 1/3 的位置，它的面积大小因杆而异。但就是这一点，可以把球准确的击打出去，并能击出球最远的飞行距离。甜蜜点之所以对于击球这么重要，是因为在挥杆过程中你将身体和球杆储存的能量转化为动能。当球遇到甜蜜点时，杆面不会扭转，动能可以最大限度地由你的身体和球杆传给球。

如果把企业价值曲线比作高尔夫球杆，在曲线中下部的位置也有一个甜蜜点，这里就是从创业阶段向成长阶段的转折点。在这个点上，创业者基本可以确信商业模式已基本确立，接下来是做复制和放大，而投资人基本可以确认这个项目值得投入 A 轮了。所以，这个点对创业者和投资人来说都是一个甜蜜点。

然而，这个通向快速成长之路的甜蜜点也可能是一个拐点，因为大多数创业项目活不到这个点。2016 年 5 月，经纬中国创始合伙人张颖预测，2016 年年底将有大批获得天使融资的创业公司死掉，仅有 10% 的公司能够拿到 A 轮融资并且继续存活下去。根据 IT 桔子的数据统计，截至 2015 年年底，2013 年后成立的公司死亡比例（已关闭状态）为 90.6%。[一]

实际上，大多数创业公司都到达不了甜蜜点，也进入不了成长阶段，而是在创业阶段就失败了。创业阶段的失败点可以叫作"凄凉点"，即创业项目还没有看到成长的曙光，就在夜色中凄凉地凋零了。

进入成长阶段后，也不是所有企业都能够拉出一条指数型的增长曲线。斯坦福大学曾对互联网／移动互联网领域 3200 个高成长创业公司进行调查，结果显示 92% 的公司撑不过 1000 天。

2014 年是中国互联网领域投资最疯狂的一年。互联网上曾流传一份 2014 年拿到融资的企业名单，当年拿到 A 轮融资的公司有 861 家公司，拿到 B 轮融资的有 229 家，拿到 C 轮融资的有 82 家，拿到 D 轮融资的有 17 家。2016 年年底，互联网媒体"新芽"回头一看，发现已经有很多家知名企业都在成长阶段遭遇了成长失败，包括微微拼车、博湃养车、蜜淘网、最鲜到等。

即使一家公司顺利通过了创业阶段，并在成长阶段拉出一条漂亮的增长曲线，它也会终有一天遇到"减速点"。减速的原因可能是因为用户需求变

[一] http://www.chinaz.com/start/2016/0513/530928.shtml。

化（如康师傅方便面），可能是因为组织出现问题（如国美），可能是因为产品创新不足（如诺基亚），也可能是因为市场竞争加剧（如小米）。

在扩张阶段，企业创业时的核心业务发展遇到瓶颈，增速减缓。为了进一步发展，企业往往会进行业务扩张，也称为多元化。按多元化和原有核心业务的关联性，多元化可分为相关多元化和非相关多元化。走上多元化之路的企业往往会面临扩张失败的风险。

例如，自1986年生产出中国第一根西式火腿肠开始，春都曾以"会跳舞的火腿肠"红遍大半个中国，市场占有率最高达70%以上。在火腿肠成功后，公司开始多元化扩张，依托肉制品产业，发展了以肉制品加工、低温肉制品、生化制药、饮品制造、包装材料、饲料加工以及养殖业为核心的六大支持产业，公司成为工业、商业、贸易、旅游和服务为一体的大型企业集团。一时间企业经营项目繁杂、相互间关联度低，与原主业之间也无任何关联，且投资时间又很集中，为后来的失败埋下隐患。1998年，公司的经营走向恶化——公司的春都牌火腿肠从市场占有率极盛时的70%下降到20%左右。2010年5月15日，春都集团破产清算组正式宣布"春都集团破产"。2014年12月8日，洛阳新春都清真食品有限公司的商标权被公开转让。

与春都集团因扩张走向衰落不同，很多企业在原核心业务走过"衰退点"前，甚至仍在成熟期时，就寻找转型的机会，并能在原核心业务衰落时成功转型到新的价值曲线，从而避免整个企业进入衰退阶段。

以IBM公司为例。1926～1972年是IBM业务的快速增长和成熟期，在这段时间内，IBM的股票累计收益率超过大盘指数70倍。投资者如果在1926年花上1000美元购买IBM股票，在1972年就能获得超过500万美元的投资回报。然而，IBM在20世纪80年代后期开始逐渐衰落，并在90年代初期直线下滑，1991～1993年累计亏损超过150亿美元，主要原因是公司原有的核心硬件业务出现产业周期级别的衰退。1993年，IBM聘用郭士纳任CEO后开始寻找公司转型的方向，并认为电脑网络技术及相关服务是未来的朝阳产业。IBM成为全球科技整合领域执牛耳者的新定位使IBM超越了原有的企业价值曲线，进入了新的企业增长轨道。

3. 企业价值创造公式

虽然德鲁克说"企业的唯一目的就是创造顾客（用户价值）"，但在共演战略的不同阶段，企业创造用户价值的机制是不同的。在图 3-22 中，我用四个公式定义了企业在四阶段中用户价值创造的方式。

> - 精益创业阶段：
>   企业价值 = 用户价值 = 需求∩组织∩产品∩市场
> - 专益成长阶段：
>   企业价值 = 用户价值 × 用户量
> - 增益扩张阶段：
>   企业价值 =（用户价值$_1$ + 用户价值$_2$）× 用户量
> - 升益转型阶段：
>   企业价值 =（原用户价值 + 新用户价值）×（原用户量 + 新用户量）
>   　　　　 = 原用户价值 × 原用户量 + 新用户价值 × 原用户量
>   　　　　 + 原用户价值 × 新用户量 + 新用户价值 × 新用户量

图 3-22　共演战略四阶段的企业价值创造公式

在精益创业阶段，企业价值等同于企业创造的用户价值，而"用户价值 = 需求∩组织∩产品∩市场"。这里的"∩"表示交集，表示企业在用户需求、组织、产品和市场共演战略四要素间找到交集、契合点和匹配点。换句话说，在精益创业阶段，企业要能够在用户需求、组织能力、产品属性和市场资源之间找到交集，才能够实现用户价值，才能够开发出未来能够被市场接受的产品。

在专益成长阶段，"企业价值 = 用户价值 × 用户量"。这里的用户价值就是在精益创业期创造的用户价值，企业在专益成长阶段最主要的任务是突破精益创业期用户总量的局限，把用户价值带给更多的用户。

在增益扩张阶段，企业服务的用户量缓慢增长，而企业可能为这些用户带来多样的用户价值，因此企业价值的表达式为"企业价值 =（用户价值$_1$ + 用户价值$_2$）× 用户量"。

在升益转型阶段，企业除了原来创造的用户价值外，还为用户带来新用户价值。更重要的是，企业除了服务原来的用户群之外，还会服务新的用户。企业价值的表达式变为"企业价值 =（原用户价值 + 新用户价值）×（原

用户量 + 新用户量)"。

利用用户价值创造公式，我们可以分析企业在不同发展阶段是如何创造用户价值的，了解为什么有的企业可以在发展过程中不断找到创造用户价值的突破口。以腾讯为例，图3-23描述了腾讯的共演战略四阶段。在1998～2000年的精益创业期，腾讯的主要成绩是模仿ICQ，对OICQ进行微创新，并在金融危机之前获得了MIH的巨额投资，基本达到了盈亏平衡，实现了"需求∩组织∩产品∩市场"的企业价值实现。

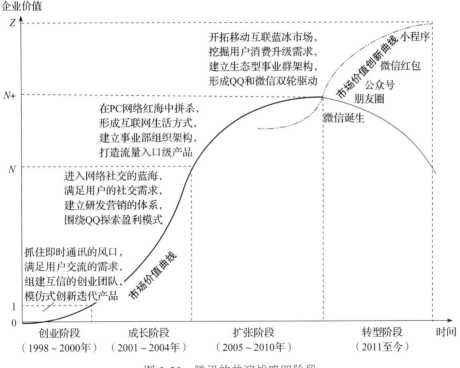

图 3-23　腾讯的共演战略四阶段

自1998年11月11日创办，腾讯就有一个"即时通讯"的梦想，并为此在所有准备用来注册的公司名称中都包含了一个"讯"字。1999年2月10日，随着OICQ上线，腾讯有了第一款即时通讯产品。但是，腾讯的创始人们当时完全没有预料到这款产品的潜力，只是计划第一年发展1000个用户，前三年累积1万个用户。有了OICQ的产品原型，张志东领导的产品团队以

用户体验为"支点",很快就拉起了一条指数型增长曲线,以至于整个腾讯都忙于找钱来"喂饱这只不停滴滴叫的小企鹅"。㊀

在好几年内,以QQ为核心产品的腾讯都找不到从QQ用户身上挣钱的方法,直到2003年年初许良领导的"阿凡达小组"推出了"QQ秀",为QQ用户提供衣服、饰品和环境场景等设计自己的虚拟形象。围绕即时通讯挖掘出来的用户对虚拟化产品的需求,一经推出,便一发不可收拾。直到现在,虚拟视频仍然是腾讯各产品线的主要收入来源(如《王者荣耀》中的英雄形象)。

在2001~2004年的专益成长期,腾讯的主要成绩是改变了在创业阶段收入和利润主要依赖电信移动增值服务的局面,摸索出了QQ秀的虚拟商品收费模式和QQ.com的门户广告模式,推动了QQ用户快速增长,并在香港股票市场上市,实践了"企业价值=用户价值×用户量"的专益成长阶段企业价值公式。

在2005~2010年的增益扩张期,腾讯打造了一个围绕QQ的"在线生活方式",包括QQ的即时通讯服务(对标MSN)、QQ空间的社交服务(对标Facebook)、QQ游戏的娱乐服务、QQ.com的门户、邮箱和广告服务。腾讯实际上是运用两大核心能力(资本和流量),通过收购运用资本能力为用户提供新的价值,并通过QQ导流为新业务带来巨额流量,从而实践了增益扩张阶段的企业价值公式"企业价值=(用户价值$_1$+用户价值$_2$)×用户量"

发展到2010年的腾讯QQ可谓顺风顺水,2010年3月5日晚,QQ同时在线用户达到1亿人。但繁荣的表面之下也隐藏着危机。业界把对腾讯的不满归结为三宗罪:"一直在模仿,从来不创新""走自己的路,让别人无路可走""垄断平台,拒绝开放"。2010年9~11月,发生在腾讯和360之间的"3Q大战"是这种不满的总爆发,也预示着基于传统互联网的即时通讯软件行业开始走向衰落。

2011年后,腾讯进入了精益转型阶段。首先是3Q大战的爆发促使腾

㊀ 吴晓波.腾讯传[M].浙江大学出版社,2016.

讯重新思考过去的"封闭式"发展方式，进而采取开放战略，开始打造基于QQ平台的腾讯生态。同时，腾讯开发了微博和微信两个新的基础性平台。腾讯的幸运在于，虽然张小龙领衔的微信比雷军的米聊晚一个月开始开发，但微信由于腾讯巨大的用户量基础而一举成功，为腾讯争取到一张"移动互联网时代的站台票"，这张站台票意味着腾讯向移动互联网的全面转型。

在QQ之后，微信拉出了一条更为陡峭的增长曲线，仅用了433天就达到同时1亿在线用户（QQ用了10年，Facebook用了5年半，Twitter用了4年）。毫不夸张地说，微信已成为腾讯的第二条市场价值创新曲线，并把腾讯的企业价值曲线向上拉升到新的高度。腾讯企业价值的提升源自它同时为原有用户（QQ用户，年轻人为主）和新用户（微信用户，覆盖各年龄段）提供了原用户价值（通信、社交、游戏等）和新用户价值（自媒体、营销途径、支付手段、购物场景等）。腾讯的转型验证了升益转型阶段企业价值的公式"企业价值=（原用户价值＋新用户价值）×（原用户量＋新用户量）"。

Co-evolution
Strategy
第4章

精益创业阶段

出发：创业四问

近几年，在创业者和企业家圈子里流行"黄金圈法则"的概念，在西蒙·斯涅克的《从"为什么"开始》一书有详细的解读。"黄金圈法则"的主要理念是：人人都知道自己"做什么"；部分人知道自己是"怎么做"的；只有极少数人知道自己"为什么"要这样做；唯有那些明白"为什么"的人，才是真正的领导者和企业家（见图 4-1a）。[一]

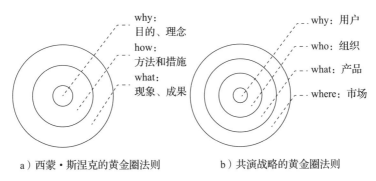

a）西蒙·斯涅克的黄金圈法则　　b）共演战略的黄金圈法则

图 4-1　黄金圈法则

斯涅克的"黄金圈法则"没有讨论"谁来做"和"哪里做"的问题，而这两个问题也是决定企业成败的关键。看一下《从"为什么"开始》一书中苹果公司的例子，如果不是乔布斯做，而是换个人，如果不是在硅谷做，而是换个地方，可能就没有苹果公司的成功。

因此，在共演战略的每个阶段，创业者和企业家都要回答 why、who、what、where 四个战略问题。这四个问题分别和精益创业四要素用户（why）、

[一] 西蒙·斯涅克. 从"为什么"开始：乔布斯让 Apple 红遍世界的黄金圈法则 [M]. 苏西, 译. 深圳：海天出版社, 2011.

组织（who）、产品（what）和市场（where）相关。

从图 4-1b 中可以看出：why 是共演战略黄金圈的第一个要素，即企业必须从为用户创造价值出发；who 是共演战略黄金圈的第二个要素，即企业必须由合适的创业者创办，并由称职的企业家管理；what 是共演战略黄金圈的第三个要素，即企业必须有过硬的产品；where 是共演战略黄金圈的第四个要素，即企业必须在适当的市场环境中才能持续发展。

在精益创业阶段，创业者要回答四个战略问题（见图 4-2）：为什么创业（why）？谁（和谁）创业（who）？创什么业（what）？创业市场环境如何（where）？

	人	事
外	用户 1.为何创业 （why）	市场 4.市场环境 如何(where)
内	组织 2.谁（和谁） 创业(who)	产品 3.创什么业 （what）

图 4-2 精益创业阶段的四个战略问题

1. 为什么创业（why）

"我为什么创业？为什么在大学创业？我并不是为了赚钱，而是为了整出些大动作，为了搭建平台给全球的知识青年提供物质和精神的品质生活体验。创业对于我和我的团队来说都是非常兴奋的，我投入了 100% 的精力去做这件事。"在混沌创业营的分享会上，"俺来也"创始人孙绍瑞充满激情地慷慨陈词。

在"大众创业、万众创新"的大潮中，不是所有的创业者都像孙绍瑞一样目标远大。有些大学生是因为就业压力大而创业，有些大学生是因为不愿"被人管"而创业。从学术研究得出的结论来看，创业原因主要分为两种：为了个人发展而创业；为了个人生存而创业。

据《全球创业观察 2016/2017》报告，参与 2016 年调查的 65 个国家的创业者中，为个人发展而创业的人数是为个人生存而创业的人数的 1.2 倍。在参与调查的中国创业者群体中，这个比例为 1.5，中国在 65 个国家中排名 43 位。⊖

但是，这两种原因可能都不是创业者口中说的"创业第一因"。2005 年，刚刚大三的孙绍瑞独自创立"梵谋文化传媒"并运营至今，是中国第一家专

⊖ 全球创业观察，http://www.gemconsortium.org/。

注高校渠道的传媒公司。2014年，孙绍瑞在梵谋传媒高校渠道资源的基础上，召集"西游团队"创立了校园O2O服务平台"俺来也"，以校园O2O商品买卖为切入点，逐渐渗透到人才服务、教育服务、金融服务和传媒服务等多个版块。

孙绍瑞产生创立"俺来也"的想法是基于学生和商家的两大爽痛点：学生越来越宅，买东西贵且不方便；商家没有完善的校园销售渠道，无法达到校园终端。"俺来也"的出现，使得学生可以在校园任何一个角落打开App选择购物下单，订单发送到后台，然后就会有本校的快递员同学（称为"筋斗云"）抢单。然后，他们到"俺来也"在每个校区的直营分仓去提货，在29分钟内为下单的同学提供上门服务。"筋斗云"学生根据订单价格、送货速度和服务质量赚取每单1.6～3元的快递费，平均每人月收入约750元。

孙绍瑞说，"为学生和商家创造价值"是他创立"俺来也"的第一因。正如德鲁克所说的"企业的唯一目的就是创造顾客"那样，"创造用户价值"应该是所有创业者的第一因。

什么是"第一因"呢？"第一因"也被创业者称为"第一原理"。在创业者圈子里经常被引用的是特斯拉创始人埃隆·马斯克的说法。学物理出身的马斯克这样说："我们应该运用'第一原理'思维而不是'比较思维'去思考问题。我们在生活中总是倾向于比较——别人已经做过了或者正在做这件事情，我们就也去做，这样做的结果是只能产生细小的迭代发展。'第一原理'是从物理学的角度看待世界的思考方式，也就是说，一层层剥开事物的表象，看到里面的本质，然后再从本质一层层往上走。"

罗辑思维的罗振宇用"第一原理"论述为什么把节目从全网分发变成只在"得到"App里播出，为什么从视频改为音频。罗振宇说："其实回到'第一原理'来看，就是两条：第一，一家做精品内容和知识服务的创业公司，只为自己的用户提供服务，这有什么奇怪的？第二，从视频改成音频，从一周一个长的，改成每天一个短的，这种改动也是为了更好地尊重用户的时间和他们的使用，这也是顺理成章的。"

根据"第一原理"，罗振宇给出的两条理由可以简化为"为用户创造价值"。罗辑思维的典型用户是生活在一二线城市、有较高收入、只有很少闲暇时间，但又想高效率地获得一些新认知的年轻人。所以，罗辑思维就应该让这些用户能随时随地利用 5～8 分钟时间更新自己的认知。

在罗辑思维创业的头几年，总有人抱怨拼不出来"罗辑思维"四个字。当时，几位创始人也认为拼写的难度给用户制造了障碍，可能是个错误。但如果从罗辑思维陪伴用户终身学习的创业第一因出发，罗辑思维也许正是帮助用户"罗列、编辑、思考和维护"自己认知的意思。

2. 谁（和谁）创业（who）

想清楚了创业的原因，需要考虑的问题就是谁适合创业，以及谁和谁适合一起创业的问题。《创业家》出版人牛文文创办的"黑马成长营"曾把在黑马成长营的嘉宾分享整理出版了一个"黑马书系"，其中有两本书和这两个问题有关。一本书的名字叫《创始人，先搞定自己再谈创业》，另一本书的名字叫《创始人，搞定了团队你才能做大》。⊖

首先，是搞定创始人的问题，或者说是谁适合创业的问题。与此相关，学术界和业界有很多说法，总结起来，主要是态度和能力两个维度。态度主要指个人对承担风险的态度；能力主要指学习与创新能力。

关于个人对风险的态度，在创业者圈子里有个流行的说法，叫"概率权"。也就是说，每个人都有在不同概率事件间进行选择的权利。对概率权的不同运用决定着一个人是否能够把握的机会。例如，在一个确定能得到一定金额（如 100 万元）和一个以一定概率得到一个更大金额（如 10% 的概率得到 1000 万元）之间选择，多数人会选择前者。有一种鼓励创业者精神的说法把选确定性机会的思维叫"穷人思维"，把选概率性机会的思维叫"富人思维"。当然，这种说法有一定的偏差，因为从群体和概率的角度看，两个机会的结果是一样的。但是，从个体角度看，关键时点的概率选择的确能让有些人变得富有，而另一部分人则失去机会。

⊖ 创业家. 创始人，先搞定自己再谈创业［M］. 杭州：浙江出版集团数字传媒有限公司，2015；创业家. 创始人，搞定了团队你才能做大［M］. 杭州：浙江出版集团数字传媒有限公司，2015.

关于学习与创新能力，在创业者圈里也有一个奉为圭臬的名言，即史蒂夫·乔布斯在斯坦福大学毕业典礼致辞中所说的"求知若渴，痴心不改"（Stay Hungary, Stay Foolish）。乔布斯之所以对斯坦福大学毕业生说这句话，是因为他认为学习和创新是一个持续的过程，即使是对于毕业于斯坦福大学的精英而言，也是一个巨大的挑战。对于个人来说，意味着终身学习；对于企业来说，意味着持续创新。

与乔布斯所见相同的是曾国藩。曾国藩在《曾国藩家书》中也提出，"拙"比"巧"要更为有用，即所谓"唯天下之至拙能胜天下之至巧"。任正非也有同样的说法，他总结华为成功经验时用了"痴、傻、憨"三个字。"痴"指的是华为创业以来坚持做一件事，在信息通信领域持续耕耘；"傻"指的是华为不赚快钱，坚持在一个领域深挖，能守住"上甘岭"，能进攻"无人区"；"憨"指的是华为在向优秀公司（如IBM等）学习时，能够保持初心，求知若渴。

与创业有关的"概率权"的学术用语叫作"风险承担倾向"，有的人对风险的厌恶程度非常高，有的人则更愿意承担一些风险。和乔布斯、曾国藩、任正非等说的"求知若渴，痴心不改"相关的学术术语称为"学习与创新能力"。

图 4-3 用"重大风险承担倾向"和"持续学习与创新能力"两个维度把人分为四类。在整个人群中，重大风险承担倾向和持续学习与创新能力两个维度都低的占大多数，这些人的职业多是普通职员；那些持续学习与创新能力低，但重大风险承担倾向高的人，可以被称为"赌徒"，他们可能偶尔成功，但凭借的只是独立概率而不是条件概率。○

图 4-3 谁是创业者

很多科技工作者的持续学习与创新能力很高，但因为不喜欢承担重大风险而倾向于做稳定的科技创新工作；与普通的科技工作者不同，有一些具有较高

○ 贝叶斯公式是一个基于条件概率的原理。龚焱教授曾用贝叶斯公式解释精益创业的迭代原理。首先，对客观世界的认知是有条件的，只有通过多次的迭代，一步一步逼近客观世界；其次，在认知世界的过程中，新的信息非常关键，而新的信息通过测试和迭代获得。

风险承担倾向的科技工作者会选择成为创业者或企业家。例如，曾为华大基因创业元老，后来又创办了深圳碳元科技的王俊，就是一位在 *Nature*、*Science*、和 *Cell* 等世界顶级科学杂志上发表过上百篇学术论文的创业者。

当然，更多的创业者和企业家本身并不是科技工作者，但他们同样有持续的学习与创新能力。创业圈里有这样一句话，"创业者的认知边界就是创业企业的边界"。于是，在中国的创业大潮中涌现出各式各样的"创业营"和"创业大学"，帮助创业者持续提升学习和创新能力。

图 4-4 列出了创业者是自己独自创业还是合伙创业的决策过程。首先，创业者评估自己是否缺乏重要的经验能力、社会关系、资本资源。如果缺乏，需要判断是否有必要在创业阶段就补足这些资源和能力。如果需要在创业初期补足，就需要引入合伙人。

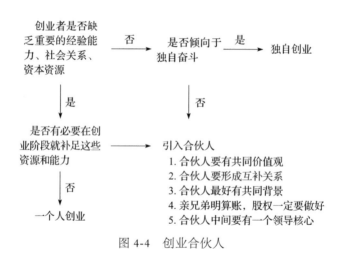

图 4-4　创业合伙人

引入合伙人是个艺术活儿，也是创业中至关重要的部分。2017 年 3 月 29 日，"俺来也"创始人孙绍瑞在"喜马拉雅"App 开了一个节目，叫"从 0 到 1 学创业"，当天上线的第一讲的题目叫"不懂合伙，必定散伙"。无独有偶，中信出版社 2017 年出版的一本新书也叫《不懂合伙，必定散伙》。㊀

在书和节目中，两位作者提到了一些共同的看法。例如，好的合伙人需

㊀ 武帅. 不懂合伙，必定散伙：创业必懂的合伙实战策略 [M]. 北京：中信出版社，2017.

要有共同的价值观，需要和创始人形成互补关系，最好和创始人有共同的经历，做好股权设计，合伙人中间要有一个领导核心，等等。

第一，合伙人要有共同的价值观。2014 年，阿里巴巴赴美上市，公司的 27 个合伙人占阿里巴巴 9.4% 股份。用招股说明书里的话说，这 27 个人既是公司股东，也是"公司的运营者、业务的建设者和文化的传承者"。这 27 个人之所以能够成为公司文化的传承者，是因为其中有 7 个人是阿里巴巴创业之初的"十八罗汉"，而阿里巴巴现在的文化是和创业时合伙人的共同价值观一脉相承的。

第二，合伙人需要和创始人形成互补关系。2010 年雷军创办小米前，花了很长时间找合伙人。最终加盟的其他六位联合创始人和雷军形成很强的互补关系。例如，林斌曾任微软亚洲工程院工程总监和谷歌中国工程院副院长，有丰富的大型软件开发管理经验；周光平曾任美国摩托罗拉手机总部核心设计组核心专家和戴尔星耀无线产品开发副总裁，有很强的硬件开发背景；其他联合创始人，如刘德、黎万强、黄江吉、洪峰，则分别在工业设计、营销、软件工程等领域有专长。

第三，合伙人与创始人的共同背景有助于形成团队合力。我们经常会看到一些阿里系、腾讯系、百度系的创业公司，而这些大企业当初也大多是由一帮同学或同事创办的。例如，1998 年马化腾创办腾讯时，找的其他四位合伙人中，张志东和陈一丹是马化腾在深圳中学和深圳大学的同学，许晨晔是马化腾在深圳中学的同班同学，曾李青虽然和其他四人不是同学，但也是同一年毕业的。

第四，好的股权设计是创业企业持续发展的基础。创业公司的股权设计主要涉及两个问题：一是如何在合理分配股权的基础上，保证创始人对公司的绝对控制力；二是如何通过股权分配帮助公司找到更多有力的合伙人和投资人，以便获得公司需要更多的资源。例如，1975 年，比尔·盖茨和保罗·艾伦合伙创办微软时，盖茨占股 60%，艾伦占股 40%。1977 年，两人签署了一份非正式协议，明确规定两人持股份额分别为 64% 和 36%。1981 年，微软注册成为一家正式公司，盖茨持有 53% 的股份，继续保持绝对控股，艾伦持有31%的股份，鲍尔默、拉伯恩分别占股8%和4%，而西蒙伊和利特文则分别不到2%。1982年，为了调动员工的积极性，开始给员工配股。后来，随着微软的上市和快速发展，拥有股份的早期员工也获得了巨额财富。

第五，拥有明确的领导核心是创业企业发展的关键，否则讨论事情很容易最终没有结果。有时候，创始人的领导核心地位不仅仅来自对股权的绝对控制，同时还来自创始人的眼界和境界。华为创始人任正非和海尔首席执行官张瑞敏都是各自企业当仁不让的领导核心，但两人都不是靠对股权的控制而获得领导核心地位的。在中国经济环境纷繁复杂和快速变化的背景下，在很多企业的发展过程中，创始人失去了对股权的绝对控制，或者从来没有拥有过高比例的股权，但还是有很多优秀企业（如腾讯、阿里巴巴、百度、华为、海尔、万科等）依靠创始人的强大领导力取得了巨大的成绩。

3. 创什么业（what）

2017年3月30日，真格基金创始合伙人徐小平在"得到"的"所有人问徐小平"节目中回答"创业创什么"问题时说："创业创三个求：人生欲求、职场诉求、市场供求。"

可以把徐小平的回答分为两个维度："为谁创业"和"为何创业"（见图4-5）。一个人可能为个人或他人创业，也可能为现实和梦想创业。创业的不同原因决定了创业的不同内容，为谁创业和为何创业。

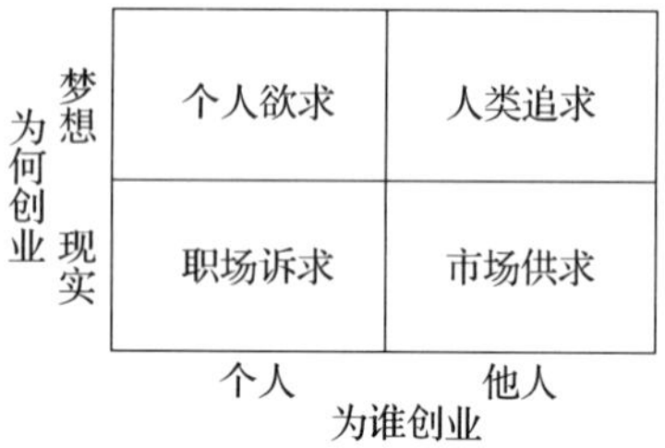

图4-5 创业就是创个"求"

为解决个人面临的现实问题而创业是"职场诉求"。例如，俞敏洪当年创立英语辅导班的初衷是为了解决作为北京大学教师收入低的问题，加之后来不得不辞去教职，只得创办了新东方。

为实现个人梦想而创业是"个人欲求"。例如，现在丽江古镇的很多客栈老板就是怀着"遇见美丽人生"的目标放弃现实中的职业和生活，投入丽江温暖的午后阳光中的。

为解决他人面临的现实问题而创业是"市场供求"。例如，徐小平在新东方开始做学生辅导时没有想到出国咨询业务未来能成为独角兽级别的产业，当时，开始做出国咨询只是因为很多人学了英语，考了托福却办不下来签证，市场需求非常大。徐小平还为此提供了一个金句："利己主义者觉得，别人的需求是负担；利他主义者觉得，他人有需求需要被解决，是好的创业机会。"

如果在徐小平老师说的三个"求"之外再加一个，就是为实现他人（甚至是全人类）梦想而创业。例如，特斯拉创始人埃隆·马斯克就是一位梦想创业家，他在清华大学的一次分享中提到："在读大学的时候，我决定参与能够促进人类向前发展的事业，有五个备选方向，即互联网、可持续能源、太空移民、生物学和人工智能。"马斯克迄今为止创办的 X.com（Paypal 的前身）、特斯拉和 SpaceX 就是他在互联网、可持续能源、太空移民三个可能帮助人类实现更大梦想领域的创业。

4. 创业市场环境如何（where）

如果按需求是潜在需求还是现实需求，以及技术/模式是创新还是成熟的两个维度区分，创业的市场可以按图 4-6 所示分为红海市场、蓝海市场、蓝冰市场和混沌市场四类。由成熟的技术/模式和现实需求组成的市场可称为红海市场，由创新的技术/模式和现实需求组成的市场可称为蓝海市场，由

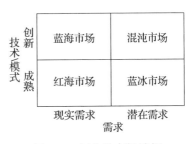

图 4-6　创业的市场选择

成熟的技术/模式和潜在需求组成的市场可称为蓝冰市场，由创新的技术/模式和潜在需求组成的市场可称为混沌市场。

2017 年的春天，在投资人和创业者圈里流传着一个笑话。有人在一个论坛上就共享单车面临的问题提问一位资深投资人，这位投资人沉吟了一会儿说："目前，共享单车面临的最大问题，就是颜色不够用了。"这位投资人引用中国自行车协会的数据指出，2016 年共享单车总计投放数量超过 200 万辆，2017 年预计投放量将呈现井喷式增长。

2014 年，北大毕业生戴威和四名合伙人共同创立 ofo，致力于解决大

学校园的出行问题；2015年5月，超过2000辆共享单车出现在北大校园。2016年4月，摩拜单车在上海上线；2016年9月1日，摩拜单车正式宣布全面进入北京。

在这一轮共享单车热潮兴起之前，大学校园可能是中国这个曾经的自行车王国土地上最后一块骑行的乐土了。当戴威和同学在北大校园构思共享单车商业模式时，校园骑行这一需求已经被满足。但是，同学们都是自己买自行车，也经常遇到找不到自己自行车的情况。于是，就有了各种与自行车相关的创业想法，如自行车定位App、智能唤醒发声车锁等。ofo可谓是用一种创新模式来更高效地满足已被满足的校园骑行需求，是进入了一个蓝海市场。

与ofo从校园开始的模式不同，摩拜单车一开始从上下班通勤的骑行需求切入，主要把单车投放到上海和北京等大城市的地铁站附近。在摩拜单车运营之前，很多人上下班是通过打黑车等办法解决从地铁站到自己家的交通问题。摩拜单车可以说是用相对成熟的模式（ofo已做初步验证）满足之前已满足的需求（上下班通勤），是进入了一个红海市场。

2015年年底，ofo创始人戴维还在到处向投资人推销他的商业计划书。2016年，随着前两年火热的O2O、P2P等项目热潮退却，投资界一时失去了追捧的投资对象。2016年年初，ofo进入投资人视野，在2016年1月完成A轮融资之后，ofo在2016年8月～2017年3月短短8个月内完成了A+轮到D轮的融资。摩拜单车也在2016～2017年的一年内完成了5轮融资。共享单车市场被资本彻底引爆，并从此进入红海市场。2017年年初，有好事者曾把所有共享单车的App摆放到手机的屏幕上，竟满满地占了两屏还多。

除了蓝海市场、红海市场之外，还有一类市场可以称为蓝冰市场。和创科技CEO刘学臣认为，"蓝冰市场是待开拓的有巨大发展潜力的崭新市场。蓝冰市场有两层含义：一是，冰是硬的，需要不断敲打才能融化；二是，冰是会化的，一旦春暖花开或者敲冰人的能力变强，冰就会融化"。

和创科技的主打产品是"红圈营销"App，它包含团队拜访行为管理、团队日常管理、行业标准化管理、企业信息流转、实时动态决策报表等方面的营销管理功能。在企业从客户到商机、从经营过程到行为管理的过程中，为企业提供最为有效的营销整体解决方案，专注于帮助企业解决销售管理中最头痛的问题。2015 年 7 月，和创科技与阿里巴巴"钉钉"宣布结成战略合作关系，携手发力企业级移动应用市场。

红圈营销的主要竞争对手是纷享销客。纷享销客的创始人罗旭是媒体界的资深人士，曾任《新京报》总经理，在工作中接触到很多广告营销客户。罗旭发现欧美市场上服务于中小企业的 SaaS 软件普及率为 75%，而中国市场仅为 9%，中国 4000 万家中小企业给 SaaS 软件提供了巨大的市场空间。2011 年年底，罗旭离开《新京报》，创办了北京易动纷享科技有限公司。

纷享销客的客户群 80% 来自传统行业，它们采用传统的客户关系管理系统（CRM）和它们的客户沟通，但是效率低下。这些客户在提升销售管理效率方面有巨大的未被满足的需求。传统的 SaaS 企业采取线上服务加渠道代理商的模式开展业务，而罗旭通过长时间的思考，决定选择线下直销为主、线上为辅的策略，并提出"五星级服务"的概念，为用户提供全方位的服务。这种根据客户实际情况采取的服务方式在 SaaS 业内是一种模式创新。罗旭认为，纷享销客这种利用成熟模式满足传统行业的中小企业未被满足的 SaaS 需求的做法开辟了一片蓝冰市场。虽然在开始破冰阶段，冰是硬的，但随着企业的发展，冰就开始融化了。纷享销客在 2013～2015 年的年均销售收入增长了 10 倍，单月营收突破 2000 万元，客户的续费率高达 75%。

还有一类市场是混沌市场，特点是用创新技术满足未被满足的需求。诺贝尔奖得主、耗散理论创始人普里高津认为：一个足够复杂的不稳定系统的确定性演化，可等效于不可预测的概率过程，也称为马尔可夫过程。混沌市场的发展类似于这样一个不可预测的过程。

精益：创业的十二要点

共演战略分析包含用户、组织、产品、市场四个要素，并重点关注四要素中的 12 个分析要点，即用户特征、用户需求、用户选择、领导者、团队员工、组织管理、产品开发、营销推广、商业模式、技术趋势、资本资源、市场竞合（见图 2-28）。在企业的不同发展阶段，共演战略关注的要点具体内容也随企业发展而变化。

根据精益创业阶段的企业特点，精益创业阶段的十二要点如图 4-7 所示，包括：天使用户、爽痛点需求、现有竞品、创始人、创业合伙人、扁平组织、MVP 开发、口碑营销、单点突破、创新性技术、初始资本、混沌市场。

图 4-7　精益创业阶段十二要点

1. 天使用户

百度百科对天使用户的定义是："天使用户就是一个产品最早那批使用者中，最认同产品并希望更多人认同这个产品的人。对于创业者来说，他们就像天使投资一样，对产品和企业有着至关重要的意义。"

天使用户首先是用户，也是企业发展整个生命周期中最早使用和认可企业产品的用户。互联网产品中用户量最大的一类大概是社交类产品了。2016 年 4 月，全球社交网络排名中，前三位分别是 Facebook（15.9 亿）、WhatsApp（10 亿）、Facebook Messenger（9 亿），第四至六位分别是 QQ（8.5 亿）、微信（7 亿）、QQ 空间（6.4 亿）。

有人曾整理出 Facebook 最早的 20 个用户。㊀从 Facebook 最早的 20 个用户名单中可以看出，他们和 Facebook 创始人马克·扎克伯格都是哈佛大学的同学，而且大多数都有室友、学习同一门课程或者参加同一个学生组织等密切关系（见表 4-1）。因此，天使用户往往是创始人身边最密切的朋友和亲人。

表 4-1　Facebook 最早的 20 个用户

姓　　名	早期和 Facebook 的关系
马克·扎克伯格	Facebook 的创始人
克里斯·休斯	Facebook 的联合创始人，是扎克伯格的室友
达斯汀·莫斯科维茨	Facebook 的联合创始人，是扎克伯格的室友
Arie Hasit	第一个注册的非创始人

㊀ 资料来源：http://jandan.net/2014/02/13/people-on-facebook.html。

（续）

姓　　名	早期和 Facebook 的关系
Andrew McCollum	和扎克伯格一起上过操作系统学，扎克伯格让他设计 Facebook 的第一个 Logo
Colin Kelly	当时在哈佛大学学习
Mark Kaganovich	和扎克伯格一起上过数学课
Andrei Boros	当时在哈佛大学学习
Manuel Aguilar	是扎克伯格在数学课上的同学 Kaganovich 的室友
Zach Bercu	通过一个犹太学生的兄弟会知悉 Facebook 的存在，扎克伯格也是其中一员
Samyr Laine	扎克伯格的室友
Sarah Goodin	Goodin 是注册 Facebook 的第一个人的女朋友，是扎克伯格的室友 Laine 的好朋友
Kang-Xing Jin	Jin 和扎克伯格至少上了两门同样的课程，曾与扎克伯格一同开发 Facebook
Colin Jackson	通过一个犹太学生的兄弟会知悉 Facebook 的存在，扎克伯格也是其中一员
David Jakus	当时在哈佛大学学习，2006 年从哈佛大学毕业
David Hammer	当时在哈佛大学学习，是一众 Facebook 创始人的好朋友
Alana V.Davis	当时的哈佛大学学习，后来在哈佛大学继续深造并完成了 MBA 课程
Ebonie Hazle	是扎克伯格和休斯的好友，在 Facebook 上线当天她就注册了账号
Eduardo Saverin	扎克伯格的朋友，帮助他支撑公司前期的财务支出，负责 Facebook 的早期宣传
Jon Green	帮助扎克伯格完成了 Facebook 的前身——Face Mash（评选校园美女的网站）

毕业于北京大学、后来创办了"伏牛堂米粉"且被称为"粉教教主"的张天一，曾分享他关于社群的思考。张天一认为，"社群的势能 = 数量 × 质量^2 × 连接频率^2"。虽然 Facebook 的 20 个天使用户数量很少，但这些人之间相互信任度很高，连接频率也很高，加之以哈佛大学的光环，Facebook 创立之初就获得了很大的势能。巨大的势能进一步推动用户数量的快速上升，使得 Facebook 的用户数持续保持快速增长。2016 年 12 月，Facebook 平均每日活跃用户人数为 12.3 亿人，同比增长 18%。其中，移动平均每日活跃用户人数为 11.5 亿人，同比增长 23%。

天使用户之所以重要，不仅仅是因为天使用户能吸引其他用户。天使用户还可以通过帮助创业企业抓住爽痛点需求，帮助创始人把握创业方向，帮助创业企业聚焦 MVP 功能，以及帮助创业企业获得创新性技术等四个机制影响创业企业的发展（见图 4-8）。

第一，天使用户能够帮创业企业抓住用户的需求爽痛点。例如，对于从 2011 年开始在国内迅速走红的社交问答网站"知乎"而言，最初的 1000 个用户是奠定产品基调的基石，而知乎也的确是因为这最初的 1000 个天使用户而迅速走红的。在这

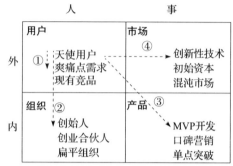

图 4-8　天使用户的作用机制

1000 个人中，有李开复这样的公众名人，也有洪波等这样的互联网行业超级链接者，还有很多投资圈、媒体圈中社会关系丰富的节点。而带动这 1000 人进入知乎的是更早的几十个人，知乎创始人周源和黄继新，与最早的那几十个用户大都是现实中的朋友和同事等，他们身上有很多共性的爽痛点需求：比如热爱知识的整理和分享，对新生事物充满兴趣；自身也处于成长和学习的阶段，活跃且有一定影响力等。这些都深刻地影响了知乎的"调性"。

第二，公司创始人一定是天使用户，而且天使用户中很可能有创始团队成员。有很多天才的创业想法是由用户想出来的，这种用户变身创业者现象有一个学术名词叫"用户创业者"（user entrepreneurship）。健身 App "Keep"创始人王宁的创业就是一个典型的用户变身创业者的故事。王宁在北京信息科技大学读书的时候是一个 180 多斤的小胖子，通过在学校的操场跑圈和网上收集的各类减肥方法，3 个月瘦到 130 多斤，他把自己的减肥方式做了个 PDF 文档分享给身边的朋友，但 PDF 文档翻阅比较烦琐，而当时在 App Store 里面并没有合适的 App，于是他在 2014 年 10 月成立了 Keep，自己成了天使用户。2015 年 2 月 Keep 正式上线，王宁作为一个"非专业健身者"，对 Keep 的定位是一款具有社交属性的移动健身工具类产品，用户可以利用自己碎片化的时间进行锻炼。用户定位只是 70%～80% 的健身小白用户，做 0～60 分的事情。

第三，天使用户的参与对创业企业 MVP（最小可用产品）开发非常重要。

用户参与也有一个学术名词叫"用户社群"（user community）。举个例子，"杏树林"是专门服务于医生的创业公司，创业初期推出医学文献、医口袋和病历夹三款产品，帮助医生获取文献、查阅资料、积累病人和病历信息。杏树林的原始创业想法来自创始人张遇升在北京协和医学院学习期间对"协和三宝"（图书馆、病案室和老教授）的深刻印象。"协和三宝"能帮助医生在遇到疑难杂症时快速找到参考资料。在原始创业想法的基础上，张遇升和几位医生天使用户深度交流，形成了杏树林的产品原型。例如，"病历夹"可以让医生随时录入和调阅病人术前、术中、恢复、随访各阶段的信息，支持照片、录像和语音等形式。"病历夹"的点子就来自张遇升与原协和医院医生、"急诊科女超人"于莺的交流："在病案室里翻病历，要花费很多时间搜索，得找工作人员从架子上取下来。如果每看一个病人，从接诊开始，到化验单、病历记录、影像学片子，把这些资料统一存在手机上，那自己就有了一个病案室。"

第四，天使用户也可能是创业企业创新性技术和创意的来源，这也有一个学术名词叫"用户创新"（user innovation）。Shah 和 Tripsas（2007）的研究表明，很多高技术行业的创新中都有很大比例是由用户发明的，例如：计算机行业（26%）、化学加工设备行业（70%）、科学仪器行业（76%）、半导体组装设备行业（67%）。⊖乐高玩具是全球领先的玩具制造企业，长期保持收入和盈利的快速增长。乐高保持创新活力的做法是激励用户参与创新。例如，乐高在 2010 年建立了官方社区平台，乐高"粉丝"可以在网络社区里讨论乐高的产品和创意，成立研讨小组。乐高通过选拔"乐高大使"，让他们与公司的设计团队进行交流，以此来激发拼砌师的创意。对于那些被乐高聘用为兼职或全职的乐高设计师和拼砌者，乐高会颁发"乐高认证专家"证书。

2. 爽痛点需求

创业者在选择创业方向，确定要做的产品和服务之前，要问一个问题：用户为何会买账？人类商品经济的发展史也表明，人们通常把钱花在两件事

⊖ Shah, S. K. and M. Tripsas (2007). "The Accidental Entrepreneur: The Emergent and Collective Process of User Entrepreneurship." *Strategic Entrepreneurship Journal* 1(1-2): 123-140.

上：第一，对抗痛苦；第二，追求快乐。

痛苦和快乐是一个硬币的两面。《人类简史》一书在讨论快乐时做了如下总结："虽然今日人类比先人所享有的财富要多得多，但'我们是否真正的快乐了'是个没有确定答案的问题。"一般对于快乐普遍接受的定义是"主观感到幸福"。科学研究表明，虽然金钱可以带来快乐，但超过限度后，效果就不那么明显了；虽然疾病会降低人的幸福感，但除非病情不断恶化，否则疾病并不会造成长期的痛苦感。综合以往的科学研究，快乐并不是单独由财富、健康之类的客观条件决定的，而是取决于客观条件和主观期望之间是否相符。

如图 4-9 所示，当客观现实情况差，人的主观期望也低的时候，人们对现实通常是"满足"的；当客观现实情况差，但人的主观期望高的时候，人们才会感到"痛苦"；当客观现实情况好，人的主观期望也高的时候，人们会对现实感到"满意"；当客观现实情况好于主观期望的时候，人们才会感到"快乐"。因此，当人们"痛苦"的时候，可以通过降低主观期望让人们达到"满足"，也可以通过改善客观现实让人们感到"满意"，但只有同时管理客观现实和主观期望，才能让痛苦的人感到"快乐"。

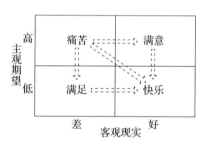

图 4-9　快乐的主观来源和客观来源

人们对痛苦和快乐感受的复杂性为创业带来了无穷的机会。创业者可以把眼光聚焦于减轻用户痛苦，在用户感到痛苦的地方找到切入点，也可以把眼光投向为用户创造快乐。就痛点而言，创业者可以想想那些让用户感到不安、沮丧、紧急或难受的事情，听听那些让用户抱怨、吐槽、愤怒甚至骂街的事情。然后带着这些清楚认识并铭记于心的痛苦，开发"治疗"的产品和服务，并将开发的重点放在用户的"康复痊愈"上，"让痛苦消失"作为创业的指导。

就快乐而言，创业者可以设法帮助用户创造或留住快乐。2016 年 6 月，迪士尼乐园在上海盛大开幕，上海迪士尼乐园是迪士尼在全世界的第六家主题乐园。"贩卖快乐"是迪士尼公司的理念。①主题乐园一般都是很大的投资项目，短期难以回报，一旦亏损，足以导致一家公司破产。但是，迪士尼乐园之所以后来能成为"全世界最快乐的地方"，是因为创始人华特·迪士尼创办迪士尼乐园的初衷本来就是为孩子营造一个欢乐世界，而不纯粹是为了钱。

"这一刻，多温馨，甜的笑，真的心，串起了，每一刻。这就是柯达一刻，别让她溜走。柯达，串起每一刻！"和迪士尼类似，柯达胶片的这条广告语抓住了人们留下快乐每一刻的心理，成为广告经典。当数码相机和手机普及后，与照片分享相关的创业项目成为热点。除了当年被 Facebook 以 10 亿美元收购的 Instagram 外，诞生于杭州的照片分享平台"in"近年来也在快速成长。"in"的主流用户群体是"90后"和"00后"，他们更习惯视觉化表达。"in"的定位是"记录和分享生活印记"。"in"的创始人清水姐姐说："这样的定位符合长期人类的需求，与做工具不一样的是，我们专注更深的长期需求，即使人们更换软件也不会丢掉自己沉淀的记忆和生活，那是人们存在过的证据。"

针对爽痛点需求之所以重要，不仅仅是只有在产品抓住用户的爽痛点时用户才会买单，而且爽痛点需求还能帮助创业企业与竞品区分开来，帮助创业企业集中组织力量办大事，帮助创业企业实现产品的单点突破，并帮助创业企业在混沌市场中找到未来发展方向（见图 4-10）。

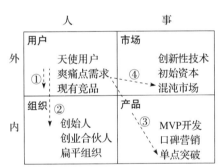

图 4-10　爽痛点需求的作用机制

第一，抓住爽痛点需求可以使创业项目和现有竞品区分开来。例如，2014 年，刚刚大学毕业的漫画爱好者陈安妮来到北京创业。大学期间，陈安妮以"伟大的安妮"为名运营新浪微博账号，连载漫画作品。陈安妮所作的《安妮和王小明》等漫画以吐槽的方式和幽默的语言来描述中学和大学的学生生活。来到北京以后，陈安妮停止了运营微博账号，把全部精力投入到打造

---

① 陈静华. 迪士尼乐园：贩卖快乐 [M]. 北京：对外经济贸易大学出版社，2007.

"快看漫画"平台上。当时漫画行业有几个较大的平台，但是这些平台的目标用户无一例外都是男性，热门漫画都是热血漫画。由于自己是女生，陈安妮对年轻女性漫画读者的爽痛点理解更为清晰，快看漫画聚焦灰姑娘幻象类漫画，很快成为年轻女性漫画读者最喜欢的漫画平台。

第二，抓住爽痛点需求可以帮助创业企业集中组织力量办大事。例如，2016 年 12 月 12 日，"运满满"宣布完成 D1 轮融资 1.1 亿美元，意味着这家创办仅 3 年多的公司已成为该领域首个"独角兽"。2013 年货运 App 首次在市场出现，到 2015 年，全国雨后春笋般涌现出了近 200 个货运 App。对于滴滴模式能否移植到货运行业这个问题，运满满创始人张晖经历了"相似——不似——再相似"的认知过程。起初，张晖的着眼点是希望解决空车配货这个痛点，让跑长途货运的个体司机能够避免几百公里的空车回家，这一模型有点类似于滴滴设计的车客匹配。同时，张晖选择了以长途干线市场作为自己的切入点，而非同城配货甚至省际配货。进入干线配货市场后，张晖很快发现，在空车配货这个大痛点背后，隐藏着很多小痛点，当这些痛点叠加在一起后，在客运市场看似清晰的匹配模型，到了货运市场又变得无比复杂起来。这其中最大的问题，则是非标准化的程度太高，不仅货和货之间差别很大，车和车之间也有差别。正是由于认识到"非标准化"是货运市场最大的爽痛点，张晖集中全部资源做两件事。一是，花大力气建立诚信体系，分别对司机和货主两端设置了一些运营准则，只要违规就会被拉黑。同时，运满满还设立了加权评分系统。司机和货主锁定一个交易后，除了支付信息费，还要在平台上放一笔交易保证金。交易完成之后，运满满有专人负责追踪服务质量，最后评分。二是，通过线下跑马圈地，靠源于阿里巴巴的"地推铁军"把非标准化的货运市场整合起来。在张晖看来，运满满现在能有 300 多万司机的装机量，靠的就是能吃苦能打仗的铁血地推团队，运满满的 1300 多名地推人员是公司的中坚。

第三，抓住爽痛点需求可以帮助创业企业实现产品的单点突破。例如，在 2016 年的天猫"双十一"活动中，润米"90 分"旅行箱当日单品销量位居榜首，箱包销售总额超 2200 万元，销售总量超 10 万只……这样的成绩来自一个刚成立一年多的润米科技。润米科技是由开润集团和小米科技于 2015 年年初合资成立的一家小米生态链公司。润米科技针对市场上旅行箱普遍质量差、颜值低的痛点，提出"极致单品"和"极致体验"的理念，推出了 299 元的基础款旅行箱和 1799 元的金属款旅行箱，分别达到了市场上其他品牌千元级产品和 5000 元级产品的品质，很快实现了单点突破。

第四，抓住爽痛点需求可以帮助创业企业在混沌的市场中找到未来的发展方向。例如，2011 年年底，中国中小企业的 SaaS 市场还处于市场前景不明的混沌状态，原《新京报》总经理罗旭隐约嗅到了市场的巨大商机，辞职创办了北京易动纷享科技有限公司。纷享科技最初开发的只是移动协同办公产品，名叫"纷享平台"，客户使用的反馈良好，但却不愿意为此付费。罗旭才意识到，协同办公只是企业的痒点，而非痛点。通过调研，罗旭发现对于中国大量的中小企业而言，生存是最核心的问题，销售、客服和供应链管理才是刚需和痛点。2013 年 6 月，公司开始战略转型，产品定位从移动协同办公转变为移动销售管理，品牌更名为"纷享销客"。从销售管理切入中小企业的痛点，以通信协同增加用户黏性，配合高效的销售团队和服务团队，纷享销客实现了快速增长。截至 2014 年年末，纷享销客的企业用户数量突破 10 万，牢牢地坐稳了市场第一的宝座，其市场份额超过了第二名到第五名的总和。

3. 现有竞品

《从 0 到 1》的作者彼得·蒂尔在书中表达了两个核心观点。第一个观点是，人类社会进步有两种方式：方式一是垂直进步，纵向发展，探索未知领域，从 0 到 1；方式二是水平进步，横向发展，照搬已有经验，从 1 到 N。彼得·蒂尔所推崇的是从 0 到 1 的探索未知领域的方式，强调的是创新在创业中的作用。

彼得·蒂尔的第二个观点和第一个观点相关。他认为，企业竞争的最高形态就是垄断。创业公司要实现垄断必须从垂直市场开始，要关注的不是未来市场的规模有多大，而是在当前垂直领域里占据多少市场份额。彼得·蒂尔的《从0到1》一书之所以在创业者中，尤其是中国创业者中备受推崇，其主要原因不在于他关于创新的观点，而是他关于竞争的观点。

创业者可以从用户重合度和需求重合度两个维度来分析现有竞品。那些和创业者产品的用户重合度低且需求重合度也低的现有产品，与创业者产品之间只存在潜在的竞争关系；如果用户重合度上升，那么现有竞品和创业者产品竞争的就是用户的不同需求，或者说用户可供满足不同需求的金钱和时间；如果需求重合度上升，那么现有竞品和创业者产品竞争的就是具有相同需求的不同用户；虽然创业者和竞争者可能暂时分别发展不同的用户群体，但最终当用户重合度和需求重合度都上升时，创业者和竞争者之间就存在双重竞争关系（见图4-11）。

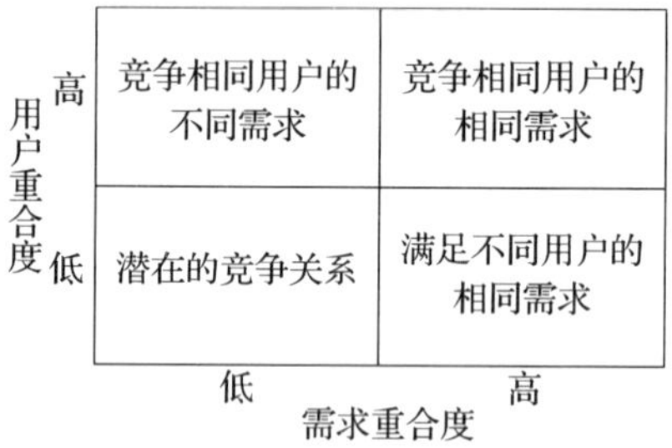

图4-11 现有竞品分析

创业从来都是竞争最激烈的领域，但竞争也是最容易被创业者忽略的因素，原因在于创业者往往被创业激情和辉煌梦想所激励，而忽略了眼前的"敌人"。在中国的创业圈流传着一些心灵鸡汤，足以让创业者产生藐视竞争，笑傲江湖的心态。例如，"天下武功，唯快不破""在风口，猪都能飞起来"等。中国创业者所经历的历史和面临的现实是千团大战、全民P2P、行行O2O、满城单车等严酷的现实。

在种种浮躁心态的驱使下，很多创业者的目标并不是创造出有竞争力的产品，而是把目光投向政府、投资人的口袋。所做的事情既不是2B，也不是2C，而是2G或2VC。在这种情况下，难怪在资本寒冬来临之际，很多投资人开始提醒创业者注意竞争的残酷性。例如，晨兴资本投资人刘芹在一次分享中指出："我看到大量创业公司的战略会上讨论的全是怎么能够快速地取得市场份额。如果你去5～10家同行业的董事会，听到的都是类似的话，说明他们进入了同质化的竞争。优秀公司需要找到下一波的投资机会，摆脱这种同质化竞争的办法，因此差异化会是非常重要的一种要素。"⊖

⊖ 刘芹，"创业者要摆脱同质化竞争"，投中集团中国投资年会演讲，2016年4月。

在精益创业阶段充分考虑现有竞品的差异，对于企业抓住爽痛点需求，打造有竞争力的创业团队，开发MVP和运用创新性技术等都有重要影响（见图4-12）。

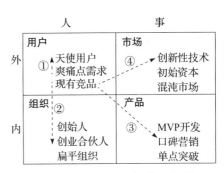

图4-12 现有竞品的作用机制

第一，和现有竞品的差异化，有助于创业者抓住用户未被满足的爽痛点需求。以装修行业为例，目前全国装修行业大约有4万亿元的规模，其中约一半属于家装行业。行业内现有企业面临着供应链中的利益不透明、交易效率低下、信息壁垒多、信任问题难解决、产业工人难管理、施工服务质量难统一等诸多问题。江苏一德集团董事长陈俊在50岁那年（2016年）决定创办："艾佳生活"，参照苹果公司App Store的模式，提出了硬装标准化与软装个性化结合的模式，推出"定制精装+个性软装+……"的半标准化住房装修模式，从而让用户在住房装修和家庭布置的过程在用最少的时间、精力和金钱，获得更好的效果。这种与现有竞品之间实现最大差异化的做法，使得艾佳生活准确地抓住了用户的爽痛点，订单快速增长。从2016年3月的600万元，到7月突破1亿元大关，2016年全年实现订单量超过10亿元。

第二，了解有哪些现有竞品以及竞争者团队组成，有助于创业者组织更有竞争力的创业合伙人团队。例如，开润集团创始人范劲松，2005年离开了工作3年多的联想，白手起家开始创业。本科学半导体专业的范劲松经过两年的摸索和尝试，发现了蕴藏在箱包行业的潜在机遇——尽管箱包行业是一个传统甚至低端的行业，但是箱包市场的需求十分广阔，关键是行业竞争对手思维都很传统，竞争力比较弱。在范劲松看来，开润集团2005～2016年的高速发展（开润股份2016年12月21日在创业板上市）归因于"降维打法"。就高管团队而言，开润的核心团队成员均来自联想、惠普和溢达集团等各行业的领军企业，与传统箱包企业相比，教育背景和综合素质都很突出，但对箱包行业涉猎很少。这种"跨界背景"赋予了团队独特的跨界思维，能够用创新的理念重塑传统的箱包行业。开润集团和小米合资成立的润米科技尝试将科技和创新融入旅行箱这一传统消费品中，通过技术创新来满足用户对品质要求和审美标准的提升。第一款产品"润米 90 分"旅行箱于 2015 年 9 月上线，在 2016 年的销售额就达到了 2 亿多元，已跃居中国箱包产业第二名，仅次于国际品牌新秀丽。

第三，参考现有竞品的基本属性进行创新，有助于创业者快速开发 MVP。例如，万帮新能源是江苏常州的一家民营企业，2014 年 10 月起正式进入充电基础设施配套领域，旗下主要有三大品牌：（1）万帮德和：主营充电设备研发与制造；（2）星星充电：主营充电设施城市运营，目前在北上广苏都是当地运营量第一的充电设备运营商；（3）万帮 4S 店群：新能源汽车销售。万帮新能源虽然不是充电设备研发与制造领域的先行者，但在进入该行业时，万帮新能源创始人邵丹薇发现，全国 180 家企业中，只有 5 家左右的企业能生产互联网版本的充电桩（非互联网版本充电桩俗称"笨桩"），而且这 5 家企业都没有充分认识到智能充电桩产生的数据价值。于是，万帮新能源在行业竞品基本属性基础上，研发了智能充电桩的核心芯片，推出了智能充电桩产品，并与特斯拉等知名企业取得合作。同时，结合星星充电的充电网络和万帮 4S 店新能源汽车的销售，万帮新能源在短短两年内建立起了一个区别于竞争对手的智能充电平台，在汽车充电行业摸索出一套可行的盈利模式。㊀

第四，根据现有竞品所采用的技术，创业者可以适当采用创新性技术获得优势。例如，腾讯当年开发 OICQ 时，ICQ 已进入中国市场，此外还有三款汉化版的 ICQ 产品。腾讯的 OICQ（QQ）之所以能后来居上，技术微创新是一个重要原因。ICQ 的产品设计是基于美国电脑高普及环境的，ICQ 把用户内容和朋友列表都存储在电脑的客户端上，由于几乎每个 ICQ 用户都有自己的个人电脑，这个产品设计不会带来用户的不便。可是在中国就大大不同了，那时还很少有人有自己的电脑，大多数人用的是单位或网吧里的电脑，当他们换一台电脑上线时，原有的内容和朋友列表就不见了，这是一个非常恼人的问题。OICQ 开发团队解决了这个问题：把用户内容和朋友列

㊀ "星星充电"全国单日充电量突破 50 万度，中国能源网，2016 年 6 月 6 日。

表从客户端搬到了后台的服务器，从此避免了用户信息和好友名单丢失的烦恼。OICQ 的另一个微创新是大幅缩减了软件的体积。当时中国的网络基础设施还非常差，上网速度非常慢。ICQ 软件体积有 3M～5M，中国用户下载一份软件需要几十分钟，而 OICQ 团队把软件体积压缩到 220KB，只需要几分钟就可以下载下来。正是这些产品方面的微创新，使得 OICQ 迅速超过 ICQ 等竞品，成为当年中国网民电脑上标配的即时通讯软件。

4. 创始人

创始人是企业的第一发起人或创办人。克里斯·祖克和詹姆斯·艾伦所著的《创始人精神》一书中指出，大多数卓越企业的成功都可以追溯到创始人在企业初创时期雄心勃勃的愿景。○ 创始人精神在企业正常运营时期的作用不明显，但当企业遇到超负荷、失速、自由下落三种重大危机时将发挥巨大作用。祖克和艾伦所说的创始人精神包括：强烈的使命感、主人翁精神、重视一线业务和具有战略眼光（见图 4-13）。

	人	事
外	**用户** 创始人要有强烈的为用户创造价值的使命感	**市场** 创始人要具有超越市场时空的战略眼光
内	**组织** 创始人要赋予团队和员工主人翁精神	**产品** 创始人要非常重视一线业务

图 4-13 创始人的作用机制

永辉超市是《创始人精神》中首先提到的一家公司，创始人是来自福建农村的张轩松和张轩宁两兄弟。在成长过程中，两兄弟对农民销售产品之艰难深有体会，当他们看到中国出现第一批大型超市时，他们意识到自己可以结合超市这种业态，帮助农民更好地销售产品。2000 年，永辉的屏西生鲜超市开业，这是一个菜市场和超市的混合体，直接向农民采购农产品，并直接向最终用户销售。

由于创始人带着强烈的使命感，永辉超市一直认为"为中国妈妈提供安全、新鲜、实惠的食物"是它的使命。创始人张轩松说："实现这一使命要求我们把注意力集中在供应链上，从最值得信赖的供应商那里取得高质量的食

○ 克里斯·祖克, 詹姆斯·艾伦. 创始人精神 [M]. 刘健, 译. 北京：, 中信出版社, 2016.

品。"永辉超市直接和农民建立密切的联系,向农民支付现金,并在丰收年提供最低价格补偿保障。创始人对使命感的执着帮助永辉超市取得了持续增长。超市数量从 2000 年的一家发展到 2015 年的 412 家,销售额从 2000 年的 3000 万元增长到 2015 年的 472 亿元,年复合增长率达到 30%。

创始人对于在精益创业阶段的企业有决定性的作用。创业企业能否抓住爽痛点需求,能否以保持初始团队和组织的高效运营,能否在混沌市场中开天辟地,能否实现单点突破等,都取决于创始人的战略和战术能力(见图 4-14)。

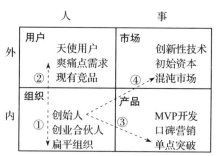

图 4-14 创始人的作用机制

正是因为有多年创业经历和在中欧创办创业营的经历,李善友非常清楚创业者的爽痛点需求。他说:"我曾有一个愿景,用 10 年时间,陪伴中国 1000 个最厉害的创业者。如今,这个初心完全没有变。今天混沌创业营一期的开学典礼,就是过去梦想的延续。"创业者最大的需求是提升认知的需求,因此混沌创业营的课程围绕"认知革命""互联网世界观""新思维的拓展效应"等冲击创业者"认知边界"的题目展开。创业者最有效的学习途径可能是向其他创业者学习。因此,李善友的一句口头禅是:"把你们(学员)聚在一起,我的任务就完成了。创业营要做的事情就是让大家相互学习,真诚,真诚,真诚。"

从李善友的创业经历可以看出,他是一位从视频行业创业者转型为教育行业创业者的连续创业者。正如他在混沌大学开学典礼上所说:"混沌大学到底是什么样一所学校呢?它还没有校长,因为以我的能力、资历完全不足以做校长,校长虚位以待。混沌大学的理念是私立非私有。在这个世上留下什么,都不如留下教育。"

由于认识到创业者的学习方式以相互学习为主,混沌创业营的组织形式采用了无边界组织和扁平组织的形式。混沌创业营第一期招生接近 50 人,创业营所有的工作人员只有三位,除了李善友之外,还有混沌创业营合伙人李青阳和课程主任孙俊辉,而这两位都是曾和李善友在中欧国际工商学院负责创业营的同事。在课程设计方面，混沌创业营更是充分开放组织边界：一方面，找来复旦大学、浙江大学、清华大学和北京大学的四位创业领域教授全程跟踪课程、组织学员参访、研究学员企业；另一方面，请来陈春花、龚焱、周海宏、王东岳、刘永好等教授和企业家为学员授课。更多的是鼓励同学之间进行分享，采用私董会、恳谈会、局中局等形式促进创业者相互学习。这样的组织形式与李善友的个人特质和他的"互联网思维"理念有很大关系。

正是由于采用了无边界组织和扁平组织的组织形式，混沌创业营和混沌研习社形成了良性互动。混沌创业营一期的学员王宁、王伟、高翔、李天田（脱不花）、杨思维（杨天真）、贾伟、王俊等都在2016年登上混沌研习社的讲台，和混沌研习社的会员分享自己的创业心得。同时，混沌研习社的线上听课和线下互动模式为混沌大学聚集了大量学员和"粉丝"，使得混沌创业营成为国内创业者最难进入的学习组织之一。同时，混沌大学旗下还有混沌创新商学院、混沌地产创业营、混沌科技创业营、混沌AI创业营、混沌产品创业营、混沌独角兽创业营等系列产品，这些产品的推出和运转的源头是李善友创办混沌创业营的初心。

如果说混沌大学提供的是多元化的创新创业教育服务的话，那么混沌创业营应该就是李善友的"单点突破"。正如李善友在混沌创业营开营仪式上所说："对于我来说，创业营是我工作的全部，不是工作之一。你说我是个手艺人或匠人都可以，我只做这一件事情，一年只炒这一桌菜。过去的5年、未来的5年，我每年都是炒这一桌菜，就像今天这样，请亲朋好友来吃这桌菜。"

创始人的初心和愿景还是能够帮助创业企业在混沌市场中开拓出一片天地的法宝。李善友有一句口头禅："把眼前的事情做到极致，下一步的美好自然就会呈现。""把眼前的事情做到极致"讲的是单点突破，"下一步的美好自然就会呈现"讲的是打破混沌状态，在混沌中开拓市场。

5. 创业合伙人

创业，没有核心创始人一定不行，但仅有核心创始人也不一定行。通常，一个创业团队最好有"三驾马车"，即具备三类人：第一类是具有发现问题和分析问题能力的人,这类人能帮助核心创始人把握企业发展的战略方向,企业做大后适合做首席战略官;第二类是具有技术专长的人,这里的技术既包括科学技术(如大数据),也包括专业技术(如财务),这类人可以帮助核心创始人解决企业发展中的技术难题,企业做大后适合做首席技术官和首席财务官;第三类人是具有管理专长的人,这类人具有较高的人际关系技能,善于聆听、反馈和解决冲突,企业做大后适合做首席执行官。

《创业36条军规》的作者孙陶然有类似的看法,他说:"创始团队应该有3～5人。其中,第一类不能少的人是领军人物,即核心创业者。第二类不能少的是销售,企业要盈利,就得靠销售。在创业阶段,很多时候团队的老大就是最大的销售,尤其在IT科技行业。第三类不能少的就是技术人员。如果你的创始团队中没有一个技术权威,那你想在科技行业里创业几乎是不可能成功的。"

从用户、组织、产品和市场四要素看,创业需要具有用户需求专长的合伙人(做CCO和CMO职位),具有内部管理专长的合伙人(做CEO和CHO职位)、具有运营产品专长的合伙人(做COO和CTO职位)、具有信息融资专长的合伙人(做CIO和CFO职位)。虽然创业阶段企业大多没有这些"CXO"的正式职位,但合伙人是否能够适合这些职位,也是能指导创始人寻找什么样的创业合伙人的(见图4-15)。

此外,创业合伙人在创业企业中发挥作用的机制至少有四种:(1)和创始人形成能力互补;(2)帮助创业企业达成和竞品差异化的定位;(3)为创业企业获得创新性技术;(4)帮助创业企业进行MVP开发(见图4-16)。

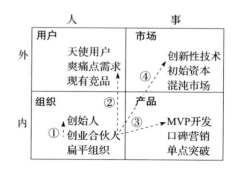

图4-15 创业合伙人的专长和职务　　图4-16 创业合伙人的作用机制

第一，创业合伙人的最主要作用是和核心创始人形成能力互补。以校园生活服务平台"俺来也"为例，创始人孙绍瑞曾分享他找到俺来也"取经"团队的过程。2016年，俺来也整个公司约200人，由几位合伙人联合带领。孙绍瑞（花名"老孙"）有在梵谋文化传媒创业的经验，负责平台运营策划；黄永战（花名"八戒"）有十几年的电商、供应链经验，负责店铺分仓管理；刘军（花名"沙僧"）曾在统一集团从事商务运营工作，负责俺来也的供应链和物流；洪铭赐（花名"唐僧"）是原腾讯电商首席战略官，负责俺来也的战略方向。通过俺来也团队形成和磨合过程，"老孙"在他的喜马拉雅公开课"从0到1学创业"中总结道：合伙人之间最重要的是能力互补和人格互信。

第二，创业合伙人也会帮助创业企业获得和竞品差异化的定位。举个例子，2003年北京大学生物系的张邦鑫和同学曹允东创办"学而思"（后更名"好未来"）时，新东方已经创办10年了。如何实现与新东方的差异化定位，是学而思创始人（包括后来加盟的白云峰）苦思冥想的问题。正是由于创始人和创业合伙人特质与新东方不同，学而思形成了与新东方迥异的定位。后来，张邦鑫总结说："当时，教育培训产业的标杆是新东方，大家都在学新东方，但中国不需要第二个新东方。我们几位创始人的一个共识是：新东方做英语，我们做数学；新东方做大学生，我们做中小学生；新东方做大班，我们做小班；新东方走名师路线，我们走标准化路线。"

第三，创业合伙人还能帮助企业获得创新性技术。在BAT[⊖]三巨头中，百度的李彦宏和腾讯的马化腾都是学技术出身的，而阿里的马云是学英语的。2014年3月，马云在北京大学的演讲中提到了作为不懂技术的创始人如何获取创新性技术问题时说："我不懂技术并不代表阿里巴巴的技术差。相反，正因为自己不懂技术，所以阿里巴巴的技术才是最好，因为我尊重技术，敬仰技术人员，技术人员说云计算很重要，做决策的时候，我就大胆地说'就这么干'。"2008年，正是知道自己不懂技术的马云力排众议，为阿里巴巴引进了首席架构师和首席技术官王坚博士，从而奠定了阿里云计算业务的基础。后来，开玩笑说自己也不是很懂技术的王坚又在2016年为阿里巴

⊖ BAT，B＝百度，A＝阿里巴巴，T＝腾讯，三大互联网公司首字母的缩写。

巴引入了新的首席技术官张建锋。○

第四，创业合伙人在创业企业早期开发 MVP（最小可用产品）过程中往往发挥重要作用。顺为资本副总裁及入驻企业家孟醒曾分享道："很多技术创新公司寻找合伙人的思路是从 MVP 倒推得出需要寻找什么样的和几个合伙人。比如将公司的 MVP 作为第一个产品里程碑，计算研发出这样一个 MVP 产品需要哪些合伙人，然后按图索骥去组建创业团队。"○从另一个角度看，不懂技术的创始人要想顺利吸引到技术合伙人，可以先按自己的产品设想做一个 MVP 出来（忽略技术细节），然后用验证了用户需求的 MVP 来吸引技术合伙人。

6. 扁平组织

与成熟企业的层级制组织形式不同，创业企业的组织形式通常是扁平的。罗辑思维 CEO 脱不花曾分享过罗辑思维是如何管理团队的，分享的题目叫《玩公司》。○脱不花在分享的开头说："目前罗辑思维有 40 名员工，其中技术团队 10 人，其他为内容运营和商品团队。因为罗辑思维是个小公司，我们没有大公司的招牌和那么诱人的薪酬福利，只能靠带着小朋友们玩儿、让员工开心来吸引人。"在罗辑思维推行扁平组织模式，不仅仅是因为它是小公司，也是在因为那里工作的员工都是"90 后"。当三个"70 后"联合创始人带领着一群"90 后"员工创业时，扁平组织是唯一可能的选择（见图 4-17）。

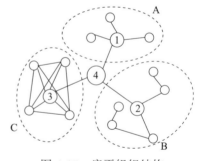

图 4-17　扁平组织结构

在图 4-17 中，有三个小组（虚线椭圆），每个小组都有一个中心节点，但每个小组内部的关系都有差异。小组 A 的中心是 1 号节点，这个节点和小组内的其他三个节点有直接的联系，而其他三个节点之间没有联系；小组 B 的中心是 2 号节点，这个节点和小组内的其他五个节点之间是串联关系；小

○　李翔，"向技术的长征"，《李翔商业内参》，2017 年 4 月 3～5 日。
○　此孟醒非彼孟醒。此孟醒创办两家人工智能领域的创业公司，并在美国最大博彩娱乐公司 Caesars Entertainment 任职互动娱乐业务亚太区负责人。彼孟醒笔名雕爷，是阿芙精油、雕爷牛腩、河狸家美甲的创始人。
○　脱不花，"罗辑思维是怎么管理团队的"，插座学院分享，2015 年。

组 C 的中心是 3 号节点，这个节点和小组内的其他四个节点之间都有联系，而其他四个节点之间也都有联系。每个小组网络类型的不同，决定了小组内的沟通方式和效率。通常而言，内部沟通渠道比较多的小组（如 C 小组）的沟通效率高于只是通过中心节点沟通的 A 小组和用串联方式沟通的 B 小组。在图 4-17 中，各小组之间的沟通是通过节点 4 进行的，这个节点是整个组织的中心节点。由于联系着 A、B、C 三个结构，所以 4 号节点也叫结构洞，而 4 号节点和另外三个中心节点之间的联系叫作结构桥。由于连接着不同的结构，结构洞和结构桥对结构间的沟通非常重要。对于创业企业而言，创始人应该就是 4 号节点，而创业合伙人应该就是其他几个中心节点。当然，要让创业组织沟通效率更高，可以在图 4-17 的各个小组间建立起更多的联系。

扁平组织在精益创业阶段的作用机制可以参考图 4-18。扁平组织可以帮助创业企业与天使用户产生密切互动，可以减少创业团队的管理负担，可以使 MVP 开发更为顺畅，还可以帮助创业企业在混沌市场中寻找机会。

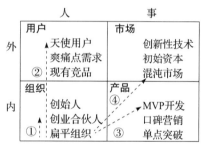

图 4-18　扁平组织的作用机制

罗辑思维这么一个只有 40 名员工（其中还有 10 名技术人员）的小团队，是如何在服务 345 万订阅用户和 66 000 名付费用户的同时，还经营着微信生态中最大的电商呢？正如脱不花分享的题目，核心是一个"玩"字。

脱不花在分享中提到罗辑思维的五个特点：（1）没有上班的起止时间、没打卡机；（2）除了创始人之外，没有层级；（3）除了财务部之外，没有部门；（4）除了技术部门之外，没有年终奖；（5）沟通风格非常简单粗暴。

有一次，一群朋友在和脱不花私下聊天时吐槽道："这些做法听下来就不像一群正经人在做正经生意。"脱不花回应说："是的。但我们有'收拾'这些孩子的法子，我们有'节操币'制度。每个员工每个月可以获得 10 张节操币，每张相当于人民币 25 元，他们可以用这张节操币在我们周边的咖啡厅和饭馆随便消费，还可以获得打折和 VIP 待遇，公司月底统一与这些饭馆结账。但是，节操币不能自己使用，必须公开赠送给小伙伴，而且要在公司公示你为什么要把节操币送给他，说明具体原因。节操币成了我们的硬通货，每月公司会公示当月节操王。每年收到节操币最多的节操王，会获得年底多发 3 个月薪的奖励。所以，每个人都能看到一个公开的数字，这个节操币的交易情况，反映了每个人与他人协作的水平。很少收到节操币的人，一定是协作水平和态度比较低的，而且是由全体员工每天的自然协作做出的评价，是一张张真实的选票。落后的人会很快自觉改善，或者离开公司，他们会感受到强烈的压力。"

扁平组织的一个重要特点是透明。从某个角度上讲，罗辑思维可能是最透明的公司了，这里说的透明不只是对公司内部透明，也包括对公司外部（用户）的透明。（从 2016 年下半年开始，每周二晚上 8 点整，罗辑思维公司的例会在"得到"App 中向全社会（所有用户）直播。）直播的宣传口号是"强力吐槽请坐，积极建议请上座"。通常情况下，一次例会的直播同时上线用户可以达到 2 万人以上。

这些用户在线上围观什么呢？以 2017 年 4 月 5 日的例会直播为例。[⊖]8 点整直播开始，罗振宇先分享了自己上周参加湖畔大学开学典礼的心得，介绍了直播例会想法产生的背景是：因为公司快速增长，实在没有地方开会，加之罗辑思维的目标是成为一家透明的公司，于是就决定直播例会。接下来，CEO 脱不花上场报告了上周的业务增长数据，一口气"安利"了熊逸的《熊逸书院》、万维钢的《精英日课》、薛兆丰的《北大经济学学课》、刘润的《5 分钟商学院》、魏坤琳的《Dr. 魏的家庭教育宝典》、王煜全的《前哨》专栏、李翔的《李翔商业内参》、古典的《超级个体》等专栏，还推荐了三本书。

接下来，罗振宇重新上场，介绍了"得到"第一季度的收入情况，还说要给"得到"的同事发奖金了，发奖金的标准是员工的创造力和对团队的贡献。再接下来，罗振宇介绍了他访谈罗永浩的情况，分享了他对"靠什么挣钱"这个问题的看法，他说："属于谷歌和 BAT 的通过获取海量用户赚钱的时代过去了。罗辑思维召唤和聚集起了一批非常特殊的用户，一批对'我是

⊖ 当天是周三，例会临时改为周三是因为前一天是清明节。

一个爱学习的人'身份认同的人，然后挣大家的钱。"最后，罗振宇抛出了一个拍卖"点"他讲特定话题权利的游戏。这个游戏的目的是为了测试"得到"用户中对相同内容不同的"消费者剩余"。

罗辑思维的例会直播和小米的"和用户当朋友"与"和用户一起玩"的理念一样。观看直播的用户往往是罗辑思维的"铁粉"。通过他们的二次传播，可以取得很好的营销和宣传效果。例如，上面讲到的这次直播中，脱不花提到了薛兆丰老师的一个小目标是在 2017 年 4 月订阅用户突破 10 万人，她请观看直播的用户帮忙把薛兆丰老师的栏目介绍给身边的朋友，一起完成这个小目标。

这次直播中罗振宇请用户参与的测试项目是罗辑思维的一个 MVP。如果用传统的做法，为达成这个 MVP 需要投入很多人力和时间，最后还可能不被用户认可，而罗辑思维通过直播，仅用一位员工加微信的方式，在几分钟内就吸引了 500 多位用户参与，大大降低了这个 MVP 测试的成本，并缩短了测试时间。

7. MVP 开发

最小可行产品（minimum viable product，MVP）是一种避免开发出用户并不真正需要的产品的开发策略。该策略的基本想法是，快速地构建出符合产品预期功能的最小功能集合，这个最小集合所包含的功能足以满足产品部署的要求，并且能够检验有关用户与产品交互的关键假设。该概念由阿修·莫瑞亚（Ash Maurya）在其著作《精益创业实战》中提出，即用最快、最简明的方式建立一个可用的产品原型，这个原型要表达出产品最终想要的效果，然后通过迭代来完善细节。[⊖]

精益创业的核心思想可以由图 4-19 表示。精益创业的旅程开始于创业项目的"价值假

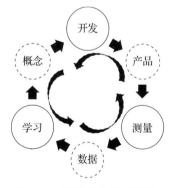

图 4-19　精益创业的"开发、测量、学习"循环

⊖ 莫瑞亚. 精益创业实战 [M]. 张玳, 译. 2 版. 北京人民邮电出版社，2013.

设"和"增长假设",即创业项目可以为用户创造价值,而且创业项目可以实现增长。一旦有了这两个假设,第一步要做的就是"开发"一个最小可行"产品"。开发这个最小可行产品的目的不是为了投入市场,而是为了"测量数据"以检验假设,获得测量数据的目的是"学习"和完善产品开发的相关"概念"。"开发""测量"和"学习"是精益创业循环的核心动作,这些动作的对象是"产品""数据"和"概念"。在实际操作中,也可以反向思考循环的顺序,即为了"学习概念",创业者"测量数据",为得到数据,创业者"开发最小可行产品"。

MVP 是符合敏捷思想的产品迭代开发方法。MVP 首先着眼于用户的基本需求,快速构建一个可满足用户需要的初步产品原型。部署之后,通过用户反馈,逐步修正产品设计,最终实现完全满足用户需要。最关键的是,在各个迭代过程中,做出来的产品始终是可为用户所用的产品,而不是有一部分功能不能使用的产品。

MVP 适用于初创企业在市场不确定的情况下,通过设计实验来快速检验产品或方向是否可行。如果相关假设得到了验证,再投入资源大规模进入市场;如果没有通过,那这就是一次快速试错,尽快调整方向。创业企业可以通过做出 MVP,精简到不能再精简,发布之后收集市场反应,逐步调整产品战略,调整里程碑,尽快达成短期目标。MVP 仅包含必要的功能,从而能从早期的用户得到初始的资金和用户反馈。仅包含必要的功能意味着最小成本,最能展现核心概念;MVP 不一定是成品,也可以仅仅是理念。通常,构建 MVP 仅需要数天或数周时间。

MVP 开发是创业企业产品开发的起点,对创业企业实现产品的单点突破,抓住用户的爽痛点需求,形成扁平化组织结构,在混沌市场中找到方向等都很重要(见图 4-20)。

第一,MVP 开发有助于创业企业实现产品的单点突破。"莉莉丝"创始人王

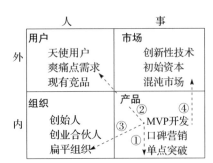

图 4-20 MVP 开发的作用机制

信文曾举《刀塔传奇》的例子说明 MVP 开发在产品单点突破中的重要作用。开发《刀塔传奇》㊀游戏时，要做的第一个 MVP 就是游戏核心玩法的设计。开发团队不知道设计的玩法能不能成功，就用 MVP 来验证。王信文认为，MVP 开发最重要的是快，为了以最快速度做出 MVP，不要给自己太多束缚和限制，能用的资源全部都要用上。《刀塔传奇》第一版的 MVP，美术资源都是从网上找来的，只要最终发布时不使用别人的美术资源，就没有问题。在做好第一个 MVP 之后，接下来怎么做？王信文选择在 MVP 基础上继续做 MVP，即验证了游戏的核心玩法很好玩之后，接下来给自己定了一个目标，要做一个可以让玩家玩两个小时的版本。按照传统的做法，会把所有功能先规划好，然后定好一个产品完成时间，逐项完成功能开发。但是，这样最后做出来的产品好不好玩，到最后一刻才知道。精益创业不是为了省钱，而是为了以更快的速度实现产品的单点突破。㊁

第二，MVP 开发有助于创业企业抓住用户的爽痛点需求。2015 年 4 月 7 日，王雨豪创办了"回家么"。正式推出"回家么"项目之前，王雨豪和团队一直在测试一个模型（MVP），即用户'结伴'参加活动。所谓的'结伴'，指的是一个家庭参加"回家么"平台上的活动，可以邀请同一个小区的其他家庭一起参与。2016 年，王雨豪在"回家么"基础上发展出"芝麻学社"。王雨豪说："我们创办芝麻学社，是希望发现孩子的独一无二，让孩子快乐地成功。孩子的天赋需要在恰当的时机下、合适的环境下才能被激发和持续发展，我们希望用天材教育理念和革命性的教育方式来改变中国教育。"㊂王雨豪创办"芝麻学社"的初心来自他自己作为父亲的痛点。对于父亲而言，每一个孩子都不是"别人家的孩子"，但从 2002 年第一个孩子出生，王雨豪逐渐意识到"孩子的成长真不是父母能设计出来的"。从"回家么"的'结伴'参加活动模式到"芝麻学社"的'陪伴'成长模式，王雨豪一直在沿着 MVP

㊀ 《刀塔传奇》是一款以 Dota 故事为背景的动作卡牌手机游戏，玩家指尖手动掌控英雄大招，可以收集到 Q 版的英雄进行培养，还有技能打断、技能组合等高阶玩法。《刀塔传奇》在 iOS/安卓平台长时间高居排行榜榜首。

㊁ 王信文，"留存率不是产品的最重要指标"，2015 年 6 月 6 日，混沌研习社演讲实录。

㊂ 王雨豪，"王雨豪自白：成就每个孩子的独一无二"，2017 年 3 月 22 日，"王雨豪少数派报告"公众号。

开发的思路探索着。

第三，MVP开发要求创业企业形成扁平化组织结构。洛可可设计集团创始人贾伟刚开始创业时，没有钱租办公室，他花500元租了一个饮水机旁边的办公位。贾伟还舍不得坐，把弟弟拉来坐在办公位上帮忙接电话，贾伟自己跑出去找项目。从第一个办公位租到第四个办公位的时候，贾伟发现能养活自己了，才去注册公司。贾伟把这种一个一个租办公位的方式叫作"精益组织开发"。如果把组织当作产品，正是这种精益组织开发的方式使贾伟能领导全球工业设计行业设计师人数最多的洛可可设计集团。贾伟在洛可可内部采用细胞管理法构建组织架构，最基本的独立管理单元是不超过7名成员的细胞。通过细胞的裂变再组成事业部，进而形成事业群，从而构成整个洛可可设计集团的扁平组织架构。

第四，MVP开发有助于创业企业在混沌市场中找到方向。2007年，住在美国旧金山的两位设计师——布莱恩·切斯基（Brian Chesky）和乔伊·杰比亚（Joe Gebbia），为支付房租在家里地板上摆了三张气垫床，并搭建了一个简易的网站，用于出租气垫床，这个网站后来成为著名的Airbnb。刚开始，Airbnb的发展并不顺利。许多在Airbnb上张贴招租信息的人，并不懂得如何在发布内容时尽可能展现出房间最好的一面，他们拙劣的拍摄技术和糟糕的文案组织，掩盖了房屋本身的优势，让远在世界另一头的人隔着屏幕难以做出判断。Airbnb花5000美元租借了一部高档相机，挨家挨户免费为纽约的许多招租者的房屋拍摄照片。好卖相带来了好的收益。纽约当地的订房量很快上涨了两三倍，月底时Airbnb的收入整整增加了一倍。这一做法日后被复制到了巴黎、伦敦和迈阿密等地。2010年夏天，他们干脆正式成立了项目组，专门为房东提供拍摄服务。任何房东都可以从20名Airbnb的签约专业摄影师中预约一位上门拍照，这在当时又引发了一场持续的流量井喷。在Airbnb的创业过程中，摆在地板上的三张气垫床和创始人亲自去拍摄的照片就是MVP，而正是因为创始人亲自参与了这些MVP的开发，才使得Airbnb快速在短租这个混沌市场找到了方向。

8. 口碑营销

当今社会的企业正面临着一个新的营销环境。信息传播不再是单向的自上而下，而是变成了多点对多点的网状结构。每个人都能自由的传播信息，你能听到几乎任何你想听到的声音，每个人都是独立的"自媒体"，是影响他人和被他人影响的网络节点。在这样的传播环境下，对于创业企业而言，口碑营销至关重要，口碑营销对于创业企业的作用可以分为三个方面：一是节约营销成本；二是提高营销效率；三是验证产品和市场的匹配程度。

就节约营销成本而言，创业企业用户数量少，如果采用广告模式，需要支付固定的广告费用，这些费用摊销到少量用户身上，获客成本会非常的高。就营销效率而言，口碑营销传播的渠道是用户的口口相传，基于的是用户之间的相互信任，因此口碑营销传播效率很高。因此，硅谷 Y Combinator 创始人保罗·格雷厄姆总结说："对于一个新产品而言，有 100 个非常狂热的'粉丝'，比有 10 000 个觉得你还可以的人好得多。"就验证产品和市场的匹配程度而言，创业企业需要通过了解和研究"每一个"天使用户获得和使用产品的过程，提升产品和用户需求水平，以及产品和市场的匹配程度。

沃顿商学院教授乔纳·伯杰在其著作《疯传》中给出了一个通过口碑营销让企业的产品深入人心的方法，即 STEPPS 六原则。STEPPS 六原则指的是：让你的产品成为大家的社交货币（social currency）；找到让用户把你的产品和他们的基本需求联系起来的诱因（triggers）；了解使用产品时的情绪（emotion）；利用产品的公共性（public），发挥产品的网络效应；一定要提供有实用价值（practical value）的产品；要有一个好故事（story）帮助传播。⊖

如果把伯杰教授的口碑营销六原则分为两个维度，应该是用户满意度和用户影响力。其中，为用户提供有实用价值的产品，了解用户使用产品时的情绪，以及把产品和用户的基本需求联系起来三个要素决定了用户的满意度，而其他三个要素决定了用户的影响力。我们把用户满意度和用户影响力按高低两个水平进行划分，就得到了图 4-21 中关于口碑影响力的模型。

⊖ 乔纳·伯杰. 疯传：让你的产品、思想、行为像病毒一样入侵［M］. 刘生敏，廖建桥，译. 北京：电子工业出版社，2014.

创业企业利用口碑营销，一定要考虑口碑影响力的方向和程度。当用户满意度低且用户影响力也低的时候，用户口碑传达的是一种低程度的负相影响力，这种情况虽然对企业有负面影响，但影响程度不大。但是，如果不满意的用户有高的影响力，这些用户的负面口碑就会对企业产生高程度的负向影响。只有当用户满意度高的时候，用户的口碑才会发挥正向作用，而当具有高满意度的用户自身的影响力高的时候，口碑营销就能发挥出最好的效果。所以，在使用用户口碑策略时，应该着重消除具有高影响力用户的负面口碑和提升他们的正面口碑。

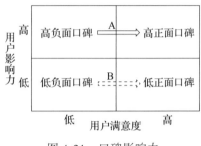

图 4-21　口碑影响力

例如，加拿大乡村歌手戴夫·卡罗尔 2008 年 3 月乘坐美联航航班，行李工将他和其他乘客的行李像扔球一样随便扔。卡罗尔向工作人员投诉，但没有人去制止。当他拿到行李后，发现自己的吉他已经被摔坏了。为了修好吉他，卡罗尔花费了 1200 美元，但他认为修理后的吉他已无法弹奏出以前的音色。自那之后的 9 个月里，卡罗尔向美联航服务部门投诉，结果"皮球"总是被踢来踢去。卡罗尔决定利用音乐讨回公道，他写了一首《美联航弄坏吉他》的歌曲，拍成 MV 放在 Youtube 上。10 天之内，这首歌曲点击量接近 400 万次。美联航为此付出了巨大代价——股价暴跌 10%，相当于蒸发掉 1.8 亿美元的市值。

在精益创业阶段，产品的运营应该是需求驱动和通过口碑营销实现的。需求驱动和口碑营销对实现产品的单点突破，抓住用户的爽痛点需求，帮助企业建立扁平组织，以及使企业在混沌市场中获得清晰的定位都很重要（见图 4-22）。

第一，需求驱动和口碑营销可以帮助企业识别用户的爽痛点需求。例如，有一

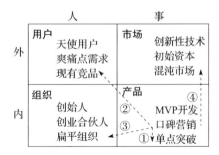

图 4-22　口碑营销的作用机制

家社交网络公司,它们的核心产品是相册,很明显和 QQ 空间是竞争关系。这个公司打算开发一个私人相册的功能,也就是外人看不了个人存储的照片。这个需求虽然很小,但如果有一个用户愿意把照片传到相册,说明这个相册对他很重要,那这部分用户可能就永远不会离开这个相册。围绕这个爽痛点需求,企业则可以进一步开发满足普遍需求的功能。

第二,需求驱动和口碑营销可以帮助企业实现单点突破。例如,现在有很多和音乐相关的 App(QQ 音乐、百度音乐、酷我音乐、酷狗音乐等),都提供搜索、下载、K 歌、直播等类似的功能。这些音乐 App 最初各有特长,如 QQ 擅长社群,百度擅长搜索等。但之所以最后都很像,是因为它们都提供了满足需求全过程的功能,满足用户搜索、下载、演唱和分享的所有需求。以用户需求驱动产品开发和运营的特点是先实现单点突破,然后逐渐满足用户的相关需求。

第三,需求驱动和口碑营销可以帮助企业建立扁平组织。以小米为例,公司 5000 多名员工只有三个层级:创始人组成高管团队,每人分管一个大部门,其中有若干个小团队,每个小团队 5~10 人,并设置一个小组长。根据项目需要,团队成员可以随时流动,从而实现了以客户为中心的快速反应。小米联合创始人兼总裁林斌曾表示:"我们鼓励小组尽量从客户那里找到自己该做的事情,而不是去听领导的指令。这样以客户为中心的运作方式,让一线员工尽量做主,减少了很多不必要的上下沟通和等待的时间。"

第四,需求驱动产品增长和口碑营销能帮助企业在混沌市场中获得清晰的定位。举个例子,国内漫画 App 通常发展历程如下:先做一个体验差不多的漫画 App→把网上所有的漫画资源都抓过来,宣称全网最全(也确实很全,黄色动漫、暴力都有)→用户量爆发式增长→把黄色动漫删了→用户量持续上涨→把暴力删了→用户在高位趋于平缓→一边开始投广告,一边做分发渠道赚钱→转型推出社交等非刚需功能→用户缓慢下降。快看漫画 App 走了一条不同的道路。

由于刚创业时不被投资人看好⊖、自有资金少、资源少、团队也没有经

⊖ 快看漫画 A 轮融资额仅为人民币 1000 多万元。

验，快看漫画团队签不到有名的作者，只能自己生产漫画。陈安妮找了一些新人做画手，包括一些刚毕业的学生和从来没有画过漫画的画手，由快看漫画团队负责策划剧情和剧本。2014年12月，快看漫画App上线的同时，创始人陈安妮在新浪微博上发布了《对不起，我只过1%的生活》。这篇漫画描述了一个从小立志成为漫画家梦的安妮是如何一步一步坚持自己梦想的。很多人被这篇漫画感动，随着这篇微博45万的转发量和超过10万的评论，快看漫画App连续3天荣登Apple Store免费排行榜的第一名。不到一个月的时间，快看漫画的总下载量就超过了100万。截至2016年9月，快看漫画的DAU达到了650万，月活跃用户达到了2000万。在此之前，快看漫画基本没有做广告推广，产品增长主要靠漫画读者口口相传。

9. 单点突破

"单点突破"是精一天使公社合伙人张本伟、赵鑫和铸梦堂科技董事长杨琰华合著书籍《单点突破》的主题。㊀几位作者认为，创业者必须选择单点突破，即聚焦单点，全力突破，快速垄断一个细分市场，在巨头进入前结束战斗，构建强大的竞争壁垒。

为实现单点突破，创业者可以进行一个思想实验，问自己几个关于"一"的问题：如果你只能选择一个人作为客户，这个人会是谁，为什么？如果你只能满足这个人的一个需求，这个需求是什么，为什么？如果你只有一次说服这个人的机会，你会选择什么方式，为什么？为了满足用户需求，如果你的产品只能有一个功能，这个功能是什么，为什么？前三个问题有关共演战略中的"用户特征""用户需求"和"用户选择"，而第四个问题有关共演战略中的"产品"。

《单点突破》的两位作者（张本伟、赵鑫）供职于精一天使公社，这是一家创始于2014年年底的个人天使投资服务社群。2015年年初，本书作者和精一天使公社创始人之一李忠利讨论精一天使公社名称来源时发现，几位发起人并不完全知晓"精一"一词的来源，但一经本书作者提及，精一天使公

㊀ 张本伟，赵鑫，杨琰华. 单点突破［M］. 北京：中信出版社，2016.

社的几位发起人当下认为"好有道理"。

"精一"一词出自《书经·大禹谟》中"人心惟危,道心惟微,惟精惟一,允执厥中。"据传,这16个字是尧舜禹禅让时所传的16字心法。16字直译的意思是:"人心难易其诡,道心难得其真,求真总须精纯专一,治世贵在守中固善。"更直白一点可以理解为:"一方面,人心易变难测,难以教化,容易失控;另一方面,任何事物的发展趋势总是生于微毫之处,难以察觉。所以,要以精纯专一的态度探究事物的本质,要以中庸之道遵循自然法则。"

如果把"精一"的思想类比用于战略管理,可以理解为:"从企业的外部看,一方面,用户需求易变难测,难以把握(人心惟危);另一方面,市场发展趋势总是生于微毫之处,难以察觉(道心惟微)。所以,企业要从内部下功夫,以惟精惟一的态度做产品(惟精惟一),以中庸之道管理组织(允执厥中)。"这四个方面恰恰切合共演战略的用户、市场、产品和组织四要素的运用之道(见图4-23)。

在精益创业阶段,企业的产品商业模式应该以单点突破为特点,力争毕其功于一役。单点突破对实现产品的口碑营销,抓住用户的爽痛点需求,提高组织资源的利用效率,以及应对混沌的市场环境都很重要(见图4-24)。

图4-23 精一思想与战略四要素

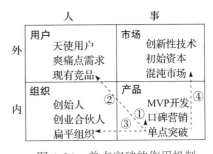

图4-24 单点突破的作用机制

第一,在产品商业模式上做到单点突破有助于产品的口碑营销。例如,摩拜单车刚投入市场时,外观设计亮眼、足够醒目,单车容易被人找到,骑车的人也容易被别人注意到。别人会去问,这种单车是什么牌子,在哪里买的,容易引起关注、讨论和分享。再如,小米的Mix手机主打"全面屏",有很高的颜值,手机很有"面子"。这类创新远比在芯片等核心技术上取得突破的传播力强，小米Mix手机的发布瞬间给了用户小米有"黑科技"的印象。

第二，在产品商业模式上做到单点突破有助于抓住用户的爽痛点需求。例如，2017年3月20日，德国零售企业奥乐齐（ALDI）的天猫旗舰店上线，迈出了进入中国市场的第一步。这家零售店之所以备受关注，是因为它以"低价格"打败了沃尔玛，不仅把沃尔玛赶出德国市场，还直接打上门去，在美国开了1300多家店。奥乐齐创始人卡尔说过："我们唯一的经营原则就是最低价格。"拿商品来说，沃尔玛有十几万种，奥乐齐才700多种；沃尔玛有几十款番茄酱，奥乐齐就一款。奥乐齐的商业模式就是单点突破，把每个商品都"卖到爆"。奥乐齐在单一商品上的采购量是沃尔玛的20倍，是世界上最大的单品采购商。量大了，价格肯定便宜。品种一少，仓储运输物流什么的都简单了。用户选择也简单，不用想不用挑，拿了就走。奥乐齐服务的用户是低收入用户，他们的核心需求就是便宜。

第三，在产品商业模式上做到单点突破有利于提高组织资源的利用效率。因为做到了单点突破，奥乐齐的管理也极致简单。商品整箱放地上，想买直接搬。想退货？没问题！哪怕一瓶酒喝了半瓶也能退，管理者认为没有必要为这事儿纠缠。找零钱影响效率，所以零头全抹了，价格一律是整数。别的一家超市雇四五十人，它只雇用四五个人，全是高薪聘请的精英员工，真正一人多岗。另外，奥乐齐不做预算，没有市场研究部门，老板只看核心数据，实行真正的扁平组织管理。

第四，在产品商业模式上做到单点突破有助于创业企业应对混沌的市场环境。曾经在风口上的汽车后市场，撇去表面的泡沫与浮华，让人看到的其实是另外一番"混沌"的景象——竞争无序，产品老套，盲目跟风，创新乏力。汽车服务电商"e保养"创始人兼CEO高峰认为，"e保养"之所以能在混沌的市场上找到一席之地，还在资本寒冬中于2016年8月获得1.5亿元的C轮融资，主要得益于分为三步走的单点突破产品策略。第一步，在同行疯狂扩张时，"e保养"以北京为主，只做北上广深，这样服务车的密度就高，每天做4单能保本，5单就能赚钱了。第二步，高峰还发现，车保养是个低频的事情，想要自己形成闭环，就必须做线下的店。那么作为从O2O

切入的公司，怎么从线上发展到线下呢？"e保养"在这个阶段就把整个业务流程、管理流程和供应链流程，都向互联网化的方式去改造，最后，本来是4个人干的事1个人就能搞定。第三步，在选择做B2C还是B2B时，高峰认为，汽车修理行业一定是供给过剩的，如果能筛选出优质的供给，给传统从业者提供服务，比如技术标准、管理方式等，"e保养"的价值才会更大。有了上一步自己的标准化，"e保养"把这些标准输出给其他汽修服务店，形成了一个B2B2C的商业模式。

10. 创新性技术

畅销科普书作者吴军博士[一]曾在"硅谷来信"栏目中分享了一个观察：硅谷并没发明什么基础科学技术，但硅谷把全世界的创新性技术和创业热情与风险投资结合了起来，成为全球科技企业创新的摇篮。

以无人驾驶汽车为例。在谷歌开始开发这个产品之前，卡内基梅隆大学已经做了几十年，但是技术非常不成熟，没有人能够看到实用的前景（混沌市场）。谷歌之所以接手做这件事情，并非它有更好的技术，只是它需要用无人驾驶汽车颠覆现有的产业。为此，它将卡内基梅隆大学整个的团队招了进来，并给予他们充分授权和足够的资源（扁平组织）。

除了叛逆精神和颠覆现有秩序的欲望，硅谷另一个成功的条件是它常常在扮演新技术试验场（天使用户）的角色。谷歌无人驾驶汽车在没有许可的情况下就上路了。在警察睁一只眼、闭一只眼的情况下，谷歌的无人驾驶汽车在路上完成了大量测试。据英国《卫报》2017年4月5日报道，来自一家分析公司的统计数据显示，谷歌公司的无人车Waymo平均行驶5128英里[二]才被人工接管一次（最差的Uber无人车每一英里就被人工接管一次），并且在过去12个月内测试里程超过了50万英里，成为测试表现最好的无人车，也是全球离商用最近的无人车（单点突破）。

[一] 吴军是《智能时代》《浪潮之巅》《硅谷之谜》《文明之光》《数学之美》《大学之路》等一系列科普书籍的作者，也是"得到"App中《硅谷来信》栏目的主讲人。

[二] 1英里 = 1.6093千米。

除大公司外，小公司也是推动创新性技术商业化的主力军。同为"得到"专栏主讲人的王煜全曾分享过创新性技术在小公司普遍应用的原因。[一]以美国的科学研发为例，20 世纪 80 年代，70% 以上研发费用来自 20 000 多人的超大型公司。不过，到了 2000 年以后，超大型公司占比由 70% 下降到了 35%，而那些人数少于 500 人的小公司，却迅速崛起，成为科技创新的主力军。出现这样的反转主要有两个原因。一是，先进的科技之前都掌握在高校手里，它们不愿意卖给商家，因为卖了自己就没办法继续研究了。20 世纪 80 年代，美国通过的《拜杜法案》规定，专利转让的只是商业使用权，所有权还归高校。这样一来，学校卖了专利，还可以继续搞研究，这就大大推动了专利的商业化。二是，由于只转让商业使用权，所以专利就变得便宜得多了，一般不超过 100 万美元，小公司完全承受得起。于是，以创新性技术应用为突破口的创业项目越来越多。

美国硅谷之所以比大学更为集中的东北部地区拥有更多和更好的高科技公司，主要是由于硅谷在技术的科学创新和技术的应用创新两方面结合地比较好。如图 4-25 所示，如果一个企业或地区技术的科学创新水平低，技术的应用创新水平也低，这种情况仅仅是成熟科技的常规应用。例如，中国企业往往把国外成熟的技术简单地拷贝应用到中国市场的情况。如果一个企业或地区技术的科学创新水平低，但技术的应用创新水平高，这种情况是对成熟科技的创新应用。例如，腾讯等企业把国外成熟的技术和模式拷贝应用到中国，但在过程中进行了创新，逐步积累了自身的优势。如果一个企业或地区技术的科学创新水平高，但技术的应用创新水平低，这种情况是对创新科技的低效率应用。例如，虽然和深圳相比，北京有更多的科研院所，但北京在创新科技的应用方面成效并不理想。如果一个企业或地区技术的科学创新水平高，技术的应用创新水平也

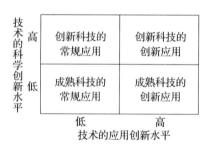

图 4-25 技术的科学创新水平和应用创新水平

[一] 王煜全是"得到"App 中《前哨》栏目的主讲人。

高,这种情况是对创新科技的创新应用,硅谷就是这样的例子。

在精益创业阶段,创业企业采用创新性技术,对于企业率先走出混沌市场,抓住创新性用户的需求,采取扁平组织结构,实现单点突破都有重要影响(见图 4-26)。

第一,采用创新性技术能帮助创业企业走出混沌市场。以大疆创新为例,这家创立于 2006 年的企业现在是当之无愧的全球消费级无人机霸主。根据海关出口数据,2016 年 3 月推出新产品精灵 4 之

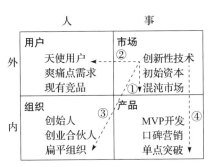

图 4-26 创新性技术的作用机制

后,大疆的全球市场份额达到了 90%。消费级无人机市场可谓是由大疆创新一家企业开拓出来的全新行业。在 2013 年前后消费级无人机市场开始爆炸式增长前,几乎所有人都不看好(或者没看到)这个市场。在开始创业的几年里,汪滔带着几个小伙伴一起研发直升机飞控系统。到 2008 年,大疆打磨出了 XP3.1 飞控系统,在被装载到传统的直升机模型上后,这款系统可以让模型飞机在无人操作的情况下,自动在空中悬停。随后,大疆陆续推出了"ACE ONE 直升机飞控""悟空多旋翼飞控"等多款飞行器控制系统。正是这些自己摸索出来的"创新性技术",使得大疆在无人看好的无人机市场中独占了一片蓝天。

第二,采用创新性技术可以帮助创业企业抓住创新性用户的需求。创业之初,大疆创新不存在什么商业模式,就是做产品,然后在诸如"我爱模型"这样国内国外的航模爱好者论坛里兜售。汪滔回忆,2006 年,大疆的第一个产品卖出了 5 万元,成本只有 1.5 万元。在此后两年多时间里,大疆就这样以小作坊的方式运转。2010 年,大疆从一位新西兰代理商那里得到一条信息:她一个月卖出 200 个平衡环,但 95% 的客户都把平衡环安装在多轴飞行器上,而她每月只能售出几十个直升机飞行控制系统。当时多轴飞行控制系统的主要厂商是一家德国公司 Mikro Kopter,但它们的产品策略是 DIY,用户必须找到自己的组件并下载代码,因此体验不是很好,产品的可靠性也不

行。汪滔敏锐地意识到：大疆创新也许应该成为第一家提供商业用途成品飞行控制的厂商。因为在过去几年积累了成熟的技术，几个月之内大疆创新就制造出了成品，迅速占领了 70% 的市场份额。

第三，采用创新性技术一般要求企业采取扁平组织结构。2006 年大疆创新刚创立时，团队只有几个人，作为技术男的创始人汪滔，所有事情都亲力亲为，表现出了与他所欣赏的乔布斯类似的特点：对细节精益求精。对一颗螺丝拧的松紧程度，汪滔都有严格的要求——他告诉员工，要用几个手指拧到什么样的感觉为止。汪滔习惯于晚上十一二点来到办公室开始工作，一有灵感，他就会拿起电话和员工交流。这个习惯保留了下来，大疆创新不少高管现在还经常会接到老板的午夜电话。2016 年，大疆创新员工人数超过 6000 人。作为公司的 CEO 和 CTO，汪滔不无烦恼地表示："如今我做的更多是管理工作……至于我最喜欢的产品，我不得不依赖于我的同事。"

第四，采用创新性技术有助于创业企业实现单点突破。2010 年，大疆创新销售额只有 300 多万元。在 2011 年大疆创新推出多旋翼无人机之前，消费级无人机市场的客户群主要是航模爱好者、发烧友等小众群体。由于受众小，多旋翼飞控的单价也很高。大疆首次将 GPS、运动相机与无人机进行整合，使得飞机可以自动悬停，大幅度降低了无人机的操控门槛；此外，大疆采用"薄利多销"的模式，大幅降低了多旋翼无人机的价格。这两点使得无人机的客户群从以前的 DIY 发烧友拓展到了普通大众，客户规模增加了几百倍。2013 年，大疆一体化整机 Phantom Vision 的面世，更是把航拍推向普通大众。

11. 初始资本

"全球创业观察"是一个全球性的创业研究项目。㊀2015 年，有 62 个国家参加了第 17 次全球创业观察的调查。在《全球创业观察 2015/2016》中，中国的"创业金融"环境得分 4.86，在参与调查的 62 个国家中排名第 14 位。据专注于中国创业情况的《全球创业观察 2015/2016（中国报告）》称，中国创业者资金来源的第一位是家庭（中国创业者 91.3% 的资金都来源于自有

㊀ 全球创业观察，http://www.gemconsortium.org/。

资金），第二位是朋友，第三位是风险投资，第四位是众筹。此外，中国创业者创办企业平均所需资金为 16 263 美元（约合人民币 11.3 万元），美国为 17 500 美元（约合人民币 12.2 万元），在中国创业所需的初始资本不比在美国创业少多少。

如果把创业的初始资本按照资本的来源和资本的风险承受程度两个维度进行划分，可以得出图 4-27 中的情况。初始资本的可能来自内部和外部。来自创始团队内部的资金既包括个人储蓄，也包括个人借款。相对于个人储蓄而言，创始团队的个人借款风险承受程度较低，如果一个创始团队的大部分初始资本来自团队的个人借款，就会埋下高风险的种子。来自创始团队外部的资本包括商业风险投资和政府资金。相对于商业风险投资来说，政府资金（包括政府背景风险投资机构）对风险的承受程度比较低。如果创业企业要吸纳来自政府资金的入股，可能需要考虑政府资金对风险的承受程度。

在企业的精益创业阶段，初始资本的不同来源可以帮助企业获得创新性技术，抓住用户的爽痛点需求，吸引创业合伙人，以及约束企业聚焦 MVP 开发（见图 4-28）。

图 4-27　初始资本的分类

图 4-28　初始资本的作用机制

第一，初始资本可以帮助初创企业获得创新性技术。在我国"大众创业、万众创新"的大潮中，很多从事科研工作的人也都离开实验室，开始创业了。但清华大学副校长施一公教授认为，不应该鼓励科学家创业，如果连科学家都创业去了，那这可就是压倒我们社会经济进步的最后一根稻草。施一公教

㊀ http://www.sem.tsinghua.edu.cn/news/xyywcn/5449.html.

授认为，更好的做法是鼓励科技人员把成果和专利转让给企业，他们可以作为科学顾问技术入股。美国1980年推出的《拜杜法案》允许研究机构或学者获得发明的商业开发权，商业开发赚到了钱，研究机构或学者也可以拿到，从而极大促进了美国的科技转化。2016年，国务院发布《实施〈中华人民共和国促进科技成果转化法〉若干规定》，规定国家研发机构、高等院校有权依法以持有的科技成果作价入股确认股权和出资比例。这项规定为创业企业以技术入股方式获得创新性技术打开了方便之门。

第二，初始资本可以帮助初创企业抓住用户的爽痛点需求。2013年10月，在北京大学东门外中关村新园的9号楼里，"一八九八"咖啡馆正式挂牌成立了。一八九八咖啡馆是由北京大学100多位校友企业家、创业者依托北京大学校友创业联合会联合创建，是国内首家校友创业主题咖啡馆，之所以以"一八九八"来命名，是为了纪念北京大学的诞生。一八九八咖啡馆通过众筹模式，通过连接学校、校友和社会，凝聚多方资源，为更多处于成长中的创业校友服务。创业资源的连接和聚集是所有创业者的爽痛点，而一八九八咖啡馆正是通过众筹方式把初始资本和创业资源整合在一起的，通过100多位校友的出资出力、共同参与，既解决了资金问题，更解决了资源问题。㊀

第三，初始资本可以帮助初创企业吸引创业合伙人。初始资本结构奠定了创业企业日后发展的重要基础。初始资本结构是否合理对吸引合格的创业合伙人也非常关键。真格基金创始人徐小平认为，联合创始人必须投入股份，而且要占一定比例。徐小平曾经投过一家电商公司，创始人做互联网，联合创始人做下游供应链。按理说，股权分配应该差不多是60%对40%，或者75%对25%，可那个联合创始人才拿了1个点的股份。徐小平认为那个联合创始人根本就不是合伙人，就是个打工的，是个伙计。后来，这家公司很快就破产了，徐小平也买了个教训。

马化腾在创业之初就跟合伙人约定"各展所长，各管一摊"，这是一个非常高明的决定，使每个人都充分发挥自己的优势。当年腾讯一共筹资了50万元；马化腾出资最多，占股47.5%；张志东出资10万元，占股20%；剩下的

㊀ 杨勇，韩树杰. 中国式众筹：互联网革命的下半场 [M]. 北京：中信出版社，2015.

股份归曾李青、许晨晔、陈一丹等联合创始人。马化腾认为其他人的总和应该比自己多一点，作为制衡，但是企业需要一个主心骨，股权不能平分，马化腾真是智慧。

第四，初始资本可以约束初创企业聚焦 MVP 开发。作为创业企业，初始资本金额总是不够用。但钱少有钱少的好处，可以约束初创企业聚焦 MVP 开发，力争单点突破。快看漫画创始之初，创始人陈安妮和其他 11 位小伙伴在北京中关村五道口租了个 150 平方米的民宅，一共三个房间，每个房间住四个人，办公在客厅，有时候开会在楼道里。㊀陈安妮说：由于团队 24 小时在一起，大家沟通起来全无障碍。由于团队成员和外界接触少，所以能集中精力开发快看漫画。快看漫画的团队花了半年时间做快看漫画 1.0 版，界面都是自己设计的，从大小形状各方面来看都相当的不专业，页面也是很混乱，但正是这样"不专业"的设计，符合了快看漫画主体"90 后"用户群的特点。加之 2014 年 12 月 13 日快看漫画 1.0 版上线的时候，陈安妮就发了那篇著名的《对不起，我只顾 1% 的生活》漫画，感动了很多人，很多人转发，给快看漫画 App 3 天带来了接近 100 万的下载。

12. 混沌市场

"混沌"一词衍生自希腊语，原意为某种深不可测的、破裂的东西——空间的虚空。在古代的宇宙起源论中的创世纪故事里，这个空白和虚无是所有生成之物（becoming）的基础，是宇宙的根本起源。混沌和宇宙，无形的存在和有序的结构，因而就紧密地联系在一起了。

弗里德里希·克拉默在《混沌与秩序》一书中指出："自然中不断重现的有序性一直令我们着迷。生命系统中，按照遗传法则所传递的组织方案，来构造高度复杂的有序结构。我们对是分子生物学领域的探索越深入，我们对这些组织方案就越了解，我们会由此认为有序在自然界中总是能得以维持。然而，有序通常是某种静态的东西。现实中，生命乃是从运动变化中创生的

㊀ 五道口周边有清华大学和北京大学，加之交通极其拥堵，号称"宇宙中心"。陈安妮说自己当时有一种"中二少女"的感觉，觉得可以征服宇宙，就选择了在五道口创业。

有序，并永远与走向混乱、无序的衰败相伴随。从某种意义上讲，生命就是衰败，秩序就是混沌。"⊖

混沌和秩序在中国企业管理实践中也有应用。"混序部落"创始人李文和苗青在《触变》一书中讲道："'混序'是兼容的。混即混沌，代表了道家思想，强调天道；序即秩序，代表了儒家思想，强调人道。因此，混序是中国传统文化的天人合一。混沌和秩序的融合，在控制和失控之间，在秩序和自由之间，在理性和人性之间，在确定和不确定之间，在一致与多元之间，是简单性和复杂性的共生存在状态，它既代表了一种组织结构，又代表了一种管理理论，既是一种世界观，又是一种方法论。"⊖

如果我们按复杂性和动态性两个维度分析事物，会有图4-29所示的情况。当复杂性和动态性都低的时候，事物表现出一种秩序状态；当复杂性上升或动态性上升的时候，事物处于秩序和混沌之间的状态，即混序状态；当复杂性和动态性都高的时候，事物处于混沌状态。因此，从混沌状态到秩序状态有两条路径：一条是降低复杂性；另一条是降低动态性。

突破混沌市场，在混沌中找到秩序，是创业企业实现从0到1的重要途径。对于处在精益创业阶段的企业而言，混沌市场对于企业寻找到创新性技术，抓住用户爽痛点需求，打造扁平化组织，以及实现产品的单点突破等方面，都有重要意义（见图4-30）。

图4-29 混沌和秩序

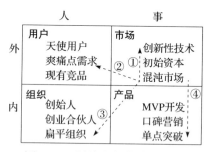

图4-30 混沌市场的作用机制

第一，在混沌市场中寻找到创新性技术非常重要。在市场尚处于混沌状

⊖ 弗里德里希·克拉默. 混沌与秩序：生物系统的复杂结构[M]. 柯志阳，吴彤，译. 上海：上海世纪出版集团，2010.
⊖ 李文，苗青. 触变：混序管理再造组织和人才[M]. 北京：中信出版社，2015.

态时，没有竞品，甚至没有天使用户。在混沌市场中如何创新？王煜全和薛兆丰在《全球风口》一书中强调的积木式创新，指出了创业者获得创新性技术的途径。[一]积木式创新有三个特点：第一是以了解市场的创业者为核心。创业者通过找到最新科技，针对市场中的核心问题，推出革命性的产品或服务，找到撬动世界的支点。第二是拥有产品或服务的最长板。创业者利用最先进的科技，打造自己的产品或服务的最长板，然后与其他企业的最长板合作，迅速达到一个大企业所需的所有功能，并和大企业形成竞争。第三是具有打闪电战的能力。当创业者具备了以上要素后，就要开始迅速地奔跑，以最快的速度占领市场。

第二，当市场处于混沌状态时，抓住用户的爽痛点需求非常关键。乔布斯领导下的苹果公司曾经"创新定义了"在线音乐行业、手机行业、平板电脑行业，甚至是整个互联网行业。乔布斯视野的出发点是对用户体验的痴迷关注，他认为从用户的体验中可以抓住他们的爽痛点需求。乔布斯曾说过："设计不仅体现在产品的外观和感觉上，还要看产品是如何使用的。在我们生活的这个时代，我们的活动越来越多地依赖技术。我们从互联网上下载音乐，并且使用便携式数字音乐播放器随身播放，在你的汽车中、厨房里都可以这样。苹果公司的核心强项就是把高科技转换成身边很普通的东西，并且能够让我们感到惊喜和兴奋，我们还能够方便地使用。"[二]

第三，扁平化组织结构是适合混沌市场中创业企业的组织形式。2016年7月10日，由原天士力制药集团总经理李文创立的混序式互联网社群——混序部落迎来成立一周年庆典。一个刚创立一年的互联网社群，仅用12个月时间，就裂变式发展出330个部落，覆盖影响活跃人群达10万人，在300多个群主带领下，孵化186个创业项目，落地实施86个，新创品牌75个，创立公司12家。[三]混序部落是一个基于互联网的扁平社群组织，扁平化混序组织结构在大型创新企业中也有很多应用。

[一] 王煜全，薛兆丰. 全球风口：积木式创新与中国新机遇［M］. 杭州：浙江人民出版社，2016.
[二] 张意源. 乔布斯谈创新［M］. 深圳：海天出版社，2011.
[三] http://money.163.com/16/0711/14/BRMTAVRN00253B0H.html.

以谷歌为例。《重新定义公司：谷歌是如何运营的》一书第 6 章的标题就是："创新：缔造原始的混沌"。㊀ 前文提到，谷歌业务分两大部分：佩奇领导着谷歌的传统业务部门，而布林领导了谷歌的创新业务部门。谷歌创新部门的组织结构是各种项目或项目集群，以项目为基础运作的项目集群，由谷歌这个强大的算法、研究、IT、信息整合平台来支撑和服务它们，它有专门的创新负责人。谷歌创始人布林说：创新不可把握，也不能事先安排，有创意的人不需要事先安排工作，而是需要有人提供空间。在谷歌，员工 20% 的时间可以办自己的事情，没有任何人干扰。

第四，混沌市场状态下只有单点突破，创业企业才有活路。360 创始人周鸿祎曾反思到："360 能走到今天，幸亏我是门外汉，'乱拳打死老师傅'。门外汉没有思维定势，门外汉不会心存敬畏之心。安全行业别人干了 20 年，他们认为安全就应该这么干，他们也赚了钱。但是我啥也不懂，别人的做法我不会。但是当你从门外汉角度来解决问题的时候，可能有不同的创新。正因为无知无谓，我们就挑了一个点，杀流氓软件。相反如果当年我是安全专家，我肯定规划一个宏大的安全计划，但我们规划的，并不一定是老百姓最需求的。伤其十指，不如断其一指。因为你有强大的对手，你又不具备强大对手的资源。资源有限的时候，你一定要单点突破，不能面面俱到。"㊁

画布：创业，站稳脚跟再离家

如果把精益创业阶段的共演战略十二要点放在一张纸上，就形成了图 4-31 的精益创业阶段的共演战略画布，简称"精益创业画布"。

精益创业画布由 12 个方格组成，代表着精益创业阶段的十二要点。其中，天使用户、爽痛点需求、现有竞品是用户三要素；创始人、创业合伙人、扁平化组织是组织三要素；MVP 开发、口碑营销、单点突破是产品三要素；创新性技术、初始资本、混沌市场是市场三要素。精益创业画布用一张纸的

㊀ 埃里克·施密特，乔纳森·罗森伯格. 重新定义公司：谷歌是如何运营的 [M]. 靳婷婷，译. 北京：中信出版社，2015.

㊁ 周鸿祎的博客：http://blog.sina.com.cn/zhouhongyi.

篇幅展示了精益创业阶段的战略要点，便于创业者进行思考和总结，也便于创业者对比不同思路的画布，以及随着创业项目发展进行跨时间的对比。

精益创业阶段的共演战略画布			
天使用户	创始人	MVP 开发	创新性技术
爽痛点需求	创业合伙人	口碑营销	初始资本
现有竞品	扁平化组织	单点突破	混沌市场

图 4-31　精益创业阶段的共演战略画布

（扫描二维码，可下载画布工具）

| 案 例 |

阿里巴巴精益创业阶段的共演战略画布

马云 1988 年毕业后，在杭州电子工业学院教英语。他发现身边很多老师都有翻译英文资料的需求，于是在 1992 年创办了海博翻译社。1995 年，马云从学校辞职，全职创业，创办了"中国黄页"，为中小贸易企业提供海外需求信息。1997 年，马云加盟对外贸易经济合作部（简称"外经贸部"）中国国际电子商务中心，任信息部总经理。1998 年年底，他从中国国际电子商务中心离职，带着之前的一帮小伙伴回到杭州创业。

马云在1992～1998年的三次创业经历从某种程度上看都是失败的：海博翻译社一直找不到盈利模式；"中国黄页"和杭州电信合资后失去了控制权；在中国国际电子商务中心的工作没有足够的自由发展空间。但是，这几次的创业失败让马云学习到了几点：一是，翻译社这样的生意模式做不大；二是，小企业也要有制度，不然营业员拿了货款你都不知道；三是，有共同理念和目标的团队很重要。

于是，当马云带着小伙伴回杭州创业的时候，他把选对人和做对事看得特别重要。从选对人角度说，当时一共有18个小伙伴在马云湖畔花园的家里开会，这18个小伙伴中的绝大多数现在还在阿里巴巴，有些还担任着重要职务。这18个小伙伴后来被称作"阿里巴巴十八罗汉"。他们中的绝大多数人之所以加入阿里巴巴，不是因为当时阿里巴巴收入高，而是他们看到了共同的愿景。例如，现任阿里巴巴集团董事局执行副主席的蔡崇信，就是放弃了百万美元年薪加入的"十八罗汉"之一，他加入阿里巴巴后每月工资才500元。

除了选对人，还得做对事。通过之前的创业经历，马云意识到，"中国黄页"那件事的大致方向是对的，只是当时合资后失去了控制权。于是，阿里巴巴在1999年创业初期，就针对中小贸易企业获得信息难的痛点，打造一个线上交易平台。与当时如日中天的"广交会"等线下交易平台相比，阿里巴巴的服务有多个优点：宣传费用低，卖方能持续宣传，交易双方能在平台上保持互动等。2001年，阿里巴巴又推出了"诚信通"，帮助交易双方解决诚信缺失的问题。

除了做对事，还得把事做好。1999年年初，马云就决定，6个月不宣传，先做好网站。后来，马云发现公司知名度太低。2000年，他到德国演讲，能容下1500人的会场只来了3个听众。回国后，马云召集了第一次"西湖论剑"，邀请当时还都在创业初期的互联网创业者，共同讨论互联网在中国的未来方向。这些参与者包括新浪的王志东、搜狐的张朝阳、网易的丁磊等现在响当当的企业家，他们的参与给阿里巴巴带来了很好的口碑营销效果。

阿里巴巴的精益创业阶段的共演战略画布

精益创业阶段画布（1999~2003年）

创始人	MVP开发	创新性技术/模式
• "我们要做一件伟大的事情，我们的B2B要为互联网服务带来革命。你们都不要慌，十几个人一起冲，有什么慌的" • 35岁，三次创业失败，人称"骗子" • 战略眼光：互联网；加入WTO；电子商务	• 1999年创业初，决定6个月不宣传，做好网站 • 2000年10月，推出"中国供应商"产品；展示产品、收集信息、知识辅导 • 2001年推出诚信通；谈判前身份验证，2300元/年	• 免费（基础展示）+收费（会员增值服务，诚信通）会员费（4万~8万元）；金品诚企会员服务（百万级别） • 互联网+（跨境）贸易（创新科技的创新应用）

创业合伙人	口碑营销	初始资本
• 18人团队，爬长城，湖畔花园开会 • 蔡崇信放弃百万美元年薪加入阿里巴巴，每月工资500元 • 团队能力互补。2002年演讲提到4个O，4个国籍 • 武侠文化，风清扬	• 开始人工到各种网站、BBS上贴帖子 • 2000年德国演讲，1500个座位只来了3个人 • 2000年9月，举行首届"西湖论剑"演讲，提升媒体关注"2002年战略只赚1块钱"	• 团队共同出资50万元；迟迟未融资成功 • 1999年10月，在拒绝了38家投资机构后，接受高盛投资500万美元；2000年1月，软银计划投资3000万美元，接受2000万美元（让资本闷声发大财）

扁平组织	单点突破	混沌市场
• 创业初期完善员工持股制度 • "内练一口气，外练筋骨皮" • 早期请过很多MBA、国际精英，后开始培养内部人才	• 2000年年初，拿到钱后，换办公室，快速扩张，硅谷研发中心，日本、韩国、中国台湾分公司；互联网泡沫破裂后，"回到中国""回到杭州"	• 1999年，中国互联网元年，混沌中寻找秩序

天使用户		
• 1999年10月，中英文网站注册用户超过2万人 • 2001年2月，B2B拥有100万会员 • 从海博翻译社到《中国黄页》，为马云核心积累体会解用户痛点积累机会		

痛点需求		
• 有进出口需求的中小企业，获得订单信息 • 87%客户担心诚信问题，2001年推出"诚信通" • "一个公司要长久发展"必须为社会解决共同问题		

现在竞品		
• 线下交易会（宣传费用高，日常无法宣传，无培训服务，无法保持互动） • 借势"西湖论剑"抱团取暖		

图4-32 阿里巴巴的精益创业阶段的共演战略画布

除了在上面所说的，对用户需求、组织文化、产品定位等要素外，阿里巴巴在互联网泡沫破裂前拿到的大笔投资，除了运气外，也和马云对市场环境和时机的把握很有关系。1999年10月，刚刚创业一年的阿里巴巴就拿到了高盛500万美元的投资，几个月后，又拿到了软银2000万美元的投资，拿到这两笔投资后不久，美国的互联网泡沫就破裂了。如果没有这两笔钱，很难想象阿里巴巴能顺利地度过了那个互联网寒冬。

阿里巴巴在1999～2002年这个创业阶段的战略特点可以总结为：召集有共同理想的合伙人，针对天使用户的爽痛点需求开发产品，并通过口碑营销实现单点突破，借助互联网进入中国的大机遇，突破了B2B电商的混沌市场。也可以理解成，找对了人和做对了事。找对人说的是找对用户需求和创业伙伴，做对事说的是做对产品和选好市场机遇。

Co-evolution
Strategy
第5章

专益成长阶段

赶路：成长四问

2013年，国家工商总局发布了《全国内资企业生存时间分析报告》，分析了2000年以来新设立企业退出市场的情况。企业当期平均死亡率呈"倒U形"，即创业最初几年死亡率较低，随后上升较快，最后逐渐降低（见图5-1）。具体地，企业成立第1年的死亡率为1.6%，第2年为6.3%，第3年为9.0%，第4年达到最高值9.5%，第5年为9.3%，第6年为8.8%，第7年为8.1%，随后下降到8%以下。[一]

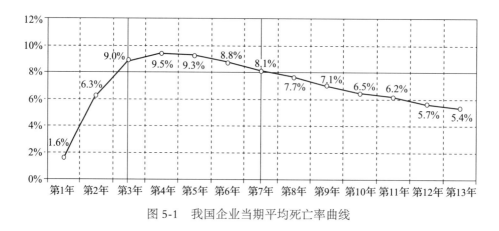

图 5-1 我国企业当期平均死亡率曲线

如果我们把创业前两年看作创业期，那么这份报告表明，创业期之后的成长期（3～7年）才是企业死亡的高发期，有近50%的企业在这几年倒闭。因此，如何在创业期之后平安度过成长期，是企业发展过程中面临的重大挑战。

由于国家工商总局报告依据的是企业工商登记数据，报告中界定的企

[一] http://news.xinhuanet.com/fortune/2013-08/09/c_116878720.htm.

业"退出市场",是指"企业依法办理注销登记手续或被工商部门依法吊销营业执照后,不再从事经营活动",因此该报告可能低估了企业成立初期的死亡率,从而高估了初创企业寿命。CHINA HRKEY(智创中国))研究中心2012年发布的《中国中小企业人力资源管理白皮书》显示,我国初创企业寿命短得多。该调查表明:我国中小企业平均寿命仅2.5年,集团企业的平均寿命仅7~8年,与欧美企业平均寿命40年相比相距甚远。⊖

然而,在过去的30多年里,中国有一大批企业成长起来,它们不仅躲过了创业期死亡的危险,也经过了不断刷新纪录的快速成长期,进入了适应风险能力较强的稳定发展期,甚至有的还不断尝试重塑行业或者颠覆自己。陈春花教授和赵曙明教授在《高成长企业组织与文化创新》一书中指出:"成功虽不可复制,但实现高速增长的企业背后,都有共性的核心要素。"⊜这些核心要素是什么呢?

管理学家伊迪丝·彭罗斯在1995年再版的《企业成长理论》序言中总结了四种关于企业成长的主流管理学理论,分别是:彭罗斯的企业资源驱动增长理论、安索夫的产品驱动增长理论、德鲁克的需求驱动增长理论、钱德勒的组织驱动增长理论。四个主流企业成长管理理论分别对应共演战略四要素(见图5-2),基于共演战略四要素的企业成长分析聚合了这四种主流企业成长管理理论的精华。

	人	事
外	需求驱动 企业增长 (德鲁克)	资源驱动 企业增长 (彭罗斯)
内	组织驱动 企业增长 (钱德勒)	产品驱动 企业增长 (安索夫)

图 5-2 共演战略要素驱动企业增长

1954年,管理学大师德鲁克在现代管理的奠基之作《管理的实践》一书中,用整整一章的篇幅专门讲了企业成长问题。⊝1973年,德鲁克在现代管理思想的系统化著作《管理:使命、责任、实务(责任篇)》一书中,又专门

⊖ http://finance.people.com.cn/n/2012/0903/c70846-18906006.html.
⊜ 陈春花,赵曙明.高成长企业组织与文化创新[M].北京:机械工业出版社,2016.
⊝ 彼得·德鲁克.管理的实践[M].齐若兰,译.北京:机械工业出版社,2009.

用一章讲企业成长管理。㊀德鲁克对企业成长的论述可以总结为五个方面：第一，成长是企业面临的最大问题；第二，成长并不是随着成功而必然出现，成长必须要求能够在恰当的时机，把恰当的产品或服务投放在恰当的市场上；第三，成长是有周期性的，管理者不应一味追求高增长，而是合理的成长，应该是从事正确的事情，并把事情做好；第四，企业应该有成长目标，对成长做出计划，对成长进行战略管理；第五，企业成长的关键是高层管理者，高层管理者面对企业成长必须愿意并能够改变自己，改变自己的角色，改变自己的关系和行为。归根结底，德鲁克的需求驱动增长理论强调，成长是企业产品满足市场增长的需求的结果。同时，企业只有不断成长壮大，才能更好地服务顾客。

美国著名企业史学家钱德勒提出了组织驱动企业增长理论。他在1977年出版的《看得见的手：美国企业的管理革命》一书中指出，伴随现代工商企业诞生和成长的是一只"看得见的手"，即由经理阶层和相应的组织结构组成的企业管理协调机制。他认为，管理层级制"一旦形成并有效地实现了它的协调功能后，层级制本身也就变成了持续增长的源泉"。㊁

战略管理学家安索夫在1957年提出安索夫矩阵，指出企业发展的四个策略：市场渗透（以现有的产品面对现有的顾客）、市场开发（提供现有产品开拓新市场）、产品延伸（推出新产品给现有顾客）、多元化经营（提供新产品给新市场）。㊂产品驱动企业增长理论的核心观点是，企业成长要向良性的特长领域发展，尽可能向有关联的经营项目发展，以取得较竞争对手有利的地位。

管理学界通常把管理学家彭罗斯在1959年出版的《企业成长理论》作为企业增长理论形成的开端。彭罗斯的资源驱动企业增长理论认为，企业的增长是由每个企业自身的独特力量（由使用资源从而产生的服务或能力）所推

㊀ 彼得·德鲁克.管理：使命、责任、实务（责任篇）[M].王永贵，译.北京：机械工业出版社，2009.
㊁ 小艾尔弗雷德·钱德勒.看得见的手：美国企业的管理革命[M].重武，译.北京：商务印书馆，2013.
㊂ 伊戈尔·安索夫.多角化经营战略[J].哈佛商业评论，1957.

动，认为企业总是存在着未被利用的资源，而未用完的生产性资源的可继续利用性是企业成长的原因。[一]彭罗斯认为，企业是一个生物体（生命体），成长是自然而然发生的一个过程，企业成长是一个不断挖掘未利用资源的无限动态变化的经营管理过程。

德鲁克、钱德勒、安索夫和彭罗斯等的企业增长理论，都强调了用户、组织、产品或市场中的某个要素的重要性，而我认为，现实中驱动企业增长的是战略四要素的动态变化和协同。

和精益创业阶段一样，在专益成长阶段，创业者也要回答的四个核心战略问题（见图 5-3）：企业为什么会增长（why）？组织能否跟得上（who）？什么事儿能够增长（what）？市场能否支持增长（where）？

图 5-3 专益成长阶段的四个战略问题

1. 企业为什么会增长（why）

1978 年 12 月召开的中国共产党第十一届三中全会被认为我国改革开放的起点。十一届六中全会指出："当前，我国社会的主要矛盾是人民日益增长的物质文化需要同落后的社会生产之间的矛盾。"34 年后，2012 年 11 月的中国共产党十八大报告中指出："我国仍处于并将长期处于社会主义初级阶段的基本国情没有变，人民日益增长的物质文化需要同落后的社会生产之间的矛盾这一社会主要矛盾没有变，我国是世界最大发展中国家的国际地位没有变。"5 年后，2017 年 10 月的中国共产党十九大报告中指出："中国特色社会主义进入了新时代，我国社会主要矛盾已经转化为人民日益增长的美好生活需要和不平衡不充分的发展之间的矛盾。"

虽然，从满足"人民日益增长的物质文化需要"，到解决"人民日益增长的美好生活需要和不平衡不充分的发展之间的矛盾"，推动我国经济增长和企业发展的基础动力，不再仅仅是提供更多的物质产品和文化服务，而是更美

[一] 伊迪丝·彭罗斯.企业成长理论[M].赵晓，译.上海：上海人民出版社，2007.

好、更平衡、更充分的发展，但是用户需求是企业增长的第一因。

然而，用户和需求的增长并不会自然而然的发生。杰弗里·摩尔在经典著作《跨越鸿沟》中指出，创新者和早期使用者之间，以及在早期使用者和早期从众者之间有两道"需求裂缝"（见图5-4）。这两道裂缝把不同类型的用户割裂开来，使企业无法轻易地获得下一阶段的用户，并获得规模经济的效果。⊖

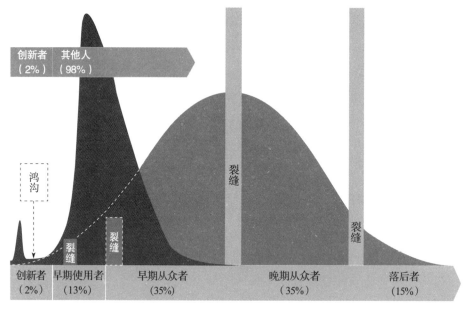

图 5-4 为什么会增长：跨越需求鸿沟

造成这两道"需求裂缝"的原因主要是创新者、早期使用者和早期从众者的特点不同、需求不同，影响他们选择的要素也不同。创新者通常对新事物非常有兴趣，促使他们使用某一类产品或服务的主要原因是新奇性；早期使用者则更加注重产品或服务是否有用，促使他们使用某一类产品或服务的主要原因是功能性；早期从众者通常没有专业的判断能力，促使他们使用某一类产品或服务的主要原因是网络性。

摩尔在《跨越鸿沟》中没有强调早期从众者和晚期从众者、以及晚期从

⊖ 杰弗里·摩尔. 跨越鸿沟 [M]. 赵娅, 译. 北京：机械工业出版社出版, 2009.

众者和落后者之间的"需求裂缝",但这两道需求裂缝却实实在在的存在。晚期从众者通常比早期从众者对价格更敏感,促使他们选择某一类产品或服务的主要原因是性价比;落后者的需求通常是被动的,促使他们使用某一类产品或服务的主要原因是没有其他替代品。

图 5-4 中除了呈正态分布的"钟形"需求曲线外,还有一个"鲨鱼鳍"形状的需求曲线。如前文所述,在混沌的外部环境中,用户生命周期不仅时间上大大缩短,而且曲线形状变得更加"陡峭",用户甚至可以简单地分为"创新者"(天使用户)和"其他人"(大众用户)两类。正如吴军在《智能时代》中所说的,技术革命的最初仅有 2% 的开发和使用新技术的人,而大多数人(98%)在很长的时间里都将是观望者。如果说传统的"钟形"需求曲线中不同类型用户之间存在"需求裂缝"的话,那么"鲨鱼鳍"形状需求曲线中的创新者和其他人之间则存在巨大的"需求鸿沟"。如何争取这些"观望者",从而跨越需求鸿沟,是创业企业增长的核心问题。

在现实的商业世界中,"需求鸿沟"经常出现。例如,图 5-5 中所示的在线音乐市场在苹果公司的 iTunes 在线音乐商店起飞之前,有过很多的尝试,包括 IUMA、Cductive、eMusic 和 Napster 等,但都因为各种原因没有能跨越创新者和其他人之间的鸿沟。

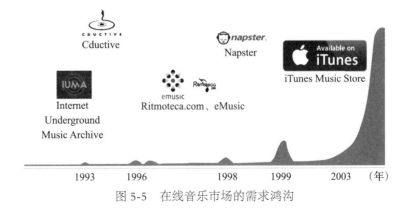

图 5-5　在线音乐市场的需求鸿沟

即使是苹果公司的 iTunes,也经历了一个跨越"需求鸿沟"的过程。iTunes 第一次发布是在 2001 年 1 月,在它发布的那个时候,苹果 iPod 产品还没有公开亮相。当时苹果公司的口号是"Rip. Mix. Burn"——强调用户能够制作自己的混合CD并将它们重新烧录成新CD，就像一盘混合磁带一样。在第一个版本的iTunes发布一周过后，苹果宣布有超过27.5万Mac用户进行了下载。

iTunes 2是在2001年11月发布的，当时，苹果已经发布了iPod播放器（在开售的头两个月，iPod仅售出了12.5万台）。苹果将此次更新标榜为和MP3播放器的"无缝集成"，通过火线（FireWire）将歌曲、播放列表自动同步到iPod里。此外用户还能通过该软件将MP3文件烧录成CD，可以在他们的iTunes混合CD中存储比以往任何时候都要多得多的音乐。

iTunes 3发布于2002年7月。该版本的亮点是智能播放列表，它允许用户基于某些规则创建动态的播放列表，例如，最近听过的20首音乐的播放列表。此外，iTunes 3还开始支持audible的有声读物。直到这个时候，iTunes还没有爆发（图5-5中倒数第二个凸起）。

iTunes 4发布于2003年4月，它带来了首次亮相的iTunes音乐商店。那个时候，大多数的互联网用户仍通过购买CD、下载盗版的方式获取音乐，但是苹果通过以每首0.99美元的低价吸引着用户——可以随心所欲地挑选每一首音乐。和iTunes音乐商店一同推出的，还有苹果专有的FairPlay DRM版权保护机制。由于同时解决了音乐爱好者和音乐公司的需求爽痛点，iTunes在线商店一飞冲天（图5-5中倒数第一个凸起）。

2. 组织能否跟得上（who）

如果说用户增长是企业外部"人"的增长，那么组织的发展就是企业内部"人"的变化。从创业期到成长期，组织能否跟得上很关键。

前文把创业期的组织比喻成"箭头型"组织，创始人位于箭头尖位置，创始团队和早期员工形成箭头两翼的锋刃（见图5-6a）。箭头型组织虽然具有披坚执锐的优势，有利于创业企业单点突破，但也有缺点。例如，箭头型创业企业的主要目的是提高效率，即用最少的投入获得较大的产出，从而谋求最大化的投入产出比。为此，箭头型创业企业会放弃一些"非核心"职能。

进入成长期后，创业企业所需要做的一件重要的事情就是补足缺失的职能，形成初步的"金字塔型"组织（见图5-6b）。

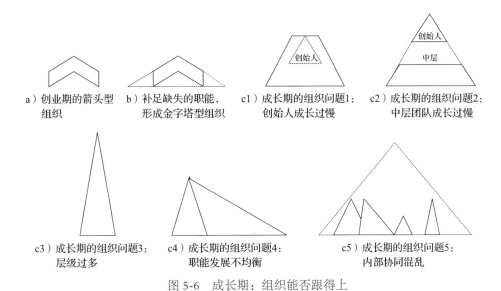

图 5-6　成长期：组织能否跟得上

在非核心职能方面，箭头型创业企业很可能会忽视公共关系的维护，而公共关系可能会成为制约企业成长的重要因素。例如，2017年3月混沌创业营首期的毕业分享中，万邦新能源的创始人邵丹薇分享了在过去两三年里，如何恶补政府关系和公共关系方面的短板的问题，引起了创业营营员的强烈共鸣。大家纷纷表示要求拿出专门的时间请创业营里的几位"前辈"给大家分享如何弥补政府关系和公共关系方面短板，而几位海归创业者则"吐槽"说自己刚创业的时候连"处长"和"局长"等政府官员的序列都分不清楚，吃了很多亏。

再如，2016年资本大举投入共享单车行业时，ofo和摩拜便开始布局政府关系人才，给政府关系岗位开出的薪酬是所有非工程师岗位里面最高的。即使这样，2017年春天，各大媒体仍然充斥着各地政府对共享单车的无序运营加强管制的消息。甚至有报道称，制约共享单车下一步发展的因素中，除了用户的公德风险外，还有一大风险就是城管。

在向金字塔型组织转变的过程中，成长期企业组织容易出现五类问题，

分别是：创始人成长过慢、中层团队成长过慢、层级过多、职能发展不均衡、内部协同混乱。⊖

第一，创始人成长过慢。创业者群体中有一句流行语："创始人的认知边界，是企业真正的边界。"于是，各类创业营纷纷出现，而且多以打开创始人认知边界为目标和口号。例如，2017年3月，在湖畔大学三期开营式上，马云透露，湖畔大学经过3年摸索已经形成了必修模块和选修模块。在未来，包括平台经济、未来组织、湖畔三板斧等和商业密切相关的课程可能是选修，但还有一些听起来与商业毫无关系的课（例如，请艺术家讲艺术，请足球教练讲球赛布局等）是必修。这些必修课的目的就是打开创始人的认知边界。其实，除了认知升级外，创始人还有很多方面需要快速成长，才能跟上和适应企业成长期的需要。创始人如果不能快速成长，就会形成图5-6c1所示的情况，即创始人成为企业增长的障碍。⊜

第二，中层团队成长过慢。创始人成长可能过慢，也可能"过快"。创始人成长"过快"的结果就是中层团队（甚至包括合伙人）成长过慢，跟不上，就会形成图5-6c2所示的情况。这时候该怎么办？真格基金创始人徐小平曾给出一些参考意见：（1）任何人的股权，都是分4年执行。一年不行，就给他1/4走人；（2）公司一定要留有期权池用于调节，有人落后，必然有人前进，对前进的人要积极地用股权奖励；（3）对于既不能开除、也不能收回股份的合伙人，可以通过增发股份的方式来进行，增发的股份给干得好的人，这样自然稀释了干得不好的人的股份。

为了实现企业增长，除了要解决成长过慢的中层团队问题，还要积极引入高素质的人才。2016年5月，时任微信支付总经理的吴毅离开了腾讯，加入快速增长中的分期乐。分期乐创始人兼CEO肖文杰2013年离开腾讯创业后，就一直希望吴毅能加盟，但是他知道以分期乐之前的实力是不可能吸

⊖ 李书玲.寻找规律：中国企业常见管理问题的本质理解与应对思路［M］.北京：机械工业出版社，2014.

⊜ 诚然，创始人往往无法适应企业发展的各个阶段。因此，有很多创始人在企业发展的中后期就退出了管理岗位，而由专业人才出任CEO等职位。但在创业企业成长阶段，创始人往往需要坚守在管理第一线，把握企业发展方向。而在企业扩张阶段，随着企业成熟和规模扩大，创始人可能隐退。

引吴毅的。于是，肖文杰每一两个月都会和吴毅见一面，跟他聊聊天，透露一些分期乐的进展，同时向他请教。这就使得吴毅相当于一直置身分期乐之中，到后来肖文杰正式邀请吴毅加盟的时候，吴毅也相当于是以合伙人的身份加盟分期乐。除了吴毅，肖文杰在分期乐成长期阶段还引入了前移动QQ助理总经理乐露萍等一批高素质人才，弥补了分期乐创始团队成长不足的问题。

第三，成长期可能形成过多的组织层级（见图5-6c3）。组织层级是企业增长过程中必然出现的现象，企业不能为消灭组织层级而消灭组织层级，也不能任由组织层级无限制增长。谷歌自1998年成立后快速增长，随之出现了迅速增加的组织层级。创始人拉里·佩奇和谢尔盖·布林曾在2002年有过一个不成功的改革：取消工程师管理者的职位，全公司实行扁平化管理，营造类似于大学氛围的企业环境。改革的本意是激发创新，因为谷歌当初认为，只要所有人拥有共同的话语权，实行共同管理，创新就能得到最有效的保障。但问题很快接踵而来，工程师们蜂拥来到拉里·佩奇的办公室，问了一堆诸如费用报告、意见冲突的问题。很快，谷歌就恢复了层级管理体制，但谷歌尽量限制管理层级的数量。当谷歌拥有3.7万名员工时，只有五个层级，包括创始人、100位副总裁、1000位主管、5000位经理，其余都是工程师。

第四，企业成长期的快速发展可能造成职能发展不均衡（见图5-6c4）。当前，很多创业者认为传统的"木桶理论"已经过时，喜欢强调"长板原理"，认为创业者只要有了一块长板，就可以围绕这块长板展开布局，可以用合作、购买的方式补足其他短板。然而，作为企业家要考虑组织的均衡发展，即使在创业初期利用"长板原理"实现了突破，撬动了市场，在成长阶段也要迅速补齐短板，而不是简单地依靠"互联网思维"等理念代替组织建设。在2000年《华为的冬天》一文中，任正非曾经提道，"管理要抓短的一块木板。华为组织结构不均衡，是低效率的运作结构。就像一个桶装水多少取决于最短的一块木板一样，不均衡的地方就是流程的瓶颈"。企业从创业阶段进入成长阶段，最缺的往往是组织管理。无怪乎一些"成功"的创业者在拿到大量融资后，"惊讶"地发现自己"会创业，不会管理"。结合一些企业家的经验，管理应该在企业"内部补短板"，在企业"外部加长板"。

第五，企业成长期可能出现的另一个问题是内部协同混乱（见图5-6c5）。组织中个体间的基本关系是分工、协作与竞争。亚当·斯密在《国富论》一书中指出，扩大国民财富的关键是：在商品交换的基础上，深化劳动分工，提高生产效率。[一]罗纳德·科斯在《企业的性质》一文指出，企业存在的原因是存在交易成本，包括市场交易成本和企业内部管理协调成本。科斯认为，当市场交易成本高于企业内部的管理协调成本时，企业便产生了，企业的存在正是为了节约市场交易费用，即用费用较低的企业内交易代替费用较高的市场交易；当市场交易的边际成本等于企业内部的管理协调的边际成本时，就是企业规模扩张的界限。[二]当下盛行的互联网思维和无边界组织等理念，本质上没有超出科斯在《企业的性质》一文中讨论的交易成本理论。在成长期，企业内部形成的各部门之间如果不能按照"企业"的规律来管理，就会造成内部管理混乱，为企业发展埋下隐患。

3. 什么事儿能够增长（what）

美国麻省理工学院博士雷·库兹韦尔在《奇点临近》一书中提出摩尔定理的扩展定理——库兹韦尔定理（Kurzweil's law of accelerated return）。该定理指出，人类出现以来所有技术发展都是以指数增长。也就是说，一开始技术发展是缓慢的，但是一旦信息和经验积累到一定的程度，发展开始快速增长，然后是以指数形式增长。[三]

图5-7展示了近百年来科技产品的市场渗透速度。自美国人A. G. 贝尔于1876年发明电话机以来，历经100多年，固定电话的市场渗透率达到了90%，即对固定电话有潜在需求的人群中90%可以使用到固定电话服务。比较而言，智能手机的市场渗透速度则快得多。自苹果公司2007年推出iPhone以来，短短几年时间，智能手机的市场渗透速度已达到固定电话的市场渗透率水平。

[一] 亚当·斯密. 国富论[M]. 富强, 译. 北京：北京联合出版公司, 2013.
[二] 罗纳德·科斯. 企业、市场与法律[M]. 陈昕, 译. 上海：上海人民出版社, 2014.
[三] 雷·库兹韦尔. 奇点临近[M]. 董振华, 李庆诚, 译. 北京：机械工业出版社, 2012.

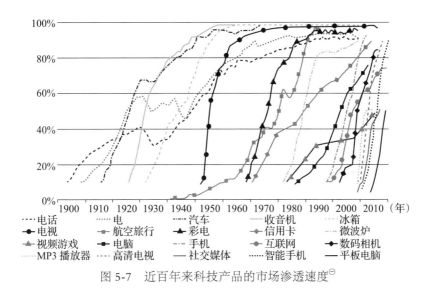

图 5-7　近百年来科技产品的市场渗透速度⊖

从共演战略十二要点分析，驱动企业迅速增长的产品相关因素主要有三个：爆款产品、广告营销和规模经济。

第一，推动一类产品迅速走红或者使一家企业迅速增长的往往是爆款产品的出现。"在我们开始之前，先来说说手机的分类，最先进的是智能手机，通常就是电话上面有 QWERTY 的小键盘，但重点是它们既不智能，也不好用。我们当然不是要做那些，我们要做的是更聪明、更简单好用并且能一鸣惊人的产品，而这就是 iPhone。"时间回到 2007 年年初，在苹果公司推出 iPhone 之前，市场上已经存在一些款式的"智能手机"，但正如乔布斯所说，这些手机"既不智能，也不好用"。iPhone 成为第一个真正的爆款智能手机，从而"重新定义了"手机行业。同样的事情在苹果公司身上发生过多次，如 Apple II 电脑、iPod、iPad 等。

第二，广告营销是推动企业迅速增长的重要推动力量。这里的广告营销不仅包括传统意义上的广告推广，也包括最近几年在互联网界盛行的"增长黑客"。2016 年，全球销量排行榜中，OPPO 和 vivo 两个品牌分别占据了第四位和第五位，紧随三星、苹果和华为之后。OPPO 和 vivo 手机之所以能在很短时间内异军突起，主要是因为对传统广告营销的极致运用：（1）它们

⊖ 图 6-7 中的图例按科技产品进入市场的时间顺序从左到右依次排列。

的销售几乎全部来自传统意义上的地面店,据报道,其铺货深度达到了惊人的 32 万家专卖店,直接雇用的店铺促销员就达 15 万人,是经典的"人海战术";(2)它们与全国渠道商建立了长期合作的资本关系,构建了稳固的联销体模式;(3)它们在品牌战略上依靠明星代言效应,在强势卫视上大规模投放广告,通过一次次的营销活动形成冲动型势能。

与被传统企业运用得炉火纯青的广告营销模式不同,"增长黑客"概念近年来兴起于美国互联网创业圈,最早是由互联网创业者肖恩·埃利斯(Sean Ellis)提出的。增长黑客是介于技术和市场之间的新型团队角色,主要依靠技术和数据的力量来达成各种营销目标,而非传统意义上靠砸钱来获取用户的市场推广角色。他们能从传统营销方式时常忽略的角度考虑影响产品发展的因素,提出基于产品本身的改造和开发策略,以切实的依据、低廉的成本、可控的风险来达成用户增长、活跃度上升、收入额增加等商业目的。㊀

第三,能够快速增长的企业必须能够利用规模经济效应。企业提供产品或服务之所以能有规模经济效应,是因为规模增大之后变动成本和比例增加,而固定成本不增加,所以单位产品成本就会下降,带来边际成本的递减。传统上,规模经济效应最明显的行业是那些固定资产投资巨大的行业,如铁路、电信和航空等。

在新兴领域,也存在行业领先者因为规模大而掌握制定标准的权力带来的规模效应。例如,共享单车领域经历了 2016 年的资本狂热之后,在 2017 年年初已经开始出现市场集中的趋势,摩拜和 ofo 占据了市场领先地位。共享单车商业模式的核心实际上不是"共享",而是"短租",即骑行者对单车的分时租赁。由于很少有用户会安装很多共享单车 App 并交多份押金,因此,拥有最大单车数量特别是最优单车分布的企业,将享受由规模经济带来的马太效应,并最终占据市场领导地位。

4. 市场能否支持增长(where)

在创业和投资圈,那些创业没几年就发展成为相当大规模且估值在 10

㊀ 范冰.增长黑客[M].电子工业出版社出版社,2015.

亿美元以上的未上市企业，被称作"独角兽企业"。独角兽企业的出现，除了需求、组织和产品等方面的因素外，市场环境也是一个非常重要的因素。2017年上半年，科学技术部火炬高技术产业开发中心联合长城战略研究所联合发布了一份《2016中国独角兽企业发展报告》。榜单显示，入围的独角兽企业共131家，2010年及之后成立的占了110家。从行业分布看，这些独角兽企业涵盖了18个行业，其中电子商务、互联网金融、智能硬件、交通出行四个行业企业就占了总数量的56%，总估值的69%。其中，估值占比最大的是互联网金融和智能硬件行业。㊀

从上述报告不难看出，专益成长阶段的企业除了要能够跨越需求鸿沟，完成组织成长和实现产品驱动外，还需要能够支持增长的市场环境。与企业增长密切相关的市场环境因素包括：技术/模式是否具有成长性，是否能够获得充足的资本和资源，以及企业所在的市场是否具有较大增长空间的蓝海市场。例如，互联网金融和智能硬件等行业既具备技术/模式的成长性，也吸引了充足的资本和资源投入，还是方兴未艾的蓝海市场。

第一，成长阶段企业应充分利用技术/模式的成长性。可以把具有成长性的技术和模式理解为创业者和投资人口中的"风口"。关于风口，最著名的一句话是雷军说的"只要站在风口，猪也能飞起来"。雷军这句话的本意是企业成长要顺势而为，因此雷军创立的风险投资叫作"顺为资本"。然而，如何才能顺势而为呢？共演战略的答案就是选择具有成长性的技术和模式。

成长性意味着对于技术和模式的选择，不仅方向很重要，时间点也很重要。2017年年初，金沙江创投合伙人朱啸虎在一次分享中指出，20%的市场渗透率是成长性技术和模式进入快速成长轨道的引爆点。中国互联网的市场渗透率在1999年达到了20%，而中国移动互联网的市场渗透率在2012年达到了20%。因此，这两年分别成为中国互联网企业元年和移动互联网企业元年，并分别诞生了BAT和滴滴、陌陌等企业。

第二，外部资本和资源的引入对成长阶段企业特别重要。在创业阶段，创始人和创业团队投入自有资源很有必要，一方面能促使创始人全心投入，

㊀ http://www.gov.cn/xinwen/2017-03/02/content_5172634.htm.

另一方面由于资本和资源的限制，可以迫使创业项目聚焦用户需求，力争单点突破。到了成长阶段，引入外部资本和资源就变得更加必要和重要。

与创业中的精益思路类似，投资领域也有精益投资的理念。分享投资管理合伙人崔欣欣认为，精益投资就是说一开始先投一点，随着项目的成长再逐步加大投资。精益投资的好处主要有两个：第一个是投资人不会错过投资好项目的机会；第二个是投资人可以陪伴项目成长，不断地获得对该领域的新认知，然后在它实现里程碑突破的时候继续再投一轮、二轮、三轮，这样可以把更大比例的资金集中在快速成长的项目。

第三，成长阶段企业应尽量开拓蓝海市场。在创业阶段，创业者面对的市场特点是混沌市场，创业者利用的创新技术/模式服务于未满足的需求。在成长阶段，企业面对的市场是蓝海市场。蓝海市场的创新主要有两个维度：一是市场要素（技术/商业模式）的创新；二是市场关系（竞争/合作）的创新。

如图5-8所示，无论是在市场要素维度进行创新，还是在市场关系维度进行创新，都可以形成蓝海市场。基于竞争关系的技术创新和模式创新形成的蓝海市场是颠覆性的蓝海市场。虽然创新者可以在短期内避免激烈竞争，享受蓝海市场带来的收益，但长期来看，颠覆者终究难逃被颠覆的命运，蓝海可能很快变成红海。基于合作关系的技术创新和模式创新形成的蓝海市场是共享和共生的蓝海市场。创新者和合作者共同成长，共享蓝海市场带来的收益，共同维护蓝海市场的秩序，蓝海变成红海的速度会大大降低。

图5-8 蓝海市场的创新维度

专益：成长的十二要点

根据专益成长阶段的企业特点，专益成长阶段的战略十二要点如图5-9

所示，包括：大众用户、普遍需求、跨越需求鸿沟、创始人成长、团队专业化、层级组织、爆款产品、广告营销、规模经济、成长性技术、精益融资、蓝海市场。

	人	事
外	**用户** 大众用户 普遍需求 跨越需求鸿沟	**市场** 成长性技术 精益融资 蓝海市场
内	**组织** 创始人成长 团队专业化 层级组织	**产品** 爆款产品 广告营销 规模经济

图 5-9　专益成长阶段的战略十二要点

1. 大众用户

创业企业进入专益成长阶段，首先要面对的问题是用户的变化，即用户群体从少量天使用户向大众用户的转变。一方面，创业企业需要想方设法把已有少数天使用户群体扩大到更大规模的大众用户群。按照用户生命周期理论，当企业产品刚刚推出时，用户数量通常较少，这些用户被称为创新者和早期使用者；当企业产品还比较创新的时候，有可能被企业产品吸引的大量用户被称为早期大众；当企业产品变得比较落后，有可能被企业产品吸引的大量用户被称为晚期大众；当企业产品变得相当落后，还有少量用户可能被吸引，这部分用户被称为晚期使用者。从图 5-10 中我们可以看出，企业在成长期主要需要吸引的用户是早期大众用户，而早期大众用户在生理特征、心理特征和社会特征等方面与早期使用者会有较大区别。

另一方面，用户群扩张过程中也有风险，过快的用户扩张也不见得是好事。例如，"足记"曾经是一个非常火的现象级产品，最初的定位是与地点结合起来的图片社交应用。由于微信的普及，足记迅速成为人们在朋友圈里分享照片的工具，但大多数用户用的是足记的美图功能，这与足记作为将图片与地点结合在一起的工具的定位不一致。大量涌入的新用户给足记的产品定位带来了麻烦：如果继续强化天使用户认可的旅行记录定位，新用户比老用户多得多；如果是照顾新来的用户，产品的定位和内容肯定就变了。足记的团队最后决定把精力放在新客户身上，继续推出"足记相机"的应用。结果老客户失望之余，新客户新鲜感也过去了，根本没人用这款足记相机的应用。最后，足记只好惨淡收场。

大众用户是企业快速增长的基础。大众用户能够帮助在快速成长期的企业抓住普遍需求，要求企业实现团队专业化，帮助企业打造爆款产品，并发现未被竞争者重视的蓝海市场（见图 5-11）。

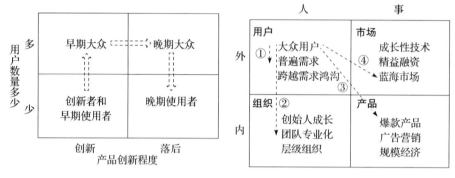

图 5-10　成长期的大众用户　　　　图 5-11　大众用户的作用机制

第一，企业在成长期要注意不能为了用户增长而"不择手段"，要分析新增用户是否符合企业对用户需求的定位。如果新增用户不符合企业对用户需求的定位，可能会给企业增长带来大麻烦。例如，2013 年，阿里巴巴为了对抗微信，推出一个社交类型的应用——"来往"。为了让这个产品的用户快速增长，马云亲自出马，要求公司员工每人在短时间内必须加满 100 个好友。然而，随着"来往"的用户数迅速增长，发生了一些奇怪的事情。原来，阿里巴巴内部的员工平时接触最多的就是淘宝卖家，员工拉人第一时间想到的当然也就是这些淘宝卖家。于是，"来往"成为淘宝卖家的乐园，开始被各种淘宝广告塞满。更有意思的是，由于一开始的用户都是阿里巴巴的员工，"来往"吸引了一大批猎头前来注册，猎头跟员工聊天拉走了好多人。阿里巴巴没办法，只好叫停了一段时间进行整顿。这个例子说明，单纯追求用户的快速增长，对项目的发展可能是毁灭性的。

第二，了解大众用户特征需要专业的分析能力，服务大众用户需要专业化的团队。例如，分期乐是一家起步于校园的互联网金融企业。在 2017 年 3 月 1 日开启的分期乐春季大促中，首次出现了为白领用户量身定制的"信用卡支付分期免息"服务，在选品方面，也补充了大量针对白领需求的轻奢类商品。此举意味着，经过前期的快速发展，分期乐商城已经进入全人群业务布局阶段，开始全面服务学生用户之外的社会大众用户。分期乐之所以能在竞争激烈的校园互联网金融大战中"剩者为王"，一个重要原因是分期乐为服务大众用户发展起来的精细化运营能力和风险管控手段。在风险控制方面，分期乐创始人肖文杰在企业成长期就引入了副总裁乔迁等风险控制人才。依托电商行为数据以及社交等各类外部数据，分期乐自主研发的智能风控引擎"鹰眼"，不仅能够实现对订单的快速高效审核，而且能够将坏账率始终控制在 1% 以内，这大大优于行业表现。

第三，企业在成长期只有紧紧抓住大众用户的需求才能打造出爆款产品。成长期的大众用户和创业期的天使用户可能有不同的需求，这就要求企业做爆款产品时要区分不同用户的需求。例如，微信通讯录刚刚发布时，就有一些重度用户说，要加分组功能。然而，直到今天微信都没有分组功能，只是后期加了一个标签。因为微信团队通过数据发现，大部分用户的好友数都很少，即使到后期，很多人的好友数都不超过 100 人，在这样的情况下，分组就是个累赘。和微信相反，新浪微博初期就加了分组功能，但后来的数据表明，这个功能很少有人使用，因为大众用户关注的账号很少，用不到分组功能，所以产品团队把时间花在这里就不对了。

第四，对大众用户的理解可以帮助企业找到被忽视的蓝海市场。2017年 3 月，快手完成新一轮 3.5 亿美元的融资，此次融资由腾讯领投。至此，快手已完成四轮融资，投资方包括晨兴资本、红杉资本等业内知名投资机构。根据快手提供的数据显示，快手 2017 年年初的日活用户超过 5000 万，日上传视频超过 500 万条，用视频的方式帮助 4 亿人记录和分享生活，连续 3 年稳居国内移动 App 流量榜榜首。快手，这个让这些自诩精英的群体看不懂的产品，正在疯狂收割流量。从技术手段看，快手的视频特效十分简陋，大部分都没有滤镜，也没有多余的装饰，充其量只是一些文字条幅，界面设计粗糙，只有"关注、发现、同城"三个最简单的窗口。然而，在快手这个基于短视频的陌生人社交 App 上活跃着大量的初高中生、三四线城市以及城乡结合部的用户。对于整个直播市场而言，这些用户才是真正意义上的大众用户,而对这些大众用户的关注,成就了快手"闷声发大财"的神话。

2. 普遍需求

普遍需求是大量用户的具有共性的需求,与之相对的是个别用户的差异化需求。如图 5-12 所示,可以从用户数量和用户需求相似度两个角度分析普遍需求。

通常情况下,2C 的业务面对的用户量高于 2B 业务,而个体消费者的需求也可以分为相似需求和差异化需求。个体消费者相似需求的代表性例子有快餐、快递等服务,个体消费者

图 5-12　普遍需求 = 用户数量 × 需求相似度

对这类产品和服务的要求主要是质量稳定、价格便宜。个体消费者差异化需求的代表性例子有成衣定制等,个体消费者对这类产品和服务的要求主要是彰显个性、价格合适。一般说来,服务更多用户的相似需求可以带来低成本的优势,服务更少用户的差别需求可以带来差异化的优势。很多商业模式创新都来自用更低成本满足大量用户的相似需求,或者用较低成本满足大量用户的差异化需求。

和 2C 业务相比,2B 业务的用户群数量要少很多。商务消费者相似需求的代表性例子有商务出行、报销等,商务消费者差异化需求的代表性例子有战略咨询等。在 2B 业务中,企业很容易被用户的个别需求所左右,其原因是,对于 2B 业务而言,似乎每个用户都很重要。滴滴产品总监叶科技曾分享道:"我们经常碰到销售出差回来说某某客户需要这些功能,挺急的,只要这个需求满足了他,就能签单。对于这种情况如果我们直接就说'OK',肯定能签个大单,但也往往会触发一个问题:个别需求与普遍需求的矛盾。"

例如,滴滴企业版很早就做了企业支付,也就是企业开账户充钱,员工

可以用企业账户里的钱打车，这样报销就不用走财务审核了。但滴滴后来发现，第一批客户签进来以后，后面并没有大量的其他客户进来。客户反馈说："让企业充值，第一是占用资金，第二是财务走流程特别麻烦。如果滴滴出行像信用卡一样先授信，按月结算，我们就很快能签了。"滴滴团队听了觉得挺有道理的，就把授信这个功能做了，但并没有大量客户因为这个功能的优化而签约。再去访谈时，客户说还有风险问题，觉得没有任何限制，公司的钱直接让员工花掉了，财务风险不可把控。最后滴滴的解决方案是，做了一些支付限额，通过一些规则去限制员工使用，比如时间、地点、额度和车型等因素来控制用车的行为数量。由此，滴滴团队得出的经验是：销售反馈回来的需求，要让销售用更多客户来证明，单一客户的需求再急也不能马上做，一定要确定这个是不是普遍需求。

抓住用户的普遍需求，对于成长阶段的企业跨越需求鸿沟，促使团队专业化，形成规模经济，进入蓝海市场等非常重要（见图 5-13）。

第一，只有抓住普遍需求，企业才能真正跨越需求鸿沟。精益创业理论框架中有两个假设：一个是价值假设，另一个是增长假设，二者都和普遍需求有关。价值假设用来衡量当客户使用某种产品或服务时，它是不是真的帮助客户实现了

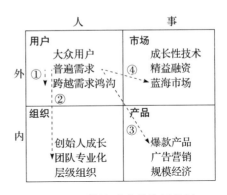

图 5-13　普遍需求的作用机制

价值转换，用户是否会因使用而付费。增长假设用来测试客户是如何发现一种产品或服务的，主要验证产品提供的价值是否是普遍需求，客户规模是否能够快速增长。价值假设与大众用户有关，增长假设和跨越需求鸿沟有关。

2004 年，贾伟离开联想后创立了设计公司"洛可可"，在经过两年摸索后，终于利用低价、快速、互联网营销这三大法宝跑通了商业模式，从最开始租一个办公位，到租了一整间办公室，验证了洛可可商业模式的价值假

设。2006年,国家大力发展工业设计,高品质的工业设计逐渐成为企业和消费者的"普遍需求"。洛可可迎来了第一个世界500强客户,与三星合作完成了北京奥运地铁系列票务系统的设计;紧接着,洛可可又与诺基亚建立战略合作伙伴关系,双方合作开发的"行学一族"App更荣获美国IDEA大奖。世界500强苛刻的要求迫使洛可可提高了自身的设计能力,洛可可的设计水平因此上升到了一个新的高度。普遍需求的爆发使洛可可快速跨越了需求鸿沟,之后,洛可可几乎以每个月增加一个世界500强企业客户的速度增长。

第二,普遍需求可以促使企业实现团队专业化分工,从而更好地满足用户需求。2007年,连续摘得国际设计大奖的洛可可声名鹊起,大量的订单纷至沓来。贾伟不仅取消了之前的低价策略,有些项目的报价还高于同行50%。贾伟此时关注的重点是如何提高设计的质量,以及如何提高设计流程的效率。贾伟无意中阅读了一本讲述丰田精益生产的书,制造业的流水线作业让他眼前一亮,将设计公司的工作流水线化的想法应运而生。贾伟随即启动洛可可设计流程改造,将原本由一个设计师完成的工作细分为43个环节,包括方案设计、建模和渲染等工序。洛可可的所有设计师都只从事设计流程中的一道工序,从而诞生了一批专业人才。

第三,普遍需求可以帮助企业实现规模经济。传统意义上,规模经济普遍存在于以流水线为特征的工业制造行业,但一些企业利用技术手段对创意、科技产业进行改造,也能实现规模经济。例如,洛可可的设计流水线改造大大地提高了设计师的工作效率。随着工作效率的提高,业务量呈指数级增长,公司很快便从20人发展到了70人。洛可可的切片式设计受到了第一财经等媒体的关注,并给予了很高的评价,称洛可可的切片式设计为中国设计的流水线。然而,当洛可可欲进一步扩大规模的时候,出现了大面积离职现象。洛可可的一位渲染设计师告诉贾伟,他觉得自己在公司的地位很低,想要离开这里。原来,在洛可可的设计流程中,负责方案策划的设计师感觉整个项目方案都源于自身的才智,自己比从事其他环节的设计师都要聪明,而越偏后端的设计师,越感觉没有地位。后来,贾伟对洛可可的组织形式进行了改革,既实现了规模经济,又提高了工作效率。

第四,对普遍需求的理解可以帮助企业开拓蓝海市场。几年前,贾伟不到两岁的小女儿喝水时,被一杯开水严重烫伤。贾伟特别自责:自己号称专门设计神器的设计师,为什么就没想到要设计一个解决孩子不被烫伤的容器呢?更进一步,贾伟意识到这不仅是自己的需求,而且是所有父母的普遍需求。于是,贾伟设计了一个降温杯(55度杯),解决了开水快速降温的问题。55度杯面世后贾伟才发现,原来不仅仅是儿童安全需要降温杯,女生生理期也需要这么个温暖神器,还有老人早晚喝温水吃药也需要,于是用户的普遍需求使得这个杯子2014年一下子就火起来了,创下了50亿元的销售成绩,也开拓了降温杯这个蓝海市场。

3. 跨越需求鸿沟

在很多时候,创业者了解大众用户,也认识到了普遍需求,但就是跨越不了需求鸿沟。在市场上,我们看到过很多这样的例子:某公司因为一款还算不错的产品,受到了众多投资者的热捧,获得了早期的市场份额,大量媒体热烈关注,整个公司人人信心百倍,对外宣称下一年收入一定要翻十倍甚至百倍。然而,一年之后,大多数这样的公司都销声匿迹了。

这些创业企业失败的根本原因是没能跨越市场中的"鸿沟"。要想破除失败的诅咒,必须跨越需求鸿沟。在主流市场之前,还有一个早期市场,企业在创业阶段的成功发生在早期市场,而非主流市场。在早期市场和主流市场之间存在着一条巨大的"鸿沟"。跨越鸿沟,关键是瞄准主流市场中的一个高度具体的目标市场细分,集中所有兵力,攻克那个细分市场。随后,"以点带面",把这个细分市场作为阵地,逐步扩大战果到整个主流市场。

具体地,如图 5-14 所示,首先,创业企业在一个早期市场探索式地建立起步点,然后逐渐占据早期市场的主导地位,作为跨越鸿沟的根据地;接下来,创业企业瞄准对岸的滩头阵地,取得主流市场中的细分市场领导地位;

最后，凭借在主流市场的滩头阵地，企业全面进攻主流市场，最终取得主流市场的主导地位。

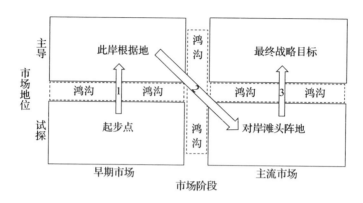

图 5-14　跨越需求鸿沟

举个例子，1944 年 6 月 6 日，第二次世界大战中的盟军在法国北部诺曼底登陆。创业企业进入主流市场和诺曼底登陆类似，企业的长期目标是进入并能控制主流市场（欧洲），这个市场却掌握在强大的竞争者手中（德国）。要想夺取欧洲，必须步步为营。首先是从早期市场（英国）转向主流市场中的一个阶段性目标市场细分（诺曼底滩头阵地），但现在的障碍是一条鸿沟（英吉利海峡）。需要集中全部的武装力量，直接向着这个阶段性目标出发，尽可能迅速地跨越这条鸿沟。一旦德军被驱逐出目标细分市场（诺曼底滩头阵地），就要抓住时机继续占领其他的市场细分（法国其他区域），直到获得对整个主流市场的支配权（解放欧洲）。

如图 5-15 所示，成长阶段的企业可以通过抓住普遍需求，建立层级组织，进行广告营销，以帮助企业快速跨越需求鸿沟。纷享销客创始人罗旭创业之前在《新京报》当了 5 年财务总监、3 年总经理。在做总经理的时候罗旭有一件特别头疼的事，就

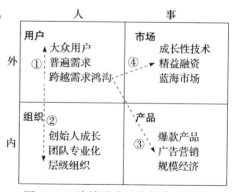

图 5-15　跨越需求鸿沟的作用机制

是他自己已经成为公司的"堵点"。所谓"堵点",是说罗旭大量的时间都在见客户,但是当他回公司就会发现,很多员工在等着他签字、开会,他的效率决定了公司的效率。基于这个痛点,罗旭进行了大量的调研,对比了中美 SaaS 市场,发现了中小企业的 SaaS 市场是一个拥有大众用户且有普遍需求的潜在巨大市场。面对巨大的市场机会,罗旭怎么做才能跨越需求鸿沟,迎来快速增长呢?

第一,企业在成长阶段可以通过满足大众用户的普遍需求跨越需求鸿沟。罗旭认为,做 SaaS 需要首先想清楚服务谁和提供什么服务。在中国做企业的 SaaS 服务,要先从小微企业和 TMT 等行业开始,因为它们最喜欢接触这些新东西,愿意尝试,做得好就会形成口碑和示范效应。所以,纷享销客的用户发展顺序是先做小微和 TMT[⊖] 公司,然后再做中小型企业,之后再去做大型企业。2015 年,纷享销客发展进入快车道,员工人数从 2014 年年初的 140 人增至 1000 多人,利润增长近 12 倍,用户数突破 10 万人,其中活跃用户累计付费转化率为 47.7%。纷享销客这段时间的增长得益于抓住了大众用户的普遍需求。

第二,通过打造层级组织和提高组织效率,可以帮助成长阶段的企业跨越需求鸿沟。2013 年,纷享销客像百度一样找代理商来销售产品,但是代理商没有建立专属团队来做,不专注,因此效果不理想。2014 年 1 月,纷享销客决定做直销,直销带来的好处是专注,目标感强烈,团队拼劲十足。同时,直销能让客户的反馈直接到公司,从而根据用户体验不断改进产品。2014 年 1 月,纷享销客销售部门仅有 10 人,两年后扩张至 1400 人,在增长过程中迅速形成了层级组织。

第三,利用强有力的广告营销手段可以帮助项目快速跨越需求鸿沟。2014 年 12 月,正当纷享销客享受快速发展的红利时,阿里巴巴推出了移动办公应用"钉钉",和纷享销客正面交锋。2015 年,纷享销客和钉

⊖ TMT(technolgy.media.telecom),是科技、媒体和通信三个英文单词的首字母缩写,整合在一起。含义是未来互联网(科技)、媒体和通信,包括信息技术在一起相互融合的趋势所产生的大背景下的一个产业名称。

钉两家 B2B 领域的 SaaS 公司，几乎同时在商务楼宇、地铁、出租车、机场、高铁、新媒体、平媒以及主流门户的新闻客户端展开了全方位的广告部署，据报道，两家的季度广告投入都在亿元以上。2016 年 4 月，腾讯正式发布全平台企业办公工具"企业微信"。钉钉和企业微信的广告大战更是打到了腾讯总部大厦附近的地铁站里，而钉钉在《深圳早报》上的"微信不安全，工作用钉钉"填字广告更是让马云不得不亲自出面向腾讯道歉。强力广告营销使得钉钉在短期内取得快速增长。据钉钉创始人陈航（花名"无招"）介绍，截至 2016 年 12 月 31 日，已经有超过 300 万家企业使用钉钉。

第四，引入资源资本有助于成长阶段的企业跨越需求鸿沟。创业企业进入成长期，原有的资源和资本很快就满足不了企业发展的需求了，需要从外部引入资本和资源帮助企业跨越需求鸿沟。2014 年 7 月～2015 年 7 月，纷享销客一年内做了 B、C、D 三轮融资。一年三轮融资的事在饿了么、美柚、摩拜、ofo 等 2C 市场还比较常见，但在 2B 市场，纷享销客可能还是第一家。罗旭认为，A 轮融资看的是创业者的见识，B 轮看的是产品的发展力，C 轮得靠市场数据说话，而顺利融资反过来可以帮助成长期企业取得更快增长。在 B 轮融资后，纷享销客要取得进一步发展就需要下力气做线下渠道，同时辅以线上渠道，这就需要进一步融资。C 轮 DCM 领投的 5000 万美元融资帮助纷享销客在短期内构建了销售和渠道体系，在员工中树立了服务即销售的理念，实现了全国 24 小时电话回访服务、72 小时服务人员到达服务。C 轮融资后，纷享销客在一年中实现了 10 倍速跨越式发展，一举成为当时行业内的领跑企业。

4. 创始人成长

原《中国企业家》杂志社总编牛文文创办的"黑马会"定位于创始人成长社群，以帮助创业者飞速成长飞速发展为己任，以"创业者帮助创业者，创业者学习创业者，创业者成就创业者"为宗旨，为创业者提供一系列的学习服务等创业服务，实现创业企业"成长、成交、成功"。

和黑马会有类似定位的创业者学习型组织，包括但不限于湖畔大学、混沌大学、中欧创业营、青藤大学、北大创业营、碳9学社等，这些组织抓住了创业企业成长过程的同一个痛点——创始人自己的成长。

猎豹CEO傅盛曾写过一篇名为《认知三部曲》的文章，认为成长就是认知升级。傅盛说，人跟人之间最大的差别就是认知上的不同，创始人之间最终比拼的，是对一件事情的理解和对行业的洞察。基于前人的分类，傅盛认为，人的认知状态（境界）有四个类别（层次）："不知道自己不知道"（95%的人）、"知道自己不知道"（4%的人）、"知道自己知道"（1%的人）、"不知道自己知道"（0.1%的人）。

傅盛解释道，在四种状态中，"不知道自己不知道"是以为自己什么都知道，自以为是的认知状态；"知道自己不知道"是有敬畏之心，开始空杯心态，准备丰富自己的认知；"知道自己知道"是抓住了事情的规律，提升了自己的认知；"不知道自己知道"是永远保持空杯心态，是认知的最高境界。

把认知的分类和认识世界的哲学方法结合起来，可以帮助创业者和企业家更好地认识到认知局限的来源以及如何进行认知升级。⊖如图5-16所示，人的认知局限可以分为对自己的认知局限和对环境的认知局限，每个维度又可以分为"低"和"高"两种情况，组合起来有四种情形：（1）对自己的认知局限和对环境的认知局限双高的情况是"不知道自己不知道"，在这种情况下，人凭借"感性直觉"来认知自己和认知环境；（2）对自己的认知局限低，但对环境的认知局限高的情况是"知道自己不知道"，在这种情况下，人凭借"归纳思维"来认知自己和认知环境；（3）对自己的认知局限和对环境的认知局限双低的情况是"知道自己知道"，在这种情况下，人凭借"演绎思维"来认知自己和认知环境；（4）对自己的认知局限高，但对环境的认知局限低的情况是"不知道自己知道"，在这种情况下，人凭借"理性直觉"来认知自己和认知环境。

⊖ 魏炜，史永翔. 再造商学院课堂［M］. 北京：机械工业出版社，2012.

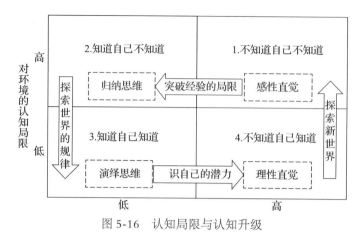

图 5-16 认知局限与认知升级

靠"感性直觉"做决策的人凭的是自己的经验，这通常是人在开始创业之前的状态，以为自己什么都知道。这种状态的好处是天不怕、地不怕，撸起袖子就开干，这正是很多人不管不顾开始创业的原因。但是，这种状态的坏处是，尝试创业的人可能输得很惨。

一旦创业之后，人们就会开始踩过各种坑，开始发现自己"好像什么都不知道"，开始归纳自己的经验，进入知道自己不知道的阶段。这种状态的好处是让创业者开始谨慎起来，接受残酷的现实，进而运营共演战略的理念，降低失败率。但是，这种状态的坏处是，创业者可能由此畏首畏尾，甚至过早放弃。

等到积累了一些创业和经营企业的经验，尤其是掌握了一些创业方法之后，创业者和企业家会开始尝试用演绎思维，对环境和自己做全面分析，在确定知道自己知道的情况下再做决策。这种状态的好处是大幅降低失败的可能性，让创业者和企业家认清环境和自身能力，抓住事物本质，取得较大成功。但是，这种状态的坏处是，取得一定成功的创业者和企业家可能就此为自己创造出一个"认知圈"，从此之后，只在对环境认知确定性和自我认知确定性都高的状态下做决策，难以突破自我和抓住环境机遇。

只有少部分人可以突破"认知圈"，走出"舒适区"，尝试到自己认知局限高的领域，到"不知道自己知道"的区域做进一步探索，并在这个过程中形成理性和直觉的结合，即理性直觉。这种状态的好处是，让创业者和企业家通过引入对自己认知的不确定性,在原有环境中寻找被自己忽视的机会。但是,这种做法的坏处是,创业者和企业家可能就此开始迷茫,怀疑自己的过去,甚至失去自信心。

只有极少数人可以更进一步,从图 5-16 中的第四象限走回第一象限,在一个更高的维度中认知到环境的不确定性,从而进入一个更高层次的"不知道自己不知道"的境界。达到这种状态的企业家等同于发现了一个新的自我和一个新的世界,重新开始用感性直觉探索世界,并在新的认知循环中达到更高层级的认知升级。

可见,创始人成长在企业成长阶段有至关重要的作用。如图 5-17 所示,创始人成长可以极大地带动团队成长,帮助企业抓住普遍需求,使企业实现高效的广告营销,并为企业吸引到重要的资本和资源投入。

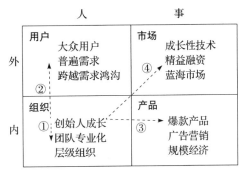

图 5-17 创始人成长的作用机制

第一,创始人的成长有助于专业化团队的形成。滴滴创业初期,创始人程维在首都机场一个一个地说服出租车司机加入滴滴平台。程维当时见了很多投资人,大家都不愿意投他。投资人认为,出租车司机每天工作十二三个小时,一个月赚几千块钱,从他们身上赚钱是很难的。然而,程维学习能力很强,自信心也很强。滴滴投资人朱啸虎曾评价说:"我跟程维交谈,最大的印象是,他非常自信,所有问题他非常自信地回答,为什么做,怎么做,问题在哪里。这种自信在创业圈是不多的。"凭借超人的学习能力和自信心,程维带领滴滴快速成长。然而,滴滴的成长速度太快,连程维都觉得"跟不上"了,于是他请来了柳青。正如朱啸虎所说:"创始人学习能力很重要,但当创始人自己和合伙人都跟不上的时候,创业者就需要考虑引入专业化人才的问题了。"

类似的事情也发生在谷歌创业初期,当布林和佩奇的管理能力跟不上谷歌的快速增长时,他们听从了投资人的建议,引入埃里克·施密特担任

CEO，而两位创始人分别负责谷歌的创新业务和战略方向。

第二，创始人的成长可以帮助企业抓住普遍需求。2015～2016年是纷享销客发展中较为艰难的一段时间。2015年9月，与钉钉的竞争迫使纷享销客开始做战略转型，投了2亿元的现金广告。2016年年初，企业微信进入市场，纷享销客再次做了大量广告。广告投入虽然获得了良好的品牌影响力，但创始人罗旭一直觉得切入的方向不对。2016年7月，罗旭反思原因，认识到之前定位的移动办公不是一个需求爽痛点，于是公司果断转型，重新定位在移动销售领域，很快公司又回到了快速成长的轨道上。在这个过程中，罗旭开始跑步、走戈壁，也经历了疾病的考验，最终他和纷享销客一起走出了困境。

第三，创始人成长能帮助企业的产品成为爆款。在创立GoPro之前，尼克·伍德曼（Nick Woodman）创立了游戏公司Funbug，并且收到了400万美元的融资。不过随着互联网泡沫的破裂，这个公司也未能逃过一劫。经历了创业失败的伍德曼认识到产品对创业公司的重要性。2002年，26岁的伍德曼二次创业，创立了伍德曼实验室。伍德曼本人是个极限运动爱好者，生活相当丰富多彩。伍德曼觉得需要记录自己的冲浪经历，于是就找了个橡皮圈把一个摄像机绑在自己的胳膊上。就这样，GoPro诞生了。"10年积累，一炮走红。"《福布斯》总结伍德曼的创业成功史，除了思路清晰、敢想敢干之外，最核心的原因在于对于生活的热爱和对于改变人类现有生活的渴望。他不仅将GoPro视为一款产品，更是帮助人们分享人生体验的工具，从而鼓励人们更多的突破自我，过有意义的绚丽生活。正如尼克·伍德曼在官网上写的那样："我们始终怀揣梦想。对于世界上的一切可能，我们都充满热忱的想法。激情指引我们创造美好体验和实现梦想，进而扩展我们的世界并激励我们身边的人。"

第四，创始人成长是增长企业引入资本的重要因素。对于初创企业而言，引入资本的过程往往也是创始人成长的过程，在很多情况下，创始人的成长是在和投资人打交道的过程中完成的。纷享销客创立之初（2012年年初），凭借几个创始人的自己投资以及外界对创始人的信任就拿到了天使轮的投资。拿 A 轮融资的时候，罗旭与 IDG 的牛奎光和周全一见如故，聊了 5 个小时，就敲定了投资。当时罗旭刚从办公室开完会，穿着拖鞋就匆匆忙忙去了 IDG 办公室，一进会议室周全就说："你是第二个穿拖鞋走进 IDG 的人。"虽然有时候早期融资可以靠"刷脸"，但 A 轮融资之后通常就要靠业绩说话了。2013 年 7 月纷享销客转型，将产品定位为专注在移动销售管理 SaaS 服务，急需融资。但由于产品的不完善，很多投资人怀疑纷享销客团队是否真的懂销售管理，能不能做出好用的 CRM。5 个多月过去了，罗旭几乎跑遍了全国有做 2B 投资意向的一二三线风投公司，结果都不尽人意。后来，还是北极光的邓峰看到了纷享销客创始团队的快速成长和 SaaS 市场的回暖，才很快敲定了 B 轮融资。

5. 团队专业化

创业团队的组建基本可以分成三种模式：关系驱动、要素驱动和价值驱动。关系驱动是指以核心创始人的人际关系圈内成员构成团队，他们因为经验、友谊和共同兴趣结成合作伙伴，发现商业机会后共同创业；要素驱动是指创业团队成员分别贡献创业所需的创意、资源和操作技能等要素，由于这些要素完全互补，团队成员之间处于相对平等的地位；价值驱动是指创业成员将创业视为一种实现自我价值的手段，他们的使命感很强，渴望成功的冲动也很强。

现实中最多的是关系驱动模式，它比较适用中国文化的特点，其团队的稳定性相对较高。但是，关系的远近亲疏经常会成为制约团队发展的瓶颈。要素驱动模式比较符合西方文化的特点，现在的互联网创业团队大多属于这种模式，如果成员之间磨合顺利，可以缩短企业成功所需的时间，但是如果磨合不顺利，就很容易发生解散风险。价值驱动模式中的团队成员虽然是为了追求自我实现组合在一起，但是一旦产生分歧，就是路线斗争，妥协的余地较小。

无论创业团队的组建是哪种模式，团队的专业化分工对于创业企业的快速发展都至关重要。随着业务在数量和复杂度等方面的增长和变化，创业团队原有的梁山好汉式分工模式必然难以适应企业的发展，需要适时、适当地进行团队专业化建设。

团队专业化可以从团队构成和成员发展两个维度来考虑。如图 5-18 所示，团队由老人和新人构成，成员发展有分工和成长两种模式。

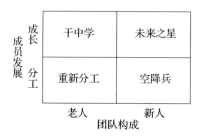

图 5-18　创业团队专业化途径

在创业初期，创业团队最初成员之间可能没有明确分工，遇到事情，大家撸起袖子一起上。但随着企业的发展，必须重新考虑创始团队成员（老人）之间的重新分工，可以根据每个人在创业发展过程中展现出来的长板能力重新进行职责划分。

如果创始团队成员学习能力很强，则可以通过创业企业发展过程中的快速学习适应企业成长对所负责职责的要求。在这种情况下，创业团队可以不进行重新分工，而通过创始团队成员的成长实现专业化。

拉卡拉创始人孙陶然在《创业 36 条军规》中指出：干部要自己培养，要慎用空降兵。[一]然而，当创始团队成员通过重新分工和干中学等方式都不能胜任创业企业快速增长的要求时，就需要引入新人了。创业企业引入新的高管甚至是合伙人，是常有的事情。引入的形式也有投资人加入、被并购企业创始人加入、引入职业经理人等多种形式。如何让"空降兵"发挥作用，既是一门艺术，也是一门科学。如果运用得当，空降兵可以在创业企业内部发挥很大的作用，弥补创始团队专业知识或管理经验不足的短板，并在企业发展中不断成长，可能成为企业的未来之星，甚至接替创始人成为企业未来的掌门人[二]。

团队专业化在创业企业成长阶段发挥着重要作用，内容包括但不仅限于如下几点：帮助创业企业跨越需求鸿沟，形成层级组织，实现规模经济和开拓蓝海市场（见图 5-19）。

[一] 孙陶然. 创业 36 条军规 [M]. 北京：中信出版社，2015.
[二] 有关"空降兵"的研究可参考曹仰锋等作者的学术研究。例如，"民营企业高层管理团队'空降兵'内部化的过程和机制"中，把空降兵到任后三年的任期分为学习期、调试期、变革期和融入期（曹仰锋、于鸣，《管理学报》，2012 年 11 月）。

第一，团队专业化有助于成长阶段的创业企业形成层级组织。马云曾这样评价《西游记》里的唐僧取经团队：唐僧没有什么能力，但目标很明确，就是取经，这样的人适合做团队领导者；孙悟空是能力最强的，但他的麻烦很多，成功和失败都是因为他，这样的人适合做项目管理者，但要控制在唐僧的领导之下；猪八戒干活的时候能躲就躲，有吃有喝的时候来得最

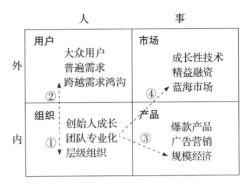

图 5-19　团队专业化的作用机制

快，这样的人在团队里难以避免，运用得好也能发挥其团队合作润滑剂的作用；沙僧老实巴交，最适合做基础工作，一般团队中大多数员工都像沙僧一样保持沉默、任劳任怨。正是由于团队成员的不同特点，才能形成以唐僧为领导，孙悟空为项目主管，沙僧为基层员工，猪八戒为组织润滑剂的层级组织。

第二，团队专业化可以帮助成长阶段的创业企业跨越需求鸿沟。2016年5月4日，腾讯宣布微信支付总经理吴毅将离职。在吴毅担任微信支付经理的这段时间内，微信支付从无到有，绑卡用户超过3亿人，逐步形成了微信支付的生态圈，微信支付推出了超过30个行业的解决方案，并在全国有超过30万个线下的支付网点。离职后的吴毅加入了腾讯系前同事肖文杰创立的分期乐。2016年4月，分期乐宣布上线开放平台系统，服务向白领人群开放。此时，分期乐的重点是如何迅速做大规模，抢占市场份额，形成消费金融大入口。在分期乐增长的关键时期，拥有丰富互联网支付系统运营经验的吴毅的加入，无疑为分期乐的发展提供了强大的专业能力支持。在吴毅加入后的一个月内，分期乐即获得2.35亿美元的D轮融资，并在2016年开学季一举将竞争对手挤出校园分期市场，成为校园分期领域的霸主。

第三，团队专业化可以帮助成长阶段的创业企业尽快实现规模经济。2001年，谷歌创始人拉里·佩奇和谢尔盖·布林从Novell公司聘请埃里克·施密特博士担任谷歌首席执行官。施密特集互联网战略家、企业家和重大技术开发者的多重身份于一身，有着20年的成功经验。施密特曾回忆说，

他清晰地记得 2001 年第一次与谷歌两位创始人见面时的情景："他们在各个方面的看法，都与我不尽相同，让人搞不清，他们的看法究竟是令人耳目一新的远见，还是单纯天真。"2001 年，谷歌已经成为一家相当出色的搜索引擎技术公司，但除了出售技术，没有其他的盈利方式。施密特的经验帮助谷歌找到了搜索与广告之间最和谐的联系，解决了谷歌在保持主页简明朴素的同时增加广告收入的难题。在他的领导下，谷歌业绩开始高速增长。

第四，团队专业化有助于成长阶段的创业企业开拓蓝海市场。现任腾讯总裁、执行董事刘炽平加盟腾讯之前，腾讯的创始人中没有人有在国际大公司工作的经历。曾在高盛工作并负责腾讯上市的刘炽平在和马化腾接触的过程中给后者留下了深刻的印象。马化腾在腾讯上市后说服刘炽平于 2005 年加入腾讯，出任首席战略投资官。刘炽平的加入为腾讯带来了格局上的提升，他于 2006 年年初提出了腾讯的"5 年商业计划"，描绘了腾讯的业务发展蓝图，制定了 2010 年收入达到 100 亿元的目标。后来，腾讯在 2009 年就完成了这个目标，全年收入达到 124 亿元。在腾讯快速增长的阶段，像刘炽平这样的专业人士的加入，帮助腾讯从"虚拟电信运营商"的战略轨道上转移到互联网战略轨道上，从而奠定了腾讯后来的发展基础。

6. 层级组织

钱德勒在《看得见的手》中有这样一段话："传统的单一单位的企业活动是由市场机制所控制和协调的，而现代工商企业内的生产和分配单位是受中层经理人员控制和协调的。高层经理人员除了评价和协调中层经理人员的工作外，还取代市场而为未来的生产和分配调配资源。管理层级制的存在是现代工商企业的一个显著特征。如果没有经理人员的存在，多单位企业只不过是一些自主经营单位的联合体而已。这种联合体通常可以稍微降低信息和交易成本，但不是经由生产率的提高来降低成本。它们无法提高管理协调的功能，而此种功能才是现代工商企业的最重要的功能。"㊀钱德勒强调了

㊀ 小艾尔弗雷德·钱德勒. 看得见的手：美国企业的管理革命 [M]. 重武，译. 北京：商务印书馆有限公司，2013.

管理层级制的重要性，而管理层级的重要性在成长阶段的企业中特别容易被忽视。

从管理层级的角度观察一个企业的成长，通常有两种路径：第一种是"先业务，后管理"；第二种是"先管理，后业务"。在企业发展过程中，业务和管理是互动的关系，因其发展先后顺序而造成一定程度的业务和管理之间的落差，是正常现象。但如果落差太大，因注重一个方面而导致另一方面严重滞后，就会给企业的发展带来瓶颈。

发展的一个极端是不断扁平化的组织，即业务扩张速度远远大于管理的扩张和优化速度。另一个极端是过多的管理层级，即人员和组织层级增加太快，而业务上没有新的增量。如图5-20所示，当管理层级增加过快，而业务发展速度过慢时，过多的管理层级会阻碍业务的发展；当管理层级增加过慢，而业务发展速度过快时，管理层级跟不上业务发展需要。只有当管理层级增加和业务发展速度相互适应时，组织和业务才能相互促进。

层级组织的形成在创业企业成长阶段非常关键，只有形成层级组织，创业企业才能完成团队专业化，提高运营效率，也才能提升运营规模，满足大众用户的普遍需求（见图5-21）。

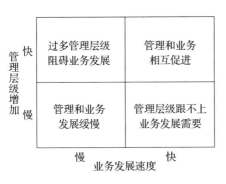

图 5-20　管理层级和业务发展

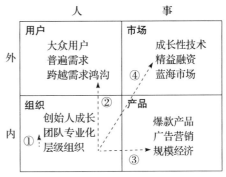

图 5-21　层级组织的作用机制

第一，层级组织是团队专业化的组织保障。在大多数科技公司，不仅管理人员有级别，技术人员也有级别。例如，华为的工程师从13级到22B级，管理人员从19B级到22A级。职级加上胜任系数和地区差异系数决定了一位

员工的收入待遇。[○]

按技术等级和管理能力对专业人员进行分级非常重要，因为不同能力的人员发挥的作用差异巨大。吴军在《硅谷之谜》一书中按照能力把硅谷的工程师分为五个等级。[○]第五等工程师能够独立设计和实现一项功能，这是对工程师的基本要求。第四等工程师在做一件事之前，要知道所做出来的东西是否有用、易用，是否便于维护，是否性能稳定等。除了要具备产品设计方面的基本知识，还要具有一定的领导才能，能在整个产品的生命周期从头到尾将一个产品负责到底。第三等工程师可以做出行业里最好的产品，他们与第四等工程师有着质的区别，这不仅反映在技术水平、对市场的了解、对用户心理的了解，以及组织能力等诸多方面，而且也反应在悟性的差异上。第二等的工程师是那些可以给世界带来惊喜的人，比如实现第一台实用化个人计算机的沃兹尼亚克、"DSL之父"约翰·乔菲、iPhone和谷歌眼镜的总设计师，以及开发安卓系统的鲁宾等。他们与第三、四、五等工程师的差别在于，其工作的原创性以及对世界的影响力。第一等的工程师是开创一个全新行业的人，历史上有爱迪生、福特等人。这些工程师不仅在技术和产品等各个方面上与第二等的工程师有质的差别，而且在经验和管理上也是好手，他们通常也是企业家，并通过自己的产品改变了世界。

第二，层级组织有助于企业在成长阶段提高运营效率。每个人的精力、时间和能力均有限，管理效率与管理范围直接相关。马云曾说，"一个人管理7个人最科学"如是理解：一个老总下面管7个高层，高层下面又各自管7个中层，中层下面又各自管7个骨干，骨干各自又带7个员工。乔布斯去世前，苹果有6万多名员工，如果按每个领导者管理7个人递推下去，到第六

○ 华为的工程师系列中，助理工程师的技术等级为13；普通工程师B的等级为14；普通工程师A的等级为15；高级工程师B的等级为16；高级工程师A的等级为17；主任工程师的等级为18；技术专家的等级为19以上（华为技术专家的技术等级和待遇等同于三级部门主管；若是高级技术专家，最高可达到一级部门止职的技术等级21～22B）；管理人员系列中，三级部门主管为19B～19A，二级部门主管为20A，一级部门主管为21B～22B；最高等级为22A。

○ 吴军.硅谷之谜[M].北京：人民邮电出版社，2016.

个层级可以管理 117 649 人。㊀然而，机械地按 7 人一个层次递推下去，管理层级还是太多，管理效率会大打折扣。

关于管理范围的另一个说法是每个人最多管理 150 个人。乔布斯去世前，他在苹果公司经常接触的有 100 人，他们被称为"领头 100 人"（Top 100）。"领头 100 人会议"是苹果公司重要的管理手段。乔布斯曾说："我的工作就是和'领头 100 人'一起工作。这不是说，这些人都是副总裁，他们当中有的只是有重要贡献的人。所以，当有了好创意，我的工作之一是传播这个创意，让'领头 100 人'了解它。"乔布斯"领头 100 人"的管理方法值得成长阶段的企业借鉴，在企业规模不大的情况下，可以减少领头人的数量，但需要逐步把层级组织概念引入企业，避免企业在成长阶段沿用创业阶段的组织结构，造成组织效率低下。

第三，层级组织是企业在成长阶段提升运营规模的必要手段。和管理人员的管理半径相关，成长阶段的企业要想迅速实现增长，达到规模经济效果，建立层级组织通常是必要的。创业 12 年后，洛可可成为全球设计师最多的工业设计公司。截至 2016 年 4 月，洛可可已经发展成为一家由 30 个公司组成的集团公司，设计师超过 700 名，业务涵盖了创新设计、文化创意设计、创投、众创四大板块。洛可可的分、子公司分布在上海、深圳、成都和重庆等地，辐射京津唐经济区、华东经济区、珠三角经济区以及成都–重庆经济区。虽然发挥设计师的主观能动性对于设计公司是非常关键的，但为了实现快速增长，洛可可还是在一定程度上建立了层级组织，利用类似苹果公司的管理方法，把层级组织和细胞组织结合起来运用。

7. 爆款产品

互联网营销专家金错刀（本名"丁鹏飞"）在《爆品战略》中写道："在这种无尽黑暗中，只有爆品才能绽放一朵烟花，被更多的用户看到。几朵小烟火都不行，都会很快被黑暗吞噬。"小米创始人雷军回应说："是的，在当今的互联网时代，要想成功，必须要做出爆品，要有引爆市场的产品和策

㊀ 2015 年年底，苹果公司员工数量达到 11 万人。

略。温水你哪怕做到99℃，也没啥用。唯有沸腾之后，才有推动历史进步的力量。"

爆款产品逻辑基于的理论是"赢者通吃"理论，该理论可以理解为"行业佼佼者获得超高市场份额"。赢者通吃理论支配的市场有各类明星市场（体育明星、娱乐明星等）和各类规模经济或网络效应明显的市场（腾讯等社交产品、淘宝等电商市场）。

和赢者通吃理论相对应的是长尾理论（见图5-22）。长尾理论在2006年由时任《连线》杂志主编克里斯·安德森在《长尾理论：为什么商业的未来是小众市场》一书中提出。安德森指出，当消费者发现且有能力购买更贴近自己品位的产品时，他们就不会再关注那些畅销产品。安德森断言，企业如果想要繁荣发展，

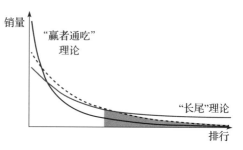

图 5-22　长尾理论与赢者通吃理论对比

就必须敢于推翻那些一心只想迎合公众口味的发展模式，并且懂得如何运用利基产品。安德森的观点让许多业内人士都深有同感。谷歌时任首席执行官埃里克·施密特就曾在《长尾理论》封面上写道，安德森的理念"对谷歌的战略思想产生了深远的影响"。此外，全球领先的流媒体公司网飞（Netflix）也常骄傲地称自己是一家长尾公司。

然而，安德森提出长尾理论后的一些商业发展趋势表明，头部内容的需求越来越高。以音乐产业为例。据尼尔森市场调查公司收集的录制音乐销量数据显示，2007年，全球共有36首单曲的销量突破100万份，占据市场总份额的7%；2009年，下载量过100万份的79首单曲共占据了12%的总销量；2011年，共有102首单曲的下载量超过100万次，销量达整体的15%；在2011年售出的800万首单曲中，0.001%的作品创下了1/6的总收入。可以说，虽然曲线尾部越变越长，却也明显越变越细了。与此同时，爆款产品的影响力不仅没有逐渐被削弱，反而还越发加强了。

爆款产品的出现对于成长阶段的企业非常重要，爆款产品可以帮助企业

提升广告营销效率，跨越需求鸿沟，实现团队专业化和打开蓝海市场（见图 5-23）。

第一，爆款产品可以帮助企业极大地提升广告营销效率。时代华纳董事长的阿兰·霍恩曾表示："美国大众影迷一年只会观看五六部电影，而全球水平还要更低一些。2010 年，全球六大电影公司和主要独立片商总共为观众奉献了数百个观影选择，这

图 5-23 爆款产品的作用机制

绝对是场艰难的抉择。但正因如此，创造一些能够博人眼球的亮点就显得尤为重要。"在爆品思维的指导下，2010 年，时代华纳排名前三的电影共占总制作预算的 1/3，但广告花销却仅占 7 亿美元总预算的 22%。为宣传《盗梦空间》，时代华纳支付了巨额的广告费，但也刚刚超过 6000 万美元，只有影片制作成本的 1/3。相比之下，《城中大盗》和《我们所知道的生活》等成本不足 5000 万美元的小制作电影，却动用了高达制片预算 75% 的费用来投资广告。

第二，爆款产品可以帮助企业跨越需求鸿沟。小米手机推出来的第二年，小米公司就曾经做过移动电源的产品。小米团队当时看到的趋势是手机越做越薄，所以电池的体积不能增加，而智能手机越来越耗电，所以在电池技术暂时没有革命性飞跃的情况下，做移动电源，一定是有市场的。当时小米公司内部组织了一支小队伍，自己开模具，用最好的电芯，自主研发制造，最后做出来，成本 100 多元，卖 200 多元，一个月只卖 2 万个左右。由于没有做出爆款产品，这个项目后来被叫停了。2013 年，小米生态链的团队注意到笔记本电脑市场出现全球性萎缩，刘德和雷军敏锐地意识到，笔记本电脑市场萎缩，那么市场上作为最常被用于笔记本电脑电池的 18650 电芯必然会有大量的剩余。这种电芯性能优质、技术成熟，可以做移动电源电芯。于是，他们找来原英华达总经理张峰，创立了紫米公司，坚持用进口电芯和金属壳做售价 69 元的小米移动电源。结果，小米移动电源成了爆款产品，第

一年就卖了近 2000 万台，成为全球出货量最大的一款移动电源。

第三，爆款产品的产生会加速成长阶段企业推进团队专业化。2013 年，《万万没想到》这部网剧爆红，这是万合天宜创始人范钧万万没想到的。谁能想到呢？一部成本低到没有演员，只有配音演员和创始人亲自上阵的"五毛"特效的五分钟小短剧，会成为爆款产品。万合天宜火起来之后，范钧感到压力特别大。他认为，观众兴趣变化太快，单一产品一旦抓不住观众，你就失败了。正因如此，范钧认为应该将每一部作品"优质化"。于是，万合天宜开始加速将自己的团队专业化，引入内容创作人才，将公司划分为八个不同方向的创作"生产车间"，每一个生产车间都是一个小公司，除生产短视频外，还有悬疑剧、玄幻剧和青春剧等。

8. 广告营销

在过去的几十年里，营销学理论和实践发生了几次重要变化。国际营销学大师菲利普·科特勒在《营销革命 3.0》中指出，营销 1.0 时代是以产品为中心的时代，营销 2.0 时代是以关系为核心的时代，而营销 3.0 时代是以价值驱动的时代。和以消费者为中心的营销 2.0 时代一样，营销 3.0 也致力于满足消费者的需求，但企业必须具有更远大的使命、愿景和价值观，通过合作性、文化性和精神性营销来影响消费者的行为和态度（见图 5-24）。

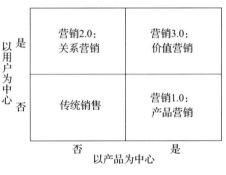

图 5-24　营销革命

企业成长阶段的营销方式可能既包括传统意义上的以产品为核心的产品营销，也包括以消费者为核心的关系营销，还包括结合企业使命和愿景的价值营销。进入成长阶段，企业不能再像创业阶段那样主要依靠口碑营销，而需要做一些广告营销了。对于成长阶段的企业而言，广告营销不仅可以帮助企业跨越需求鸿沟达到规模经济，还可以帮助企业快速打开蓝海市场（见图 5-25）。

首先，广告营销可以帮助企业跨越需求鸿沟。2016年国内智能手机的出货量，OPPO第一，vivo第三，这两个品牌的快速增长得益于一种叫"深度营销"的营销模式。深度营销是一种立体营销，不仅在渠道和终端环节发力，还包括品牌推广、产品定位等一系列做法。OPPO和vivo的市场定位是三四线城市及以下市场，这些市场有三个特点。一是顾客方面，市场层级越往下，消费者越容易受渠道的

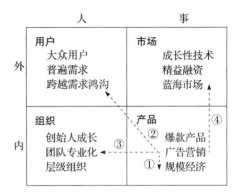

图 5-25　广告营销的作用机制

影响，自主决策能力也越弱。比如在县城、乡镇市场，手机坏了，只能去找卖手机的店，不像大城市那样有独立的服务商。二是渠道方面，市场层级越往下，渠道的分散度就越高。比如在北京、上海，很少能看到独立的手机卖场，但在不发达的地级市和县城，这些手机卖场依然是渠道的主力。三是传播环境，三四级市场传播效率相对来说比一二级市场要高。如果运作一个品牌，在北京、上海投放广告通常需要一个天文数字，因为媒体高度分散，但在县城或者小的地级市，就可以抓住一些制高点和关键资源，很快就能营造出一种密集的、顾客反复接触的信息环境，这就大大方便了手机品牌的传播。

其次，广告营销可以帮助企业快速达到规模经济。OPPO和vivo除了深耕三四线城市外，还有一个广告投放的内部要求，即占领头部媒体，包括不限于网络广告、机场和高铁广告、电视广告、各种强势IP植入、全世界最火的明星代言。2016年，两家公司广告费大概是60亿元，两家合计出货1.77亿台，每台占用广告费30多元，实现了广告的规模经济性。

最后，广告营销可以帮助企业打开蓝海市场。有人说OPPO的手机性价比不高，与其他智能手机相比，性价比从来都不是OPPO的主要特点。但是，OPPO抓住了目标用户对手机的痛点——时尚外观、闪充功能、防抖拍照，由此从激烈的红海中开辟出属于自己的蓝海市场。OPPO的广告策略也是围绕这三个亮点展开的。首先是选择时尚的代言明星，如大牌明星莱昂纳

多，当红偶像如鹿晗、杨幂；其次是突出亮点的广告词，如"充电五分钟，通话两小时""这一刻，更清晰"等。最后是综艺节目冠名不断轰炸，如《快乐大本营》《天天向上》《偶像来了》《奔跑吧兄弟》等。通过明确的广告策略，OPPO 和 vivo 很快打开了追求时尚的年轻人的蓝海市场。

9. 规模经济

规模经济效应是成长阶段企业梦寐以求的竞争优势来源。钱德勒在其名著《规模与范围：工业资本主义的原动力》中给规模经济的定义是：当生产或经销单一产品的单一经营单位所增加的规模减少了生产或经销的单位成本时而导致的经济。⊖传统的资本密集的工业中，如果能取得规模经济，那么固定资产的成本会随产出数量的增加摊销到更多产品上，使单位成本快速下降；新兴的知识密集型企业也有类似的效果，将高额的研发费用摊销到大量的产品和服务中，能很大程度上降低成本。因此，对于成长阶段的企业而言，尽快达到"最小有效规模"（即达到最低单位成本所必要的经营规模）是非常关键的。

规模经济主要来自固定成本的摊销。当一个企业的固定成本高而变动成本低的时候，容易实现规模经济，也就是说，随着业务快速增长，单位业务的成本迅速降低；当一个企业的固定成本高且变动成本也高，或者固定成本低且变动成本也低的时候，企业的业务属于规模不经济的类型。其中，固定成本低且变动成本也低的情况下进入壁垒太低；固定成本低但变动成本高的情况下很难标准化；固定成本高且变动成本也高的情况下，既难以实现低成本，也难以实现差异化（见图 5-26）。所以说，无论是以 C2M 为代表的新制造业，还是以线上线下融合为代表

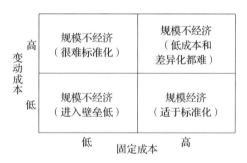

图 5-26 规模经济与成本结构

⊖ 小艾尔弗雷德·钱德勒.规模与范围：工业资本主义的原动力[M].张逸人，等译.北京：华夏出版社，2006.

的新零售，其核心都在于提高商业模式的固定成本（提高进入壁垒），并利用新技术降低增量服务的变动成本。

1996年，钱德勒预言，新技术的发展和新市场的形成将使规模经济更加显著。2017年，嘉御基金创始人卫哲曾分享道："互联网有三种企业能实现赢家通吃：第一类是有网络效应的公司。最典型的是微信，你的朋友都用微信，由不得你不用。第二类是全球、全国性的规模经济。例如，沃尔玛的全球采购带来巨大成本和效率优势；再如，淘宝、京东物流所触达的地方，都是它的商圈。第三类是技术永远领先一步的企业。比如谷歌的网页搜索技术和无人驾驶技术，短期之内很难超越。"

现实中，纯互联网企业之外的企业都要考虑规模经济的地理范围。卫哲提出了三级规模经济。第一级是商圈规模经济，指的是绝大多数O2O项目，或者需要本地服务的项目，规模经济在3平方公里内。比如订餐服务，3公里之外的餐厅，面条做得再好与个体消费者没关系。第二级是同城规模经济。例如，58同城主打的就是同城规模经济。有一次姚劲波分享说，58同城所有的主要成本中，只有明星杨幂的代言成本是可以分摊到全国各个城市的，是有全国规模经济的，其他成本都是没有规模经济的。要做到整个公司盈利，就必须做到主要城市每个都盈利，而不可能说每个城市都亏损，所有城市加在一起就盈利了。第三级是全国规模经济。例如，淘宝上的商家和消费者遍及全国，随着物流越来越发达，商家和消费者之间的距离已经不是消费者选择大多数商品时考虑的主要因素了。

规模经济对成长阶段的企业非常关键，不仅取决于企业是否能满足大众用户的普遍需求，还取决于企业团队专业化的程度、营销推广策略和资本资源引入等因素（见图5-27）。

例如，共享单车的商业模式实际上是规模经济模式，而且是区域内的规模经济模式，一家在一个城市集中

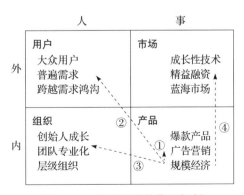

图5-27 规模经济的作用机制

投放单车的企业可能要比在多个城市分散投放单车的企业活得好。共享单车之所以是规模经济模式，是因为它满足的是大众用户的普遍需求。共享单车模式实际上是一个重资产模式，需要专业化的团队来运营，需要利用广告营销来推广，也需要通过精益融资而不断获得资本的推力来获得增长。

10. 成长性技术

和创业阶段主要考虑技术的新颖性不同，成长阶段的企业在技术方面的考虑主要是技术的成长性和实际应用价值。实际上，新颖性技术和成长性技术之间有一个巨大的"期望陷阱"。

"技术期望值曲线"是科技界和企业界一条非常著名的曲线，该曲线一直由全球科技预测和咨询企业高德纳（Gartner）研究和发布。可以说它是一条反映科技前景和变化趋势的曲线，也可以说是一条希望与失望交替起伏的曲线。⊖

图 5-28 中"技术期望值曲线"的横轴代表时间，纵轴代表围绕创新所产生的期望值。一条基本的技术期望值曲线包括五个阶段：技术萌芽期、期望膨胀期、泡沫破裂期、稳步爬升期、应用高峰期。在技术萌芽期，创新技术开始引起人们的注意，相关信息的传播已超出它的发明者或开发者范围；在期望膨胀期，媒体对创新技术进行集中宣传，吸引了大量的公众、企业和投资人的关注；在泡沫破裂期，人们发现创新技术的应用效果不如预期的理想，失望情绪开始泛滥，技术得到的关注和应用大幅下降；在稳步爬升期，一些早期的技术采用者克服了最初的障碍，成功的应用方法逐渐成形；在应用高峰期，越来越多的技术应用案例出现，技术为大量使用者带来实际收益。

成长阶段企业对技术的要求应该是采用处于泡沫破裂后期和稳步爬升期的成长性技术。这个阶段的技术既有创新性，又有稳定性，能够支撑成长阶段企业快速发展的需要。根据《高德纳 2016 年度新兴技术期望值曲线》的研究结果（见图 5-28），2016 年处于期望膨胀期的代表性新兴技术包括区块链、智能机器人、自动驾驶汽车等，而处于泡沫破裂后期和稳步爬升期的新兴技

⊖ 杰姬·芬恩，马克·拉斯金诺. 精准创新：如何在合适的时间选择合适的创新. 朱晓明，等译. 2 版. 中国财富出版社，2014.

术包括增强现实（AR）和虚拟现实（VR）等。

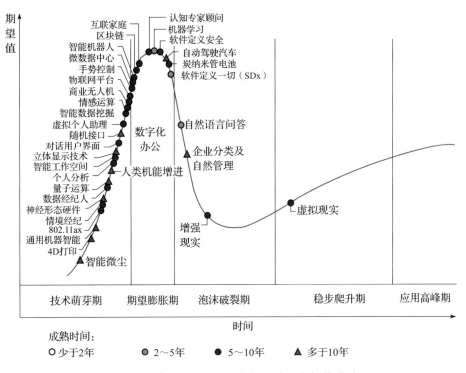

图 5-28 高德纳 2016 年度新兴技术期望值曲线

成长型技术是成长阶段企业快速发展的技术基础，能够帮助企业开发蓝海市场，跨越需求鸿沟，促进组织成长，产生爆款产品（见图 5-29）。

以虚拟现实技术为例，2017 年 7 月虚拟现实开发者大会发布的一份创新报告指出，目前有 78% 的虚拟现实开发商正在或考虑进军游戏和娱乐领域，而排在第二的教育和培训领域只占到 27%。无论在游戏还是在教育领域，虚拟现实厂商都面临一个巨大的挑战，就是如何跨越需求鸿沟。虚拟现实技术的日渐成熟并不代表基于虚拟现实的产品能够被

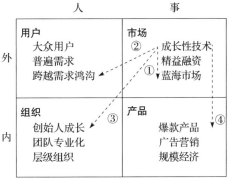

图 5-29 成长性技术的作用机制

大众用户所接受。Facebook 旗下 Oculus 公司的虚拟现实头盔 Oculus Rift 的价格高达 599 美元，此外，想要真正体验 VR 产品带来的冲击，还需要一台高性能的电脑，如果不是资深玩家，很难迅速对这样的 VR 产品产生黏性消费需求。所以，虚拟现实技术领域还需要一个或几个爆款产品，来帮助企业跨越需求鸿沟，开拓蓝海市场。

11. 精益融资

2017 年 5 月 18 日，"罗辑思维"开了一场"001 号知识发布会"。会上，真格基金创始人徐小平宣布要在"得到"App 上开设《徐小平·创业学》栏目，并就开设这个栏目的初衷做了分享。他说："两年前的一天，一位准备辞职创业的朋友约我见面谈融资。当时，这位朋友要融资 6000 万元，出让 60% 的股权，我听了说，'兄弟，我能拯救你的创业'。为什么这么说呢？一个创业公司，除了两三个合伙人、一个想法以外，可以说一无所有，此时公司最值钱的东西就是股份。股权是企业的命根子、心血管、宅基地。如果一个创业公司一开始就放弃 60% 的股权，就为自己挖了一个巨大的坑。创始人失去控制权不说，员工也失去了获得股权激励的空间，这样的公司不可能走得很远。所以，我建议他先拿 600 万元，释放 6% 的股份。我还说，不用半年，他只需要释放 10% 的股份，就能融到 6000 万元！果然，半年后，这家公司完成了第二轮融资，10% 的股份，融到了 1.8 亿元！"

徐小平的这个故事说明了一个道理：传统的企业经营理念中，企业的资本和资源的来源是单一的和静态的，而现代企业经营理念中，企业的资本和资源的来源是多元的和动态的。打个比喻，传统企业是只带一个燃料舱，且不能空中补充燃料的单级火箭；现代企业是带多个燃料舱，还能空中补充燃料的多级火箭。

由于原来在大公司工作，徐小平的这位朋友创业时的融资理念还是传统融资模式。但从共演战略的角度看，创业者应该有"精益融资模式"的观念。如图 5-30 所示，传统融资模式通常在创业初始阶段就出让了非常高比例的股份，并在后续的经营阶段基本保持股份结构不变。精益融资模式是分期分批以"最合适"的价格出让企业股份。随着企业的增长和发展，精益融资模式获得的融资额度往往显著高于传统融资模式的融资额度。

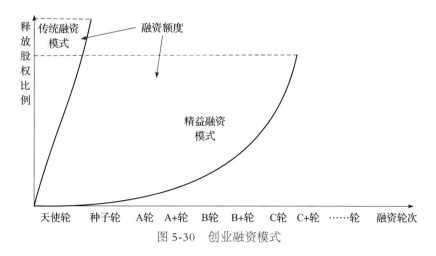

图 5-30　创业融资模式

虽然精益融资模式和风险投资（VC）行业的投资模式看起来没有太大差别，但由于站的角度不同，创业者往往受到自身认知的局限，意识不到精益融资模式的重要性，以至于在企业发展的早期就让渡出过多的股权。

引入资源和资本是成长阶段企业快速发展的资源保障，能够帮助企业开发蓝海市场，满足普遍需求，促进创始人成长，实现规模经济（见图 5-31）。

精益融资包括两个要点：设定阶段目标和小步快走。首先，创始人应设定阶段性融资目标。在与投资人谈融资时，不能一上来就说几年内整个项目准备投入多少，准备做成多么伟大的事。融资应该要有远期目标，更需要制定近期的发展规划，为了达到近期规划，需要用到的钱是可以分步预算的，企业每发展一个阶段，目标和定位都会发生变化，需要的资金都需要再设定。其次，融资要小步快走。小步，是说融资不要想一次到位；快走，是说要抓住时间窗口。

徐小平所说的例子其实是优客工

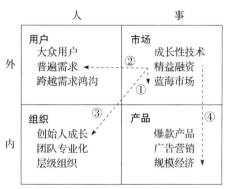

图 5-31　精益融资的作用机制

场。优客工场创始人毛大庆在短短的两年内，完成了六轮融资，估值在2017年年初增长到70亿元。[1]采用精益融资模式，优客工场不仅融到了更多资金，同时创始人保持了较多股份，而且引入了企业增长所属的关键资源。从天使轮到A轮、A+轮，再到B轮融资，早期的投资方以红杉资本、真格基金、领势投资这类风险机构投资者为主，而从Pre-B轮开始的最近三轮融资，银泰置地、泰和集团、俊发地产、大宏集团等地产开发背景的公司加入，此类投资多以资产为入股形式。这一方面是加速了优客工场吸引优质资源落地的速度；另一方面也利于优客工场自身的资源优化配置，为日后继续深耕国内市场，进而开拓海外市场创造条件。

12. 蓝海市场

由欧洲工商管理商学院（INSEAD）的W.钱·金和勒妮·莫博涅所著的《蓝海战略》是关于企业如何超越产业竞争和开创全新市场的经典著作[2]。在《蓝海战略》中，作者提出了制定和执行蓝海战略的几个重点。总结下来，主要是四个方面的创新：需求创新、组织创新、市场创新和产品创新（见图5-32）。

	人	事
外	需求创新	市场创新
内	组织创新	产品创新

图5-32 蓝海市场的价值创新途径

需求创新指的是制定蓝海战略要超越现有需求。现有需求指的是现有用户的现有需求，而超越现有需求不能仅仅停留在满足现有用户升级需求的层面，而应该关注"非用户"的需求。无论企业用户规模有多大，非用户通常仍是大多数。因此，非用户需求的挖掘为企业增长提供了巨大的蓝海。

2017年5月初，Facebook公布了2017年第一财季报告：Facebook总营收同比增长49%，利润同比增长76.6%。截至2017年3月31日，Facebook月活跃用户数已达19.4亿，同比增长17%。即使拥有这么大规模的用户，

---

[1] 六轮融资的基本情况为：天使轮（2015年4月9日），融资额数千万元；A轮（2015年9月16日），融资额2亿元；A+轮（2016年3月14日），融资额2亿元；Pre-B轮（2016年6月21日），融资额3亿元；战略投资轮（2016年8月15日），融资额1.1亿元；B轮（2017年1月18日），融资额4亿元。

[2] 钱·金，勒妮·莫博涅.蓝海战略：超越产业竞争，开创全新市场［M］.吉宓，译.北京：商务印书馆，2016.

Facebook 仍将注意力放在非用户身上。2017 年 4 月，Facebook 宣布，其开发的无人机 Aquila 已经完成规模化应用前的准备工作，不久的未来将可以开始为全球还未接入网络的 41 亿人带去网络。

市场创新指的是制定蓝海战略要重建市场边界。如同动物世界的领地一样，市场中也有各类企业划定的边界。创业企业打破混沌市场状态实现增长，一个重要的途径就是打破市场边界。界定市场边界的要素包括产业、企业战略集团、供应链、互补品、产品功能和时间等。为此，《蓝海战略》中提出了针对这些要素制定打破市场边界和重建蓝海市场格局的六条路径：跨越产业边界；跨越战略集团；跨越买方供应链；跨越互补性产品；跨越产品功能；跨越时间。

组织创新指的是执行蓝海战略要克服组织障碍。关于开拓蓝海市场的组织障碍，金和莫博涅两位教授提出了组织认知、组织动力、组织资源和组织政治四个方面的障碍。其中，组织认知有关"懂不懂"，组织动力有关"想不想"，组织资源有关"能不能"，组织政治有关"敢不敢"走出舒适区，开拓新蓝海。

产品创新指的是，执行蓝海战略要创新产品价值。产品价值创新可以从用户价值、产品价格、产品成本和产品交付四个角度进行创新。用户价值决定了企业的产品定价空间；产品价格是企业在用户价值之内获取的份额；产品成本是企业提供产品的全部花费；产品交付是完成整个交易闭环的流程。只有在产品价值的四个方面进行全面的和一致性的创新，企业才能依靠产品创新打开一片蓝海。

太阳马戏团是一个开创蓝海市场的经典案例。1984 年，两位加拿大的街头艺人盖·拉利伯特和吉列斯·克洛伊克斯创办了太阳马戏团。当时，喜欢传统马戏表演的观众越来越少，马戏表演行业的竞争非常激烈。从创办那天起，拉利伯特和克洛伊克斯就意识到，自己不能和马戏团行业的巨头直接竞争，否则就是死路一条。于是，太阳马戏团在需求、产品、组织和市场四个方面进行了创新。

第一，需求创新。传统马戏团的观众对象以小孩子为主，家长一般都是陪孩子来的，所以传统马戏团满足的主要是孩子的需求。孩子们喜欢什么表演呢？当然是各种各样的动物表演，所以马戏团要弄很多种动物上台表演。饲养和训练各种各样的动物成本很高，但父母总觉得马戏是个哄孩子开心的东西，没什么技术含量，不值多少钱，所以票价就上不去。这里面就有一个消费者（孩子）和付费者（家长）之间需求不一致的问题。

第二，产品创新。太阳马戏团的两位创始人想把标价提高，同时降低成本。他们发现，应该向戏剧行业学习。于是，他们跑到好莱坞，学习戏剧业的经营模式。戏剧的观众大多是成年人，票价比马戏票价高，戏剧里没什么动物表演，也没有人在场内兜售商品。另外，戏剧有明确的主题，有高雅的观看环境，有优美的音乐和舞蹈。但是，传统的马戏表演也有优点，比如说风趣幽默的小丑，还有刺激的空中飞人。太阳马戏团的两位创始人就想，如果把戏剧和马戏结合起来，是不是会有好的效果呢？于是，就有了我们后来看到的太阳马戏团的节目。由于太阳马戏团的节目都是人来表演的，所以组织创新就非常重要。

第三，组织创新。太阳马戏团特别重视把马戏团打造成自由创作和自由表演的开放平台。太阳马戏团宣称保证演员自由创作的权利，不管决策如何、是否有必要冒险，他们都是自由的。太阳马戏团有句口号：没有明星。所有人都是为最终的演出产品服务的，不管是拉滑轮的技术工人，还是演唱家，他们都知道那个绝美的演出是他们的工作。太阳马戏团还特别重视创意团队和外脑的作用，每年都有两次主题"创意工作坊"，全球5000多名员工都会收到工作坊的邀请，到总部参加主题活动。为了使这种"参与"更加高效，太阳马戏团最大限度地保证创作团队的独立性不会受到任何形式的影响，其组织结构几乎是"纯平"的。

第四，市场创新。太阳马戏团打破马戏演出场地的限制，将现场演出搬到豪华酒店。全新的场地发挥了太阳马戏团最大的发展潜力，在新的场地可以设计新的节目，为新的客户人群带来新的体验，甚至衍生出新的商业模式，比如太阳马戏团有时候会将演出放在会所、酒店、夜总会和私人游艇上。由于在需求、产品、组织和市场四个方面的创新，太阳马戏团开拓了一个不同于传统马戏的全新蓝海市场。

走出混沌，开拓蓝海市场，为成长期企业快速增长打开了广阔天地。蓝海市场的开拓能够帮助企业以更好的条件引入资金和资源，更快地跨越需求鸿沟，促进组织成长，达到规模经济（见图 5-33）。

画布：成长，一路歌来一路发

与精益创业阶段战略画布类似，专益成长阶段战略画布也由 12 个方格组成，代表着专益成长阶段的战略十二要点（见图 5-34）。其中，大众用户、普遍需求、跨越需求鸿沟是用户三要素；创始人成长、团队专业化、层级组织是组织三要素；爆款产品、广告营销、规模经济是产品三要素；成长性技术、精益融资、蓝海市场是市场三要素。

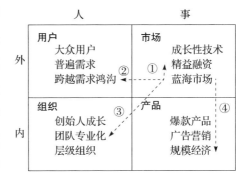

图 5-33 蓝海市场的作用机制

专益成长阶段战略画布			
大众用户	创始人成长	爆款产品	成长性技术
普遍需求	团队专业化	广告营销	精益融资
跨越需求鸿沟	层级组织	规模经济	蓝海市场

图 5-34 专益成长阶段战略画布

（扫描二维码，可下载画布工具）

专益成长阶段战略画布用一张纸的篇幅展示了专益成长阶段的企业战略要点，便于寻求快速增长的企业家进行思考和探索，也便于他们对比不通过思路的画布，寻求不同的增长路径，并与精益创业阶段战略画布衔接，配合使用，获得企业增长的全景式和动态性图景。

| 案 例 |

阿里巴巴专益成长阶段的战略画布

我们可以把 2003 ~ 2006 年看作阿里巴巴的成长阶段，这段时间，阿里巴巴主要的新业务是 C2C 的淘宝和支付宝。

因为阿里巴巴的 B2B 业务有很大一部分是国际业务，所以从创业开始就有很好的国际视野。马云很早就注意到，美国 eBay 的商业模式和阿里巴巴比较像。虽然当时 eBay 主要是在 C2C 领域，而阿里巴巴主要是在 B2B 领域，但马云判断 eBay 很可能要进入 B2B 领域。2003 年 eBay 投资了中国的易趣，进入了中国市场。当时，阿里巴巴的 B2B 已经有了不错的发展，自 2002 年 3 月开始全面收费后，2003 年每天收入已达到 100 万元。B2B 业务有了稳定的发展，马云决定进入 C2C 领域，在中国截击 eBay。于是，就有了现在的淘宝。

自 2003 年 4 月开始筹备淘宝时，马云就在寻找不同于 eBay 的商业模式。凭借马云对中国个人消费者的理解，平台在 C2C 业务中收手续费不是一个明智的选择，于是淘宝从创立就宣布 3 年不盈利、不收费。淘宝的成立，可以说是抓住了中国消费者个性化需求和互联网普及的大趋势，到 2004 年年底，淘宝已经有了 450 万用户。创立初期，淘宝虽然汇聚了比较丰富的商品和大量的消费者，但消费者和小商家间的信用是一个大问题。阿里巴巴靠"诚信通"解决了 B2B 交易的诚信问题，但 C2C 交易的诚信问题更大。2003 年 10 月，阿里巴巴推出了支付宝，并于 2005 年开始免费提供给用户使用，解决了 C2C 交易的诚信问题。2005 年，阿里巴巴为淘宝追加了 10 亿元投资，承诺继续免费 3 年。可以说，淘宝和支付宝的快速发展，很大程度上是由于马云等阿里巴巴创始人对中国消费者普遍需求的理解，远比 eBay 和 Paypal 等国际竞争对手深刻。

搞定了用户，淘宝还面临来自 eBay 的激烈竞争。为了压制淘宝的发展，eBay 和中国的各大网站合作，排他性地投放广告。因为互联网消费的转移成本非常低，所以面对对手的强大攻势，马云采取了"让子弹飞一会儿"的策略，让 eBay 先教育市场，培养消费者的购买习惯。除此之外，淘宝还采取了农村包围城市的广告策略，在数量众多的中小网站打广告，再向《天下无贼》这样的电影中做贴片广告，用低于对手 10 倍的营销费用，紧紧咬住了对手的发展速度。

除了用户和产品，马云和阿里巴巴的团队也在成长。在这段时期，马云提出了阿里巴巴"让天下没有难做的生意"的企业使命。在团队建设方面，马云也从创业初期迷信海归空降兵，变成更多地从企业内部培养人才，逐渐打造出了一支后来闻名业界的"阿里铁军"。在这个时期，阿里巴巴的企业文化也开始逐渐成形。倒立文化让阿里巴巴员工能够看到和同行的差异，武侠文化淡化了阿里巴巴内部的层级观念，让阿里巴巴变成了一个有趣的公司，能够吸引到年轻的技术人才。

在市场环境方面，马云特别擅长创造概念和引领潮流。例如，最近他提出的"新零售"概念，虽然内涵不怎么新，但这个概念的提出就让阿里巴巴能够掌握一定的话语权。早在 2004 年，马云就提出了"网商"的概念，并召开了网商大会，为阿里巴巴营造了比较好的发展环境。

当然，在快速成长过程中，马云和阿里巴巴也犯过一些错误。例如，在拿到高盛和软银的第一次投资后，阿里巴巴就开始快速扩张。后来由于互联网泡沫破裂，不得不"回到中国""回到杭州"。2005 年，雅虎投资阿里巴巴 10 亿美元，巨资在手的阿里巴巴又犯了一些错误，比如大举进入搜索领域和并购企业文化融合的失败等。

阿里巴巴成长阶段的战略决策可以总结成：根据大众用户的普遍需求，创新淘宝和支付宝等产品；通过广告营销达到规模经济；顺应互联网和电脑普及的大趋势，实现 B2C 电商的快速增长。像很多快速成长的企业一样，马云和阿里巴巴也会犯错误，但由于企业战略在用户、产品、组织和市场方面的协同发展还比较好，阿里巴巴顺利地度过了成长阶段，进入了成熟阶段（见图 5-35）。

专益成长阶段画布（2004～2006）年			
大众用户 • 从中小型贸易企业到个人消费者，从B2B到B2C、C2C	**创始人成长** • 提出阿里巴巴使命是"让天下没有难做的生意" • 从扩张失利收缩的过程中经历从归纳思维到演绎思维，再到直觉性的认知性升级 • 与重量级投资人的互动加速成长	**爆款产品** • 2002年3月B2B全面收费，2003年每天收入100万元，2004年每天盈利100万元，2005年每天纳税100万元 • 淘宝没有盈利压力，专心打造产品。免费+支付宝使淘宝成为爆款	**成长性技术/模式** • 互联网和PC的普及 • 淘宝、支付宝等平台产品，具有规模经济效应，边际成本依赖的特点
普遍需求 • 消费者个性化需求的趋势加速电子商务 • 2004年，淘宝拥有450万用户	**团队专业化** • 专业团队秘密开发 • 充分动员：意义、回报 • 从游击战士转为正规军 • 从迷信空降兵，到内部培养（干中学）	**广告营销** • 农村包围城市（中小网站）《天下无贼》 • 准备投放1亿元的广告，被eBay抢先，冻结7个月的市场预算 • 打败最大的竞争对手就是最好的宣传，"让对手先教育市场"	**精益融资** • 2003年7月，孙正义说服马云接受了8200万美元投资 • 2005年，雅虎投资阿里巴巴10亿美元（巨资让阿里巴巴连犯错误：进入搜索领域、文化融合失败）
跨越需求鸿沟 • 2003年eBay投资易趣用户对eBay的抱怨：收费模式单一、运营费过高、免费打收费 • 支付体系不接轨，2003年10月，支付宝试水 • 承担用户与商家两方的风险	**层级组织** • 非典凝聚了公司员工，公司文化得到加强 • 倒立文化（看到差异）、武侠文化（有趣的公司，淡化层级观念，用"status"替代"power"，风清扬）	**规模经济** • 2003年4月筹备C2C项目，免费，宣称3年不盈利 • 2005年，追加10亿元投资，免费3年 • 2005年支付宝免费，用户激增	**蓝海市场** • 概念引领：举办网商大会，网商时代 • 从中小企业转向个人消费者，为竞争提前布局支付宝解决了交易中的信任和风险问题

图5-35　阿里巴巴专益成长阶段战略画布

Co-evolution
Strategy
第6章

增益扩张阶段

圈地：扩张四问

在精益创业阶段，企业工作的重点是发现用户未被满足的需求，设计出适合的产品，把产品投入市场，验证其是否能够满足用户需求。在专益成长阶段，企业发展的重点是围绕创业期确定的用户需求，基于能够解决用户需求的产品，扩大用户规模，降低成本，实现盈利。在增益扩张阶段，企业应基于创业和成长阶段积累的组织能力和产品能力，结合新的需求机会和市场机会，满足用户不断增长和变化的需求，并持续发挥企业累积的能力和优势。

如图6-1所示，在企业经历了创业期和成长期之后，扩张期的企业战略需要有新的重点。经过成长期的发展，企业对于创业期识别的用户爽痛点需求的满足已经达到了一定的深度和广度。从深度来看，企业应该已经针对用户爽痛点需求进行了充分的开发，做到了对用户核心需求的充分理解；就广度而言，随着用户数量的增长，企业应该已经掌握了用户核心需求的各种应用场景。

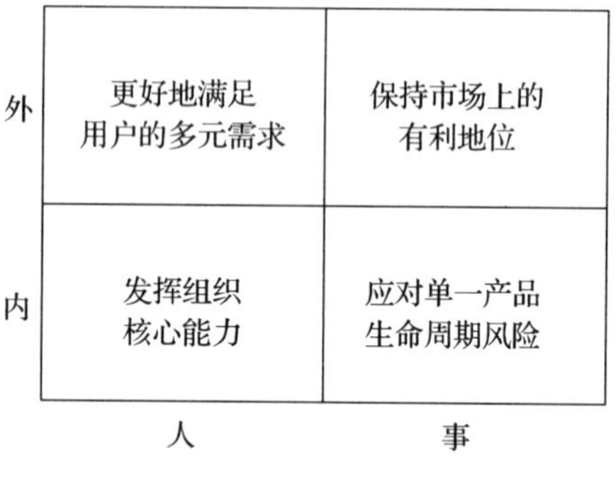

	人	事
外	更好地满足用户的多元需求	保持市场上的有利地位
内	发挥组织核心能力	应对单一产品生命周期风险

图6-1　增益扩张阶段的企业战略要点

然而，随着对于核心需求深度和广度理解的深入，企业发展也会遇到瓶颈。企业创业时识别的用户爽痛点需求可能已经变成了基础需求，对这些需求的满足不能给用户带来兴奋，但如果没有满足这些需求，却会使用户产生不满。因此，发现用户的新需求就成为企业进一步发展的关键。

除了需求方面的变化，企业在创业期和成长期锻炼了队伍，形成了一些核心的组织能力。很多情况下，这些核心能力的发挥需要更大的空间。此外，由于企业在创业阶段和成长阶段强调产品的单点突破和爆品思维，但也可能造成产品结构过于单一的情况。我们知道，任何产品都会面临产品生命周期衰退的风险。随着产品在早期从众用户和晚期从众用户中的普及，企业进一步发展的空间受到限制，需要寻找新的产品线。最后，在同一个细分市场上经营时间久了，如果未形成垄断，企业就会面临众多的竞争对手。为保持在市场上的有利地位，企业也需要进行市场方面的扩张。

与精益创业阶段和专益成长阶段一样，在增益扩张阶段，创业者也要回答的四个核心战略问题（见图6-2）：企业为什么要多元化（why）？组织能否撑得住（who）？在什么方面多元化（what）？市场能否支持多元化（where）？

	人	事
外	用户 1.企业为什么要多元化（why）	市场 4.市场是否支持多元化（where）
内	组织 2.组织能否撑得住（who）	产品 3.在什么方面多元化（what）

图 6-2　增益扩张阶段的四个战略问题

1. 企业为什么要多元化（why）

《哈佛商业评论》和《经济学人》等杂志经常插入反映办公室政治的"呆伯特漫画"，该系列漫画的作者是斯科特·亚当斯。最近，蒂姆·费里斯在新书《巨人的工具》（*Tools of Titans*）中介绍了亚当斯的成功经验。[⊖]亚当斯不是世界上绘画技能最好的，但是他的绘画技能达到了前25%的水平；他写笑话的技能也不是全世界最好的，但是他写笑话的技能也能达到前25%的水平。他把这两项技能结合到一起，"呆伯特漫画"不出意外地成功了。

罗辑思维主讲人罗振宇把多项技能的叠加称为"两眼论"。罗振宇从围棋规则中"只有当对弈的一方有两个真眼的时候才能活棋"引申出：当企业只有一个优势时，无论是环境变化，还是敌人太过强大，优势可能会瞬间丧失；但是如果有两只眼，也就是有两种优势时，在求存过程中，就有了腾挪

⊖　Timothy Ferriss，"*Tools of Titans: The Tactics, Routines, and Habits of Billionaires, Icons, and World-Class Performers*"，Houghton Mifflin Harcourt，2016。作者蒂姆·费里斯，美国畅销书作家，著有《每周工作4小时》等书。

的空间。所谓东方不亮西方亮，两只眼组合起来的动态优势，大大增强了生存的概率。

企业在创业阶段和成长阶段已经获得了一些用户并满足了他们的特定需求。如图6-3所示，在成长阶段之后，企业的需要针对现有用户和非用户进行区分，也要区分已满足用户需求和未满足用户需求，并针对不同的组合实行不同的多元化战略。

对于现有用户的已满足需求，企业要注意的是避免"过度满足"现有用户。所谓过度满足，指的是企业针对特定用户群不断地改良产品，

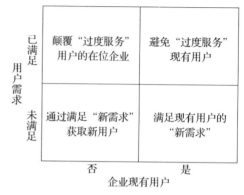

图6-3　企业为什么要多元化

使得最终产品性能远远超出用户的实际需要，但企业为了覆盖自己的成本，会要求用户为他们不需要的性能付费。比如说，很多家用电器和办公电器的大多数功能日常情况下都用不到，但用户仍需为这些用不到的功能付费。一个很让人头痛的例子就是电器的遥控器，传统的遥控器至少给用户带来两个痛点：一个痛点是遥控器总是找不到；另一个痛点是遥控器总是复杂到不知道如何使用的地步。

遥控器只是成熟产业中产品通病的一个缩影。发展到成熟/扩张阶段的企业，需要警惕过度满足现有用户的已满足需求，如果企业过于长期专注在创业和成长期的用户需求，就可能造成对用户的过度满足，从而为其他企业颠覆自己埋下祸根。一些用互联网思维改造传统行业的企业，正在把手机转变成所有电器的统一遥控器，通过一个App（如小米的米家）遥控所有电器。这个以遥控器作为入口的做法，最终可能颠覆所有使用传统遥控器的电器企业。

因此，针对非本企业用户已满足的需求，成长阶段的企业可以研究一下用户需求是否被在位企业过度满足。如果有这种情况，成长阶段的企业可以通过多元化进入该领域，来颠覆在位企业。"过度满足"是很多在位企业被颠

覆的原因，关于这一点，我们会在衰退/转型阶段进一步讨论。

企业多元化还有一类重要原因，就是为了满足用户未满足的需求，其中既包括企业现有用户，也包括非用户。关于企业扩张阶段用户需求的变化可以用"需求分形"图来理解，如图 6-4 所示。在创业阶段（见图 6-4a），企业只满足了市场需求（黑色圆形）中的一小部分（白色三角形）；在成长阶段（见图 6-4b），满足了不断增长的市场需求中的更大比例。

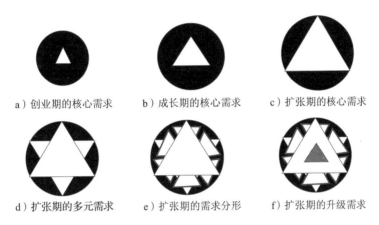

图 6-4　用户需求分形

当创业企业的新产品在市场中的第一个接受高峰过去后，企业在获得大量新顾客之后，增长速度就会大幅度下降。在扩张（成熟）阶段（见图 6-4c），市场的增长趋缓，而由于并不是所有用户都会选择特定企业的产品，企业的核心产品已经达到了能够满足用户需求的极限。

为满足用户的多元化需求，也为了企业的进一步发展，企业在扩张期应该开始考虑多元化战略。如图 6-4d 所示，通过在原有核心产品基础上的扩展，来满足现有用户未被满足的需求。在扩张的过程中，新的需求和新的产品与用户原有的需求和企业原有的产品是相关的。从图 6-4e 可以看出，需求分形和产品多元化是逐步展开的。企业通过不断的需求分形和产品多元化，逐步达到对市场需求更大程度的满足。

随着扩张期对满足用户需求广度的不断探索，企业也需要加大力度理解用户的需求深度。如图 6-4f 所示，如果企业可以在扩张期形成对用户升级需求的理解（灰色三角形），将有可能在此基础上形成升级的核心能力，而对升级需求的理解和把握，能为企业进入转型期打下良好基础。

2. 组织能否撑得住（who）

从创业阶段开始，组织形式会随着企业发展变得越来越复杂。组织形式的复杂化，一方面是为业务发展提供支撑的要求和必然结果，另一方面也可能造成组织运转效率的降低。

2017年3月5日，雷军在一个内部讨论中提到了小米现在的状态，称小米要面对三个坎儿。[注]第一个坎儿是组织上的。2016年11月，小米的员工超过了一万人。雷军说："公司在一万人的时候，如果不做组织结构再造，不改进管理，这个企业压力就很大了。"第二个坎儿，雷军称为千亿之坎儿。雷军在小米年会上为小米定下的2017年销售目标是1000亿元，但他坦承，1000亿元是一个坎儿，过了1000亿元之后，是否能持续停留在1000亿元以上并保持一定增速，其实是挺难的。第三个坎儿，是多维业务的复杂度，雷军称为"N的四次幂的复杂度"，而这四个维度分别是手机款式、产品品类、销售渠道、销售区域：手机从开始时的一款，到现在要做10款；品类从以前只有手机，扩展到现在30个左右的品类；渠道从一个渠道小米网，变成现在的复合渠道；销售区域从以前只有中国，扩展到20多个国家和地区。雷军说，因为一直做手机，如果问他手机的各种数字，他可以说到小数点后好几位，但小米现在开始做其他产品，团队要重新建立像对手机一样的熟悉度。雷军和小米面对的问题是扩张期企业的典型问题：业务规模遇到瓶颈，业务结构多元化，组织结构需要调整。

无论是传统企业，还是互联网企业，维护组织运转的机制主要有三种：协调、监督和标准化（见图6-5）。协调是最简单和自然的一种组织方式，它适合在最简单的组织中使用。在喊一嗓子全公司都能听到的创业阶段的企业里，直接协调是最有效的方式，而在以协调为主要组织手段的企业中，创业者的主要角色是和员工一起参与工作的协调。

[注] 《李翔商业内参》，2017年3月20日。

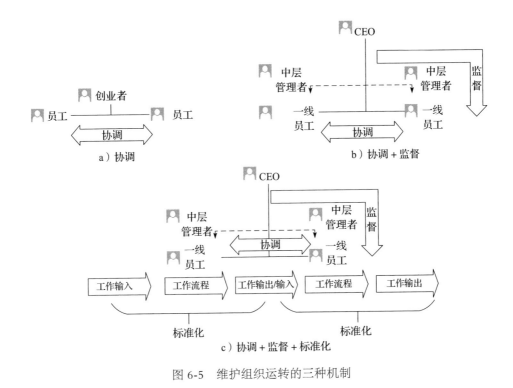

图 6-5 维护组织运转的三种机制

当企业规模扩大到超出有效沟通范围之后，分层的直接监督机制能够有效提高组织的沟通效率和管理范围。快速成长期的小米采用的就是一种分层的直接监督机制。雷军将权力下放给七位合伙人，类似于"地方自治"，合伙人拥有较大自主权，且互不干预。从小米最初的办公布局就能看出这种组织结构，相同业务分布在同一办公楼层，一层产品、一层营销、一层硬件、一层电商，每层由一名合伙人坐镇。合伙人之间互不干涉，在各自分管的领域负责监督，形成了"联合创始人—部门负责人—员工"的三层组织结构。

当企业规模进一步增长时，仅仅靠协调和监督就不够了，这时需要通过对工作输入（事前）、工作流程（事中）和工作输出（事后）的标准化提高工作效率。2017 年 5 月 18 日，在"得到"App 的 001 号知识发布会上，发布了《得到品控手册》，手册中规定了"得到"产品的工作输入、工作流程和工作输出。《得到品控手册》的发布，说明出品"得到"App 的北京思维造物信息科技公司已经不再是一个仅仅依靠协调和直接监督就能高效运转的公司了，公司规模的增长要求公司把一些核心业务标准化和流程化。在企业扩张阶段，需要把单业务成长阶段积累的经验通过标准的方式记录下来，并复制到新的业务中。《得到品控手册》正是这样的一个标准化的产物。

3. 在什么方面多元化（what）

虽然马云等企业家总把"做久而不是做大，做长而不是做强"作为给创业者的忠告，但"做大做强"几乎是所有企业家的梦想，甚至被看作"做久做长"的必经之路。

扩张阶段的企业总是面临着应该在哪些方面多元化的问题。沿着"是否已做"和"是否应做"的二维矩阵分析思路，可以把多元化的方向分为应做已做、应做未做、不应做已做、不应做未做四类（见图6-6）。

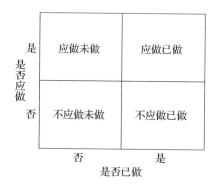

图6-6 应该在哪些方面多元化

经历了创业阶段和成长阶段的企业，已经在"应做已做"和"不应做已做"两个方向进行过很多探索。在扩张阶段，应该先把"不应做已做"的方向砍掉，把精力集中在应做的方向上。在应做的方向上，企业通常还有很多"应做未做"的事情可以做，这些事情就是企业多元化的方向。在多元化的过程中，企业应该避免向"不应做未做"的方向发展。

对于企业决策者而言，"是否已做"好确定，但什么是"应该做"的呢？可以从能力和机会两个角度考虑（见图6-7）。首先，进入扩张阶段企业的下一步发展方向，应该尽量与企业在创业阶段和成长阶段积累的核心能力相关。脱离企业核心能力的发展方向被称为"无关多元化"，而企业在这些方向取得成功的可能性通常会比较小。以恒大集团为例，虽然恒大在住宅、体育等方面取得了不俗的成绩，但恒大在矿泉水等快消品方面的尝试最终以亏损退出而告终。恒大冰泉投资失利的根源可能在于恒大在发展过程中没有积累下针对消费者快消品的经营经验。

其次，选择多元化方向还要考虑面对的是不是好机会。如果机会不好，肯定不应该做；如果机会好，甚至未来有颠覆企业主营方向的可能，那就应该发展新能力做。关于企业发展新能力的讨论，将在企业转型阶段讨论。

进一步追问，什么方向对于企业是好机会呢？这可以从业务的未来成长性和业务对当前财务的重要性两方面考虑（见图6-8）。首先，未来成长性和对当前财务重要性双低的业务应尽快剥离；其次，未来成长性低但对当前财务重要性高的业务要在一定期间内维持，因为这类业务是企业的现金牛业务；再次，未来成长性高但对当前财务重要性低的业务要坚持，因为这类业务将来可能成为明星业务；最后，未来成长性和对当前财务重要性双高的业务是企业的核心业务。

图 6-7　什么是应该做的

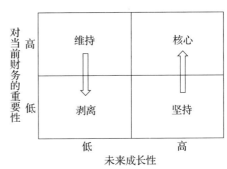
图 6-8　业务的成长性/重要性矩阵

以腾讯为例，在腾讯的商业版图中，也不是所有业务都具有高盈利性和高成长性。虽然早在2001年，腾讯便做了一个C2C网站"拍拍网"，甚至一度成为淘宝最大的竞争对手，但最终腾讯还是选择了和京东合作，剥离了电商业务。在腾讯创业的早期，主要盈利来自电信增值业务，但腾讯创始人们看准了即时通讯的未来成长性，坚持用电信增值业务的盈利补贴QQ业务，最终使QQ成为腾讯的核心业务。比较腾讯目前的两大支柱业务，QQ的增长速度明显低于微信，但可以预期，QQ业务未来相当长一段时间内仍然会是腾讯的主要收入来源。

4. 市场是否支持多元化（where）

企业的多元化战略，从理论上讲是企业边界问题。一方面，在通过市场手段实现合作的成本高的情况下，企业往往采用非市场手段，通过多元化，在企业内部形成前向或后向的一体化体系。例如，福特汽车等早期的工业组织，为了提高生产效率，在企业内部建设了从矿石冶炼到整车出厂的完整产业链。另一方面，在通过市场手段取得企业发展所需资源和技术的可能性低的情况下，企业往往需要通过多元化，自己开发所需的技术和资源。基于这个原因，传统的战略管理把企业的独特资源和能力视为战略管理的重点和企业持续竞争优势的来源。然而，正如张瑞敏提出"世界是我的研发部"那样，当企业从市场上获得关键技术和资源的可能性越来越高时，企业可能需要重新考虑多元化的市场条件。

如图 6-9 所示，多元化的市场条件可以从技术和资源的可得性（可行性）和市场主体的竞合关系（必要性）两个维度来考虑。以电商市场为例，阿里巴巴等生态核心企业已经构建了完整的供应链和物流体系，同时掌握了相关企业多元化发展所必需的技术和资源（云计算技术、仓储资源等）。在这种背景下，电商生态中的企业进行多元化的可行性和必要性都低。也就是说，它们很难通过多元化建立相对于阿里巴巴的竞争优势，也没有必要花费高昂的成本进行多元化。

图 6-9 多元化的市场条件

2017 年 5 月，阿里巴巴首席战略官曾鸣教授在天猫智慧供应链开放日论坛的演讲中提出了 S2b 概念。S 代表着大的供应平台，平台通过协同网络赋能给小 b，即专业化小公司，帮助它们更好地服务自己的客户。曾鸣认为，未来商业的起点是用户，不是统计意义上的普遍用户，而是个性化的用户。要想实现对用户的个性化服务，必须依靠大量的专业化小企业（小 b）。为了帮助这些专业化小企业服务好用户，需要有大的供应平台（如菜鸟网络）提供服务，降低小企业多元化（前向一体化或后向一体化）的必要性。

好料 CEO 张日平认为，曾鸣提出的 S2b 概念是对 B2B、C2B、C2C 等商业模式的升级。B2B（Business-to-Business）平台是企业之间的交易服务平台，有 1688.com、找钢网、找塑料、慧聪网、中国制造网等；B2C（Business-to-Customer）平台是企业直接面向终端个人消费者的交易服务平台，有亚马逊、京东、天猫、唯会品、苏宁易购等；C2C（Customer to Customer）是个人对个人的交易服务平台，有闲鱼、转转等。如果把 B2B、C2B、C2C 等称为 X2X 模式的话，这些模式大致相当是修高速公路，让用户的商品快速到达另外一端的客户，打通的是点对点的销售服务功能。X2X 平台越大，高速公路的车道就越多。X2X 的主要盈利模式是收费站（流量费）和路边的广告牌（推广费）。S2b 平台则是一片森林，是生态。S2b 提供一个模式让用户去选择更适合自己的商品，或者选择一些关联的服务和资源。无论是 S2b 模式还是 B2B、C2B、C2C 等模式，都降低了企业间合作的成本，使企业可以更高效地打开边界，实现信息互通、业务互通。

增益：扩张的十二要点

根据增益扩张阶段的企业特点，增益扩张阶段的战略十二要点如图 6-10 所示，包括：累积用户、多元需求、满足互补需求、创始人成熟、团队职业化、事业部组织、关联产品、关联营销、范围经济、主导设计/模式、资本运营、红海市场。

	人	事
外	用户 累积用户 多元需求 满足互补需求	市场 主导设计 资本运营 红海市场
内	组织 创始人成熟 团队职业化 事业部组织	产品 关联产品 关联营销 范围经济

图 6-10 增益扩张阶段十二要点

1. 累积用户

传统企业看重市场规模，对累积用户的挖掘重视度不够。然而，随着数据技术和互联网技术日趋成熟，越来越多的企业开始重视用户终身价值等概念。彼得·法德在《顾客中心化》[⊖]中详细阐述了用户终身价值的概念。法德

⊖ 彼得·法德. 顾客中心化 [M]. 邓峰, 译. 北京：中信出版社, 2013.

尔认为，用户终身价值是与某个特定用户相关的未来（净）现金流的现值。预计一位用户终身能够为公司创造的价值可以更充分地地让公司了解自己的用户（无论是单个还是群体）的真实价值。

在单位交易价值给定的前提下，影响用户终身价值的主要有两个因素：一是用户与企业发生交易关系的时间长度；二是用户与企业发生交易关系的空间广度。如图 6-11 所示，当企业和用户的交易种类单一，而且交易关系维持时间短时，用户终身价值低，这种情况就是通常所说的一锤子买卖；当交易关系维持时间短，但企业和用户之间有多种交易时，用户终身价值因交易的多样化而提升，这种情况通常是组合销售；当交易种类单一，但企业和用户之间关系维持时间长时，用户终身价值也会提高，这种情况下，用户忠诚度通常较高；最后，当企业和用户之间关系维持时间长，而且交易种类多样时，用户终身价值最高。

图 6-11　用户终身价值

举个空气净化器的例子。市面上有两类空气净化器，一类是需要换滤芯儿的，另一类是不需要换滤芯。不需要换滤芯的净化器厂家打的广告往往是强调"一次投资，长期受益"，而这类净化器价格通常比较高；需要换滤芯的净化器厂家往往把净化器的价格定得比较低，它们的商业模式是通过滤芯赚钱。实际上，需要换滤芯的净化器还有一个好处，就是能够让用户和厂家在较长时间内维持联系，所以用户终身价值比不需要换滤芯的模式高。

空气净化器仅仅是一种电器。传统的电器销售企业卖各种各样的电器，但把电器卖出去之后，企业和用户之间的联系就断了，除非是哪天用户找到企业来做售后服务，而通常这类售后服务对企业来说都是成本。有互联网思维的电器企业改变了这种服务滞后的做法，它们把服务作为销售的一部分。例如，小米公司正在打造的米家"百货商店模式"，就是通过和用户的高频互动拴住用户，提高用户购买产品的种类和回购频率，提升用户终身价值。

从成长阶段进入扩张阶段，企业用户数量已经积累到了相当规模。如何围绕累积用户需求做文章，是企业扩张阶段的重中之重。对累积用户的深入理解有助于企业发掘用户的多元需求，以适当的组织结构支撑对累积用户的服务，在激烈的竞争中获得有利的市场地位（见图6-12）。

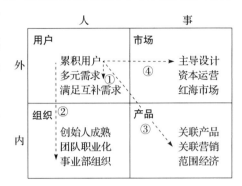

图 6-12　累积用户的作用机制

第一，用户累积到一定数量后，多元需求往往会自然出现。2017 年 3 月，苹果公司 CEO 蒂姆·库克访问 Keep 北京的办公室，并获赠编号为"80,000,001"的纪念版 Keep 瑜伽垫，寓意库克是 Keep 的第 800 000 001 位用户。库克在离开后发微博称："初遇 @ 王宁同学和他的 @Keep 团队，深受鼓舞。祝贺你们喜获 8000 万下载量，更要为你们帮助每个人获得收获和保持健康而喝彩！"

作为一个 2015 年 2 月上线 1.0 版本的 App，Keep 的增长不可谓不快。Keep 最初仅定为在室内健身，专注解决健身小白 0～60 分的健身需求。然而，在库克到访后不久的 2017 年 5 月 12 日，Keep App 4.0 版本上线。Keep 4.0 更新支持了户外骑行、跑步机跑步，并添加了跑步路线。上线日，Keep 官方消息称："Keep 不仅仅是一个垂直的健身产品，早期从健身这个点进行切入，'移动健身教练'只是一个阶段性产物，我们想做的其实是帮助更多人培养他们的健康生活习惯。"

第二，伴随着累积用户的成长，组织成长往往同步发生。2012 年 5 月 18 日，腾讯宣布，为顺应用户需求以及推动业务发展，将进行公司组织架构调整：原有的业务单元制（Business Units）升级为事业群制（Business Groups），成立企业发展事业群（CDG）、互动娱乐事业群（IEG）、移动互联网事业群（MIG）、网络媒体事业群（OMG）、社交网络事业群（SNG）、技术工程事业群（TEG）。同年 7 月 23 日，阿里巴巴集团宣布组建淘宝、一淘、天猫、聚划算、阿里国际业务、阿里小企业业务和阿里云为七大事业群。事业群结构适用于产业多元化、品种多样化、各有独立的市场，而且市场环境变化较快的大型企业。2012 年，腾讯的即时通讯服务活跃账户数接近 8 亿，淘宝的用户也达到 8 亿。两家企业在 2012 年不约而同地组织结构改造可以看作是对用户数量增长和需求多元化的组织反应。

第三，在累积用户中可以使用关联销售等高效营销手段。2016 年，小米手机在中国市场的出货量为 4150 万台，比 2015 年下降了 36%。逢此困难之时，小米基于手机累积用户的生态链战略开始发挥作用。在 2016 年年初的小米年会上，雷军公布小米 MIUI 用户数量达到 1.7 亿，这意味着有 1.7 亿用户（曾）使用小米手机操作系统。2016 年 3 月 29 日，小米生态链发布会上发布了"米家"品牌，标志着小米智能家庭战略的落地。米家品牌发布一年后的 2017 年 4 月 6 日，小米旗下精品生活电商——"米家有品"正式上线。米家有品依托小米生态链体系，延续米家"做生活中的艺术品"理念，提供小米品牌、米家品牌、小米生态链企业产品，同时引入第三方产品，涵盖家居、日用、家电、智能、影音、服饰、出行、文创、餐厨等产品品类。小米的米家是典型的在累积用户中进行关联销售的案例。

第四，拥有大量累积用户的企业甚至可以主导技术发展的主流方向。在 2017 年 5 月召开的贵阳国际大数据产业博览会上，BAT 同台讨论大数据产业的未来。马云说："数据将成为主要的能源，如果离开了数据，任何组织的创新都基本上是空壳。"李彦宏说："数据有点像新时代的能源，像燃料，而推动时代进步的还是技术。人工智能时代最宝贵的也不是数据，而是因为数据带来的技术上的创新。"马化腾说："更重要的一个要素是'场景'，有了应用场景，数据自然会产生，也会驱动技术发展，人才也会随之而来。"三巨头的说法反映了各子公司累积用户的差别。业界普遍认为，阿里最大的优势是交易数据，百度的最大优势是技术，而腾讯的最大优势是关系场景。

2. 多元需求

在 1985 年出版的《竞争优势》一书中，迈克尔·波特提出了"价值链"的概念。然而，30 多年来，读者关注最多的是其中的"企业价值链"部分，而忽视了"买方价值链"部分。

波特认为，企业的许多活动与买方的活动相互作用，而企业的经营差异性来源于它的价值链与买方价值链的联系。例如，对于提供零配件的企业而言，企业的产品组装进买方设备的过程就是一个明显的接触点。如果该企业在零件设计、技术支持、解决疑难问题、订单处理和交货等方面与买方密切合作，这些接触点都是竞争优势的潜在来源。此外，如果一个企业可以降低买方的整体成本或提高买方的效益，买方就会心甘情愿地支付溢价。例如，柯达的新型复印机在最后整理文件部位增加了再循环文件的进纸器和一个在线自动夹，减少了买方的费用，买方当然愿意为这种复印机支付溢价。

"走进用户的需求链"是小米一个重要的战略。在《小米生态链战地笔记》一书中，这样描述小米生态链形成的逻辑："所以，小米生态链的投资圈层是围绕手机展开的。投资的第一个圈层，就是手机周边，因为这是我们相对熟悉的战场，也是我们拥有庞大用户红利的领域。慢慢地，我们逐渐摸索，便形成了一个投资的三大圈层。第一圈层：手机周边产品，如耳机、小音箱、移动电源等。第二圈层：智能硬件。第三个圈层：生活耗材，如毛巾、牙刷等。"在书中，虽然小米公司没有明确提出"需求链"的概念，但以上描述中的"所以"和"逐渐摸索"等基于的就是用户需求链的逻辑。用小米的原话说，就是"离手机近的早点儿干，离手机远的晚点儿干；离用户群近的早点儿干，离用户群远的晚点儿干。"

如果把用户的多元需求和企业的产品结构联系起来，可以用图 6-13 表示。每家企业要争取首先满足一个对于用户而言的（相对）核心需求，在此基础上才能逐步满足用户的相关多元需求。例如，小米只有从先满足了用户对手机的核心需求，才有机会扩展到手机周边等附加需求。如果小米一开始就生产手机壳

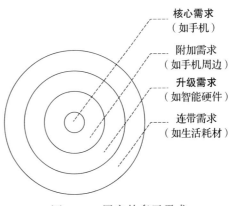

图 6-13　用户的多元需求

等周边产品，那么它就很难扩展到手机等核心需求。也就是基于这个原因，谷歌等企业才在移动互联网、安卓操作系统、智能算法等底层技术领域进行巨大的投入。

在满足用户的核心需求后，企业逐步会有条件满足用户的升级需求。例如，小米在手机产品线面临巨大竞争后，把战略重点放在智能硬件和以此为基础的物联网上，为下一步企业的转型升级做需求升级方面的准备。如果把图6-13中的核心需求和升级需求看作一级用户需求的话，附加需求和连带需求就是次级用户需求。对于希望有巨大发展空间的企业而言，这些用户需求不能作为主要目标。正如小米所说："手机周边是我们具有先天市场优势的一个圈层，而生活耗材可以对高科技公司的不确定属性产生对冲作用。"

当企业在创业阶段满足了天使用户的痛点需求，在成长阶段满足了大众用户的普遍需求后，进入扩张阶段的企业需要考虑的就是满足累积用户的多元需求了。满足用户的多元需求对于企业的作用包括但不限于留住累积用户、形成事业部组织、达到范围经济和在红海市场竞争中寻找新的突破点（见图6-14）。

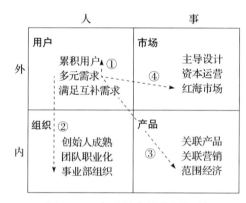

图6-14　多元需求的作用机制

第一，满足用户的多元需求可以帮助企业留住累积用户。在获客成本不断高企的今天，如果企业获得一位用户之后只和用户进行一次交易，将是一个非常不划算的事情。为理解这个道理，我们可以想一下基于PC的消费和基于手机的消费。在我们买了一台笔记本电脑并把必要的软件安装完之后，通常在很多年之内不会产生新的相关消费，这也可能是微软的应用商店做不起来的原因。但我们买了一台手机之后，会不断地安装、卸载、更新软件，并通过支付等应用和线下场景发生密切的联系。比较而言，电脑只是满足了人在工作方面（最多是静止状态下的娱乐）的需求，而手机满足了人们各种场合下的多元需求。也是因为满足需求多样性方面的差异，PC时代的微软只能通过垄断留住用户，而手机时代的厂家各有各的方法。

第二，企业在满足用户多元需求的过程中，自然会完成向事业部组织的转变。1991～1998年，海尔进入多元化战略阶段，前后兼并了18家亏损企业，从冰箱一种产品发展到多元化，包括洗衣机、空调、热水器等，成为中国最早进行多元化发展的家电企业。在发展过程中，海尔通过不断对自身的组织结构进行调整，以适应企业不断扩张的体量。在进行多元化的发展过程中，海尔集团将原本的金字塔型结构模式改成为以业务为核心的事业部管理体系。在这种结构模式下，各部门以产品、服务或工程项目为依据进行划分和组合。以产品和业务为依据的组织形式，具有更强的灵活性和适应性，加强了海尔集团中各职业部门之间的协作和配合，也有利于开发新技术、新产品，激发组织成员的创造性。

第三，满足用户多元需求的企业通常会达成范围经济。以迪士尼的娱乐帝国为例。迪士尼的核心产品是影视作品，但围绕着影视作品的IP，迪士尼打造了"电影—电视电台—衍生产品—迪士尼乐园"的完整产业链和五大事业部的组织结构，并在此基础上形成"轮次收入"的商业模式。第一轮收入，迪士尼不断推出一部部制作精美的动画大片及其他类型的电影，每一部影片都进行大力宣传，通过电影放映获取丰厚的票房收入。紧接着，通过公映电影的拷贝销售和录像带发行，迪士尼又赚进第二轮收入。每上映一部电影，迪士尼都会在主题乐园中增加新的电影角色，吸引游客前来，使其乐于为这种大银幕与现实世界完美结合的奇妙感受付钱，这是迪士尼的第三轮收入。最后，迪士尼通过特许授权产品，又赢得第四轮收入。

第四，在满足用户多元需求的过程中，企业可能在红海市场中找到新的突破点。马化腾曾给创业者建议，要关注两个产业跨界的部分，"因为一个产业已经做久了，肯定已经是一片红海，在两个产业跨界部分往往最有可能诞生创新的机会，那可能是一片蓝海。腾讯的历史也是这样，当年做通讯的没有我懂互联网，做互联网的没有我懂通讯，所以我做起了当时的QQ，包括现在的微信"。马化腾的建议用两个字总结，就是"跨界"，在红海的交界处寻找蓝海。

3. 满足互补需求

互补需求和互补品概念有关。互补品指两种商品必须互相配合，才能共同满足消费者的同一种需求，如照相机和胶卷配合使用才能满足用户"留住美好一刻"的需求。然而，与互补品不同，互补需求是指两种或多种需求往往产生于同一个场景下。例如，当用户外出旅行时，可能既有交通的需求，也有住宿的需求，还有购物的需求。

在《场景革命》一书中，吴声分析了围绕消费场景产生互补需求的案例。例如，Airbnb 估值快速上升的一个重要原因是它在房屋短租场景外又开拓了餐饮场景。Airbnb 自 2008 年 8 月成立以来，已经发展成全球最大的房屋短租平台，在全球超过 190 个国家的近 7 万个城市提供房屋短租。2017 年 1 月，美国餐厅预约 App Resy 宣布完成新一轮 1300 万美元融资。按业务量看，Resy 在同类公司中并不出众，而它之所以受到关注，是因为领投方为在线旅游服务提供商 Airbnb。按照 Airbnb CEO 布莱恩·切斯基的说法，Airbnb 想成为一家"一站式旅行服务"的提供商。换句话说，Airbnb 希望满足旅游场景下用户的各种需求。基于同样的逻辑，我们随便打开一家在线旅行服务商（如携程）的 App，都可以看到包括酒店、机票、旅游、美食、购物、外汇、WIFI、保险、签证在内的各种服务。

图 6-15 为提供了基于场景思考互补需求的框架。如果企业针对不同用户群体的不同需求场景进行多元化，那么需求的互补性会很低。例如，2006 年，五粮液集团通过从华晨接手新华股份，进入发动机领域；2009 年，五粮液集团旗下普什集团与华晨金杯成立合资企业华晨金杯绵阳分公司；2011 年，五粮液集团将 50% 股权转让，正式退出汽车业。喝酒的用户和开车的用户不是高度重合的用户群体，而喝酒的场景和开车的场景是完全冲突的，无怪乎五粮液在汽

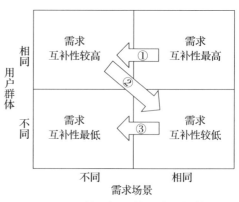

图 6-15 基于场景的需求互补性

车行业的多元化以退出而告终。

当企业围绕相同用户群在不同场景下的需求进行多元化时，需求互补性会有所上升。例如，Keep针对健身群体的室内锻炼场景和室外锻炼场景分别开发了室内训练和跑步产品。但由于场景不同，此类多元化业务间也会产生一定的矛盾。当企业围绕不同用户群在相同场景下的需求进行多元化时，可以在不同用户群间建立连接，甚至搭建出商业平台。例如，成立菜鸟网络之前，阿里巴巴一方面帮助小商户把货物卖给最终消费者，另一方面要购买物流公司的服务。菜鸟网络的成立，帮助阿里巴巴把电子商务场景下的不同用户群体连接了起来。

当企业围绕相同用户群在相同场景下的需求进行多元化时，需求互补性最高。代表性的例子除了上述的携程等一站式旅行网站之外，亚马逊、腾讯、滴滴等企业的投资并购和业务扩张大多是遵循了这个逻辑。我曾给"得到"App的商城板块推荐过一个生产便携式按摩器的叫"乐范"的企业。例如，乐范的一个产品是能贴在皮肤上的魔力贴，非常小巧，有五种按摩手法，还可以通过App进行调节；另一个产品是按摩助眠颈枕，在传统的颈枕基础上增加了按摩功能。这两个产品都非常适合"得到"用户在开车或小憩时使用"得到"App的场景，一边放松，一边听书，这个例子是典型的围绕相同用户群体在相同场景下的需求进行多元化。

在企业围绕用户和需求场景进行多元化时，应需求互补性最高的相同用户相同场景开始，继而进入相同用户不同场景的情况，然后再考虑不同用户相同场景的情况，最好不在不同用户不同场景的情况下进行多元化（见图6-15）。

从创业阶段实现与现有竞品的差异化，经历成长阶段的跨越需求鸿沟，发展到扩张阶段的企业很容易盲目多元化。多元化不是基于现有用户的需求，而是基于企业多余的资源，不是基于用户需求的关联性，而是基于企业的社会关系。在扩张阶段，企业多元化应该基于满足现有用户的互补需求。满足用户的互补需求可以帮助企业更好地服务累积用户，提供关联营销的效率和在红海市场竞争中取得优势（见图6-16）。

4. 创始人成熟

创始人从创立企业开始，就进入快速成长的通道。经历了创业期和成长期的发展，当企业到达扩张期时，创始人也应逐渐变得成熟起来。创始人的成熟主要看两个方面：一个是对外部机会的把握，另一个是对内部管理的拿捏。

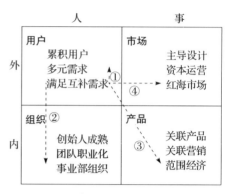

图 6-16 满足互补需求的作用机制

谈到中国的企业家，人们往往会想到华为总裁任正非。任正非在 1987 年他 43 岁的时候创办华为，创业 23 年后，在华为 2009 年市场工作会议上，任正非做了《开放、妥协与灰度》的讲话。任正非说："一个领导人重要的素质是方向、节奏。他的水平就是合适的灰度。坚定不移的正确方向来自灰度、妥协与宽容。一个清晰方向，是在混沌中产生的，是从灰色中脱颖而出的，方向是随时间与空间而变的，它常常又会变得不清晰。并不是非白即黑、非此即彼。合理地掌握合适的灰度，是使各种影响发展的要素在一段时间内和谐，这种和谐的过程叫妥协，这种和谐的结果叫灰度。"

经过 20 多年的发展，到任正非提出灰度管理的 2010 年年初，华为已经走过了创业期和成长期，进入成熟和扩张期，业务线从原来的运营商设备为主，扩展到消费者设备领域。实际上，华为在创业初期就严格限定了对外部机会的寻求范围。在《华为基本法》中有这样一句话："为了使华为成为世界一流的设备供应商，我们将永不进入信息服务业。"从运营商设备到消费者设备的扩张，也是华为在设备供应商这个业务范围内探索。

在内部管理风格方面，经历了 20 多年发展的华为也从早期强调的狼性竞争文化转向了"开放、妥协与灰度"。正如任正非在这个讲话中所说，企业在经历了机会寻求方面的冒险和严格内部管理制度建设的过程后，从机会寻求到内部管理，都会从极端走向中庸。

如图 6-17 所示，在创业期，创始人在外部机会寻求方面通常采取冒险态度，而在内部管理方面往往用亲情凝聚人心。在成长期，外部机会寻求方面往往还是冒险态度为主，但内部管理方面更重视管理制度建设。正如当年华为引入 IBM 管理模式过程中提出的"先僵化、后优化、再固化"三步走一样，从亲情到制度的拨乱反正往往需要从一个极端走到另外一个极端。

等企业发展到扩张期/成熟期，创始人通常会像任正非那样，采用"中道"发展战略和"灰度"管理方法。通过在保守和冒险之间的平衡，寻找企业发展的方向，通过亲情和制度的双融，把握内部管理的分寸。

如果企业在成熟期之后进入衰退期，创始人在外部机会寻求方面会趋于保守，但在内部管理方面通常会延续已形成的灰度管理方式。如果企业在成熟期之后能够成功转型，往往得益于创始人在外部机会寻求方面的冒险和创新，以及在内部管理方面对灰度管理方式的灵活运用。

创始人成熟对企业的延续和发展至关重要，只有创始人在企业发展过程中变得成熟，不再仅靠创业期的冲动和成长期的激情来带领企业发展，而是运用双融管理的思路，在外部机会和内部管理两方面找到平衡点，才能帮助企业在组织管理、用户价值、产品创新和市场运作等方面形成成熟的机制（见图 6-18），使企业能平稳度过成熟/扩张期。

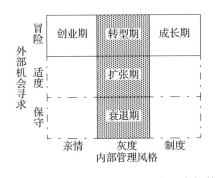 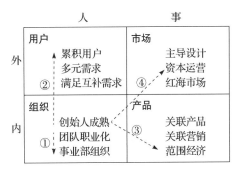

图 6-17　适度的外部机会和灰度的内部管理　　图 6-18　创始人成熟的作用机制

5. 团队职业化

在很多情况下，企业发展到一定阶段，仅靠创始人成长带领公司发展是不够的，需要引入职业化的团队。有时候，甚至是职业化的团队把企业带到了全新的高度。

管理学家彼得·德鲁克在《创新与企业家精神》中讲了一个故事，故事的主角叫雷·克洛克。20世纪50年代，克洛克是一个小商人，先是做各种小生意，后来转行卖奶昔制造机。有一天，克洛克发现一家位于加利福尼亚的汉堡店购买了数倍于其正常需要的奶昔制造机。于是，克洛克驱车数千里，从美国中部跑到加利福尼亚，看到了这家叫麦当劳的餐厅通过对快餐加工流程的创新，大大提高了汉堡的质量和供应速度。克洛克敏锐地嗅到了商机，决定加入麦当劳公司。

创建了麦当劳快餐的麦当劳兄弟只希望有一家自己的餐厅，可以被顾客喜欢，能够实现盈利，他们就满足了。但对于克洛克来说，他要的是把麦当劳从小地方开到大城市，开遍整个美国，再遍布全世界。为此，他抵押了自己的所有财产，全心投入。按照德鲁克对企业家精神的界定，克洛克就是一位有企业家精神的职业经理人，是"把资源从生产力和产出较低的领域转移到较高的领域，并敢于承担一切相关风险和责任的人"。

在这个故事里，麦当劳兄弟是创始人，但他们的眼光和思维方式不足以把麦当劳打造成一个商业帝国，反倒是他们引进的职业经理人克洛克，以出众的企业家精神把麦当劳餐厅带得更远。1961年，克洛克用270万美元买下了麦当劳兄弟的汉堡连锁店，将其打造成了全球最大的快餐王国。克洛克的故事在2017年1月被搬上了银幕，电影的名字叫《大创业家》(*The Founder*)。

在很多情况下，发展到成熟期/扩张期的企业引入职业经理人负责主要管理工作是形势使然，势在必行。在硅谷，创业公司接受风险投资后，往往有个惯例，就是在公司发展到一定阶段后，董事会通常建议创始人引入职业经理人，负责日常管理工作。例如，1975年创立的微软在2008年引入了鲍尔默任CEO，1976年创立的苹果在1983年引入斯卡利任CEO，1998年创立的谷歌在2001年引入了施密特任CEO，等等。

职业化高管和创始人之间的关系可以从能力和愿景两个角度看（见图6-19）。从能力角度，职业化高管和创始人的能力大多数情况下应该是互补的，这也是引入职业化高管的初衷。但有些情况下，二者的能力是重叠的，在这种情况下，职业化高管发挥作用的空间就会比较小。

从愿景角度看，职业化高管和创始人的愿景最好是一致的，这对二者同心协力非常重要。微软引入鲍尔默和谷歌引入施密特都发挥了创始人和职业化高管同心协力的效果。当然，也有职业化高管和创始人愿景不同的情况，这种情况下对公司的伤害往往非常大，但也有可能把公司带到另一个境界。苹果引入斯卡利的尝试对苹果公司的伤害就非常大，甚至造成了乔布斯长达12年的离职。而克洛克加盟麦当劳，却把麦当劳从两家店面的快餐厅打造成了一个全球化的商业帝国。

就企业的发展而言，团队职业化对于进入扩张／成熟期的企业非常重要。职业化的团队有助于企业事业部组织架构的形成，能够帮助企业满足用户互补性的需求，为用户提供关联性产品，以及帮助企业进行资本运营等（见图 6-20）。

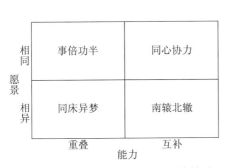

图 6-19　职业化高管和创始人的关系

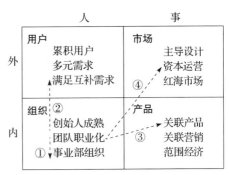

图 6-20　团队职业化的作用机制

6. 事业部组织

企业从创业期的扁平组织，到成长期逐渐形成金字塔型组织，其目的就是适应企业业务和战略的发展，这在管理学里有个说法，叫"结构跟随战略"。这一观点最早是由美国著名企业历史学家钱德勒在《战略与结构》⊖一书中首次明确提出来的。结构跟随战略说的是，当企业采取不同的发展战略

⊖　艾尔弗雷德·钱德勒. 战略与结构：美国工商企业发展的若干篇章［M］. 孟昕，译. 昆明：云南人民出版社，2002.

时，为了保证战略的成功，企业必须变革它的组织形式来适应企业战略的需要。我们也可以这样理解，随着企业的发展，战略四要素中的组织要素要适应企业发展的整体战略要求。

从本书前文所述，我们不难看出，从创业期的扁平组织，到成长期的金字塔型组织，企业结构发展的趋势是从分权到集权。在本章谈到组织管理的三种方式时，我们也提到，组织管理的三种主要方式是"沟通、监督和标准化"。在创业阶段，沟通是主要的组织管理方式；在成长阶段，监督和沟通一起组成企业的主要管理方式；到了成熟/扩张阶段，标准化也开始被企业用来提高管理效率。

事业部制可以看成沟通、监督和标准化三种管理方式融合的结果。事业部制最早出现在 20 世纪 20 年代的美国通用汽车公司，由通用汽车公司的负责人小艾尔弗雷德·斯隆提出，也称"斯隆模型"，是一种总部集权下的分权管理模式。⊖当时的美国通用汽车公司通过并购整合了许多关联公司，企业规模快速扩大，公司生产的产品和经营项目不断增多，由此带来的内部管理效率下降和混乱使企业发展受到影响。斯隆决定通过事业部制的形式对原有企业内部的结构进行改革，通过一系列的改革，通用汽车公司取得了非常好的效果，成为当时美国公司进行事业部制改革的典型。而在当时，大洋彼岸的日本，松下公司也在内部采取了事业部制改革。

事业部制设计的关键原则是：在纵向关系上，按照"集中政策、分散经营"的原则，处理企业高层领导与事业部之间的关系；在横向关系上，各事业部均为利润中心，独立核算，事业部间经济往来遵循等价交换原则，内部结算。通常，各事业部之间要相互竞争，考核指标不仅要盈利，而且要相互比较资源的综合投入产出率；亏损单位或者被关闭，或者被其他事业部兼并。事业部作为一个独立的经营个体，其建立前提是独立核算，建立收入定价规则和全成本核算体系，导入内部交易机制。

事业部制设立的前提是事业部独立核算，必须"能够明确收入，并且也

⊖ 小艾尔弗雷德·斯隆. 我在通用汽车的岁月 [M]. 刘昕，译. 北京：华夏出版社出版，2005.

能够算出为了取得这些收入而支出的费用"。事业部要对"收入"和"支出"负责，建立每个事业部的资产负债表和损益表。对于内部服务和合作需要制定内部交易机制，内部交易价格通常按照市场价格确定。

事业部制成败的关键是组织职权的适当划分，以及集权与分权的适当平衡。事业部制是以分权为手段来实现企业战略目标的一种组织形式，为了确保事业部可以像一个独立的企业一样保持灵活性和专业化，必须给予其足够的组织职权；与此同时，公司总部又必须保留若干战略性管理权，以保持对事业部有足够的控制力，使之不至脱离公司整体的发展轨道。经过几十年的发展，事业部制已成为多元化企业通行的基本组织架构，而近年来在中国创业企业中风行的阿米巴组织也是由事业部制脱胎而来的。

如果我们从企业内部权力分配的集权与分权，以及业务种类的单一和多元，两个维度来分析企业组织结构，不难看出，在共演战略四阶段里，企业的组织结构呈现倒 U 形变化（见图 6-21）。在创业阶段，企业权力分配的特点是分权，同时业务种类单一，组织结构的特点是扁平结构；在成长阶段，创始人的威信逐步确立，开始集权，同时业务种类单一，组织结构的特点是金字塔结构；在扩张阶段，业务种类开始多元化，同时企业在集权和分权间寻求平衡，这时的组织结构通常是事业部结构；在转型阶段，企业的业务种类仍是多元的，同时，企业需要通过进一步分权调动员工积极性，这个阶段的组织结构变化趋势通常是网络化的。由此我们可以看出，组织结构的确是跟随企业各阶段的发展战略调整的。

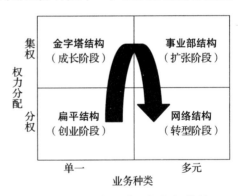

图 6-21　战略四阶段组织架构的倒 U 形演化

一方面，组织结构跟随组织战略调整；另一方面，组织结构也为组织战略的实施提供了必要的支撑。在企业扩张阶段，事业部组织结构带来的分权与集权的平衡能帮助创始人从日常事务中脱身，专注于企业发展方向的把握，有利于创始人成熟。事业部组织结构还能使企业为用户提供互补的解决方案，满足用户的互补需求，使企业实现范围经济。此外，事业部组织结构还能帮助企业在红海市场的竞争中打出组合拳，取得竞争优势（见图6-22）。

7. 关联产品

在创业阶段，企业在产品开发方面的重点是采用敏捷开发的方式，开发出最小可用产品（MVP），并快速迭代，打造出成长阶段的爆款产品。然而，打造爆款产品的一个关键点是产品的性价比。

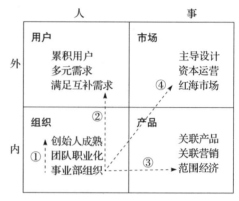

图6-22 事业部组织的作用机制

在传统战略管理理论中，低成本和差异化是两个基本的战略类型和竞争优势的来源。低成本说的是，企业用低于竞争对手的成本生产出产品，并以较低价格销售，从而获得竞争优势；差异化说的是，企业生产出不同于竞争对手的产品，通常在产品性能上优于竞争对手，并能够以较高价格销售，从而获得竞争优势。无论是低成本，还是差异化，其核心都是性价比。所以说，性价比是企业产品战略的核心。

以手机为例，苹果手机是各类手机中价格最高的，主要是因为苹果手机和其他所有手机都是不同的，苹果手机用的是iOS系统、Apple Store应用商店，提供的是苹果软硬件一体化产品开发模式带来的优质产品体验。小米手机可能是主流手机品牌中价格最低的，性价比也是小米的核心价值观。小米创始人雷军认为，公司的利润率不一定是越高越好，高毛利是一条不归路，很多公司为了提高毛利率会提高价格或者降低成本，而小米要求每家生态企业都认同"不赚快钱，不搞暴利，注重品质"的价值观。

但是，强调爆款、不赚快钱，并不代表小米这样的公司不赚钱。小米的低价模式实际上有两个原则：第一，不亏本；第二，通过别的方式赚钱。不亏本讲的是成本定价，通过核算材料、制造、研发和物流等综合成本，加一个比较低的毛利率。通过别的方式赚钱主要是两个方面：一是当销量足够大时，成本自然会降下来；二是核心产品保持低利润率，关联产品实现高利润率。

我们在用户多元需求的部分说过，用户需求可以分为核心需求和升级需求，以及在这两类需求基础上扩展出来的附加需求和连带需求。小米的性价比商业模式的核心实际上是，用高性价比的产品满足用户的核心需求（手机），形成流量入口，然后通过满足用户的附加需求（手机周边）盈利。随着用户升级需求的产生（智能硬件），形成进一步的流量入口，继而满足用户的连带需求（智能硬件耗材）。

在《小米生态链战地笔记》一书中，小米公司高管曾披露："小米的产品（手机、电视机等小米公司自有产品）一般都是按成本定价。但是，米家产品追求的是诚实定价，产品一般都是10%～30%的毛利率。"我们知道，米家产品之所以好卖，是因为小米公司的核心产品打造出的高性价比声誉，使得用户在购买关联产品时不那么苛求低价格。可以说，小米生态链的盈利模式是一种放大了的"刀片-刀架"模式，或者称为"轮次收入"模式（见图6-23）。

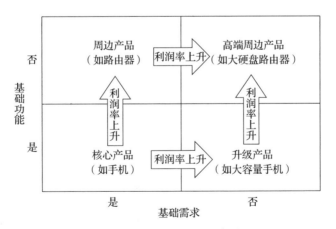

图6-23　关联产品的利润率差异

这种"轮次收入"模式其实很常见。以迪士尼为例，迪士尼在每部动画大片都投入巨资，但并不是每部动画电影的票房都很高。但是，迪士尼以动画为源头产品,打造了一条环环相扣的轮次收入链条:第一轮,迪士尼不断推出动画大片及其他类型的电影,通过电影放映获取票房收入;紧接着,通过公映电影的拷贝销售和录像带发行,迪士尼又赚入第二轮利润;每上映一部电影,迪士尼都会在主题乐园中增加新的电影角色,吸引游客前来,这是迪士尼的第三轮收入;最后,迪士尼通过特许授权产品,又赢得第四轮收入。

如果我们从用户需求和产品功能两个角度分析企业的产品类别,可以得出图 6-23 中所示的不同关联产品利润率的差异情况。首先,满足用户基础需求的基础功能产品往往以较低价格定价,目的是形成爆款产品,获取大量用户,如基础款的手机;其次,配备较大容量存储卡的手机满足了用户升级的需求,属于升级产品,价格的增幅往往高于成本的增幅;再次,购买了手机的用户,可能需要路由器来上网,路由器就是手机的周边产品,也可以定一个较高的利润率;最后,厂家可以推出装有硬盘的路由器,帮助部分需要这种非基础功能的用户实现他们的需求,同时获取较高的利润。这就是扩张阶段企业通过开发关联产品获取更高利润率的逻辑。

扩张阶段的企业推出关联产品,不仅仅能获得更高利润率,更重要的是,关联产品能够有助于企业实现用户的多元需求,形成事业部组织架构,发挥范围经济优势,从而在红海市场中利用产品组合获得竞争优势(见图 6-24)。

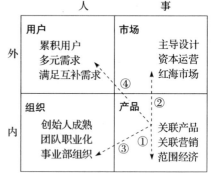

图 6-24 关联产品的作用机制

8. 关联营销

在创业阶段,企业产品类型单一,用户群集中,这时候口碑营销能够让企业的产品信息在小范围的用户群中迅速传播,效果最好。在成长阶段,企业的产品类型仍然保持单一,但用户群数量开始增加,这时候仅靠口碑营销很难打破不同用户群之间的隔阂,企业往往通过广告营销方式,将产品信息送达不同的用户群。

进入扩张阶段，随着不同的小用户群对企业品牌接受度的提升，用户群之间开始融合成为大的用户群，也就是我们之前说的累积用户群。同时，随着企业开始多元化，产品类型逐渐增加。这个时候，企业需要在用户的头脑中建立起不同产品的联系。也就是说，除了上面说的关联产品外，企业在营销方面也要进行关联营销，通过各种渠道把企业的产品进行统一展示，在用户头脑中形成企业多元产品的整体概念。

以海尔集团的发展为例。海尔从生产电冰箱的青岛电冰箱总厂起步，经过 30 多年的发展，2016 年已经发展成为销售额 2016 亿元的多元化企业集团。海尔产品涵盖个人与家用产品和商业解决方案两大类。个人与家用产品包括冰箱、洗衣机、空调、电视、电脑和厨房家电等全系列产品；商业解决方案包括商用的电器系列和生物医疗、水处理等业务。虽然拥有这么多类型的产品，但海尔仍采用统一品牌，希望在各类产品之间建立关联。

2017 年 3 月 8 日，海尔发布了由整套互通互联智慧家电构成的智慧家庭解决方案，涉及客厅、厨房、浴室和卧室不同物理空间的多个生活场景。智慧家庭方案的目的就是满足用户在家庭场景下的互补性需求，在用户脑中建立起对海尔产品的统一认知，发挥海尔多元化产品组合的优势。同时，各种电器互联互通，形成了关联营销，促使用户一次购买多件，甚至是整套海尔电器产品。

如图 6-25 所示，按照产品种类和用户群进行分类，在不同发展阶段企业的营销特点不同。在创业阶段，主要是通过用户的"口"进行口碑营销；在成长阶段，主要是通过广告营销，进入用户的"耳"；在扩张阶段，主要是通过关联营销，在用户的"脑"中形成对企业产品的整体认知；在转型阶段，主要是通过品类创新和品类营销，在用户"心"中占据对新的产品品类的认知。

关联营销对于企业在扩张阶段构建产品与用户之间的桥梁非常重要。通过关联营销，企业可以很大程度上促进关联产品的销售，满足用户的互补性需求，促进事业部之间的合作，在红海市场中通过关联销售建立竞争优势（见图 6-26）。

图 6-25 营销 = 产品 × 用户

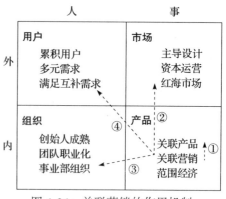

图 6-26 关联营销的作用机制

9. 范围经济

范围经济（economies of scope）指的是，同时生产两种产品的成本低于分别生产每种产品所需成本的总和。只要把两种或更多的产品合并在一起生产比分开来生产的成本要低，就会存在范围经济。

带来范围经济的原因很多，从共演战略四要素来看，用户、组织、产品和市场要素都会带来范围经济。从用户角度来看，用户愿意为整合起来效用更高的产品支付更高的价格，比如用户更愿意为能够互联互通带来更好的使用体验的智慧电器付费；从组织角度看，管理者的管理经验以及员工的生产经验可以用到关联产品上，节省了重新学习和培训的成本；从产品角度看，企业一项研发技术的成果可以用于多种产品的生产，从而降低单位产品所分摊的研发成本；从市场角度看，企业的合作关系、资本优势等也可以支持多种产品的销售。

范围经济与之前提到的规模经济是两个不同的概念，范围经济强调生产不同种类产品（包括品种和规格）获得的经济性，规模经济强调的是产量规模带来的经济性。一个生产多种产品的企业，其生产过程可能不存在规模经济，但是却可能获得范围经济；一个工厂用较大规模只生产某一种产品可能会产生规模经济，但是却不可能获得范围经济。

因此，在成长阶段，企业通过增加用户数和扩大产品规模，可以获得规模经济。在扩张阶段，企业通过增加产品种类，可能获得范围经济。如果按照产品种类和每种产品平均用户数量两个维度来分析，在创业阶段，企业产品种类单一,每种产品平均用户数量少,企业主要靠产品创新实现差异化,以取得创新经济效果。在成长阶段,企业通过增加用户数量,扩大产品规模,获得规模经济带来的红利。在扩张阶段,企业推出的新产品种类拥有较少的用户量,但随着产品种类的增加,企业开始获得范围经济带来的好处。到了转型阶段,企业的产品种类较多,每种产品平均用户数量也较多,这时企业应该尽量建立产品之间及用户之间的网络,取得网络经济或生态经济的效果(见图6-27)。

2015年以来,我国互联网行业出现井喷式并购现象,有的是同行业并购,如滴滴和快的、58同城和赶集、美团和大众点评、携程和去哪儿、世纪佳缘和百合网;也有不同行业的并购并购,例如,阿里巴巴并购优酷土豆、神州专车等,百度并购爱奇艺等,腾讯并购游戏开发公司Supercell等。

不难看出,发生在同行业的并购主要追求的是规模经济,不同行业的并购主要追求的是范围经济。BAT三大互联网巨头大举收购在线视频公司、游戏公司和共享经济公司,同时这些公司愿意被互联网巨头收购,都是因为当前获得用户的成本已经非常高了。对于创业公司来说,与其从头开始累积用户,不如和行业巨头合作甚至合并,以获得大量用户,实现规模经济。对于行业巨头来说,与其自己从头开发一个产品,不如并购行业内领先的创业公司,充分利用自己巨大的累积用户,实现范围经济。

可见,范围经济对扩张阶段的企业非常重要,可以帮助企业满足用户的多元需求,形成企业的事业部架构,通过资本运营获得自己所需要的资源,以及开发关联产品等(见图6-28)。

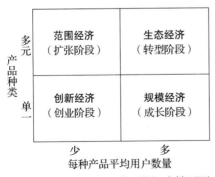

图6-27 共演战略四阶段的经济性原则

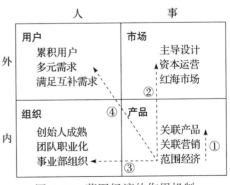

图6-28 范围经济的作用机制

10. 主导设计

主导设计（dominant design）的概念是美国产业经济学家厄特巴克在《把握创新》[一]一书中首次提出的。他认为，当一个产业发展到一定阶段，主导设计便会出现。主导设计是特定时期融合了许多单个技术创新，并以新产品的形式表现出来的技术与市场相互作用的结果，是赢得市场信赖的和创新者为支配重要的市场追随者而必须奉行的一种设计，是技术可能性与市场选择相互作用下广为接受的满意产品。

厄特巴克把产业的创新过程分为三个阶段：变动阶段、转换阶段和特性阶段（见图6-29）。在变动阶段，产品创新率最高，行业内各个厂家对产品设计和使用特性进行大量实验。例如，在汽车工业的早期，数十家企业生产了各式各样的汽车，包括电力的和蒸汽动力的汽车。这个时候，产品主要特性处于高度变动的状态，很少有人注意产品的制造流程，流程创新率明显偏低。在转换阶段，重大产品创新率下降，流程创新率上升，产品多样化开始让位于标准设计，最终产生主导设计。到了福特T型车出现在市场上的时候，汽车工业的主导设计已经出现，此后汽车行业的主要创新方向逐渐转移到了流程创新方面。在特性阶段，产品和流程的创新率都开始下降，这个阶段的行业机器重视产品的产量和成本，创新以渐进式创新为主。

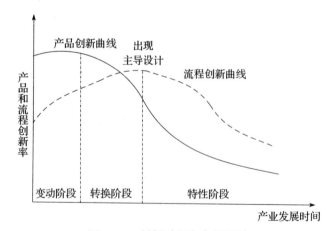

图6-29 创新过程和主导设计

㊀ 厄特巴克.把握创新[M].高建,李明,译.北京：清华大学出版社,1999.

厄特巴克对手工打字机、汽车、电子计算器、集成电路、电视和电视显像管等七个行业进行了深入研究，他发现，几乎各个行业均展示了一个惊人相似的公司进入和退出模式。在一个新型行业诞生之初，在主导设计出现之前，不断有企业加入竞争，行业的企业数呈递增态势，在这一阶段，竞争主要集中在产品创新（product innovation）上，符合市场需求的新产品创意往往能快速占有市场。在主导设计出现之后，公司总数平稳地减少，直到稳定在少数几家大公司上。这一阶段竞争会主要集中在流程创新（process innovation）上，公司通过制造更优质同时价格低廉的产品来占据市场，延续生存。

在许多行业里，领军企业的生命周期往往是和行业的生命周期紧密联系在一起的，例如，计算机芯片行业的英特尔、计算机软件行业的微软、汽车行业的福特和通用等。要想成为一家伟大的企业，一个重要因素是紧跟行业技术发展的趋势。在企业的创业阶段应该利用行业最新的萌芽技术；在企业的成长阶段应该伴随行业技术的成长而成长；到了企业的成熟/扩张阶段，应该能够成为行业主导设计的制定者。

成为行业主导设计的制定者，可以帮助企业在红海竞争中取得相对的垄断地位，使企业有能力打造围绕主导设计的关联产品，并围绕主导设计架构企业的事业部组织，以及满足用户的互补需求（见图6-30）。

11. 资本运营

企业运营包括用户、产品、组织和市场等各个方面的运营。虽然

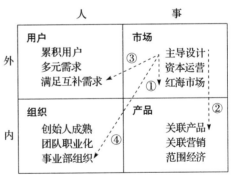

图6-30　主导设计的作用机制

这四个战略要素的运营在企业发展的各个阶段都很重要，但在不同的发展阶段，企业运营的侧重点还是应该有所不同。

在创业阶段，企业运营的重点应该是用户运营，是如何理解用户的痛点，理解需求的特点，理解满足用户需求的难点。在成长阶段，企业运营的

重点应该是产品运营,是如何开发爆款产品,如何让产品能够到达大众用户,如何使产品规模能够达到有效的经济规模。

企业发展到成熟/扩张阶段,企业运营的重点应该是在市场方面,重点考虑如何把握技术趋势,如何在激烈的市场竞争中把握好与友商的竞争合作关系。此外,成熟/扩张阶段的企业,已经积累了一定量的自有资金和自由现金流,资本运营也就成了企业运营的重要内容和未来发展的重要推动力量。对于衰退/转型阶段的企业,企业运营的重点可能是组织运营,是如何能够再次激发组织活力,扫除企业转型道路上的组织障碍。

资本运营在企业成熟/扩张期发展中的作用巨大。投中集团的数据显示,2017年上半年,我国并购市场宣布并购交易3135起,披露规模约为2261亿美元,比2016年同期下降40%。这个大幅下降的背后是监管部门对企业资本运营监管的加强。例如,2016年9月,证监会修订发布了《上市公司重大资产重组管理办法》,严格把控并购重组案例的审批,在一定程度上避免了炒壳等行为。

按照共演战略的逻辑,企业的资本运营应该以优化企业战略四要素为目标。如图6-31所示,在成熟/扩张阶段的企业通过投资并购,获取外部的组织、技术、产品和用户,通过转化吸收把这些外来的要素变成企业内部的组织、技术、产品和用户要素,达到战略要素扩张的目的,并为下一轮企业资本运营提供动力。

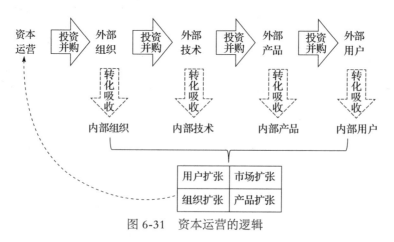

图 6-31　资本运营的逻辑

具体而言，资本运营能够帮助企业迅速扩大累积用户的数量，获得市场上的主导设计地位，加快企业团队职业化进程，并享有范围经济带来的利益（见图 6-32）。

12. 红海市场

一个市场的竞争程度取决于市场空间的大小和市场上竞争者的数量。如果一个市场的用户增加速度很快，那么这个市场的潜在空间就比较大。同时，如果一个市场的企业数量增加也很快，那么即使在较大的市场空间内，企业之间的竞争也会比较激烈。

我们可以按用户增加速度的快和慢与市场上企业数量的增加和减少两个维度来分析市场竞争激烈程度，或者是红海市场的种类。如图 6-33 所示，让用户增加速度比较慢，企业数量增加速度比较快的时候，竞争激烈程度最高，红海的颜色可以说是"血红"。例如，自 2010 年年初我国第一家团购网站上线以来，到 2011 年 8 月，我国团购网站的数量已经超过了 5000 家。然而，愿意参与团购商家的缓慢增长，限制了团购行业的整体规模。经过几年的惨烈竞争，2014 上半年团购网站数量仅剩 176 家，与 2011 年的基数相比，存活率仅为 3.5%。在短短几年里，团购行业完成了"千团大战"到美团、大众点评、百度糯米三家寡头垄断的相对稳定市场格局的过程。

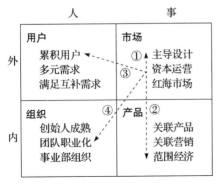

图 6-32 资本运营的作用机制

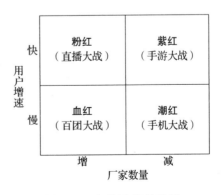

图 6-33 红海市场的种类

再如，2016 年，"千团大战"的盛况再现于直播行业，你可以在社交平台上直播，也可以在电商平台上直播，直播无处不在。据统计，国内的移动直播平台已经超过 200 家，其中拿到融资的公司在 100 家以上。如今，无论是 BAT 三大巨头，还是新浪、乐视和网易，都已涉足移动直播领域。与团购有所不同的是，直播行业直接面对观众用户，不受商家参与积极性的限制。凭借中国巨大的人口基数和移动互联网的红利，直播行业虽然也迅速成了红海市场，但可以说是"粉红"，或者叫作"网红"。

厂家数量增加会加剧竞争激烈程度，如果厂家数量减少，竞争程度会相应降低。例如，我国国内手机厂家的数量在 2014 年年初有 80 多家，到 2014 年年底就下降到了 59 家。从全球范围来看，手机出货量的集中度也越来越高。2016 年 IDC 的数据表明，全球智能手机总销量为 14.7 亿部，其中前 5 家企业就占到了总销量的 57.4%。因此，虽然智能手机用户增速已经比较缓慢，但由于少数厂家垄断了市场，它们之间的差异化竞争使得手机市场呈一种复苏的"潮红"状态。

如果一个市场中厂家数量相对较少，而用户数量增加很快，那么市场竞争激烈程度会相对较低，虽然称不上是蓝海市场，但至少是处于红海和蓝海之间的"紫红"色的紫海市场。以手游市场为例，2016 年中国手游用户规模达 5.23 亿，市场规模为 783.2 亿元，到 2017 年年底，中国手游市场将突破千亿，用户增速非常快。同时，市场中企业集中程度又非常高，2017 年上半年中国手游发行商市场份额占比中，腾讯占比达到 41.2%，其次是网易 28.5%，二者占据了 70% 的市场份额。随着市场的演变，中小玩家在中国手游市场的机会也越来越少了。

总之，市场竞争情况对成熟/扩张阶段的企业非常重要，它不仅影响着企业资本运营的空间，也决定着企业需要能够推出关联产品，还影响着用户多元需求的满足，以及组织架构的建设等（见图 6-34）。

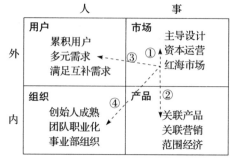

图 6-34　红海市场的作用机制

画布：扩张，黄沙百战穿金甲

和精益创业阶段与专益成长阶段的战略画布类似，增益扩张阶段战略画布也由12个方格组成，代表着增益扩张阶段的十二要点（见图6-35）。其中，累积用户、多元需求、满足互补需求是用户三要素；创始人成熟、团队职业化、事业部组织是组织三要素；关联产品、关联营销、范围经济是产品三要素；主导设计、资本运营、红海市场是市场三要素。

增益扩张阶段战略画布			
累积用户	创始人成熟	关联产品	主导设计
多元需求	团队职业化	关联营销	资本运营
满足互补需求	事业部组织	范围经济	红海市场

图6-35　增益扩张阶段战略画布

（扫描二维码，可下载画布工具）

增益扩张阶段战略画布展示了增益扩张阶段的企业战略要点，便于寻求多元化扩展方向的企业家进行思考和探索，也便于他们对比不同思路的画布，寻求不同的扩张路径，并与精益创业阶段战略和专益成长阶段画布衔接，配合使用，获得企业发展的全景式和动态性图景。

| 案例 6-1 |

阿里巴巴增益扩张阶段的战略画布

我们可以把 2007～2013 年看作阿里巴巴的成熟阶段，这段时间，阿里巴巴主要的新业务是菜鸟和余额宝等。

到 2007 年年底，阿里巴巴注册用户达到了 2760 万户，淘宝用户数达到 5300 万人。拥有巨大用户数的阿里巴巴面临一个问题：如何进一步满足这些用户多样化和个性化的需求？如果说阿里巴巴的主要业务是 B2B，淘宝的主要业务是 C2C，那么，从 2009 年的第一次"双十一"开始，阿里巴巴就开始探索如何实现 C2B 了。同样在 2009 年，阿里巴巴提出了"大淘宝战略"，第一步就是打通淘宝与阿里巴巴平台，形成 B2B2C 的链条。打通了 B2B2C 的链条，就为后来的众筹、直播等 C2B 业态奠定了基础。

为了满足用户的多元需求，阿里巴巴开始努力打造阿里生态。从企业定位上，2008 年，淘宝把定位改为"世界最大的电子商务服务提供商"。通过阿里巴巴、淘宝、支付宝、阿里软件、阿里云、中国雅虎、中国万网、菜鸟等阿里生态成员企业，为用户提供交易流、资金流、数据流、信息流、物流的一体化服务。各个阿里生态成员企业相互间的关联营销，让用户可以"足不出阿里"，就能满足日常办公和生活的需求，成了所谓的"阿里巴巴生活方式"。

为了能够支持多元化的业务和满足用户多元化的需求，阿里巴巴在 2011～2013 年进行了多次组织架构变革。2011 年，淘宝一拆三，分为淘宝商城、一淘、淘宝网三块业务；2012 年，阿里集团一拆七，形成了淘宝网、一淘、天猫、聚划算、国际业务、小企业业务、阿里云七个事业群，被称为"七剑下天山"；2013 年，七个事业群再次拆成 25 个事业部。

马云在向全体员工发出的名为《变革未来》的内部邮件里表示，"这是阿里 13 年来最艰难的一次组织、文化变革。本次组织变革的一个方向是把公司拆成'更多'小事业部运营，希望给更多年轻阿里领导者创新发展的机会"。另一方面，"希望各事业部不局限于自己本身的利益和 KPI，而是以整体生态系统中各种群的健康发展为重，能够对产业或其所在行业产生变革性影响，最终实现'同一个生态，千万家公司'的良好社会商业生态系统"。

增益扩张阶段画布（2007～2013 年）

累积用户	**创始人成熟**	**主导设计**
• 2007 年 6 月，阿里注册用户 2460 万，付费会员 25.5 万，2005 增长 83%，2006 增长 55%。阿里累积用户推动上市和 B2C • 淘宝累积用户推动了 C2B 时代（"双十一"）的到来	• 对上市时机的把握 • 对大趋势的判断，如对第三方支付企业必须 100% 为内资的判断 • 在董事会和股东不同意的情况下，拆解支付宝增长为 VIE 结构 • 建立业务增长与规范管理的平衡	• "不懂技术，要懂判断技术" • 菜鸟成为物流行业主导设计 • 淘宝成为 C2C 行业主导设计 • 天猫成为 B2C 行业主导设计
多元需求	**团队职业化**	**关联产品**
• "双十一"在消费者和商家之间，发现、创造、拉动和完成需求 • 淘宝、天猫、一淘、聚划算、口碑	• "正因为我不懂技术，我们公司技术才最好" • 2010 年，合伙人制度，"由合伙人提名董事会中大多数董事人选" • 2011 年诚信反腐，CEO 卫哲辞职	• 阿里巴巴、淘宝、支付宝、阿里软件、中国雅虎、阿里云、中国万网 • 当业务海量增长时，必须控制性地发展业务 • 2013 年布局物流，做菜鸟 • 2013 年，做余额宝
满足互补需求	**事业部组织**	**关联营销**
• 交易流、资金流、数据流、信息流、物流 • "大淘宝战略"满足互朴性强的需求 • 大的供应平台峰低小企业多元化的需求	• 2011 年，淘宝一拆三（淘宝商城、一淘、淘宝网）；阿里集团一拆七（淘宝网、一淘、聚划算、天猫、淘宝商城、小企业业务、阿里云） • 2013 年，7 拆 25	• 2009 年，造节"双十一" • 购物网页面增加天猫、聚划算、一淘的选项 • 增加菜鸟物流选项 • 在阿里用户群里推广"来往"
	范围经济	**资本运营**
	• 2008 年，淘宝成立 5 周年，定位从"世界三大互联网公司之一"改为"世界最大的电子商务服务提供商" • 2009 年，阿里成立 10 周年，从 "meet at Ali" 改为 "work at Ali"	• 2007 年 11 月，阿里 B2B 香港上市，赶在金融危机爆发前上市，筹集了大量资金 • 2010 年，支付宝内资化，拆解支付宝的 VIE 结构
		红海市场
		• 面临着来自京东、当当、亚马逊、苏宁易购等各类垂直电商，以及网易考拉、唯品会等细分电商的挑战，电子商务领域的竞争日益激烈

图 6-36 阿里巴巴增益扩张阶段战略画布

我们之所以说阿里巴巴在这个时期处于成熟阶段，不仅仅是它的用户多、业务复杂了，而且是因为创始人更加成熟、团队更加职业化了。我们前面说过阿里巴巴的"十八罗汉"。在阿里巴巴创业的时候，这18个人是以创始人的身份加入的。到了企业成熟的阶段，不是所有的创始人都能跟得上企业的发展。于是，2010年阿里巴巴引入了合伙人制度，只有部分创始人成为合伙人。除了创始人，在首批30位合伙人中，引入了大量的职业经理人。

成熟阶段的企业也离不开资本运营。阿里巴巴的B2B业务于2007年11月在香港上市，在金融危机爆发之前，筹集了大量资金。2010年，马云又敏锐地判断国家将严格管理第三方支付企业，于是他力推拆解了支付宝的VIE结构，这为支付宝的快速发展和后来余额宝的诞生铺平了道路。

阿里巴巴成熟阶段的战略决策可以总结成：根据累积用户的多元需求，发展天猫、一淘、聚划算等产品，通过合伙人制度和事业部架构的搭建，支撑起包括交易流、资金流、信息流、数据流和物流等的巨大网络，实现范围经济，在电子商务的红海中领航。可见，成熟阶段的企业不仅拥有大量的用户和业务，还要求创始人成熟和团队职业化，此外，企业对资本市场的运作和技术趋势的把握都非常关键。

Co-evolution
Strategy
第7章

升益转型阶段

变轨：转型四问

在升益转型阶段，和前面的三个发展阶段一样，企业家也要回答的四个核心战略问题（见图 7-1）：企业为什么要转型（why）？组织能否变得了（who）？转型的方向是什么（what）？转型的市场环境如何（where）？

哈佛商学院教授克莱顿·克里斯坦森因提出"颠覆式创新"理论，被《纽约时报》戏称为"创新沙皇"。关于颠覆式创新，克里斯坦森写了一系列著作，其中最有名的是《创新者的窘境》《创新者的解答》和《创新者的基因》。[一]在这三本书中，克里斯坦森系统地论述了大企业为什么会被颠覆。

大企业被颠覆的原因可以总结成"五所不能"。注意，这个"五"是数字五，不是什么都能的意思，而是有五个不能的意思。这五个不能是：看不见用户、看不起需求、看不懂模式、学不会组织、跟不上市场。套用共演战略四要素的框架，就是图 7-2 中的情况。看不见用户和看不起需求同属用户要素，其他三个"不能"分别属于产品、组织和市场要素。

"看不见用户"说的是，主流企业有自己积累的客户，"让客户满意"是这些企业的信条，但这些主流企业很可能忽视了"潜在客户"的存在。所谓"潜在客户"，就是那些过去不是企业的客户，但未来可能成为客户，甚至可能成为主要客户的企业或个人。

举个例子。在 DVD 普及之前，大家都是在线下录像带租赁店租录像带，很不方便。网飞公司的创始人哈斯廷斯看到了 DVD 和互联网这两项技术普

[一] 克莱顿·克里斯滕森. 创新者的窘境 [M]. 胡建桥，译.2 版. 北京：中信出版社，2014；克莱顿·克里斯滕森. 创新者的解答 [M]. 林伟，李瑜偲，郑欢，译.2 版. 北京：中信出版社，2013；克莱顿·克里斯滕森. 创新者的基因 [M]. 曾佳宁，译. 北京：中信出版社，2013.

及产生的机会，创办了网飞公司，用户利用网上下单，通过美国邮政系统租借和归还DVD。这种创新的模式把原来嫌麻烦、不租录像带的人变成了网飞公司的用户，而这些习惯于使用互联网的新用户是传统录像带巨头百视达所看不到的。

	人	事
外	用户 1.企业为什么 要转型（why）	市场 4.转型的市场 环境如何（where）
内	组织 2.组织能否 变得了（who）	产品 3.转型的方向 是什么（what）

图 7-1　升益转型阶段的四个战略问题

	人	事
外	用户 看不见（潜在）用户 看不起（潜在）需求	市场 跟不上（变化）市场
内	组织 学不会（改变）组织	产品 看不懂（新的）模式

图 7-2　被颠覆大企业的"五所不能"

"看不起需求"说的是，刚刚出现的小市场往往不能解决大企业的增长需求。还说视频租赁的例子。当DVD开始出现时，传统录像带巨头百视达也注意到了这种新的视频载体形式，但由于当时DVD机还没有普及，DVD租赁的市场其实很小，也很分散。作为视频租赁行业的传统巨头，百视达看不上，也没有耐心培养这个小市场。但这个小市场对于刚刚创业的网飞公司来说，已经是非常好的了。所以，大企业看不上的小市场往往能够成为新创企业立足的起点。

"看不懂模式"说的是，基于破坏性技术的新商业模式往往是主流企业看不懂的。例如，当宽带基础设施普及后，线上视频租赁商业模式开始出现。作为传统线下租赁巨头的百视达没有互联网基因，看不懂线上租赁的模式。而作为网飞公司，由于它的DVD租赁模式本来就是线上线下的结合，网飞公司有互联网基因，它从DVD租赁模式转型流媒体模式的道路比百视达要顺畅很多。

"学不会组织"说的是，主流企业已有的机构、惯性和流程等因素会制约它适应新形势、采用破坏性技术的能力。2000年互联网泡沫的破裂让网飞公司面临很大的困境，这一年网飞公司亏损 5000 多万美元，不得不寻求和百事通的合作。哈斯廷斯曾提议以 5000 万美元的价格直接把网飞公司卖给百视达，但百视达的 CEO 拒绝了这个提议。百视达之所以拒绝这个提议，根本原因在于百视达庞大的线下租赁店和网飞公司的网上租赁模式之间存在冲突，百视达的线下加盟店会认为网上租赁抢了它们的生意。

"跟不上市场"说的是主流企业在错失采用破坏性技术的最佳时机后，会因为没能够及时积累市场转型需要的能力而一再错过机会。例如，当百视达在 2003 年真正开始重视 DVD 租赁业务时，已经落后网飞公司 6 年之久。百视达的实体店看似有庞大的 2000 万客户，但由于信息管理系统陈旧，没有数据可以用来对用户的行为习惯进行分析，所以效率非常低下。百视达坚持到 2010 年就再也坚持不下去了，在这一年，百视达申请了破产保护。

大企业被颠覆的例子不胜枚举，如诺基亚、摩托罗拉、柯达等。然而，这些大企业并非不知道创新者面临的窘境，并非没有学过克里斯坦森的理论。那么，为什么企业的颠覆和衰落的剧目会不断上演呢？这就需要系统地理解企业为什么要转型。

1. 企业为什么要转型（why）

正如前面在共演战略四阶段部分所讲，任何企业都难免进入衰退期，但是，之所以有些企业能够长盛不衰，不是因为这些企业"基业长青"，而是因为它们会在发展的适当时机进行转型，而其他企业则因为没能及时转型，从而沦为平庸（见图 7-3）。

以苹果公司为例。1976 年，史蒂夫·乔布斯、斯蒂芬·沃兹尼亚克和罗·韦恩三人在乔布斯父母的车库里创办了苹果电脑公司。公司成立当年，沃兹尼亚克开发了公司史上第一款产品——Apple I 电脑，Apple I 总共生产了 200 台。1977 年，苹果推出 Apple II 电脑，这也是全球首台真正意义上的个人电脑，全球销量超过百万台。因为这款产品的成功，苹果也迅速发展成一个员工上千人的大公司。1980 年苹果在纳斯达克上市，同年 IBM 推出了首款个人电脑，苹果个人电脑业务的最大竞争对手诞生了，苹果的电脑业务增速放缓。

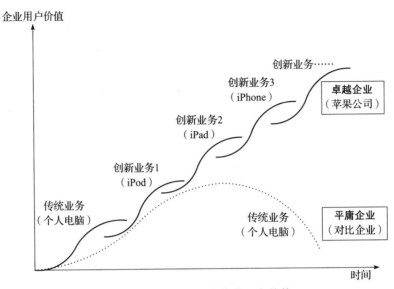

图 7-3 平庸和卓越企业的用户价值

1983 年，乔布斯聘请约翰·斯卡利担任苹果公司的 CEO。1984 年，苹果发布 Macintosh 个人电脑，这成为计算机发展史上的里程碑级作品，苹果的电脑业务再次加速发展。1985 年，苹果董事会决定撤销乔布斯的经营大权，乔布斯卖掉自己苹果公司的股权重新创业。1993 年，由于连年经营不善，苹果电脑的市场份额已下滑到 5%，约翰·斯卡利辞去 CEO 职位。

1997 年，乔布斯重新回到苹果公司担任董事长。2001 年，苹果推出了 iPod 数字音乐播放器，后来它成为全球市场占有率最高的音乐播放器。2006 年，乔布斯发布了 iMac 和 MacBook Pro。2007 年，苹果推出了 iPhone，重新定义了手机行业。2010 年，苹果推出了 iPad，开启了移动娱乐市场。2017 年，iPhone 发布 10 周年时，苹果推出了 iPhone X。虽然近年来人们对苹果的创新力开始表示质疑，但纵观苹果公司发展的历史，不断推出的创新业务，使苹果公司持续为用户创造价值，从一家优秀的电脑公司，变成了一家卓越的科技企业。

与苹果公司的不断推陈出新不同，有些企业"坚守"传统业务，跟不上用户需求的变化，企业的用户价值快速衰退，从而从优秀企业沦为平庸企业。例如，美国著名的华人企业王安公司，在 20 世纪 70 年代后期和 80 年代前几年一直处于巅峰时期，公司推出的"王安处理系统"成了"文字处理系统"的代名词。1983 年，王安公司的营业额高达 15 亿美元，成为世界最大的字处理机生产商，王安个人的资产一度达 20 亿美元之多，稳居全球华人首富之位。但是，PC 时代到来后，王安公司没能及时转型，从 1985 年起，王安公司第一次出现亏损，之后一亏再亏，并于 1992 年申请破产保护。

苹果公司和王安公司兴衰命运迥异的背后，折射出的是这两家企业对用户需求理解的差异。企业存在的目的是为创造用户价值，而企业转型的目的是为了持续创造用户价值。

创造用户价值的前提是理解用户"真正的"需求和"潜在的"需求。所谓"真正的"需求，说的是用户购买产品或服务要解决的问题，而不是产品或服务本身。比如那个著名的例子：用户买电钻，不是为了买电钻这个产品，而是为了在墙上打洞。所谓"潜在的"需求，说的是现在的产品没有办法满足用户真正的需求，用户正期待有更合适的产品或服务来满足自己的需求。例如，在 iPhone 出来之前，非智能手机无法满足用户利用互联网进行沟通的需求，而能满足这类需求的智能手机代表着未来。

除了要挖掘用户"真正的"需求和"潜在的"需求，创造用户价值还要注意那些没有被服务到的"零消费市场"和被过度服务的"过度消费市场"。"零消费市场"表明用户需求未被满足，"过度消费市场"表明用户需求被过度满足，这两种情况加上用户需求被适度满足，就构成了用户需求被满足的所有情况。企业在用户需求未被满足和用户需求被过度满足的情况下，都有创新的机会。我们把用户需求未被满足和用户需求被过度满足的两种情况，与企业累积用户和潜在用户两类用户结合起来，就得出图 7-4 中用户需求驱动企业转型的机制。

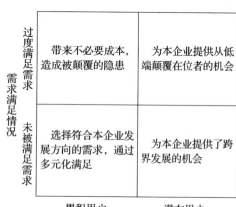

图 7-4　用户需求驱动企业转型

对于企业累积用户而言，经过创业期、成长期和扩张期的发展，如果累积用户还有未被满足的需求，那么这些需求很可能不符合企业的战略发展，应该放弃。对于企业累积用户，倒是可以关注一下他们被"过度满足的需求"。例如，对于一些短途飞行的旅客来说，在飞机上用餐可能就是需求的过度满足。20世纪80年代，美国航空公司一名乘务员就发现，近3/4的乘客会留下沙拉里的橄榄不吃。于是，美国航空公司去掉了沙拉中的橄榄，仅这一项调整一年就为美国航空公司节省超过4万美元的成本。

对于企业而言，潜在用户的未被满足需求和被过度满足需求都为企业提供了发展的机会。先看一个"潜在用户的未被满足需求"的例子。现在，很多人在自己的办公桌旁边都放着一台小型复印机，有需要随时复印，非常方便。但在佳能公司发明桌面复印机之前，复印机体型非常大，价格也很贵。一个小公司通常只有一台复印机，也往往是租来的。佳能公司发明小型复印机之后，小型复印机迅速出现在很多人的办公桌上，一个原来没有的市场变得非常巨大，同时颠覆了生产大型复印机的公司。由于这些潜在用户往往属于另一个价值网或者市场，这种"潜在用户的未被满足需求"就为转型企业提供了跨界发展的机会。

再看一个"潜在用户的被过度满足需求"的例子。现在，很多人出门都开小排量汽车甚至是电动汽车，但在20世纪70年代之前，在素有"车轮上的国度"的美国，人们都习惯开大排量的汽车和摩托车，例如那种发出振耳欲聋声响呼啸而过的哈雷摩托车。日本的摩托车和汽车企业正是看准了美国这个对能源过度消费的市场，以小排量和高性价比产品切入，满足了美国部分消费者节约能源和环保的需求，成为世界领先的企业。对于当时的日本企业而言，美国消费者是潜在用户，而这些潜在用户的开车需求被美国企业过度满足了，于是日本企业通过提供较低成本和低价格的解决方案，从低端颠覆了美国企业。

2. 组织能否变得了（who）

企业意识到转型的必要性之后，组织能否做出相应的改变就成了一个重要的问题。组织惰性是转型阶段的企业面临的重要挑战。组织惰性是一种固化于组织之中的保持或维护现有工作活动模式与习惯的力量,表现为组织的内在活力和创新能力下降,组织成员缺乏主人翁意识,得过且过,循规蹈矩,不求进取。

有一句话叫"失败乃是成功之母",说的是通过从失败中吸取教训,可以提高成功的可能性。把这句话反过来说,"成功是失败之母",也很有几分道理。由于不断取得成功,许多组织及其领导者会在功绩面前产生懈怠心情。成功为组织创造了一个相对稳定、安逸的环境,组织中逐渐形成固化的规范、制度、文化与领导模式,组织成员倾向于认为过去的成功已经证明自己知道什么是重要的、什么是应该的、什么是可行的。然而,面对未来发展方向的不确定性和发展路径的不连续性,过去的成功难以复制,而过去的成功经验往往会增加组织的惰性,使得企业面对变化抱残守缺。

如图 7-5 所示,企业在四个发展阶段中所面临的组织惰性不同。在创业阶段和成长阶段,企业还没取得很大成绩,组织结构也比较简单,组织惰性程度较低;在扩张阶段和转型/衰退阶段,企业已经经历了创业和成长的初步成功,组织结构开始变得复杂,组织惰性程度提高。

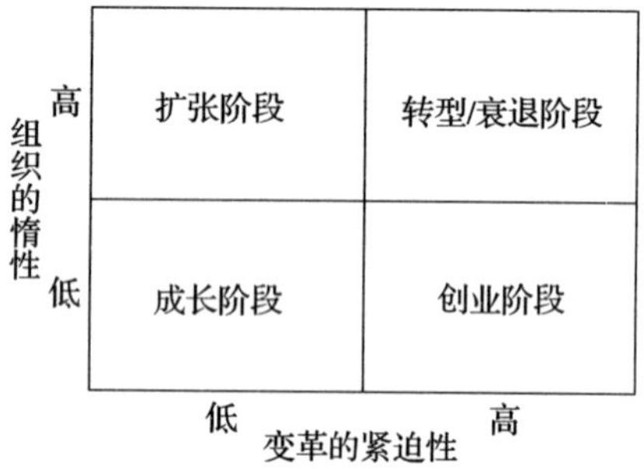

在企业的四个发展阶段,不仅组织惰性程度不同,战略变革的紧迫性也不同。在成长阶段和扩张阶段,企业的主要任务是基于创业期找到的用户需求和企业产品之间的匹配,扩大经营成果,企业不需要进行战略方向的重大调整;在创业阶段和转型/衰退阶段,企业则需要进行战略方向的重大调整,战略变革的紧迫性高。

图 7-5 各阶段的组织惰性与战略变革的紧迫性

综上所述,企业在转型/衰退阶段,组织惰性和战略变革紧迫性两个方面处于双高的状态,既需要变革,又没有变革的动力。转型阶段的企业面临很大的组织变革挑战。

转型阶段企业面临的组织变革挑战主要来自再造组织基因的困难。组织往往被看成生命体，组织重大的战略创新也就意味着生命体的重生，重生的目的是生命的延续，当然会继承组织的基因。和所有生命体一样，组织也有基因。戈文达拉扬和特林布尔教授认为，组织基因由四部分组成：员工、结构、制度和资源。[○]如果打个比喻的话，员工就是组织的细胞，结构可以看作组织的骨骼，制度可能是组织的神经系统，而资源是流淌在组织中的血液。在组织转型过程中，组织中细胞、骨骼、神经和血液特性的延续和创新起着决定性的作用。

如图 7-6 所示，组织基因也可以分为有形和无形两类，大体上讲，员工和资源是有形的组织基因，组织架构和规则制度是无形的组织基因。换一个角度来看，员工和组织架构是关于人的组织基因，而资源和规则制度是关于事的组织基因。

组织变革既要改变四种组织基因，又要继承四种组织基因中优秀的部分，就好像给企业进行一次基因改造工程一样。组织基因改造工程有四种途径：一是分离；二是借用；三是遗忘；四是学习（见图 7-7）。

图 7-6　组织基因的构成

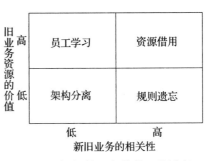

图 7-7　组织基因变革的四种途径

分离就是对组织架构进行改造，把从事传统业务和创新业务的组织分离开。如果从事传统业务和创新业务的部门在地理位置、隶属关系、规章制度、资源调配等方面不能有效分离，这两类部门之间就很容易产生矛盾。例如，生产手机上用的"大猩猩玻璃"和"蓝宝石玻璃"的康宁公司，曾尝试

○　维杰伊·戈文达拉扬，克里斯·特林布尔．战略创新者的十大法则：从创新到执行［M］．马一德，罗春华，译．北京：商务印书馆，2008．

进入生物技术领域，生产 DNA 微阵列生物芯片，就是一个几英寸长的长方形玻璃片，上面覆着极微小的 DNA 样本。这个新业务既需要康宁公司传统的玻璃生产技术，也需要新的生物技术。最初，康宁公司没有把两个业务的组织架构有效分离开，结果传统业务部门处处掣肘，直到公司最高层直接把新业务划归自己管理，并在地理位置上和隶属关系上都把新业务分离开，新业务才得以快速发展。

借用就是发挥组织现有的资源优势。企业家之所以想把企业做大，或者说，很多大型企业之所以能够持续保持市场地位，是因为它们懂得如何发挥组织的现有优势来发展新业务。有人说，"在腾讯，种个扁担都能开花"，说的就是腾讯善于利用流量和资金等资源优势发展和投资新业务。实际上，无论是腾讯的微信，还是阿里巴巴的阿里云，或者是百度的人工智能，都是利用了这些公司的资源优势发展出来的。

遗忘就是把组织中阻碍变革的规则和惰性忘记掉。企业和人一样，也有记忆，我们称为"组织记忆"。组织记忆存在于企业的规章制度里。步入成熟期的企业与中年人一样，开始喜欢回顾自己的"英雄事迹"，不愿意离开自己的"舒适区"。所以，企业熟悉的用户和业务模式、擅长的产品和竞争领域等，都成了组织记忆中根深蒂固的东西。在组织变革中，如果不把一些妨碍变革的组织记忆有意识地"遗忘"掉，变革往往很难成功。

学习就是在企业发展的过程中不断学得新的理念，并把理念应用于实践。《论语》开篇第一句就是"学而时习之"，按照许仁图《子曰论语》中的解释，"自觉不如而求觉，而仿效"就是"学"，"多次尝试悟出或仿效的做法"就是"习"。所以，"学"就是悟出新的理念；"习"就是把理念应用于实践；"而"是"能"的意思，强调理论和实践的并行不悖；"时"是"天时"的意思，讲的是春夏秋冬四时的变化。也就是说，要"学"四时嬗变的天行之道，也要在不同的情况下"习"不同的做法。这个解释和共演战略强调的系统性和动态性不谋而合。所以说，有效的组织学习是一个系统工程，需要和组织分离、借用、遗忘相结合，需要以员工为学习的主体，用组织结构和组织制度作为保障，还得配合组织资源的运用。

从分离、借用、遗忘和学习这四个关键词，我们可以联想到武侠小说中四种练成绝世武功的方法。第一种是分离，例如《射雕英雄传》中周伯通的左右互搏，左右互搏的关键诀窍全在"分心二用"四字。第二种是借用，例如《天龙八部》里虚竹得到了无崖子70年的功力。借用的好处是快，但毕竟不是自己日积月累练成的，所以虚竹和丁春秋打起来还是感到吃力。第三种是遗忘，例如《绝代双骄》里燕南天练的嫁衣神功，练到六七成时，就要将炼成的功力全都毁掉，然后再从头练过，正所谓"欲用其利，先挫其锋"。遗忘是非常难的，所以武侠小说里这类功夫并不多。第四种是学习，例如《射雕英雄传》里郭靖练的全真教内功和洪七公的降龙十八掌，这些都是笨功夫，要靠一点儿一点儿练习，才能有所成就。

3. 转型方向是什么（what）

要想理解企业转型的方向，需要先理解几个概念：产品技术创新、商业模式创新、延续性创新和非延续性创新。技术创新和商业模式创新是产品创新的两个组成部分。技术创新是指开发新技术或者把已有的技术进行创新的应用，技术创新是企业生产新产品和提供新服务的基础。商业模式是企业创造、传递和获取价值的结构和流程，包括产品或服务的生产流程、销售渠道和获利模式等。商业模式创新就是对企业创造、传递和获取价值的结构和流程进行创新。

例如，2017年年初，雷军在讨论小米现状的时候，提到了他要亲自抓的三个工程。第一个是技术工程。小米成立了专门的技术委员会，推动公司的技术创新，具体的例子包括三年前开始的自主研发芯片，以及两年前开始的mix概念手机。第二个是品质工程。小米把产品质量看作小米模式的核心。第三个是交付工程。小米的新品总是缺货，外界评论是饥饿营销，实际上是供不应求，是交付出现了问题。雷军所说的技术工程就是组织转型的技术创新，品质工程和交付工程就是商业模式创新，品质工程是生产模式创新，交付工程是销售模式创新。

延续性创新对应的英文是"sustaining innovation"，强调新的技术或模式是在原有技术或模式轨迹的延长线上进行的创新；非延续性创新对应的英文是"disruptive innovation"，"disruptive"是打破传统的意思。所以，非延续性创新有两层意思：第一层意思，非延续性创新不是在原有技术或模式轨迹延长线上发展的；第二层意思，非延续性创新甚至会打破原有技术或模式发展的轨迹。

我们看一个非延续性创新的例子。如果你去过位于美国硅谷的计算机历史博物馆，你一定会注意到一楼一个房间里的几台非常巨大的计算机，这几台巨大的计算机是IBM公司在20世纪60年代制造的，每一台都占地几十平方米。1956年，IBM研制出了世界上第一个硬盘驱动器，大小相当于一个超大电冰箱，包含50个24英寸大小的磁盘，但只能够存储5MB的信息。自从被发明那天开始，工程师能在一英寸的磁盘表面上写入的信息量，以平均每年35%的速度递增。相应地，硬盘驱动器的体积也以差不多每年35%的速度递减。

硬盘驱动器技术的创新可以分为两类：一类是延续性创新；另一类是非延续性创新。代表性的延续性技术包括读取磁盘数据的磁头技术，磁头技术从在20世纪70年代的铁氧体磁头，到20世纪90年代的磁阻磁头，新一代磁头技术都是对原有技术的渐进式改进。由于磁头技术创新的延续性，领先企业总能在下一代磁头技术创新中保持领先地位。和磁头技术不同，硬盘驱动器大小的结构性创新是典型的非延续性技术。受到存储材质的限制，要想在一个硬盘驱动器里存储更多的信息，就需要用体积更大的存储器结构。如果想要一个更轻便的硬盘驱动器，只能用体积较小的存储器结构。

在20世纪70年代中期，主流的硬盘驱动器规格是14英寸，面向的主要是大型计算机市场。只有大型计算机才有足够的物理空间可以容纳这些个头庞大的14英寸硬盘驱动器，同时，只有14英寸硬盘驱动器才能提供大型计算机所需要的存储空间。

20世纪70年代末，出现了8英寸硬盘的生产技术。这些8英寸硬盘最大的优势就是个头小，但最大的劣势也是个头小。因为个头小，所以容量低，单位容量价格高。生产8英寸硬盘驱动器的企业没有办法满足大型计算机企业的需要,只能把产品卖给生产微型计算机的企业。

我们现在回头看,很清楚小型化是计算机产业发展的大趋势,可当时的企业不清楚这个趋势。8英寸硬盘技术被当作低端技术,被生产14英寸硬盘的主流企业搁到一边。

后来发生的事情很有戏剧性。随着微型计算机企业成为计算机行业的主流,8英寸硬盘成了硬盘行业的主流技术。原来的14寸硬盘厂家虽然不断对14英寸硬盘技术进行延续性技术创新,但最终还是被8英寸硬盘技术替代了。

实际上,类似的颠覆在硬盘行业发生过好几次(见图7-8)。后来,主要用于微型计算机的8英寸硬盘技术被主要用于台式计算机的5.25英寸硬盘技术颠覆了;5.25英寸硬盘技术又被主要用于便携式计算机的3.5英寸硬盘技术颠覆了;3.5英寸硬盘技术又被主要用于笔记本计算机的2.5英寸硬盘技术颠覆了;2.5英寸硬盘技术又被主要用于超级笔记本计算机的1.8英寸硬盘技术颠覆了。现在,我们的各种电子设备里用的最多的是更高效的闪存技术。

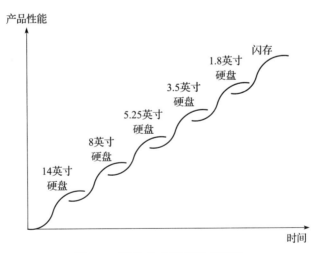

图7-8 硬盘技术的颠覆式创新

从硬盘驱动器行业的发展史中我们看到,主流技术和主流企业好像被施了魔咒一样,难逃被颠覆的命运。正是基于对这些不断重复出现现象的观察,克里斯坦森才总结出来了颠覆式创新理论,而颠覆式创新理论所基于的就是非延续性创新。

我们把产品技术创新、商业模式创新、延续性创新和非延续性创新这四个概念在综合一下，就能得到企业转型的技术和模式的发展规律。图 7-9 中，技术和模式被分为三个简化的发展阶段：成长期、成熟期和转型期。产品技术被分为技术创新度高和技术创新度低两种情况，商业模式也被分为模式创新度高和模式创新度低两种情况。

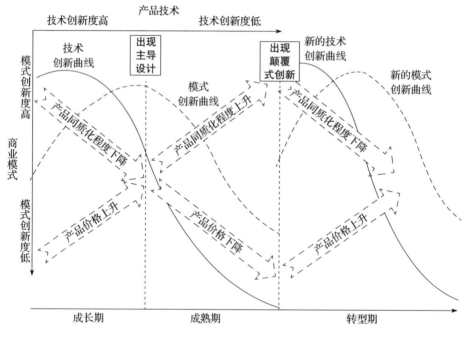

图 7-9　产品的技术创新和商业模式创新

我们看到两条创新曲线：技术创新曲线和模式创新曲线。在产品的成长期，技术创新曲线有一个较高的起点，经过一段时间的向上发展，技术创新曲线开始迅速下降。模式创新曲线的起点比较低，当技术创新曲线开始下降时，模式创新曲线还在上升。当模式创新曲线也达到顶点时，出现了产品的主导设计，随后，技术创新曲线和模式创新曲线均呈下降趋势。

在主导设计出现之前，产品的同质化程度一直在下降，而产品的价格也随着市场需求的提高而上升；在主导设计出现之后，产品的同质化程度上升，产品价格也随着竞争的加剧而下降，直到颠覆式创新的出现。颠覆式创新的出现，标志着产品的发展进入转型期，新的技术创新曲线和新的模式创新曲线已经形成，产品创新进入下一个循环。这就是硬盘驱动器那个例子背后的理论逻辑。

4. 转型的市场环境如何（where）

企业不是孤立存在的，企业存在的环境可以用"价值网"来代表。简单来说，价值网就是企业在创造价值、传递价值和获取价值过程中形成的价值网络。这个价值网络里的利益相关方不仅仅有企业自己，还包括企业的供应商、用户、竞争者和互补者等。

如图 7-10 所示，转型中的企业要跨越两个甚至多个价值网，在每个价值网中，都有供应商、用户、竞争者和互补者等利益相关者。不同价值网中利益相关者的利益诉求不同，导致企业在满足这些利益相关者不同的利益诉求时非常困难。

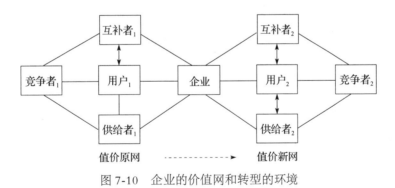

图 7-10　企业的价值网和转型的环境

举个希捷公司的例子，帮助我们理解价值网内的相关要素是如何影响企业转型的。1985 年，希捷公司的工程师就在行业内率先研制出了 3.5 英寸硬盘的样机。这些工程师向公司的市场营销人员展示了他们的样机，市场营销人员拿着这些样机征求主要客户 IBM 公司的意见。IBM 公司并没有对 3.5 英寸硬盘表现出任何兴趣，因为它们的主要计算机产品里已经为 5.25 英寸硬盘预装了安装槽。于是，希捷公司把 3.5 英寸硬盘技术束之高阁，转而继续加大在利润率更高的 5.25 英寸硬盘上的投资。随后不久，市场上出现了专门生产 3.5 英寸硬盘的康诺公司，而康诺公司的主要创始人就是从希捷公司出来的。康诺公司把目标客户定位在生产笔记本电脑的康柏公司，它以 50% 速度提高产品性能，并最终威胁到了希捷公司等传统硬盘企业的市场地位。

第一，从用户的角度看，企业价值网内存在一个用户网络。对于生产 5.25 英寸硬盘的希捷公司来说，它们的客户是台式计算机企业。当希捷公司的工程师研制出 3.5 英寸硬盘技术后，公司营销部门和工程管理部门的人员征求台式计算机企业的意见。由于相对于 5.25 英寸硬盘技术来说，3.5 英寸硬盘技术存储容量小、速度慢、成本高，台式计算机企业肯定不喜欢 3.5 英寸硬盘技术。于是，营销部门和工程管理部门给希捷公司决策层的反馈就是"客户不喜欢"。

第二，从供应商的角度看，企业价值网内存在一个供应商网络。换句话说，硬盘驱动器企业不可能完全靠自己造出硬盘，它们需要相关企业为它们提供配件。例如，生产硬盘驱动器需要磁盘、磁头、电源、启动器和接口等。如果生产 5.25 英寸硬盘的希捷公司改作主要生产 3.5 英寸硬盘，它需要得到所有供应商的配合，但这些供应商很可能因为提供新型号配件的量小、利润低而不愿配合。

第三，从互补者的角度看，企业价值网内存在一个互补者网络。换句话说，每一种主要的技术都需要一些辅助技术来支撑。对于一个行业破坏性技术来说，这些技术在刚出现时，由于没有成熟的互补者提供辅助技术，主要技术发展速度通常很慢。例如，作为生产 5.25 英寸硬盘的希捷公司，如果要生产 3.5 英寸硬盘，它可能需要自己发展这些辅助技术，或者等着市场上的辅助技术成熟，而这些辅助技术在刚开始的阶段通常发展缓慢。

第四，从竞争者角度看，企业和竞争者之间也形成了一个网络。如果一家企业把精力放在新产品上，竞争者会马上来抢夺现有产品的市场份额，而新产品的市场规模通常较小，无法满足大企业发展的需要。所以，虽然 3.5 英寸硬盘这样的破坏性技术是希捷公司先发明的，但它内部的营销部门还是以市场规模小为由，成功地把破坏性技术在企业内扼杀了。

升益：转型的十二要点

企业在创业阶段、成长阶段和扩张阶段，通常是沿着同一条价值 S 曲线前进的，然而进入扩张阶段之后，企业的价值曲线上升趋缓，需要跨越到新的价值曲线持续创造价值。因为企业是由用户、组织、产品和市场四个战略要素组成，所以转型阶段企业要跨域用户、组织、产品和市场等四条价值曲线（见图 7-11）。

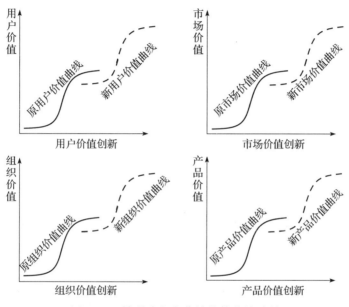

图 7-11　转型阶段企业的价值曲线跨越

根据转型阶段的企业特点，转型阶段的战略十二要点如图 7-12 所示，包括：重识用户、潜在需求、需求升/降级、重拾创始人精神、团队创客化、耗散结构、创新产品、品类营销、生态模式、范式变革、公司创投、蓝冰市场。

	人	事
外	**用户** 重识用户 潜在需求 需求升/降级	**市场** 范式变革 公司创投 蓝冰市场
内	**组织** 重拾创始人精神 团队创客化 耗散结构	**产品** 创新产品 品类营销 生态模式

图 7-12　升益转型阶段的战略十二要点

1. 重识用户

从创业阶段开始到转型阶段，随

着企业的发展，用户有很大变化。对企业而言，创业阶段最重要的用户特点是用户的好奇度，成长阶段最重要的用户特点是用户的从众度，成熟阶段最重要的用户特点是用户的满意度，衰退／转型阶段最重要的用户特点是用户的忠诚度。

"好奇度"指的是用户对新鲜事物的接受程度，好奇度高的用户对产品和服务的质量要求不高，对产品和服务的新颖性要求比较高；"从众度"指的是用户对别人已经接受的事物的接受程度，从众度高的用户对广告等大众媒介推广的产品接受度高；"满意度"是用户通过对一个产品的可感知效果与期望值相比较后，所形成的愉悦或失望的感觉状态，当实际消费效果达到用户的预期时，就会使用户满意，否则会导致用户不满意；"忠诚度"是指用户对企业产品或服务的依赖和认可、坚持长期购买和使用该企业产品或服务所表现出的在思想和情感上的一种高度信任和忠诚的程度。

从图 7-13 中可以看出，好奇度高的用户着眼于未来，看好产品或服务的更新，是创业期重要的用户群体；从众度高的用户着眼于现在，看重他人对产品或服务的评价；看重自身的满意度的用户是成熟期的主要用户群体，满意度的高低主要基于自己使用产品或服务的现实感受；用户的忠诚度同样来自用户对产品或服务的体验，但忠诚度的影响已经超出了产品或服务的范围，忠诚用户对企业产生了情感，是转型期企业未来发展的用户基础。

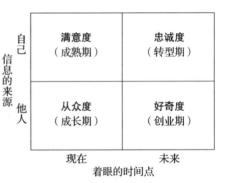

图 7-13　各发展阶段的重点用户指标

从成熟期到转型期，企业之所以从关注用户满意度转变为关注用户忠诚度，一个重要原因是企业面临的竞争强度不断加强。

如图 7-14 所示，用户满意度和用户忠诚度之间的关系可以从三方面理解：首先，用户满意度和用户忠诚度之间是正相关关系，用户满意度高的产品或服务，用户忠诚度往往也高，反过来，用户忠诚度高的产品或服务，用户满意度往往也高；其次，在低竞争强度的情况下（图右下的三角形区域），用户的选择空间有限，即使不满意，他们往往也会出于无奈继续使用本企业的产品和服务，表现为一种虚假忠诚；最后，在高竞争强度的情况下（图左上的三角形区域），完全满意的用户远比部分满意的顾客忠诚，只要用户满意程度稍稍下降一点，用户忠诚的可能性就会急剧下降。

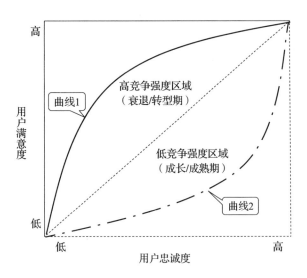

图 7-14 用户满意度和用户忠诚度的关系

因此，处于低度竞争情况下（成长/成熟期）的企业应居安思危，努力提高用户满意程度，否则一旦竞争加剧，用户会很快大量流失，企业就会陷入困境；处于高度竞争情况下（衰退/转型期）的企业要明白，从用户不满意到用户不忠诚，再到用户流失的原因。

管理之所以复杂，就在于有时候如果对重要的东西强调太多，就会造成反效果，用户满意度和用户忠诚度就是这样的一个例子。在转型阶段，企业需要重新认识用户，需要认真理解用户的潜在需求。

2. 潜在需求

在《创新者的窘境》一书中文版封面上有两句话，很好地诠释了成熟企业面临的困难。第一句话是：就算我们把每件事情都做对了，也有可能错失城池。第二句话是：面对新技术和新市场，往往导致失败的恰恰是完美无瑕的管理。这两句话中"每件事情都做对"和"错失城池",以及"完美无瑕"和"失败"之间的矛盾,正是成熟企业面临的"窘境"。我们可以把"每件事情都做对"和"完美无瑕"简单地理解成很好地管理了用户满意度和用户忠诚度,而企业之所以会"失败"和"错失城池",正是因为没能重识用户和重识需求。

前文讨论过,现实需求是用户有购买力且企业有产品能力的用户需求,而潜在需求是用户有购买力但企业没有产品能力的用户需求。企业在成长阶段和成熟阶段满足的主要是用户的现实需求,但到了衰退阶段后,现实需求已经被满足得差不多了,需要重点挖掘的是潜在需求。

除了现实需求和潜在需求,企业还需要理解现实用户和潜在用户的概念。现实用户是企业在创业、成长和扩张三个阶段积累下来的用户,现实用户的现实需求是企业得以发展的重要基础。现实用户和现实需求都是着眼于现在,然而,如果着眼于未来,就需要理解潜在用户和潜在需求的重要性(见图7-15)。

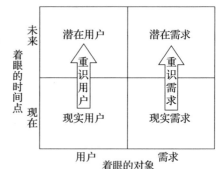

图7-15 重识用户和重识需求

着眼于现实用户和现实需求,企业竞争获胜的思路主要有两个:一个是实现低成本;另一个是实现差异化。低成本指的是生产产品和服务的成本低,低成本通常意味着低价格;差异化指的是产品和服务与众不同,差异化通常意味着高价格。着眼于现实用户和现实需求,低成本和差异化往往无法兼顾。但是,如果着眼于潜在用户的潜在需求,就可能同时实现低成本和差异化。

1984年,两位加拿大的街头艺人盖·拉利伯特和吉列斯·克洛伊克斯,创办了太阳马戏团。当时,喜欢传统马戏表演的观众越来越少,马戏表演行业的竞争非常激烈。从创办那天起,拉利伯特和克洛伊克斯就意识到,如果自己和马戏团行业巨头竞争现实用户的现实需求,肯定是死路一条。

于是,两位创始人就仔细分析了传统马戏团的生意。他们发现,传统马戏团的观众对象以小孩子为主，家长一般都是陪孩子来的。孩子们喜欢什么表演呢？当然是动物表演，特别是动物明星的表演。孩子们又喜欢各种各样的动物，所以马戏团要让很多种动物上台表演。饲养和训练各种各样的动物成本很高，但父母总觉得马戏是个哄孩子开心的东西，没什么技术含量，不值多少钱，所以票价就上不去。为了弥补低票价，马戏团总是弄一些稀奇古怪的东西在表演现场摆摊售卖，还经常有销售员在看台上走来走去兜售，搞得人很烦。总之，传统马戏表演就是个闹哄哄的孩子看的节目，不仅成本高，票价也上不去，而且孩子大了就不再喜欢看了。

分析完传统马戏团的生意为什么这么难做，太阳马戏团的两位创始人就琢磨，怎么办呢？他们想把票价提高，同时降低成本。经过几年的探索，他们发现，不能走传统马戏团的老路，应该向戏剧行业学习。于是，他们跑到了好莱坞，学习戏剧业的经营模式。

戏剧业有什么特点呢？戏剧的观众大多是成年人，票价比马戏票价高，戏剧里没什么动物表演，也没有人在场内兜售商品。另外，戏剧有明确的主题、高雅的观看环境、优美的音乐和舞蹈。但是，传统的马戏表演也有优点，比如风趣幽默的小丑、刺激的空中飞人。太阳马戏团的两位创始人就想，如果把戏剧和马戏结合起来，是不是会有好的效果呢？

这就有了我们后来看到的太阳马戏团的节目。太阳马戏团把马戏和富于艺术感染力的舞台剧相结合，走出了一条超越传统马戏竞争的路。一方面，太阳马戏不请明星艺人、名驯兽师，它的原创剧目没有动物，有效降低了成本；另一方面，太阳马戏在高雅环境演出，服装艳丽，并且运用灯光、音效、舞美等技术，把魔术、杂技、小丑等与舞台剧相结合，用马戏表演讲述完整的故事，制造出一种超乎想象的奇妙效果。

太阳马戏团的用户有两个群体：一个是马戏爱好者（现实用户）；另一个是剧院的观众（潜在用户）。太阳马戏团没有盯住看动物表演的需求（现实需求）不放，而是挖掘出现实用户和潜在用户看高水平杂技表演的需求（潜在需求），创造了一种全新的艺术形式，将其他马戏团远远甩在身后，超越了一般意义上的竞争，享受了独有的高利润。

3. 供需升 / 降级

供给和需求的不匹配是商业机会的根本来源，很多情况下的不匹配不是供给或需求的总量不足，而是结构的不匹配。如图 7-16 所示，左侧实线轴表示供给水平，右侧虚线轴表示需求水平。在情况 1 下，供给水平低于需求水平；在情况 2 下，供给水平高于需求水平。

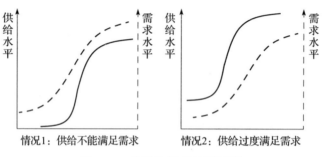

图 7-16　供给和需求的不匹配

2015 年 12 月，中央经济工作会议提出的"三去一降一补"，要解决的问题就是宏观层面的供给和需求不匹配。其中，去产能、去库存、去杠杆要解决的是图 7-16 中情况 2 下的产能过剩、楼市库存过大和债务高企等三个供给过度问题，而降成本和补短板是要提高效率，解决图 7-16 中情况 1 下的生产成本高和效率低两个供给无法满足需求的问题。

要解决供给和需求的不匹配，可以从两个方面入手。一方面，可以通过需求的降级或供给的升级达到匹配。如图 7-17 所示，当供给水平低于当前需求水平时，可以降低需求水平，用较低水平的供给来满足需求（见图 7-17a），或者提升供给水平，满足较高水平的需求（见图 7-17b）。

先举个提升供给水平，满足较高水平的需求的例子。2007 年苹果公司推出 iPhone 手机之前，人们为实现上网、打电话、听音乐和照相四个不同的需求，可能需要一台电脑、一部手机、一个 MP3 播放器和一台相机。苹果公司正是看到了把这些功能整合在一个设备中的较高水平需求，才推出了智能手机。再举个用较低水平的供给来满足需求的例子。2007 年苹果公司第一次推出 iPhone 的时候，499 美元的售价把很多人都挡在智能手机的门外，而基于

Android 系统的各类智能手机则降低了供给水平，满足了大多数人使用智能手机的需求。

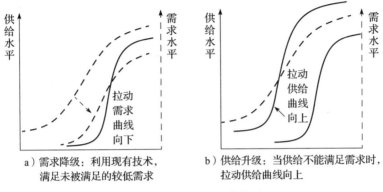

图 7-17　需求降级 / 供给升级

另一方面，可以通过需求的升级或供给的降级达到匹配。如图 7-18 所示，当供给水平高于当前需求水平时，可以提升需求水平，利用现有水平的供给（见图 7-18a），或者降低供给水平，满足当前水平的需求（见图 7-18b）。

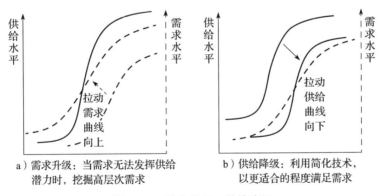

图 7-18　需求升级 / 供给降级

举个提升需求水平，利用现有水平供给的例子。"钻石恒久远，一颗永流传"，这句经典广告词的英文版"A diamond is forever"，是纽约著名广告公司 NW Ayer 于 1940 年为戴比尔斯（Debeers）创作的。在巅峰时期，戴比尔斯生产全球超过 80% 的钻石。后来，戴比尔斯的垄断地位逐渐瓦解。然而，现在的钻石行业仍在坚持戴比尔斯的两个做法：一是控制钻石的供应量；二是通过把钻石变成恒久爱情象征，提高需求水平。

再举个降低供给水平，满足当前水平的需求的例子。传统的企业级软件功能复杂、价格昂贵，中小企业无法承担，供给水平高于需求水平。1999年，Salesforce 在美国旧金山创立，为企业提供 SaaS（Software-as-a-Service，软件即服务）服务。虽然当时主流的 Siebel 公司软件功能少很多，但 Salesforce 让那些付不起动辄几百万美元许可费的公司也可以使用销售管理软件。

4. 重拾创始人精神

创始人精神对企业发展来说，非常重要。所谓创始人精神，克里斯·祖克和詹姆斯·艾伦在《创始人精神》[一]一书中给出的定义是：强烈的使命感、主人翁精神、重视一线业务和具有战略眼光。这四个特质正是企业创始人面临复杂营商环境，面对未来发展方向的不确定性和发展路径的不连续性，所需要的精神特质。强烈的使命感和主人翁精神可以让创始人在面临重大不确定性时，表现出责无旁贷的信念；重视一线业务和具有战略眼光可以让创始人在面临重大不连续性时，做出勇往直前的行动。

创始人精神在企业发展的不同阶段表现也会不同（见图 7-19）。在创业阶段，由于企业的规模还比较小，创始人精神状态也比较好，创始人精神在创业阶段能够发挥非常重要的作用。在成长阶段，创始人精神仍然保持比较好的状态，但随着企业的快速成长，规模迅速扩大，创始人可能超负荷运转的巨大压力，创始人精神开始被烦琐的管理工作所消磨。

在成熟阶段，虽然增长速度开始放缓，但企业规模仍在一定时间内进一步扩大，创始人精神经过创业和成长阶段的消耗后，已经降到比较低的水平。这

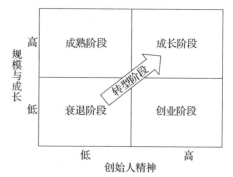

图 7-19　企业发展各阶段和创始人精神

[一] 克里斯·祖克，詹姆斯·艾伦. 创始人精神［M］. 刘健，译. 北京：中信出版社，2016.

时候的创始人，可能已经深陷内部管理和外部应酬的繁文缛节中。在衰退阶段，企业可能开始出现负增长，企业规模缩小，创始人如果还在管理岗位上的话，通常会疲于应付衰退带来的各种危机，创始人精神所代表的使命感、主人翁精神、重视一线业务和战略眼光往往无从谈起了。

正因为如此，克里斯·祖克和詹姆斯·艾伦在《创始人精神》一书中把成长阶段、成熟阶段和衰退阶段创始人面临的困境，分别称为超负荷、失速和自由下落。在经历了工作超负荷、企业发展失速和绩效自由下落之后，如何重拾创始人精神，就是创始人在衰退／转型阶段的首要任务了。

企业进入衰退／转型阶段，创始人至少有四种选择，分为改变自己和改变公司两个方向（见图7-20）。

第一种选择是什么也不干，却希望最好的结果，这种选择无异于痴人说梦。20世纪80年代，曾名噪一时的王安电脑创始人王安患上了绝症。王安说："因为我是公司的创始人，我对公司拥有完全的控制权，使我的子女能有机会证明他们管理公司的能力。"于是，他没有聘请职

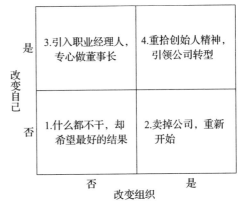

图7-20　转型期重拾创始人精神

业经理人，而是让儿子王烈接班。王烈接班后，面对个人电脑的巨大冲击没有做出任何改变。于是，正如王安公司神奇的崛起一般，它又以惊人的速度衰败了。

第二种选择是创始人卖掉公司，重新开始。许多连续创业者都是从之前的项目成功退出后，重新开始创业。小米创始人雷军、美团创始人王兴、北极光创投创始人邓峰等都是这样的例子。

第三种选择是创始人引入职业经理人，专心做董事长。这类例子在大企业中非常普遍，比如阿里巴巴的马云、Facebook的扎克伯格等都是这样的情况。

第四种选择是创始人重拾创始人精神，引领公司转型。近两年来，在互

联网大潮的冲击下,实体零售行业的低迷已经成为趋势。然而,永辉超市在 2016 年却以 492.22 亿元的营业收入和 16.79% 的增长领跑超市业态。永辉超市的创始人是张轩松和张轩宁两兄弟。2002 年,他们在家乡福州开了第一家永辉超市。2014 年前后,在电商冲击下,永辉的发展也遇到了很大困难。张氏兄弟说:"要么我们自己颠覆自己,要么别人就来颠覆我们。"他们认识到,提升专业化和建立更高效的物流系统,是应对更小更灵活的新生势力竞争者挑战的武器。于是,他们大规模投资了冷链物流仓库,把传统的超市业态交给职业经理人,自己负责建立以创新为目标的新业态。

几年间,永辉的实体店形态历经了五次进化,分别是"红标店""绿标店""精标店""会员店"和最新推出的"超级物种"。传统红标店主要以卖场形式推出,定位面向大众化、平民化的消费者,商品丰富,价格实惠;"绿标店"装修风格以时尚大气的绿、灰、棕等色调为主,货架整体变低,引进大量高端进口商品以及时尚品牌精品,定位相对高端;"精标店"用环境、服务和体验锁定中高端消费者,并尝试孵化食品工坊系列;"会员店"主要布局在中高端社区内,将线下会员引流到线上消费,形成消费闭环,满足会员到家服务等个性化需求。2017 年 1 月 1 日,"超级物种"正式推出,将全部工坊系列组合出击,意在打造美食梦工厂,提供海鲜、日式三文鱼、牛排、面包甜品等诸多餐饮服务,打造现代舒适购物空间的同时,满足消费者多样化的餐饮服务和互动性需求。

5. 团队创客化

2014 年 1 月,在海尔创业 29 周年纪念会上,海尔集团董事局主席、首席执行官张瑞敏做了一个题为《企业平台化、员工创客化、用户个性化》的讲话。张瑞敏提到了"员工创客化",具体分为三方面的内容:第一是自主创业;第二是在线和在册创业;第三是自演进机制。

所谓自主创业,就是由员工自己发现商机,从研发到最后的市场效果都由员工自己负责,将原来由上级指派任务的机制变成由员工自行发起;在线和在册创业则试图打破传统的企业边界,组织内部的创业团队可以拿到组织外部去做，社会上的创业团队也可以纳入组织内部，海尔只提供平台；所谓自演进机制，包括官兵互选的自演进和商业模式的自演进。

自从 1985 年张瑞敏带领海尔员工当众砸毁了 76 台不合格的冰箱，海尔就开始了"折腾之旅"。《海尔转型：人人都是 CEO》的作者曹仰锋把海尔的发展分为五个阶段：1984～1991 年的"名牌战略"和"全面质量管理"阶段；1992～1998 年的"多元化发展战略"和"全方位优化管理"阶段；1999～2005 年的"国际化战略"和"市场链管理"阶段；2006～2012 年的"全球化品牌战略"和"人单合一"阶段；2013 年至今的"网络化战略"和"共创共赢生态圈"阶段。如果按照共演战略四阶段划分，1984～1991 年应该是海尔的创业阶段，1992～1998 年是海尔的成长阶段，1999～2005 年是海尔的扩张阶段，2006 年至今是海尔的转型阶段。

曹仰锋在《海尔转型：人人都是 CEO》中把企业文化总结为三类。第一类是病态文化。对用户而言，以企业自身利益为中心；对内部而言，以领导者为中心。第二类是亚健康文化。虽然强调创业和创新，但是把两者割裂开来了，鼓励创业时，片面强调员工，忽略了用户价值；鼓励创新时，片面强调用户，忽略了员工价值。第三类是平衡了创新和创业、用户和员工的健康文化。

如图 7-21 所示，海尔转型实际上是实现战略要素的四个方面的协同变化：第一，认识到用户个性化的趋势；第二，通过建立平台化的企业，为用户提供个性化的产品和服务；第三，提倡员工创客化，发挥团队员工的创新创业精神；第四，通过市场生态化，建立共创共赢生态圈。

	人	事
外	用户 用户个性化	市场 市场生态化
内	组织 员工创客化	产品 企业平台化

图 7-21　海尔转型中的战略四要素

在图 7-22 中，我使用了和描述创始人精神变化相同的框架描述企业发展各阶段的创客文化。在创业阶段，无论是创业合伙人还是早期员工，都具有很强的创业精神，企业充满了创客文化；在成长阶段，团队员工的创业精神持续发挥作用，推动企业的快速成长；

在成熟阶段，随着企业创立时间的增加和规模的扩大，团队员工人数越来越多，官僚习气也会越来越明显；到了衰退阶段，企业内部的创新创业氛围就基本上荡然无存了。所以，希望进行转型的企业，需要特别强调企业内部的创客文化。

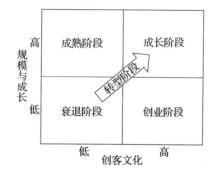

图7-22 企业发展各阶段和创客文化

6. 耗散结构

"耗散结构"的概念来自热力学第二定律。热力学第二定律告诉我们，封闭系统的熵不会减少，而只能增加直至达到它的最大值。"熵"代表一个体系的混乱或无序的程度，混乱或无序程度的增加叫"熵增"，混乱或无序程度的减少叫"熵减"。和封闭系统对应的是开放系统，也叫"耗散结构"，在"耗散结构"里，系统通过不断和外界进行能量交换，在耗散过程中产生"负熵"，从原来的混乱或无序状态变成有序状态。

如图7-23所示，以实线代表的封闭系统和外界没有能量交换，而以虚线代表的开放系统从源获得能量，并将剩余的能量通过渗池耗散掉。在封闭系统中，能量无法与外界交换，长期会造成内部能力流动的无序状态；在开放系统中，与外界的能力交换可以引导系统内部能量的有序流动。此外，我们

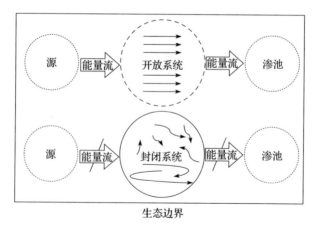

图7-23 封闭系统、开放系统与耗散结构

总可以把一个系统嵌入一个更大的系统。例如，地球是一个开放系统，它从太阳那里吸收能量，并在夜间把能量辐射到宇宙空间。如果我们把太阳系视为一个系统，它也是一个开放系统；如果我们把宇宙视为一个系统，它就是一个封闭系统。因此，虽然最终整个系统是一个封闭系统，但是，如果我们的眼界足够宽，总是可以把自己所处的系统看作一个开放系统。

借用开放系统和耗散结构的概念，我们可以把共演战略四要素的框架改造成图 7-24 中的样子。在这里，用户、组织、产品和市场之间的边界被打开，代表着四要素之间有能量交换，能够产生熵减。同时，各要素内部也都是包含若干个开放的子系统（要点），子系统间也有能量交换，也能够产生熵减。开放系统产生的熵减在一定程度上耗散了系统内部产生的熵增，让企业整体保持有序状态。

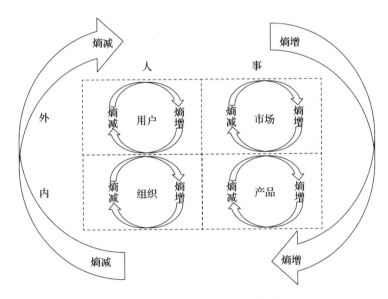

图 7-24　战略四要素的耗散结构

任正非在华为内部非常明确地提出要建立"耗散结构"。任正非说："华为的管理结构就应该是一种耗散结构，我们有能量，一定要把它耗散掉，通过耗散，使公司获得新生。这就好比你每天去锻炼身体，把身体里多余的能量耗散掉，变成肌肉。"

任正非之所以这么重视耗散结构概念，是因为华为在发展过程中，除了积累了资源和能力，创造了经济和社会财富外，还累积了大量的"熵"。也就是说，企业从原来的有序变成无序，得了"大企业病"，得了"组织疲劳症"。

有一次，《下一个倒下的会不会是华为》的作者田涛问任正非，他最担心的事情是什么，任正非回答："华为员工这么年轻，就这么有钱。"田涛又问："他们如果懈怠了怎么办？"任正非回答："淘汰出去。"田涛又问："如果大多数员工都懈怠了怎么办？"任正非回答："再招一批胸有大志，身无分文的人重新创业。"

为了保持组织的"熵减"状态，华为每过一段时间就要进行一次组织变革。2006年前后，行业国际巨头纷纷合并，华为感到前所未有的压力。2007年10月，华为内部宣布，所有工龄超过8年的员工，必须在2008年元旦之前，办理辞职手续，辞职后再竞岗，重新和公司签订1～3年的劳动合同。"集体辞职"帮助创业20年的华为解决了已经形成的员工懈怠问题。重新上岗后，所有人的工号重排，任正非的工号从原来的001号变成了12万多号。

时光来到了2017年，"集体辞职"事件已经过了10年。为了让员工保持奋斗者的本色，华为再次强调奋斗精神。2017年6月，任正非在一次座谈中提到，华为发展的前30年，希望加快改善员工的生活，强调物质多一些；现在绝大多数员工的生活都有了一定改善，接下来就要多强调一些精神。

如图7-25所示，华为的耗散结构由用户、组织、产品和市场四个子结构组成。用户子结构的耗散机制是"以用户为中心"，坚持和用户互动，从用户中来到用户中去；组织子结构的耗散机制是"以奋斗者为中心"，把员工分为普通员工、奋斗者和有成效的奋斗者三类，激励普通员工和奋斗者成为有成效的奋斗者；产品子结构的耗散机制是"开放式创新"，避免闭门造车，不提倡"自主创新"，而是强调向先进者学习；市场子结构的耗散机制是"妥协的竞争政策"，不把对手逼死，协同发展，共建生态。

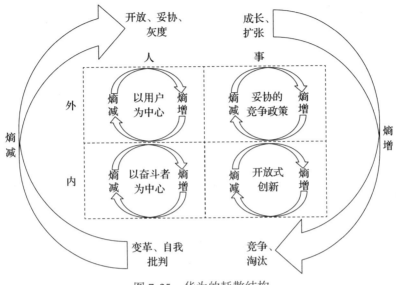

图 7-25　华为的耗散结构

在各个子结构之间，华为也有一个开放的能量循环体系。从外到内，主要是成长和扩张、竞争和淘汰的熵增过程；从内到外，主要是通过长期坚持艰苦奋斗和开放、妥协、灰度的哲学理念，实现熵减。

7. 品类创新

企业要进行转型，产品创新是必不可少的基础，众多的百年企业的延续，都是靠持续的产品创新完成的。然而，转型阶段的产品创新与创业、成长、成熟阶段的产品创新有所不同。

创业阶段的产品创新要做到的是"人无我有"，实现单点突破，提供市场上没有的产品或产品特性，实现用户价值；成长阶段的产品创新要做到的是"人有我优"，通过提供优质产品，获得大众用户的青睐，突破需求鸿沟，实现用户价值的成长；成熟阶段的产品创新要做到的是"人优我廉"，凭借规模经济和范围经济的优势，成为主导设计，实现产品的标准化，降低成本，实现用户价值的稳定；转型阶段的产品创新要做到的是"人廉我特"，避免一味地在低成本的方向上发展，通过创新避免企业衰退，实现企业转型。

转型阶段企业进行的产品创新是品类创新，核心是两个要素：产品技术类型和需求创新空间。产品技术可以分为延续性技术和非延续性技术两种类型。延续性技术是在现有的技术范式上，通过运用新知识而产生的比已有技术具有更高功能、价值或更优化的工艺程序的技术。延续性技术具有继承性和先进性：一方面继承了原技术的技术轨迹，同样能解决关键问题或者有着关键功能；另一方面又在原基础上得到进一步的完善，具有先进性。

非延续性技术是改变现有的技术范式，通过运用新知识而产生的和已有技术具有显著差异的技术。非延续性技术可能在有些性能指标上比已有技术高，而在其他主要性能指标上比已有技术低。在主要性能指标上优于已有技术的称为高端非延续技术，在主要性能指标上低于已有技术的称为低端非延续技术。我们通常讲的突破式创新，大多是基于高端非延续技术的创新，而颠覆式创新，讲的大多是基于低端非延续技术的创新。

除了技术的延续性，需求创新空间是转型阶段企业进行品类创新的另一个重要因素。需求创新空间存在于两种情况：一是需求未被满足的情况；二是需求被过度满足的情况。第一种情况很好理解，当需求未被满足时，企业通过提供新产品满足需求。然而，第二种情况是转型阶段企业面临的主要机会，甚至是主要威胁。

之所以说需求被过度满足是机会，是因为在经历了相关行业的发展之后，消费者的需求往往是被过度满足的。要理解这个现象，我们只需想一想我们家里的电器有多少功能没有用过，电器遥控器的按钮有多少从来没有用过就行了。说需求被过度满足是威胁，是因为企业在经历了创业、成长和成熟阶段后，很可能完全意识不到用户需求被过度满足的问题，或者说虽然意识到问题的存在，但没有解决办法。

例如，北京重新规划和定位"首都功能"，很多企业外迁，其中防水涂料企业整体迁到河北和山东等地。加之房地产行业的调整，市场需求大幅下滑，很多迁出北京的防水涂料企业急需转型。防水涂料主要有两大类产品：一种是防水卷材，另一种是防水喷涂。防水卷材是用橡胶、沥青、塑料等防水材料预先制成防水薄材，施工时，把预制的防水材料运到施工现场，再用黏合剂把防水材料黏合在一起。防水喷涂是直接用喷枪把高分子防水材料喷涂在建筑外表面。两种材料相比较，防水卷材是非常成熟的产品，具有功能强、质量稳定的优点，但也有成本高、施工质量难以控制的缺点。防水喷涂是新技术，虽然成本低且施工速度快，但使用几年后容易出现破裂。按照业内人士的说法，防水卷材是"性能过度"了，而防水喷涂暂时还满足不了主流用户的需求，无法很快取代防水卷材。

基于产品技术类型和需求创新空间两个要素，有四种方式进行品类创新（见图 7-26）。第一种方式是使用延续性技术满足未被满足的需求，这种情况下需要做的是提高现有技术和流程指标的水平；第二种方式是使用延续性技术满足被过度满足的需求，这种情况下需要做的是降低现有技术和流程指标的水平；第三种方式是使用非延续性技术满足未被满足的需求，这种情况下需要做的是增加技术和流程指标的维度，引入新的指标；第四种方式是使用非延续性技术满足被过度满足的需求，这种情况下需要做的是消除现有技术和流程指标的维度，简化被过度满足的功能。

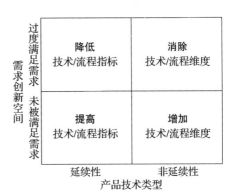

图 7-26 转型期的品类创新方式

通常情况下，品类创新是对上述四种方式的综合运用。例如，家用空气新风系统通常一台要卖到几千元到一万元。与空气净化器相比，新风系统提高了空气过滤的效率，增加了屋内的新鲜空气，满足了对空气质量要求高的家庭的需求。但是，每台一万元左右的价格不是每个家庭都能承受的。于是，有小米空气净化器的爱好者，利用小米空气净化器，开发了名为"另一半"的产品，在小米空气净化器上面加装一个抽风管，消费者仅花 150 元左右就可以把小米空气净化器改造成一个新风系统。这个 DIY 的新风系统利用了非延续性技术（简易的抽风管），在空气净化器上增加了新风的功能，并且消除了新风系统一些过度满足需求的功能。

企业要想实现战略创新转型，除了技术和需求的配合，还需要技术和业务的配合。如图 7-27 所示，技术的发展可能呈上升或下降趋势，业务的发展可能呈稳定或不稳定情况。当技术发展呈上升趋势且业务发展不稳定时，业务的类型是试验业务；当技术发展呈上升趋势且业务发展稳定时，业务的类型是创新业务；当技术发展呈下降趋势且业务发展稳定时，业务的类型是传统业务；当技术发展呈下降趋势且业务发展不稳定时，业务的类型是衰退业务。

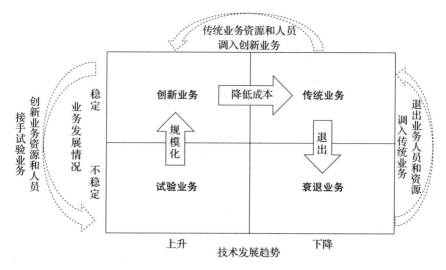

图 7-27　业务顺时针循环，人员逆时针循环

企业业务的发展规律是：从试验业务开始，通过规模化成为创新业务，然后通过降低成本成为传统业务，进而通过战略转型退出衰退业务。为了能够顺利实现四类业务间的转换，企业需要合理调配资源和人员。通常情况下，退出衰退业务会产生一些冗余的资源和人员，而这些人员很难适应试验业务或创新业务的要求，一个合理的方案是把这些资源和人员调配到传统业务中，进而依次把传统业务的部分资源和人员调配到创新业务中，把创新业务的部分资源和人员调配到试验业务中，由此实现企业业务的转型和资源的优化。简单来说，就是"业务顺时针循环，人员逆时针循环"。

8. 品类营销

从创业期到转型期，企业的用户、组织、产品和市场都在发生变化。相应地，企业满足的需求、组织的能力、产品的特点和市场的环境都不相同。因此，从共演战略四要素的角度分析，创业阶段企业的产品主要满足的是小众用户对"品位"的需求，成长阶段企业主要是靠产品质量满足大众用户对"品质"的需求，成熟阶段企业的产品主要是靠市场地位满足主流用户对"品牌"的需求，而能够使转型阶段企业脱颖而出的则是用户心智中的"品类"（见图 7-28）。

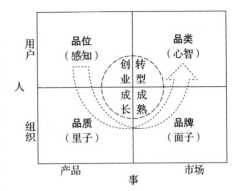

图 7-28　品位、品质、品牌和品类

由于不同发展阶段满足用户的需求不同，所以相应的营销手段也不同。创业阶段企业要触及的是"有品位"的天使用户，所以要用口碑营销的方式；成长阶段企业要影响的是"要品质"的早期从众用户，所以要借助广告营销的力量；成熟阶段企业要争取晚期从众用户甚至是落后用户，可以借助"大品牌"的力量进行关联营销；转型阶段企业有能力进行大力度的营销推广，同时有机会在用户心智中占据一个新品类的位置，因此应该进行"新品类"营销。

转型阶段的品类营销与成熟阶段的品牌营销不同。用户的行为特征是"以品类来思考，以品牌来表达"。例如，用户期望购买手机的时候，首先是在智能手机和非智能手机等不同大品类中选择；在选定智能手机大品类之后，会进入 IOS 系统、安卓系统和 Windows 系统的中品类选择；如果选择了安卓系统手机，然后会进入老人机、拍照手机、全面屏手机、游戏手机、商务手机等小品类进行选择；接下来，会进入具体品牌层面进行选择，如 OPPO、vivo、华为、小米、三星等；最后，才会选择某品牌具体的型号。所以，在用户的心智中，往往是把一个个需求归类，以一个个小方格的形式储存，这一个个小方格就是品类，每个小方格里储存着多个品牌，而时常能被脑海唤醒的只有少数品牌，更多的品牌一直处于"沉睡"状态。

就企业的品类营销战略而言，可以先创立品牌，后经过努力让自己的品牌成为品类的代表；也可以先创造品类，然后自己的品牌自然会成为品类的代表（见图7-29）。第一种策略的例子有vivo手机和OPPO手机，虽然这两个手机品牌的背后都是段永平掌控的步步高系，但两个手机品牌尽量使用不同的品类定位，让它们分别成为音乐手机和拍照手机两个品类的代表，而不仅仅是同属一个财团的两个手机品牌。

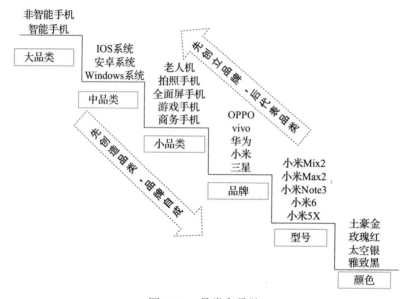

图 7-29　品类和品牌

第二种策略最成功的例子是苹果手机。苹果手机不仅是一个品牌，而且开创了智能手机这个"大品类"。为了维护这个"大品类"，苹果还使用独家的iOS系统，创立了iOS手机这个"中品类"。至于2017年推出的iPhone X全面屏手机，则很可能成为全球最畅销的全面屏手机，成为全面屏手机这个"小品类"的霸主。至于小米，也曾尝试创造一个叫"互联网手机"的品类。由于这个品类的界限过于模糊，所依据的是一个营销概念，而非坚实的技术基础，所以并不是特别成功。不过，随着小米生态链的成型和完善，如果小米着力打造升级版的"物联网手机"品类[⊖]，把小米手机作为智能生活控制中心的特性突出出来，或许能够打造一个新的品类。

⊖ 例如，在小米手机上加一个硬件按钮，一键唤醒"米家"和智能硬件。

9. 生态商业模式

魏炜和朱武祥教授对商业模式的定义：商业模式是利益相关者的交易结构。这里面有四个关键词：利益、相关者、交易、结构。先看"相关者"，按照共演战略四要素的框架，相关者主要有用户、组织和市场中的友商等。这些相关者之间的关系随着企业的发展，在创业、成长、成熟和转型等阶段不断变化，而这些关系就包括利益关系、交易关系和结构关系。

就"利益关系"而言，相关者间的利益关系随着企业发展从无到有，从简单到复杂；就"交易关系"而言，相关者间的交易关系随着企业发展从单向到双向，从双向到多向；就"结构关系"而言，相关者间的结构关系随着企业发展从价值链到价值网，从价值网到生态圈。

具体而言，创业阶段商业模式的特点是"点"状模式，相关方的利益关系从无到有，交易关系从 0 到 1，结构关系从空白到松散；成长阶段商业模式的特点是"线"状模式，相关方的利益关系从小到中，交易关系从低频到高频，结构关系从松散到紧密；扩张阶段商业模式的特点是"面"状模式，相关方的利益关系从中到大，交易关系从单向到多向，结构关系从价值链到价值网；转型阶段商业模式的特点是"体"状模式，相关方的利益关系从大到巨大，交易关系从多向到多维，结构关系从价值网到生态圈（见图 7-30）。

如果我们进一步理解企业发展不同阶段商业模式的变化，会发现转型阶段企业的"体"状商业模式本质上是生态商业模式。如图 7-31 所示，以核心企业为中心，生态商业模式包括用户、产品、友商和资源四个要素。在企业发展初期，可能只有一个业务（业务 1），相应地，有用户 1、产品 1、友商 1 和资源 1。随着企业的发展，特别是企业的转型，出现了全新业务 2，相应地，也出现了用户 2、产品 2、友商 2 和资源 2。随着企业的持续发展和转型，业务逐渐累加，形成了围绕 n 层业务的 n 个价值网，而这些不同价值网中的要素也会发生关系，成为相关者，形成利益关系、交易关系和结构关系。随着这些错综复杂的关系不断发展，以企业为中心的生态商业模式就形成了。

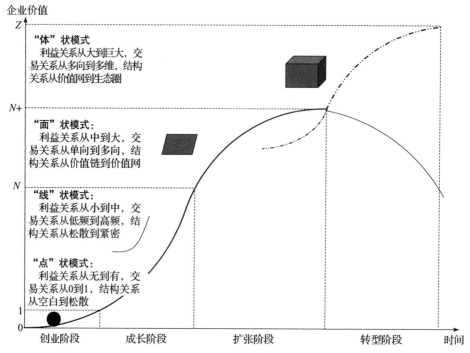

图 7-30　四阶段商业模式的点、线、面、体

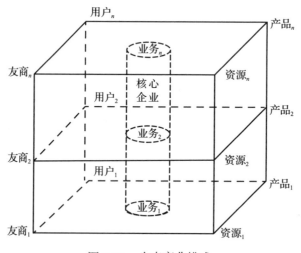

图 7-31　生态商业模式

再来看看苹果公司是如何通过促进不同业务价值网利益相关者间的交易形成苹果生态商业模式结构的（见图 7-32）。苹果公司原来叫苹果电脑公司，

它本来是生产台式机和笔记本电脑的。生产电脑是需要用到硬盘,硬盘生产商是苹果电脑公司的友商。台式机通常用的是 3.5 英寸硬盘,笔记本电脑通常用的是 2.5 英寸硬盘,1.8 英寸硬盘 1992 年问世,但之后的好多年一直没有被企业大量使用,直到 2001 年苹果公司推出了 iPod。

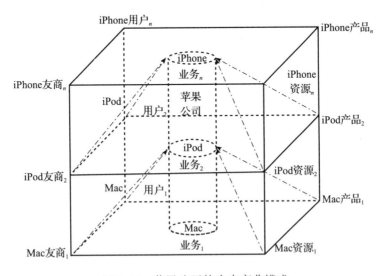

图 7-32 苹果公司的生态商业模式

有了 iPod,苹果公司还想让 iPod 成为苹果电脑的互补者,从而提高 iPod 的销量。为此,苹果公司推出了在线音乐商店 iTunes。最开始,iPod 用户只能通过苹果电脑用 iTunes 下载音乐。后来,随着 iPod 和 iTunes 产品的成熟,苹果公司想进一步扩大销量,就开发了 Windows 版的 iTunes,使 iPod 和 iTunes 成为拥有巨大用户量了 Windows 的互补者。苹果公司正是把电脑业务的用户、产品、资源和友商都引入 iPod 业务,才使得 iPod 成为现象级产品。

有了便携式的音乐播放器 iPod 和在线音乐商店 iTunes,苹果公司进一步想,能不能把电脑和 iPod 这两个产品结合起来呢?这个想法的结果就是 2007 年推出的 iPhone。iPhone 实际上就是一台超级便携电脑。用乔布斯在 iPhone 发布会上的话说,就是"iPod、电话和上网三合一",而这句重要的话,乔布斯在这次发布会上重复了不止三遍。

实际上，苹果公司每次重新定义一个新的市场，都是有套路的。这个套路就是，立足原有产业，通过跨界整合，进入新的产业，形成生态商业模式。例如，推出 iPod，苹果公司的立足点是电脑，跨界整合了硬盘和在线音乐产业；推出 iPhone，苹果公司的立足点是电脑和 iPod，跨界整合了手机、电脑和音乐播放器产业；推出 iPad，苹果公司的立足点是电脑和 iPhone，跨界整合了电脑、手机和电子阅读器产业。

10. 范式变革

范式（paradigm）的概念是美国著名科学哲学家托马斯·库恩提出，并在《科学革命的结构》一书中进行了系统阐述。范式指的是一个共同体成员所共享的信仰、价值和技术等的集合。科学范式指常规科学所赖以运作的理论基础和实践规范，是从事某一科学的研究者群体所共同遵从的世界观和行为方式。

科学范式变革指的是在科学从一个科学范式向另一个科学范式的转换。在同一个科学范式内的改进都是延续性创新，而造成在不同科学范式转换的创新则是重大非延续性创新。和科学范式变革类似的，还有技术范式变革、经济范式变革和商业范式变革。通常情况下，科学范式变革比技术范式变革更为基础，而经济范式变革比商业范式变革影响更为深远。

如图 7-33 所示，在旧范式内的创新可以分为两种：一种是较小变革程度的渐进式创新；另一种是较大变革程度的突破式创新。以自动驾驶为例，主要有两种创新路径：一种路径是以谷歌和优步为代表的互联网企业，使用价格昂贵的传感器，希望一步到位，取得技术突破；另一种路径是走渐进式创新的传统车企，从辅助驾驶开始，逐步过渡到真正的无人驾驶。

涉及范式转换的变革可以分为两种。一种范式变革是影响相对较小的技术／

图 7-33　范式革命和技术创新

商业变革。例如，瓦特改良蒸汽机后，整个19世纪，蒸汽机一直在改进，更安全，效率更高。但是，如果一直遵循蒸汽机的原理，人类永远也没办法依靠这些来推动飞机上天。直到内燃机出现，人类才有了一个革命性的能量转换器，才有可能造出飞机。另一种范式变革是影响更为深远的科学/经济变革。例如，在哥白尼提出日心说之前，关于天文学的研究都是以地心说为常规科学范式的，而日心说的提出，从根本上颠覆了之前的很多研究结论。

转型企业由于创新的层面不同，带来的竞争优势差别往往非常大。如图7-34所示，企业创新可以在产品、品类、价值链、范式四个层面进行。在产品层面创新的企业，可以获得一定的竞争优势。在品类层面创新的企业，可以获得更大规模的竞争优势。在品类之上，如果企业可以横跨多个优势价值链环节，那么将分享这些价值链环节的主要价值。和前三类创新相比，能够引领范式变革的企业往往可以获得非常强且持久的竞争优势。

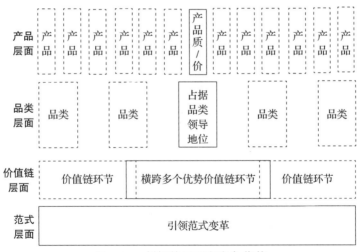

图7-34 创新的层面和竞争优势

纵观近代科技发展的历史，英特尔、ARM、摩托罗拉、苹果等企业都曾因引领技术范式的变革而获得强大的竞争优势。英特尔发明的8080微处理器开辟了家用计算机的时代，并在很长时间内保持了微处理器行业的垄断地位。进入移动通信时代，英特尔处理器的辉煌被采用开放模式的ARM处理器所取代，而后者一度占据了手机芯片市场的95%。

11. 公司创投

资本和资源是企业转型的重要推动力。在很多情况下，企业内部的创新能力不足，需要向企业外部搜寻创新机会。企业的外部创新机会搜寻可以分为两类：一类是探索式搜寻，另一类是开发式搜寻。探索式搜寻的主要目的是寻找企业外部新的创新机会，找到创新机会后，企业就沿着新的创新思路发展；开发式搜寻的主要目的是利用企业积累的优势资源和能力，在企业外部寻找能够更好利用这些资源和能力的机会。从转型的主动性来看，可以把企业转型战略分为扩张式转型和保守式转型，采取扩张式转型战略的企业比采取保守式转型战略的企业更加积极。

按照企业创新搜寻战略类型和转型战略类型两个维度，可以如图 7-35 把公司创投的动机分为四类。当企业采取扩张式转型战略并采取探索式搜寻战略时，公司创投的类型是探索型创投。当市场出现非延续性技术，但尚无任何一家企业具备整合这项非延续性技术的能力时，市场领先企业往往采用探索型创投策略。例如，成立于 2009 年的 Google Ventures 的使命是寻找优秀初创公司进行早期投资，包括消费级互联网、软件、清洁技术、生

图 7-35 公司创投的动机

物技术和医疗等领域，而这些领域是谷歌认为可能出现非延续性技术的领域。

当企业采取扩张式转型战略并采取开发式搜寻战略时，公司创投的类型是平台型创投。这种情况往往是企业拥有资源方面的优势，需要寻找更有效地利用这些资源的方法。例如，2011 年后，腾讯成立产业基金，基金的目标是在整个互联网价值链上，发现和扶持优秀的互联网创新企业，利用腾讯开放平台帮助创业企业实现用户长远的价值提升和用户体验优化。

当企业采取保守式转型战略并采取探索式搜寻战略时，公司创投的类型是防御型创投。例如，2003 年，思科公司收购了家庭网络产品领域领先供应

商 Linksys 公司，挺进家庭网络市场。思科公司一直专注于企业级市场，在家庭网络市场没有经验。当年的研究报告显示，家庭网络市场的全球规模预计将从 2002 年的 37 亿美元增长到 2006 年的 75 亿美元。于是，善于捕捉客户需求变化的思科注意到了来自市场环境中的威胁，运用防御型创投模式进入了家庭网络产品领域。

当企业采取保守式转型战略并采取开发式搜寻战略时，公司创投的类型是孵化型创投。例如，虽然海尔集团所在的家电行业已进入成熟期，海尔在发展过程中积累了丰富的产业经验、资本和管理能力。于是，海尔在 2010 年成立了海尔金融，从事金融和高新技术领域的股权投资工作，主要有五大板块：海尔资本、海尔创投、海尔医疗资本、海尔农业资本等，依托海尔在传统制造产业里的优势，运用"投资 + 孵化"的模式，帮助海尔进行转型。

公司创投战略通常涉及公司自身、创投机构、新创企业和用户等利益相关者（见图 7-36），其中用户包括公司现有用户和新创企业用户。通过公司创投战略扩展新业务，对于公司转型有几个方面的好处：首先，公司通过新创企业满足新创企业用户需求，有助于公司接触到新价值网络中的用户，了解对公司而言"非用户"的需求；其次，新创企业在产品方面往往比现有公司更加创新，投资于新创企业有利于企业获得新的创新产品；再次，新创企业独立于公司自身的组织架构，可以采取不同的激励措施而不会影响到公司的组织；最后，公司通过设立创投机构，可以引入外部资源，帮助公司扩展价值网络。

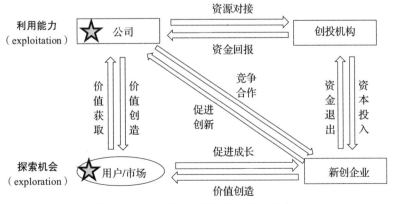

图 7-36　公司创投战略的利益相关者

12. 蓝冰市场

"蓝冰市场"区别于红海市场和蓝海市场,代表着一个有待开拓,且蕴藏着巨大发展潜力的崭新领域"蓝"指的是该领域具备巨大的发展潜力,"冰"指的是该领域需要持续投入较多的时间、精力和资源去开拓,但是即使投入巨大也不一定有收获。"蓝冰市场"㊀所表明的领域往往不被重视或不被发现,或者仅仅被很少的企业或企业家认知,抑或已经被他们所认知,但是因为自己不具备深入开发的能力或不具备开发的资源,导致该领域还处于隐藏状态,该领域蕴含的巨大价值不被认可。

我们可以从市场开拓难度和市场发展前景两个维度分析不同类型的市场(见图 7-37)。混沌市场的发展路径不连续,开拓难度高,未来方向不确定,发展前景小;红海市场已经相当成熟,开拓难度最低,市场竞争激烈,发展前景小;蓝海市场相对蓝冰市场而言,开发难度较低,蓝海市场和蓝冰市场同样市场前景较大。

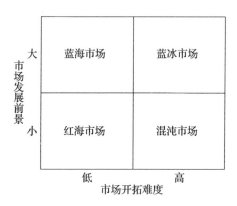

图 7-37 不同类型市场的开拓难度和市场前景

中国的企业级移动 SaaS 市场是一个典型的蓝冰市场。企业级移动 SaaS 是指基于 SaaS 的模式,以移动智能终端为载体,借助云存储、网络安全、大数据与人工智能等先进的技术与算法向企业提供诸如市场营销、销售管理、人力资源、财务、法务、信息安全等方面的服务,帮助企业快速建立自己具备移动、SaaS 和人工智能属性的 IT 数据处理能力。

之所以说中国企业级移动 SaaS 市场是一个"蓝"的市场,是因为相较于美国企业级市场的巨大差距,折射出中国企业级市场未来的发展前景。美国市值 100 亿美元左右的企业级移动 SaaS 公司近 10 家,市值超过 10 亿美元的

㊀ "蓝冰市场"概念是红圈营销(和创科技)创始人刘学臣在北京大学光华管理学院举办的"2014 中国企业级移动应用高峰论坛"上首次公开提出的。

企业级移动 SaaS 公司近 100 家，而中国则没有一家市值过 10 亿美元的企业级移动 SaaS 公司。

之所以说中国企业级移动 SaaS 市场是一个"冰"的市场，是因为五个方面的市场环境虽然已经开始解冻，但还没有到冰雪消融的时候。一个巨大蓝冰市场的启动，需要五个方面的市场环境：政策环境、经济环境、社会环境、技术环境和资本环境（见图 7-38）。

政策环境方面，近两年，有大量促进大数据、云计算、云服务和网络安全发展的政策文件颁发；经济环境方面，日渐普及的互联网推动了企业级服务的发展，市

图 7-38　蓝冰市场的五星环境条件

场已经较为成熟，移动互联网的使用习惯已经在全国范围内形成；社会环境方面，我国人口红利消失，劳动力成本上升，企业办公成本上涨，带动了共享经济形态下的 2B 服务需求；技术环境方面，云计算行业整体的高景气度与 IaaS 层的快速扩张为 SaaS 等企业级服务的发展打下良好基础；资本环境方面，我国企业级移动 SaaS 市场迎来了融资数量的快速增长期，企业级服务创投市场的相对成熟，尤其是 C 轮融资之后，IPO、战略投资、并购事件的数量呈现快速增长趋势。

画布：转型，病树前头万木春

和精益创业阶段、专益成长阶段、增益扩张阶段的战略画布类似，升益转型阶段战略画布也由 12 个方格组成，代表着升益转型阶段的十二要点（见图 7-39）。其中，重识用户、潜在需求、需求升/降级是用户三要素；重拾创始人精神、团队创客化、耗散结构是组织三要素；创新产品、品类营销、生态模式是产品三要素；范式变革、公司创投、蓝冰市场是市场三要素。

升益转型阶段战略画布			
重识用户	重拾创始人精神	创新产品	范式变革
潜在需求	团队创客化	品类营销	公司创投
需求升/降级	耗散结构	生态模式	蓝冰市场

图 7-39 升益转型阶段的战略画布

（扫描二维码，可下载画布工具）

| 案例 7-1 |

阿里巴巴升益转型阶段的战略画布

我们可以把 2014 年以来的这段时间看作阿里巴巴的转型阶段，在这段时间里，阿里巴巴主要的新业务是成立了蚂蚁金服集团、阿里文娱集团，以及并购和参股了众多的企业，包括 UC 优视、高德、优酷土豆等。

阿里巴巴的转型可以从四个方面看：一是用户需求的转型；二是产品形态的转型；三是组织文化的转型；四是市场策略的转型。

从用户需求的转型看，在 2013 年年底，淘宝和天猫上的活跃买家超过 2.31 亿，活跃卖家大约 800 万。2013 年全年，这些买家和卖家之间发生了 113 亿笔交易，共产生了 50 亿个包裹，占中国当年包裹总量的 54%，这已经是一个非常大的数量了。当时，阿里巴巴面对的最大挑战不是进一步增加用户数量，甚至不是卖给现有用户更多的衣服或食品，而是重新认识用户的深层次需求，重新理解用户新的消费习惯。

在2014年年初，消费者已经不再是阿里巴巴15年前创业时的消费者了，他们的需求不再满足于衣食住行，不再是坐在电脑前下单，他们甚至也不再像过去那样受商家广告的影响了。用户需求出现了文娱化、移动化和社群化的趋势。在2013年9月开始的那场"来往"和"微信"的大战中，阿里巴巴惨败。当马化腾说微信只是移动互联网站票的时候，阿里巴巴急切地也想拥有一张船票。

于是，我们就看到阿里巴巴收购了移动浏览器"UC优视"、移动导航软件"高德"、移动打车平台"快的"，自己建立了移动办公平台"钉钉"。除了这些具体的产品形态，阿里巴巴还把重点放在了打造移动互联网基础设施上，这主要包括两个方面：阿里云和蚂蚁金服，分别是技术基础设施和金融基础设施。掌握了这些基础设施的主导权，甚至是未来的突破性技术，无论将来的行业趋势如何发展，阿里巴巴都能占据有利的地位。

除了用户和产品，企业领导者和组织的转型至关重要。实际上，马云是在2013年5月，淘宝10周年晚会上卸任阿里巴巴CEO的，他现在保留的职位是阿里巴巴集团董事局主席。在卸任演讲中，马云说："我是幸运的，在48岁，我就可以离开我的工作。48岁之前，工作是我的生活，从明天开始，生活将是我的工作。"这段话虽然有些煽情，但也说明了马云有意远离一些具体的管理工作，从更宏观的层面把握企业发展的方向。

除了马云自己，阿里巴巴最近几年一直在推动管理层年轻化。马云说："未来的阿里巴巴会有无数次的组织接班，必须在我们年轻力壮的时候制定并积累组织传承的经验和规则。未来是最难把握的，因为它变化，它无常。把握未来的最佳方法不是留住昨天或者争取保持今天，而是开创未来。我们永远相信年轻人会比我们更能开创未来。"

为了支撑企业的未来，仅在用户、产品和组织三方面转型是不够的，阿里巴巴在市场趋势的把握方面也做了努力。为把握未来的科技趋势，阿里巴巴网罗了一大批世界知名的科学家。为把握未来商业趋势，阿里巴巴早在2007年就成立了阿里研究中心，后来升格为阿里研究院。

升益转型阶段画布（2014年至今）

	创始人自我革命	创新产品	范式变革
重识用户 • C端用户市场发展空间越来越窄，交易成本身到互联网+（互联网金融、智能家居、大健康、大娱乐） • 从服务消费者转变为服务商家	• 面对微信的挑战（我原以为腾讯会去摇晃运营者，没想到它最后摇晃的是我们），力推来往，后无果 • 卸任CEO，超越战略	• 余额宝（合法性受到质疑，来自传统银行业的打压） • 支付宝面临微信支付的挑战 • 阿里云	• 大平台，大数据，大计算，大应用 • 阿里云和云OS的提前布局满足余额宝、"双十一"等大规模交易对海量数据处理在技术和成本方面的需求
潜在需求 • 供需端的消费升级 • "屌丝"用户对零散资金的需求，对移动业务的需求，消费者的连接方式 • 中小企业获得以先进技术实施信息化的便捷途径，供应链升级（企业级SaaS）	**团队认知升级** • 一线业务总裁70后化 • 管理团队年轻化（60后一代退出，交给70后、80后的领导者） • 为年轻有想法的员工提供上升通道和想象空间，"与其跳出去自主创业，不如考虑留下来内部创业"	**品类营销** • 成为"互联网+商业"的标杆和标准，代言新零售	**公司创投** • 2014年阿里巴巴集团在美国上市 • 并购与大数据发生强关联的公司 • 通过阿里资本以投资、搭股、参股等形式，先后投资新浪微博、快的、陌陌、高德等
满足升级需求 • 从IT到DT • 从网络到移动网络 • 从信息到人工智能	**网络组织** • 成立无线事业部 • 把大公司拆成小公司运营，成立战略决策委员会和战略管理执行委员会 • 以股权投资的形式，打造网络式生态体系	**生态模式** • 阿里巴巴通过公司投资布局搜索、即时通讯、物流、地图、团购、打车、旅游、百货、影视、音乐、教育、智能硬件、数据等领域，培育一个开放、协同、繁荣的电子商务生态圈	**蓝冰市场** • 以互联网加传统行业的理念，开拓诸如互联网金融（余额宝）、企业级SaaS（钉钉）等蓝冰市场

图7-40 阿里巴巴升益转型阶段的战略画布

在转型阶段，阿里巴巴还完成了另外一件事，就是2014年在美国上市。上市后获得的巨额资本使得阿里巴巴能够通过公司创投的形式控股、参股众多的互联网新兴企业，阿里巴巴迅速完成了在移动互联网领域的布局。

阿里巴巴转型阶段的战略决策可以总结成：从IT到DT，从互联网到移动互联网，从关注交易本身到提供基础设施，通过管理队伍年轻化和股权投资形式打造网络组织体系，培育开放、协同的电子商务生态圈，开拓互联网金融和云计算等面向未来的巨大市场。企业转型总是艰难的，何况是像阿里巴巴这样规模的企业。但是，面临激烈的市场竞争，甚至是跨界竞争，企业又不得不在发展中转型，在转型中发展。

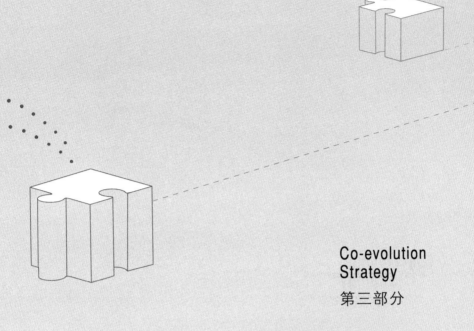

Co-evolution Strategy
第三部分

共演战略四路径

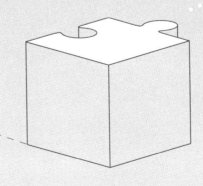

Co-evolution
Strategy
第8章

共演战略的系统性

系统：要素、连接和目标

1. 系统的构成要件

企业之所以面临未来发展方向的不确定性和未来发展路径的不连续性，主要是因为企业相关的内外部环境整体上是一个复杂系统，而这个复杂系统是由许多小系统组成的。复杂系统内部和子系统之间的连接和交互，造就了复杂的企业营商环境。

所谓系统，是一组相互连接的事物，在一定的时间内，以特定的行为模式相互影响。系统不是一些孤立事物的简单集合，而是有一组相互连接要素组成的，能够实现某个目标的整体，这些要素相互连接在一起，以特定的行为模式相互影响。

任何一个系统都包括三种构成要件：要素、连接、功能／目标。对于纯粹由"物"组成的系统来说，第三个要件是功能；对于包含"人"的系统来说，第三个要件是目标。⊖如图 8-1 所示的系统，由 4 个要素组成，要素之间有 6 种基本连接，连接在一起的要素有一个共同的功能／目标。

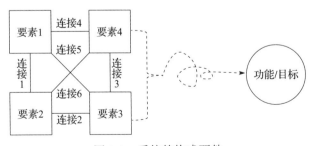

图 8-1 系统的构成要件

⊖ 德内拉·梅多斯. 系统之美：决策者的系统思考 [M]. 邱昭良，译. 杭州：浙江人民出版社，2012.

阿里巴巴的"三板斧"也是一个系统,"三板斧"包括上三板、下三板和中间层。上三板是使命、愿景、价值观,这是阿里巴巴企业系统的目标;下三板是组织、人才、KPI,这是阿里巴巴企业系统的要素,中间层是战略,这是阿里巴巴企业系统的连接机制。阿里巴巴"三板斧"系统的基本特征就是,用战略把组织、人才、KPI 要素连接起来,为实现阿里巴巴的使命、愿景、价值观目标运转的动态体系。

共演战略系统有用户、组织、产品、市场四个战略要素,要素之间存在六组连接方式。由于每个战略要素都可以细分为不同的要点,要点组成每个要素的子系统,子系统中的要点之间也存在连接。所以,共演战略系统的连接关系分为两类:要素间的连接和要素内部的连接。这些要素、要点连接在一起,目的是实现企业的战略目标(见图 8-2)。

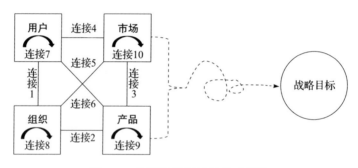

图 8-2 共演战略系统的构成要件

在系统的三个构成要件中,要素是构成系统的基本单元。没有要素,就没有系统。然而,从系统性和动态性的观点看,连接和目标在很多情况下发挥着比要素更重要的作用。一个系统和另一个系统之所以不同,往往不是因为组成要素不同,而是因为系统的连接方式(结构)不同,或者是因为系统的目标不同。

例如,木炭和钻石都是由碳原子组成,水蒸气、水和冰都是由水分子组成。这些物质有着非常不同的物理性质的原因,就是要素之间的连接方式不同。再如,一场足球赛,双方各由 11 名队员组成,但比赛目标改变了,不是获胜,而是由于赌局等原因要放水,要输球,那么比赛系统就会不同。

本书前几章重点讨论了共演战略的四要素。接下来，要重点讨论的是共演战略的系统性和动态性，主要涉及要素间连接的运行机制和企业战略目标的动态变化。

2. 系统的动态运行机制

系统的运行主要是靠的是动态反馈回路机制，系统思考者把世界看作各种反馈回路的组合。一个动态反馈回路，就是一条闭合的因果关系链，从某一个存量出发，并根据存量当时的状况，经过一系列的决策和行动，影响到与存量相关的流量，继而反过来改变存量。⊖

假如说，你存款的银行以复利形式给你支付利息，利息的多少取决于你账户中的余额和当前的利率。你当前账户中的余额就是存量，而利息会作为一个流入量使下一年的账户余额增加。按照复利的计算方法，银行每年向你支付的利息并不是一个固定的数额，而是随着上一年账户余额的增减而变动，这就是一个简单的反馈回路。

如图 8-3a 所示，存量左侧为一定的流入量，右侧为一定的流出量，流出量和流入量的差，就是存量的变化量。如图 8-3b 所示，在存量和流入量之间，以及存量和流出量之间，分别有一个反馈回路，一旦实际存量水平低于预设的水平，系统就会启动一个修正调节的过程，或者调高流入量，或者调低流出量。

例如，一个游泳池需要保持一定的水位和水温，这就需要两个反馈回路系统。水位反馈回路系统中的存量是游泳池的目标水位，如果当前水位低于目标水位，就调大流入量或调低流出量，如果当前水位高于目标水位，就调大流出量或调低流入量。同样地，水温反馈回路系统中的存量是游

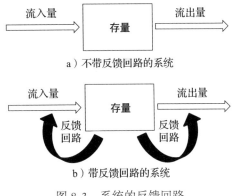

图 8-3 系统的反馈回路

⊖ 丹尼斯·舍伍德. 系统思考 [M]. 邱昭良, 刘昕, 译. 北京：机械工业出版社，2014.

泳池的目标水温，如果当前水温低于目标水温，就调高热水的流入量或调低热水的流出量，如果当前水温高于目标水温，就调低热水的流入量或调高热水的流出量。

在共演战略系统内，同样有存量、流量和反馈回路。如图8-4所示，信息、资源和价值等会在用户、组织、产品和市场等战略要素之间流动，要素之间的子系统由存量、流量和反馈回路组成。例如，员工会从组织要素流出，流入到产品要素中不同的方面（如产品开发、营销推广等），组织要素和产品要素都会有一个关于员工的存量，随着目前的存量和目标存量之间偏差的变化，信息就会反馈到系统的相关部分，对流量进行调节。如果研发人员过多，人浮于事，相关信息就会反馈到组织要素，减少产品开发员工的流入，增加相应的流出。再如，企业通过产品创造用户价值，用户价值从产品要素流出，流入用户要素。如果用户价值存量过高，或者说用户需求被过度满足，信息就会反馈到用户要素和产品要素间的交换机制中，降低过高的用户价值，避免企业因过度满足用户需求而被颠覆。

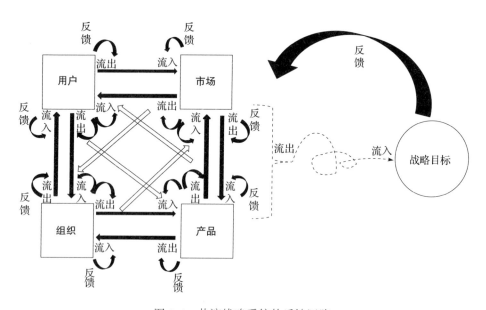

图 8-4　共演战略系统的反馈回路

除了四要素之间的流入、流出和反馈机制，要素内部各要点之间也存在流入、流出和反馈机制。由于绘图方面的限制，并没有在图 8-4 中显示出来，但共演战略系统的确是一个嵌套系统，大系统内包含小系统，小系统的层级可以根据企业实际情况而细化。在要素之间和要素内部的系统之外，战略要素和战略目标之间也存在流入、流出和反馈机制。这里，战略目标可以被视为存量，在实际达成的战略目标和预设的战略目标之间会存在一个差距，根据差距的大小和方向，信息会被反馈给企业的战略要素，系统会相应调整战略要素的投入。

3. 增强回路和调节回路

系统中一般有两种反馈回路：一种是增强回路；另一种是调节回路。增强回路的作用是不断放大和强化原有的发展态势，自我复制，就像滚雪球。增强回路在生活中很常见。例如，电视广告的收入对电视台非常重要，如果电视节目质量不好，就会产生收视率压力，进而带来广告商的不满，这会造成电视台的收入压力，成本也会因为收入下降而缩减，进一步影响电视节目质量。这是一个恶性循环（负向增强回路），当然也有良性循环（正向增强回路）。如果电视节目质量好，就会提高收视率，进而提高广告商的满意度，给电视台带来更多收入，也会因为收入上升而加大投入，进一步提高电视节目质量（见图 8-5a）。

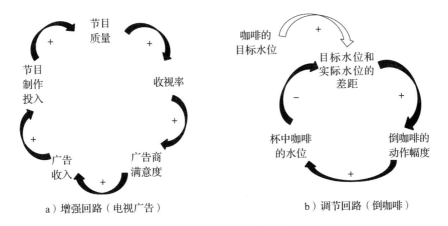

a）增强回路（电视广告）　　　b）调节回路（倒咖啡）

图 8-5　增强回路和调节回路举例

和增强回路不同，调节回路的作用是使存量水平保持稳定，趋于一个目标进行调节或校正。当系统中存在调节回路时，面对各种变化，调节回路会采取措施，消除这些变化对系统的影响，使存量保持在一个目标值或可接受的范围内，系统表现出动态平衡的特征。例如，当你向杯中倒咖啡时，心里会有一个目标，就是杯中咖啡的目标水位，你的眼睛通常会一直关注杯中水位的上升，同时评价目标水位和实际水位的差距，并对倒咖啡的肢体动作进行控制，影响着把咖啡倒入杯中的速率。起初的时候，目标水位和实际水位差距很大，你倒咖啡的速度就会较快；随着杯中咖啡水位的上升，目标水位和实际水位的差距逐渐下降，你倒咖啡的动作就会越来越柔和，杯中咖啡水位上升越来越慢，直到目标水位和实际水位的差距变为零。这个反馈回路的特点是它总在寻求达到某个特定目标，这种形式的反馈成为负反馈回路，或者叫调节回路（见图 8-5b）。

要想清楚地理解一个反馈回路是增强回路还是调节回路，需要先理解正向连接和负向连接。从连接两端的原因和结果看，有且仅有两种连接：正向连接和负向连接。当原因的上升会导致结果的上升时，就是正向连接；当原因的上升会导致结果的下降时，就是负向连接（见图 8-6a）。我们用"＋"标注在连接线上，代表正向连接；用"－"标注在连接线上，代表负向连接。

上面这种定义正向连接和负向连接的方法比较简单。更加严谨的定义如下：如果"原因"方面有所上升，导致"结果"方面的上升超出了在"原因"不变的情形下自然变动的增幅，或者如果"原因"方面有所下降，导致"结果"方面的下降超出了在"原因"不变的情形下自然变动的降幅，则该连接是正向连接。如果"原因"方面有所上升，导致"结果"方面的下降超出了在"原因"不变的情形下自然变动的降幅，或者如果"原因"方面有所下降，导致"结果"方面的上升超出了在"原因"不变的情形下自然变动的增幅，则该连接是负向连接。

当然，有些情况下，说不清原因的上升到底会造成结果的上升还是下降。例如，华为实行"员工持股计划"，一些早年加入华为的员工持有价值不菲的股票。员工持股计划是会提升员工生产率呢，还是会降低员工生产率呢？这说不清。所以，就可以画出正向连接和负向连接结合的系统图。在图 8-6b 中，一种情况是，持股员工可能因为是企业的"主人"而被激发出主人翁精神（持股上升导致主人翁精神上升），进而提升员工生产率（主人翁精神上升导致员工生产率上升）；另一种情况是，员工因持股而拥有巨额财富，拥有财富会降低员工的奋斗者精神（负向连接），而奋斗精神是提升员工生产率的重要因素（正向连接），所以"负正相乘"为负。因此，在图 8-6b 中，上面用实线表示的连接代表了员工持股和员工生产率之间的正反馈回路，或者叫增强回路；下面用虚线表示的连接就表示了员工持股和员工生产率之间的负反馈回路，或者叫调节回路。

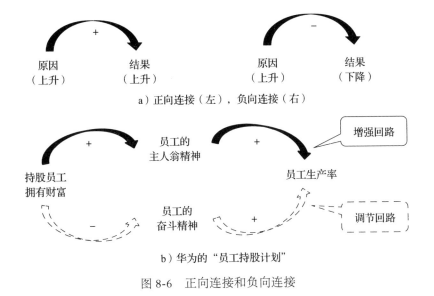

图 8-6 正向连接和负向连接

上面华为公司员工持股计划的例子中，两个正向连接组合起来，形成了增强回路；一个负向连接和一个正向连接组合起来，形成了调节回路。更一般的规律是：反馈系统中，如果有偶数个负向连接（包括零个），则是增强回路；如果有奇数个负向连接，则是调节回路。例如，在图 8-7a 中，有两个负向连接，是增强回路；在图 8-7b 中，有一个负向连接，是调节回路。

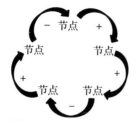 

a）增强回路（负向连接为偶数，含零）　　b）调节回路（负向连接为奇数）

图 8-7　增强回路和调节回路的机制

增强回路和调节回路在商业中有很多应用场景。很多时候，用好增强回路和调节回路可以发挥系统的力量，甚至是多个系统的力量。例如，微软和英特尔的 Wintel 联盟就非常有名，为两家世界级企业带来了长期的高额利润，这背后就是增强回路效应在发挥作用。

微软生产操作系统和应用软件，而软件的特点是研发成本非常高，一旦研发成功，生产拷贝的边际成本又几乎为零。所以，微软商业模式的核心就是扩大微软操作系统和应用软件的装机量。英特尔生产计算机芯片，而芯片的特点也是研发成本非常高，一旦研发成功，生产芯片的边际成本也非常低。所以，英特尔商业模式的核心就是扩大英特尔芯片的使用量。计算机芯片行业还有一个特点，就是受摩尔定律的支配，每 18 个月左右，单位面积硅片能容纳的晶体管数量就会翻一番，但成本不变，也就是说，英特尔需要持续保持对芯片的升级，这就特别需要用户保持对高性能芯片的需求。能够带来对高性能芯片需求的是软件。为此，微软和英特尔形成了 Wintel 联盟，在两个公司的业务系统之间构造了一个增强回路。也就是说，硬件水平的上升会带来用户对软件性能升级的需求，而软件的升级反过来又让用户产生了对硬件新的需求。

除了两家公司业务系统之间的增强回路之外，每家公司的业务系统内部也是一个增强回路。以微软为例，微软的系统软件采用较低定价水平的策略。因为系统软件价格的下降会造成软件销售量的上升，为微软提供高额的利润；这些利润被用来投资新的操作系统，用户更新操作系统后，增加了微软操作系统的存量和性能，同时刺激了配套软件的开发，吸引了更多的用户；用户多了之后，操作软件可以更低的价格出售。在微软的这个业务反馈系统中，有两个连接是负向连接，由于负向连接的数量是偶数，所以这个反馈系统是增强回路（见图8-8）。

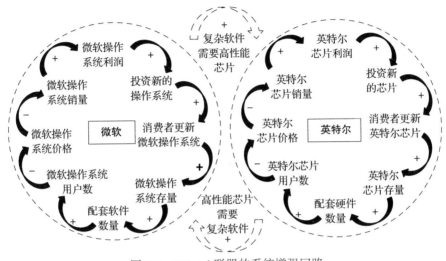

图8-8　Wintel联盟的系统增强回路

协同：众人拾柴火焰高

1. 共演战略要素间的反馈回路

共演战略四要素间有清晰的逻辑关系。在未来发展方向不确定、发展路径不连续的环境中，理解共演战略四要素间的关系可以帮助创业者和企业家看清发展趋势，识别市场机会，判断未来方向，确定行动方案（见图8-9）。

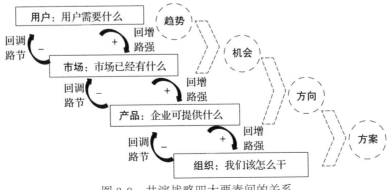

图8-9　共演战略四大要素间的关系

第一,应从用户开始理解共演战略要素间的关系,创业者和企业家可以根据用户的需要和需求判断经济发展的未来趋势。

第二,通过了解市场上已经有什么产品和服务,识别市场空白和机会。

第三,在市场机会中挑选自身能够把握的机会,确定未来发展的大致方向。

第四,把确定的发展方向落实到员工和团队的具体行动中,形成企业的行动方案。

战略四要素之间有增强回路和调节回路两种关系。例如,在了解用户需求后,就可以和市场供给对比发现空白(增强回路),对比过程中了解到的市场供给反过来可以帮助了解用户需求(调节回路);在找到空白点后,可以相应地发展企业能力(增强回路),但企业能力往往有限,如果不能把握市场空白的机会,则需要回头看还有什么市场机会(调节回路);在找到企业发展方向后,需要落实到企业日常工作中(增强回路)并在这个过程中试错、调整和迭代(调节回路)。

因此,沿着用户、市场、产品和组织四要素的思路进行分析,可以帮助企业从充满不确定的未来趋势中把握发展机会,确定战略方向,明确实施方案,实现企业发展愿景。

| 案 例 |

阿里巴巴创业初期共演战略要素的反馈回路

1988年,刚从杭州师范学院毕业的马云完全不知道自己将带领阿里巴巴给中国商业带来巨大的改变。1992年,留校教书的马云和同事为了满足学校老师们翻译外文资料的需求,成立了杭州第一家专业的翻译社——海博翻译社。随后,因为认识到翻译社只是一个不怎么赚钱也长不大的生意,马云抓住了帮助杭州政府到美国和一家公司谈判的机会,认识到互联网能够帮助人们搜索信息。马云在美国西雅图第一次使用互联网时,发现当时还搜索不到任何一条关于中国的信息,马云意识到用户需要互联网的趋势和中国没有互联网的事实,互联网的机会之门向马云打开了。

接下来发生的事情就是马云带领一帮兄弟自己能干什么和该怎么干的过程了。1995 年，马云成立了中国第一家商业网站"中国黄页"，主要业务是向国内企业推广互联网。1996 年，中国黄页在和杭州电信竞争一年后，双方选择了合作。1997 年年底，马云受邀加盟外贸部所属的中国国际电子商务中心任信息部经理，一年后马云带领自己的小伙伴回到杭州重新创业。至此，马云清楚地意识到电子商务是自己能干的事情，确定了创业方向。1999 年 1 月，马云召集 18 人团队在家里开会，马云演讲道："从现在起，我们要做一件伟大的事情，我们的 B2B 将为互联网服务模式带来一次革命！"马云还说道："我们的目标有三个：第一，要建立一家生存 80 年的公司；第二，要建设一家为中国中小企业服务的公司；第三，要建成世界上最大的电子商务公司，进入全球网站前 10 名。"

有了方向，马云接下来干的事情就是组织队伍了。阿里巴巴刚成立，马云就拉来了几杆"好枪"。1999 年加入的蔡崇信拥有耶鲁大学经济学学士和法学博士学位，曾任北欧地区最大的工业控股公司 Investor AB 附属公司 Investor Asia Limited 的副总裁及高级投资经理。加入阿里巴巴后，蔡崇信担任 CFO，1999 年他领导成立阿里巴巴集团香港总部，并于 2005 年主导收购中国雅虎及雅虎对阿里巴巴集团投资的谈判。好团队是干事情的基础。2002 年，马云在宁波演讲时自豪地说："我们公司的四个'O'中，COO 关明生，在通用电气、BTR 等世界 500 强公司做了 25 年经理人；CFO 蔡崇信，瑞典 Investor AB 公司做投资的，他是法学博士，加拿大籍中国台湾人；CTO 吴炯，雅虎搜索引擎发明人，美国籍上海人；我是 CEO，中国籍，杭州人。"⊖

马云的国际视野和国际化团队带来了阿里巴巴的国际化发展路径。1999 年和 2000 年，阿里巴巴抢在硅谷互联网泡沫破灭前，两次融资合计 2500 万美元，投资方包括高盛、软银等国际大机构。有了钱的阿里巴巴在经历了短暂的快速扩张后冷静了下来，把业务回调到核心 B2B 业务，于 2000 年 10 月推出"中国供应商"服务，帮助中国企业成为"来自中国的国际供应

⊖ 王利芬，李翔. 穿布鞋的马云：决定阿里巴巴生死的 27 个节点 [M]. 北京：北京联合出版公司，2014.

商"。随后，为了解决客户最担心的诚信问题，2001年8月阿里巴巴推出了售价2300元的"诚信通"产品。从"诚信通"开始，阿里巴巴持续高举高打，宣称所有的发展都是要"解决社会问题"，并确定了"让天下没有难做的生意"的使命。基于阿里巴巴的这个使命，读者利用用户到市场、产品和组织的共演战略要素分析思路，就不难理解阿里巴巴后来相继进入C2C领域（2003年4月开始做淘宝）、支付领域（2003年10月试水支付宝）、云计算领域（2009年9月成立阿里云）、物流领域（2013年5月牵头组建"菜鸟网络"）、互联网金融领域（2013年6月推出余额宝）的一系列战略行动和发展方案了。

2. 共演战略要素的内部协同和外部协同

"无论你来自哪里，这艘船就是你的身体，那鼓声就是你的心跳，罗马的荣耀就是你的敬拜。准备撞击！"这是经典电影《宾虚》中的一幕，一位士官长手持皮鞭，指挥着几十名奴隶划着一艘战船冲向敌船。古罗马的军用桨帆船舷侧置有25～30块座板，每块座板上有三名桨手，每名桨手各划一桨。每支船桨长29～32英尺⊖，重量为120磅⊜，约有1/3的桨身长度在船内，以便与舷外部分的重量平衡。座板前边有一些低台阶，以便让桨手爬上去，把桨叶放入水中，同时身体后仰时，脚稳稳地踩在台阶上。在激烈的战场上，战船取胜的关键是划船者（奴隶）能否在同一瞬间同时用力划桨。试想，90名左右的奴隶如果在战场上畏惧死亡，不能统一行动，战船就会原地转圈甚至沉没。为此，我们在银幕上看到每名奴隶都有一只脚上戴着镣铐，固定在船上，防止他们逃跑。此外，士官长还需要使用暴力和激励两种手段，使奴隶桨手在战场复杂的环境中尽量保持协同行动。

现代企业的协同比古代战船的协同要复杂得多。平衡计分卡体系的创始人罗伯特·卡普兰和戴维·诺顿在《组织协同》一书中强调："很多企业就像一艘没有统一协调的划艇。它们由多个优秀的业务单元组成，每个业务单元

⊖ 1英尺 = 0.3048米。
⊜ 1磅 = 0.4536千克。

都拥有经验丰富、训练有素并积极向上的领导者，但是业务单元之间没有产生协同效应，最多也就是做到各个业务单元互不影响。企业的整体业绩就是所有业务单元的业绩总和减去总部的成本。更有甚者，大多数时候这些业务单元在实际运作中还会在共享客户或其他资源方面产生矛盾，或者由于互相间的协调不力而导致与一些原本可以取得更高绩效的商机失之交臂。"[一]

举个例子说明如何通过管理而不是暴力让"划桨者"协同行动，或者说如何通过管理让企业各部分协同起来。一德集团创始人是江苏省赛艇协会主席，他曾在微信群中向朋友推荐过一个关于划船机技术指导的视频。[二]"有赞"创始人白鸦回复说："我们（公司）产品的同学（同事）都看过这个视频，并且做过讨论，这是我见过最形象、最有场景感的产品教学片。"

这个教学片用了 5 分钟时间教人如何掌握划船技巧。教练讲道："划船有三个关键：顺序（order）、力量（power）、节奏（timing）。划船用到腿、躯干和手臂三部分肌体，三部分肌体用力的顺序是：向后划时，双腿蹬，躯干后移，手臂收；向前收时，手臂放，躯干前移，双腿收。力量的分配是：手臂 20%，躯干 20%，腿部 60%。节奏指的是向后划桨和向前收桨两个动作间的节奏是 1∶2，也就是说，向后划桨时查'一个数'，向前收桨时查'两个数'。如果顺序、力量和节奏错了，身体各部分就不能发挥各自作用，身体各部分输出的能量就会相互抵消，整个人就不能发挥最大潜力。"

运营企业和划船类似，需要注意各要素运用的顺序、力量和节奏。共演战略包括四个基本要素——用户、组织、产品和市场，这四个要素类似于划船时用到的腿、躯干和手臂。先人后事和由外而内等原则类似于划船动作的顺序，少做事、多做人的原则类似于划船时力量的分配，而共演战略的四阶段和四路径类似于划船的节奏。如果把做企业类比为划艇之间的竞争，那么顺序对了才能把企业做成或把船划起来（做得成），力量对了才能把企业做好或把船划好（做得好），节奏对了才能把企业做得久或把船划得久（做得久）。

[一] 卡普兰，诺顿.组织协同：用平衡计分卡创造企业合力［M］.博意门咨询公司，译.北京：商务印书馆，2010.

[二] 百度搜索"划船机技术指导"，或者在浏览器输入 http://www.iqiyi.com/w_19rtbi7en1.html。

在图 8-10 中，用户、组织、产品、市场四个要素各自的内部协同用 a、b、c、d 表示，而要素间的协同用 1、2、3、4、5、6 表示。要素内部的协同主要是要素所包括各要点的一致性和协调性，要素间的协同主要是要素间的相互支持关系。

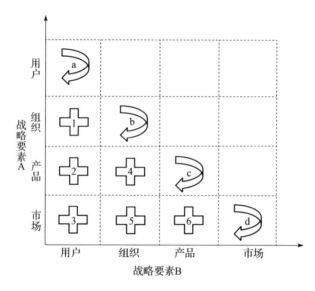

图 8-10　共演战略四要素内部和外部协同的情况

内部协同：同舟共济扬帆起

共演战略要素的内部协同包括用户要素协同、组织要素协同、产品要素协同、市场要素协同四个方面。要素内部协同有两个关键点。第一是，组成要素的各个要点间的一致性和协调性（稳态协同，stable alignment）。例如，企业领导者的领导风格和团队员工的工作特点之间需要保持步调一致、相互协调、密切配合。第二是，战略要素的发展要同企业整体发展的阶段相适应（动态协同，dynamic alignment）。例如，在创业期，企业面对的是天使用户，他们的特征和企业成熟期用户的特征差异很大，需求迥异，决定用户选择产品和服务的因素也非常不同。因此，在企业发展的每一阶段，需要根据当前阶段的情况，考虑用户特征、用户需求和用户选择之间的协同（见表 8-1）。

表 8-1 共演战略四要素的内部协同

要素的稳态协同	要素的动态协同
用户 如何通过满足用户需求成为目标用户选择	1. 创业期：发现天使用户需求爽痛点，与现有竞品差异化 2. 成长期：识别大众用户的普遍需求，跨越用户需求鸿沟 3. 扩张期：满足累积用户互补性需求 4. 转型期：深度挖掘用户潜在需求
组织 领导者如何通过组织管理激发团队员工活力	1. 创业期：创始人带领创业团队打造扁平化组织 2. 成长期：团队实现专业化，打造层级组织 3. 扩张期：创始人个人作用淡化，团队职业化，打造事业部组织 4. 转型期：创始人作用重新加强，打造耗散结构自组织
产品 如何开发、推广和经营产品以创造和获取价值	1. 创业期：通过 MVP 开发和口碑营销，实现单点突破 2. 成长期：营销推广打造爆款产品，实现规模经济 3. 扩张期：通过多元产品的关联驱动，实现范围经济 4. 转型期：通过品类创新和品类营销，实现生态经济
市场 如何在市场竞合中获得和运用资本、资源和技术	1. 创业期：投入初始资本和采用创新性技术，开发混沌市场 2. 成长期：引入外部资本和采用成长性技术，抢占蓝海市场 3. 扩张期：通过资本运营和采用主导设计，在红海市场占主导地位 4. 转型期：通过公司创投和技术范式变革，创造蓝冰市场

1. 用户要素的内部协同

用户要素的三个要点包括用户特征、用户需求和用户选择。用户要素内部协同要考虑三个要点的一致性和协调性，协同的目标是通过满足用户需求，成为目标用户的选择，使得用户特征、用户需求和用户选择一致起来。此外，在企业发展的不同阶段，用户特征、用户需求和用户选择依据会发生变化。因此，用户要素也要与企业发展的不同阶段协调起来。

在创业期，企业的用户主要是少而精的天使用户，产品所针对的主要是用户的爽痛点需求，对需求的把握要做到精准，所强调的主要是和现有竞品的差异性；在成长期，企业需要能利用大众用户的从众心理，满足数量更多的大众用户注重实用性的普遍需求，跨越天使用户向大众用户过度的需求鸿沟，形成规模经济；在扩张期，企业已经积累了一定数量的用户，取得了用户的信任，在满足用户基本的实用性需求基础上，企业还要挖掘累积用户的多元化需求，通过需求的演进和多元需求的相互加强，形成范围经济；在转型期，企业赖以发展的用户需求基础可能已经发生了质的变化，企业需要深度挖掘用户的潜在需求，警惕累积用户给企业发展带来的局限，避免过度满足用户需求,抓住需求升级的大趋势,完成向下一条用户需求曲线的跨越(见图 8-11)。

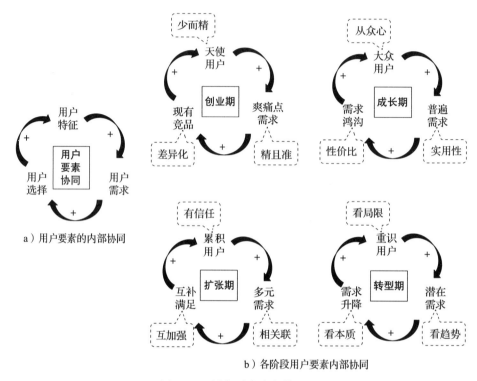

图 8-11　用户要素内部协同图

在表 8-2 和图 8-12 中,分别用表和图的形式总结了小米公司的用户要素内部协同。有人说:在中国,创业公司最怕两家企业,做软件的怕遇上腾讯,做硬件的怕遇上小米。在创立小米之前,雷军看准了移动互联网爆发的风口,在苹果、三星等厂家主攻高端和诺基亚、摩托罗拉等厂家转型困难的机会窗口,切入中低端智能手机市场,主要的目标用户是用智能手机替换传统手机的中低收入年轻人。在初创期,小米并没有直接进入手机生产领域,而是首先开发专门针对目标用户使用习惯的手机操作界面 MIUI,通过用户论坛与天使用户深度互动,把用户的实际需求融合到 MIUI 中,每周迭代推出更新的版本,打造了比安卓原生系统更符合目标用户需求的操作界面。

表 8-2 小米公司的用户要素内部协同表

发展阶段	用户要素	用户要素协同
创业期	天使用户	技术发烧友，爱传播、爱分享
	爽痛点需求	对手机使用体验要求很高
	现有竞品	选择谨慎，对原生安卓操作系统不满意
成长期	大众用户	首次使用智能手机的年轻人
	普遍需求	要求手机体验好、价格低
	需求鸿沟	低端智能手机市场空白，年轻人追求个性
扩张期	累积用户	在多个场景使用智能生活设备的中产阶级
	多元需求	要求产品质高价优，但没有时间选择对比
	需求互补	手机市场竞争加剧，自有渠道直接触用户很重要
转型期	重识用户	年轻人、中产阶级、高收入人群
	潜在需求	各群体对产品需求差异巨大，共同点是智能互联
	需求升降	产品帮助用户实现美好生活

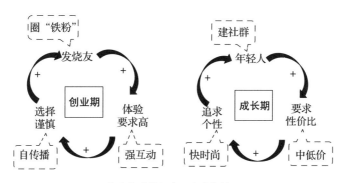

小米各阶段用户要素内部协同

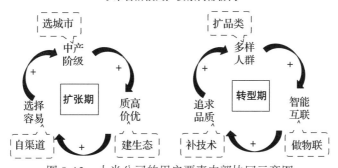

图 8-12 小米公司的用户要素内部协同示意图

2011 年 8 月 16 日，小米在北京 798 艺术区召开发布会。小米手机一经发布，迅速引爆市场，吸引了大量首次使用智能手机的年轻用户。小米手机之所以被大众用户迅速接受，是因为在手机发布之前，MIUI 系统已经在超过 50 万其他手机用户的手机上运行了整整一年时间。[一]这些用户之所以在没有推出手机之前就用小米的 MIUI 系统，是因为 MIUI 系统真正地戳到了他们的需求爽痛点，加之小米手机价格便宜，这些对性价比敏感的用户选择小米手机就是自然而然的事情了。

2013 年 3 月 19 日，小米盒子发布。机顶盒是手机用户在客厅场景下延伸手机功能的必要设备，选择机顶盒作为手机之外硬件产品延伸的尝试，标志着小米围绕用户需求的多个场景打造产品生态链思路的开始。目前，小米已经围绕手机形成了包括手机周边、智能产品和生活耗材的生态链，满足了用户居家、工作多个场景下的需求。购买小米生态链产品不再是"低层次"的象征，1699 元的扫地机器人、449 元的车载空气净化器、199 元的米兔智能故事机、1999 元的小米净水器、999 元的米家压力 IH 电饭锅等，这些小米生态链产品的品质已经可以满足中产阶层的要求，成为一些白领阶层眼中的放心产品。

2016 年 10 月 26 日，小米发布全面屏和陶瓷概念手机 MIX，意味着小米手机的目标用户不再仅仅是中低端用户。紧接着，2016 年 11 月 1 日，小米发布了空气净化器 Pro 版，售价 1499 元，比普通版的 699 元有了大幅提高。2017 年 2 月 28 日，小米发布自主处理器品牌——松果。在此之前，全球智能手机产业只有三家拥有自己的芯片，分别是苹果、三星和华为。高端手机、自主芯片和升级版产品的推出，说明小米不再只关注生态链上产品数量的增加，已经开始加大生产品种类纵深，挖掘用户的深度需求。

2. 组织要素的内部协同

组织要素包括领导者、团队员工和组织管理三个要点。组织要素内部的协同目标，是通过适当的组织结构设计激发包括领导者、团队和员工在内的全员活力。

在创业期，创始人凭借自己的能力和高风险承担倾向开始创业，吸引相互信任和能力互补的创业合伙人和早期员工，员工人数通常很少，创始人带

[一] 2010 年 8 月 16 日，MIUI 首个内测版推出。

领扁平化的创业团队，依靠个人魅力和创业激情推动组织发展；在成长期，团队通过学习逐渐实现专业化，层级组织结构逐步形成，创始人的认知升级是推动企业发展的主要动力；在扩张期，企业规模不断膨胀，依靠创始人个人能力推动企业发展已经不现实，创始团队的成长也不一定能够满足企业发展，需要引入职业化的经理人团队，随业务发展，企业多呈现事业部的组织形态；在转型期，由于外部环境的变化和挑战的出现，重拾创始人精神通常是领导企业跨越转型障碍的重要力量，而趋于僵化、封闭的组织结构也被转型形成的灵活、开放的组织结构所代替，通过团队创客化克服组织惰性，通过建立耗散结构激活组织（见图8-13）。

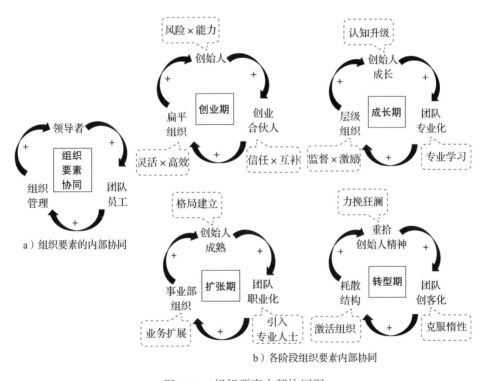

图8-13　组织要素内部协同图

在表8-3和图8-14中，分别用表和图的形式总结了小米公司的组织要素内部协同。2007年，带领金山成功上市之后，雷军辞去了金山CEO的职位。离开金山后，雷军把主要精力放在天使投资上，并迅速以前瞻性的眼光投资了凡客、乐淘、尚品网、UCweb、拉卡拉、YY、金山网络等项目。2010年4月，看到移动互联网风口的雷军发起成立了小米公司。雷军认为："找最优秀的人，一个可能能顶50个，事儿也好办了，成本也低了。"在创业前期，雷军把80%时间花在寻找合伙人上，最终说服了林斌、周光平、洪锋、黄江吉、黎万强、刘德六人加入创始团队。七位联合创始人创业时平均年龄43岁，在软硬件、互联网和设计等领域多年的经验积累奠定了小米软硬件加互联网的创业基因。后来，王川、祁燕、尚进、马努·杰恩、周受资、王翔等高管的加入，补充了小米在法务、公共关系、财务、游戏业务、国际业务等方面的管理人才。小米投资人刘芹认为，雷军之所以能够吸引这些优秀人才加入小米，一个重要原因是他在创业前已经有了清晰的战略方向和愿景。小米联合创始人洪峰说，自己加入小米的原因就是"认可雷军，感觉对了"。

表 8-3　小米公司的组织要素内部协同表

发展阶段	组织要素	组织要素协同
创业期	创始人	雷军等七位40多岁的"老男孩"联合创立小米
	创业团队	50多位员工共同投资1100万美元，自我驱动
	扁平化组织	兄弟连，平层管理
成长期	创始人成长	王川、祁燕、尚进等高管加入，基于信任分工
	团队专业化	只招最好的人、能自我管理的专业人才
	层级组织	创始人—业务负责人—员工；只涨薪，不晋升
扩张期	创始人成熟	马努·杰恩、周受资、王翔等高管加入
	团队职业化	激发内部员工参与感和尊重感（不设KPI）
	事业部组织	群体智慧；中层决策；"不控股"的生态链成员
转型期	重拾创始人精神	雷军亲自负责供应链业务，重新出发
	团队创客化	员工过万，管理难度加大，开始重视盈利
	耗散结构	强化研发、供应链和品质管理，打造生态组织

创立之后，小米的规模快速扩张，2011年8月有200多个人，2012年是2000人，2014年是7000多人，2016年超过1万人。这种规模的快速扩张，对于组织管理是一个很大的挑战，毕竟创始人中谁也没有管理过这么多员工。小米创立初期，50多位员工共同参与了A轮融资，共投入1100万美元，占A轮融资总额的1/4。真金白银的投入，使得这些早期员工把自己的职业

发展和公司的发展密切地结合起来。在员工快速增加的成长期和扩张期，小米坚持只招自我驱动和自我管理的人，通过激发内部员工的参与感和尊重感降低管理成本。小米联合创始人黎万强曾说："我们尽量找具备两种能力的人：一种是专业能力很强，不需要再培训；第二种是会自我完善和自我管理，不需要为他操心。如果员工都是这两种人，我们就可以忘掉KPI，只谈价值观。"

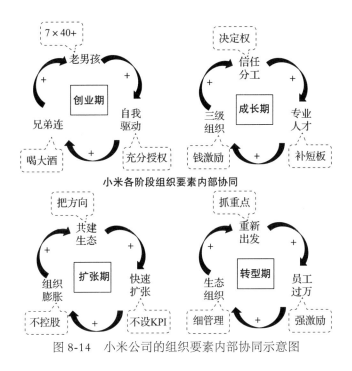

图 8-14　小米公司的组织要素内部协同示意图

2015～2016年，小米面临手机业务增长趋缓等困难，公司已拥有过万员工，管理难度大幅增加。虽然雷军在2016年年初的年会上仍坚持不设销售KPI，但2016年公司内部对盈利等有了明确目标。在2017年的年会上，雷军明确给出了整体收入破千亿元的目标。黎万强曾谈到小米对KPI的实际操作方法，他说："KPI作为一个总体目标在小米是存在的，比如雷总说2017年做1000亿元。我们的具体打法是：首先KPI尽量做到客观，不放空炮。很多企业的KPI是由下向上报上来的，总监报给总经理，总经理报给副总裁，副总裁报给总裁，总裁报给董事会，最后由董事会确定。我们的做法是先由几个创始人想明白,然后作为指导性意见分解下去,这种方法便于在不确定的环境中对 KPI 目标进行快速调整。"

组织结构方面,小米创业初期实行的是平层管理模式,上百位员工像兄弟连一样为公司日夜奋斗。小米内部有一位工程师主管因有大企业高薪聘请曾向雷军提出离职,雷军请这位工程师喝酒,从晚上喝到凌晨,这位工程师就没有再提离职的事儿。兄弟连感情加员工投资成为早期小米保持简单组织结构的基础。随着公司员工人数的增加,小米确立了创始人—业务负责人—员工的三级组织结构,公司内部员工只涨薪不晋升,利用经济激励简化组织结构。小米每个副总裁大概管 20 个业务组,每个组的业务负责人要全权负责这个组的所有业务,自由度很高,责任也很大。随着小米对外投资项目的不断增加,小米生态链企业的组织结构也变得越来越复杂,但小米坚持投资不控股的原则,通过打开组织边界,打造开放性组织的方式,一定程度上缓解了"大企业病"的问题。

3. 产品要素的内部协同

产品要素包括产品开发、营销推广和商业模式三个方面。产品要素内部的协同目标是通过开发、推广和经营业务创造和获取商业价值。在企业发展的不同阶段,产品开发、营销推广和商业模式都会持续发生一系列变化,但这三方面需要保持一致性和协调性。

在创业期,企业通常需要通过快速迭代的方式打造 MVP,并通过口碑营销来检验产品和市场需求的匹配,打造围绕核心产品的单点突破商业模式;在成长期,企业往往为了抓住发展机遇,通过营销推广手段把核心产品打造成爆款产品,迅速扩大用户量,摊销固定成本,实现规模经济;在扩张期,依靠企业创业时形成的核心产品已经难以维持企业的继续发展,这时企业需要围绕核心产品进行相关多元化,利用产品关联驱动实现范围经济;在转型期,企业需要找到能够帮助企业进入下一个发展周期的新品类产品,完成产业升级,进入新的价值网络,发挥产品的正反馈效应,力争实现生态经济(见图 8-15)。

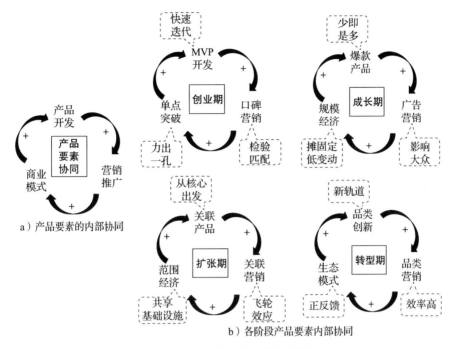

图 8-15 产品要素内部协同图

在表 8-4 和图 8-16 中，分别用表和图的形式总结了小米公司的产品要素内部协同。作为一家产品公司，小米一开始就制定了"软件、硬件、互联网服务"三位一体的产品战略。在创业期，小米从软件切入，在发布第一款手机硬件产品之前，经过一年时间，优化了手机界面 MIUI。随着系列小米手机的发布，小米的产品系列从中端（小米手机）向低端覆盖（红米手机），并逐渐填补了中低端（红米 Note）和中高端（小米 Note）的产品空白。在生态链产品方面，小米于 2016 年 3 月 29 日发布了米家平台（小米智能家庭），作为小米生态链产品的发布平台。2016 年，米家平台共发布了 21 款主要产品，涵盖从签字笔到滑板车，从电饭锅到车载空气净化器等产品，涉及用户衣食住行的各个方面。

表 8-4 小米公司的产品要素内部协同表

发展阶段	产品要素	产品要素协同
创业期	MVP 开发	MIUI 的迭代开发
	口碑营销	发烧友口口相传
	单点突破	先做软件，结合互联网，再做硬件

（续）

发展阶段	产品要素	产品要素协同
成长期	单品爆款	发布小米手机（中端）、红米手机（低端）
	营销推广	口碑营销、饥饿营销
	规模经济	不建工厂，不做线下渠道，不投放广告，单品爆款
扩张期	关联产品	发布小米生态链系列产品
	关联营销	自建渠道：米家平台、小米生活
	范围经济	做"科技界的无印良品"和打造智能互联飞轮模式
转型期	品类创新	开发高端手机，研发芯片
	品类营销	小米之家体验店（计划2017年200家，3年1000家）
	生态模式	围绕智能物联场景，扩产品线，打造小米智能家庭

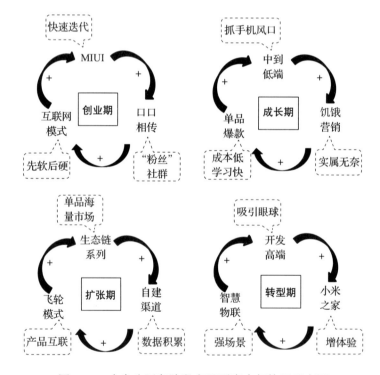

图 8-16　小米公司各阶段产品要素内部协同示意图

小米联合创始人黄江吉分析了小米做产品的难度，他说："我们都觉得苹果是很了不起的公司，但苹果做产品所需要做的艰难决定其实不多，因为它基本上什么都是用最贵的，不管用户需不需要用这么好的材料和配件，最终都由用户为这个超级贵的产品买单。小米做出好产品的难度在于，我们需要知道用户最关心的是什么，然后把用户最关心的需求做到极致，把他们不需要的东西大胆地去掉，要保持产品整体品质和产品价格的平衡，这是非常难的。"

在营销推广方面，小米一直坚持互联网营销思路，不做广告，通过用户的口口相传，利用 F 码等手段，把部分产品因为生产能力不足造成的供货问题转变成吸引大众关注的"饥饿营销"策略。随着小米生态链产品系列的丰富，很多围绕手机的周边产品、智能设备的营销推广变得更加简单有效。用户会因为对一类产品的认可而购买相关产品。例如，小米盒子会带动小米电视的销售，空气净化器也会带动净水器、加湿器等产品的销售，而诸如门窗传感器、湿度温度传感器、人体传感器等智能家居设备也会带动其他可以相互连接的智能家居产品的销售。

小米商业模式的主要特点是以低价格、高性价比的手机、小米盒子、路由器等核心产品带动耳机、电视、智能家居产品等高附加值产品的销售。在小米的商业模式中，手机中安装的 App 应用商店、米家、小米生活等软件是用户的入口，手机、周边产品等硬件是希望用户付费购买的产品，而以小米云为核心的互联网服务是黏住用户的手段。因此，小米先做软件，再结合互联网服务做硬件。在成长期和扩张期，小米实行不建工厂、不做线下渠道、不投广告的产品策略。然而，进入 2016 年，随着高端产品对生产能力的更高要求，以及来自 OPPO、vivo 和华为等手机品牌的激烈竞争，小米开始了以雷军亲自掌控供应链为标志的转型，开始建立小米之家线下体验店，请刘诗诗等明星做广告，并进一步扩充高端产品线。

4. 市场要素的内部协同

市场要素包括技术趋势、资本资源和市场竞合等要点。市场要素内部的协同目标是在市场中获得所需资本、资源和技术，并在市场竞争与合作中处于有利地位。由于企业在发展的不同阶段自身条件差异很大，企业的市场要素战略也需要在不同阶段保持内在的一致性和协调性。

在创业期，企业利用创新性技术切入市场，并利用初始资本在混沌市场上占据一席之地；在成长期，企业利用成长性技术的上升趋势，实现指数级增长，通过小步快跑式的精益融资，在蓝海市场中乘着行业的风口快速前行；在扩张期，企业的目标是在细分市场占据垄断地位，并凭借在市场中的优势地位，通过并购进行扩张，在红海市场中赢得竞争；在转型期，企业往往需要通过范式变革，抓住大的发展机遇，同时通过公司创投等形式投资未来可能的发展轨道，利用公司的体量优势在蓝冰市场中破冰前向，开辟新航道（见图8-17）。

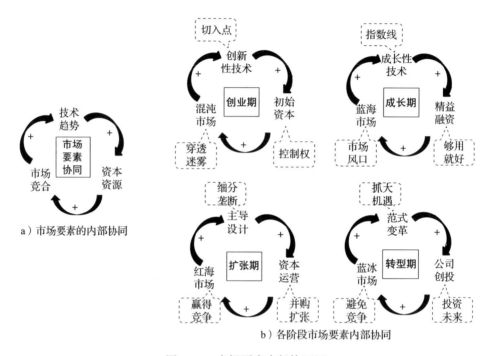

图 8-17　市场要素内部协同图

在表8-5和图8-18中，分别用表和图的形式总结了小米公司的产品要素内部协同。在创业期，企业通常依靠创始人和创始团队投入的初始资本，采用一些尚没有被竞争者掌握的萌芽期技术，在混沌的市场环境中探索；在成长期，企业的发展方向逐渐明确，外部资本和资源开始进入，企业所依据的技术也逐渐成熟起来，而市场竞争尚未变得非常激烈；在扩张期，资本运营和大规模资源引入帮助企业快速发展，企业的技术基础已成为市场主导设计，企业面临的竞争环境是日益红海化的市场；在转型期，企业的资本和资源积累可能成为企业发展的障碍，但也可能成为企业发展的助力，通过采用颠覆性的技术，企业找到下一个市场成长空间，甚至发现尚未开发的蓝冰市场。

表 8-5 小米公司的市场要素内部协同表

发展阶段	市场要素	市场要素协同
创业期	创新性技术	抓住安卓手机和移动互联网爆发的趋势
	初始资本	2010年4月,雷军及团队、晨兴、启明投资创立小米;2010年年底,完成A轮融资4100万美元,估值2.5亿美元
	混沌市场	与安卓等软件商合作,开发MIUI,占领低端市场空白
成长期	成长性技术	抓住手机软硬件一体化的趋势
	精益融资	2011年12月,B轮融资9000万美元,估值10亿美元;2012年6月底,C轮融资2.16亿美元,估值40亿美元
	蓝海市场	与富士康等硬件商合作;与联想、中兴等手机竞争
扩张期	主导设计	抓住智能互联网发展趋势
	资本运营	2013年8月,D轮融资,估值超过100亿美元;2014年12月,E轮融资,估值450亿美元
	红海市场	与爱奇艺、美的、李宁等合作;与乐视、格力等竞争
转型期	范式变革	抓住大数据驱动消费升级趋势
	公司创投	以经营利润补充资本金
	蓝冰市场	与oppo、华为、三星等国内外手机竞争

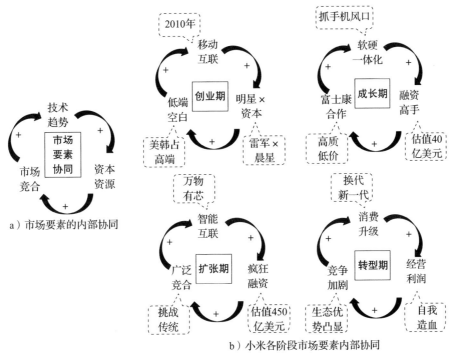

图 8-18 小米公司的市场要素内部协同示意图

作为全球估值最高的非上市公司之一的小米,其发展历程中风险投资的作用非常重要。2014年年底之前，小米已完成五轮融资，估值达450亿美元，仅次于Airbnb。小米之所以受到资本的追捧，最重要的原因是小米在安卓手机爆发的机会窗口进入了手机行业，并创新性地把安卓操作系统的开放性和苹果公司的软硬件一体化结合起来。在智能手机爆发时进入，使小米可以从低端用户切入，弥补其在手机行业积累不足的弱点。实行软硬件结合的产品战略，使小米有机会以较低成本生产有较好用户体验的产品，并能在后续的发展中实现产品升级。在智能手机爆发的机会窗口关闭后，小米的生态链战略使其搭上了智能互联网和大数据驱动消费升级的大趋势。因此，符合技术和市场发展趋势（风口）对小米的发展至关重要。

随着小米从一家以手机为核心产品的企业，发展成围绕智能家居的生态链企业，小米经历了市场竞合的剧烈变化。在早期，小米与富士康等硬件生产商合作，与联想和中兴等中低端国产手机品牌竞争。随着企业产品线的扩张和产品升级，小米与很多手机行业外的企业产生了竞争合作关系。例如，小米和爱奇艺、美的和李宁等公司合作打造生态链相关产品，并由此和乐视、品胜、公牛和格力等企业产生了竞争关系。在6年的创业期间，小米经历了手机行业从混沌到蓝海、从蓝海到红海的过程，也正在开启智能家居的蓝冰市场。

相互协同：乘风破浪万里航

如果说肢体各部分的协同是生命体从"一株幼苗"成长为"千年古树"的重要条件，那么共演战略各要素间的协同就是企业从"一间小庙"成长为"千年古刹"的决定因素，是企业经历创业期、成长期、扩张期和转型期并实现顺利发展的基本要求。正如小米联合创始人黄江吉在谈到小米创业成功因素的时候说道："风口（市场）、模式（产品）、团队（组织）、需求（用户）这四点非常重要。小米对风口的判断没有错，我们对互联网产品手机这个模式的判断也没有错，我们对用户的感觉很好，我们找的人也挺靠谱。我感觉小米的成功是因为这几个核心点的判断都得到了回报。"共演战略要素之间的一致性和协调性可以保障企业在适当的时候（发展阶段）、以适当的方式（演化路径）、在适当的地方（市场）、用适当的人（组织）、为适当的目标（用户价值）、做适当的事情（产品），实现 when、how、where、who、why 和 what 的统一。

在企业发展的各个阶段，用户、组织、产品和市场四要素之间需要保持发展的一致性和协调性。为达到要素间战略协同的目标，需要遵循四项原则（见图 8-19）。

第一，用户中心原则。组织、产品和市场要素的发展要和用户要素相一致和协调，以用户为中心，符合用户特征，满足用户需求，成为用户的选择。互联网思维是产品为王，还是用户为王？这是一个实业界争论不休的问题。小米联合创始人黎万强

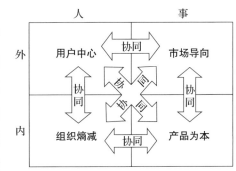

图 8-19　要素间协同的四项原则

认为："互联网思维的本质其实不是产品思维，而是用户思维，'粉丝'经济的背后也是用户思维。中国企业从关注渠道进化到关注产品，已经前进一步了，但在今天还不够。做产品永远都是没有最好只有更好，但当你让用户参与之后，每个阶段用户都会有预期，你只要超出他的预期就可以了，并且你的产品根据用户的意见在不断迭代，不断向前跑。"○

第二，组织熵减原则。随着企业发展，组织内部从领导者到团队，从团队到员工乃至组织结构会丧失活力，滋长懒惰风气，甚至患上"组织疲劳症"和"领袖疲劳症"。因此，企业在发展过程中，要不断耗散组织惰性，"以用户为友""以市场为镜""以产品为本"，做到组织与用户协同，组织与市场协同，组织与产品协同。

第三，产品为本原则。产品是企业满足用户需求的手段和媒介。如果没有过硬的产品，满足用户需求、促进组织发展、赢得市场地位等其他战略要素目标都会成为空谈。"用户第一、员工第二、股东第三"等口号会成为无本之木、无源之水。因此，在企业发展过程中，要坚持以匠心打造产品，并以优质的产品去满足用户需求，支撑组织发展和赢得市场地位。

○　黎万强. 参与感：小米口碑营销内部手册［M］. 北京：中信出版社，2014.

第四，市场导向原则。市场是企业技术等无形资本的来源，也是企业有形资本资源的源泉，也是企业与相关厂商竞争合作的场所。企业是否能满足用户需求，产品是否能赢得竞争，组织是否能长久，最终都要接受市场的检验。因此，在企业发展过程中，要坚持市场导向，充分利用市场资源和条件，促进企业发展。

接下来，将按图8-20中的顺序先后讨论用户与组织的协同、用户与产品的协同、用户与市场的协同、组织与产品的协同、组织与市场协同、产品与市场的协同。

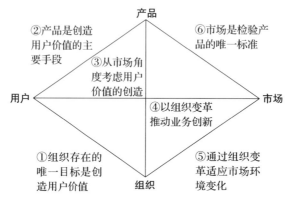

图 8-20　共演战略四要素间协同的主要作用

1. 用户要素和组织要素的协同

在企业发展不同阶段，用户特征、用户需求和决定用户选择的因素会不断发生变化。因此，组织分工和组织结构也应做相应调整。在创业期，企业的领导者需要亲自研究用户特征、用户需求和决定用户选择的因素。员工和团队也要与用户密切互动，获得相关用户信息，并通过建立以用户为中心的组织结构保证组织和用户的协同；在成长期，随着用户数量的迅速增加，企业的领导者要把注意力从关注用户的具体需求调整到维护企业在用户中的认同感等方面，员工和团队要能够持续为迅速增加的用户群体提供优质服务，而组织架构的挑战要能帮助企业在控制成本和保证质量之间取得平衡；在扩张期，根据用户的互补需求寻找企业多元化方向是企业领导者的主要任务。而随着员工人数的增加和组织管理的复杂化，多事业部团队员工之间的合作成为企业组织结构调整重点；在转型期，由于用户特征和用户需求到用户要素发生变化，企业需要在组织结构上做出调整，企业领导者需要有能力领导企业组织变革，激励员工团队保持以用户为中心的创业精神。表 8-6 总结了用户要素和其他要素间协同价值的来源。

表 8-6　用户要素和其他要素间的协同价值

要素间协同目标	要素间协同价值来源
用户和组织协同	（1）在创业期，领导者亲自研究用户特征、需求和选择，团队员工与用户密切互动，以用户为中心的组织管理；（2）在成长期，领导者帮助企业获得大众用户认同，团队员工为迅速增加的用户提供优质服务，组织架构在成本和质量间取得平衡；（3）在扩张期，领导者根据用户互补需求确定多元化方向，多事业部的团队员工密切合作；（4）在转型期，领导者根据变化的用户需求调整组织管理，团队员工保持用户为中心的精神
用户和产品协同	（1）在创业期，根据用户需求，快速迭代开发产品，以产品本身的吸引力获取用户，不以产品本身盈利为主要目标；（2）在成长期，持续优化"拳头"产品，利用用户口碑快速推广，实现用户数量增长，稳定现金流；（3）在扩张期，围绕用户多元需求开发产品，利用产品间关联效应实现增长，区分吸引用户的核心业务和贡献利润的现金牛业务；（4）在转型期，挖掘潜在用户和现有用户的潜在需求，实现业务和技术的颠覆式创新
用户和市场协同	（1）在创业期，挖掘天使用户能够提供的资本、资源和技术，尽量避免和现有企业竞争核心用户；（2）在成长期，确保获得的资本资源能够支撑用户数量的快速增长，技术能支持以递减的成本服务大众用户，与相关企业互补合作，避免竞争白热化；（3）在扩张期，利用能满足用户多元需求的资源和技术，注重产品满足用户需求的互补作用，避免自我竞争；（4）在转型期，重视未满足和过度满足用户的需求，并相应调整资本资源、技术和竞合关系，以帮助企业开拓新的用户市场

以小米为例，用户要素和组织要素的协同是创造用户价值的重要机制（见表 8-7）。雷军之所以选择手机作为小米的创业方向，是因为他本身就是一个手机发烧友。雷军曾说："我喜欢手机，每天琢磨也不觉得累，不觉得这是工作，他就是我的爱好，我称为'真爱'——真诚和热爱。'真爱'还让我喜欢和用户交朋友，做出好产品，提供好服务，从而提供最佳的用户体验。"有一个细节能说明雷军对用户体验的重视：在小米 1 手机发布会最开始的大屏幕上显示了雷军使用的小米 1 手机，电话上的签名是"雷军：小米客服"。对手机硬件的热爱，对于用户体验的执着，加上他创立小米之前积累的丰富的关于软件用户的经验，雷军对中国手机用户的特征、需求和影响他们选择的关键因素非常了解。

表 8-7　小米的用户要素和组织要素协同

发展阶段	用户要素	组织要素	用户和组织要素协同
创业期	技术发烧友；对手机体验要求高；对原安卓系统不满意	雷军等手机发烧友创立小米；员工共同投资；平层组织模式	雷军亲自研究用户特征、需求和选择，团队员工与发烧友用户密切互动，员工为根据用户需求及时迭代产品昼夜加班
成长期	首次使用智能手机的年轻人；性价比要求高；市场上选择少	负责硬件的高管加入；员工自我驱动；三层组织结构	雷军帮助小米树立"新国货"和"国民手机"形象，获得大众用户认同，团队员工为迅速增加的用户提供优质服务，同时靠自我驱动和约束控制成本
扩张期	智能设备＋中产阶级；性价比＋时间稀缺；市场空白	更多高管加入；营造小米企业文化；群体智慧和中层决策	雷军根据用户对智能设备的互补需求确定多元化方向，打造参与感和尊重感的企业文化，强调多事业部的团队员工和"不控股"的生态链成员间的合作
转型期	用户人群复杂化；产品需求差异大；竞品多，选择难	雷军亲自掌控供应链；员工过万人；推进精细管理	用户需求复杂化、产品多元化、竞争加剧等因素造成供应链问题，创始人亲自掌控供应链，推动团队员工保持用户为中心的精神，并逐渐使用KPI等精细化管理手段

创业初期，小米确定了先做手机界面MIUI的发展方向。刚开始做MIUI的时候，整个小米公司不到20人，绝大多数都是技术背景出身。由于MIUI的开发需要和用户深度互动，早期小米的MIUI工程师大部分时间都是泡在MIUI论坛里面的。凡发烧友刷MIUI遇到问题，小米的工程师都是无条件地火速支持，而得到用户肯定的工程师会获得"爆米花奖"，即一桶爆米花。小米MIUI研发总监李伟星评价说："刚开始做MIUI时，我们的团队不是最优秀的，但用户的热情激发了团队的热情，所有人都全情投入与用户互动，最终MIUI获得了用户的肯定。"

2. 用户要素和产品要素的协同

如果说满足用户需求是企业发展的目标，那么提供用户需要的产品就是达到企业目标的手段。在创业期，企业根据用户需求，通过快速迭代的方式开发产品，产品的核心特性和天使用户的爽痛点需求相匹配，力争实现单点突破。企业以产品本身的吸引力获取天使用户青睐，通常不能以营销推广、补贴等方式获取种子用户。在成长期，企业需要持续优化核心产品，使产品不仅能满足天使用户的爽痛点需求，而且能满足大众用户的核心需求，通过用户口碑传播实现用户数量快速增长，并在快速增长过程中保持稳定的现金流。在扩张期，企业创业期和成长期打造的核心产品已经能够满足一定数量用户的核心需求，但这些用户还有一些与企业核心产品相关的需求未被满足，企业有机会围绕用户的多元需求开发周边产品，利用产品间关联效应实现增长。通常情况下，周边产品的利润率比核心产品的利润率高，企业可以通过周边产品获取利润。在转型期，企业原有的产品线可能已经难以满足用户需求。这时候，企业需要做的不只是产品升级，而可能是产业升级，即通过发现潜在用户和挖掘现有用户的潜在需求，通过商业模式和技术的颠覆式创新，向以满足更高层次用户需求的新价值网跨越。

表 8-8 总结了小米的用户要素和产品要素协同。雷军曾阐述小米做智能硬件的思路，他说："很多人觉得手机屏幕很小。我的观念是，也许未来世界到处都是屏幕，而手机是你随身的电脑，你说想看的东西会自动映射到离你最近的屏幕上。基于这个理由，我们在做手机之后接着做电视，我们认为电视是手机的显示器，而手机是电视的遥控器。接着我们又做智能路由器，因为路由器是家里唯一 24 小时开机的联网设备。然后，在路由器里装上硬盘，就变成家用服务器，将来还可能变成家里的云计算中心。"

表 8-8 小米的用户要素和产品要素协同

发展阶段	用户要素	产品要素	用户和产品协同
创业期	技术发烧友；对手机体验要求高；对原安卓系统不满意	MIUI 迭代开发；发烧友口口相传；先做软件，再做硬件	根据用户需求，快速迭代开发 MIUI，以产品本身的吸引力获取用户，不以产品本身盈利为主要目标，但为后续产品线扩张奠定基础
成长期	首次使用智能手机的年轻人；性价比要求高；市场上选择少	发布中低端手机；口碑营销；外包生产+互联网渠道+单品	持续优化 MIUI，软硬件结合提高手机性价比，为手机用户的增长奠定良好基础，利用用户口碑和电商渠道快速推广，成为阿里巴巴和京东之后的第三大电商平台
扩张期	智能设备+中产阶级；性价比高+时间稀缺；市场空白	小米生态链系列产品；米家平台；"科技界的无印良品"	围绕用户对智能设备的多元需求开发产品，利用智能产品间关联效应和平台销售实现增长，突出高性价比，免除用户货比三家的麻烦，有的产品走销量（基本款电源）吸引用户，有的产品贡献利润（高配版电源）
转型期	用户人群复杂化；产品需求差异大；竞品多，选择难	发布高端手机；小米之家体验店；明星广告，自主芯片	挖掘潜在高端用户的需求和现有用户的潜在需求，使产品和用户需求更加匹配，通过小米之家让用户直接体验小米产品，凭借技术和渠道的持续创新寻找持续增长点

刘芹也曾评价小米的商业模式："中国有做手机硬件不错的公司，有做App不错的公司，但把硬件、操作系统和应用抓在一起的公司很少。小米真正的本质不在于做硬件或软件，而在于做用户价值，用'软硬兼施'的方式来做用户体验。不断提供一流的用户体验，就能长期拥有这些用户，获得他们的支持，通过向他们提供丰富的应用和服务，使收入来源变得更多元。"

在团队员工层面，用户思维也已经成为小米各级管理者的本能，他们会自觉地把用户需求和产品特性联系起来。小米副总裁洪锋曾说："我们最终提供的是一个整体体验，不仅是硬件，而是通过软件、互联网服务提供整体的用户体验。从最终来看，我们的价值在于我们给用户提供了什么价值，这些价值不是分割的硬件、软件或互联网服务，而是一个整体。"

雷军是凡客的投资人，他认为导致凡客失败的关键因素是团队失去了对产品的敬畏之心。他说："凡客创办初期对产品质量是很有追求的，但随着企业的发展，产品质量越来越差。我曾经和陈年深谈过几次，我说凡客可能犯了一堆错误，但真正的错误是对产品去了敬畏之心。找几个采购，找几个服装厂就干了，这样不行，凡客最终是要对质量负责的。"

类似地，小米并不是以传统的售后服务理念进行售后服务，而是从如何改善用户体验的角度设计售后服务体系。小米副总裁黎万强曾强调："传统的售后服务人员强调的是降低成本，而小米把售后服务部门看成营销中心，售后是和用户面对面交流的窗口，售后和成本运营有关系，绝不是决定性的关系。"小米率先在手机行业服务领域做到了四个第一：（1）率先实现7×24小时客服全天在线，热线接听时间控制在30秒以内；（2）早在2011年12月，小米就成立了行业内第一个寄修服务中心，以解决创业初期购机用户的维修问题；（3）率先在行业内推出"一小时快修"服务，从工单录入到维修完成的时间控制在一小时之内；（4）推出业内第一个手机品牌的服务直营旗舰店——"小米之家"。

3. 用户要素和市场要素的协同

企业为实现服务用户需求的目标，仅靠企业自身的力量是不够的，需要获取市场资源、资本和技术，甚至和市场上其他企业合作，才能更好地满足用户需求。为实现用户和市场的协同，在创业期，企业需要挖掘天使用户能够提供的资本、资源和技术，让用户全面且充分地参与到企业的发展中来，同时要尽量避免与市场上的其他企业过早产生直接竞争。在成长期，企业要能够持续地从市场上获得资本、资源和技术，以支撑快速增长的用户数量。企业所依靠的技术手段和商业模式应该能够使企业以递减的成本满足快速增加的用户需求，以实现指数级增长。在扩张期，企业应该不仅注重从市场上获得的资本和资源的数量，而且应该注重它们是否能够为企业带来满足用户多元需求的机会。企业还应注重所采用技术的内在关联性，注重技术满足用户需求的互补作用。企业还应尽量在市场上寻求合作，通过打造产品生态链，满足用户的多元需求。在转型期，企业应重新考虑资本和资源的布局和重点投入方向，在原有产业发展乏力的情况下，通过技术的前瞻性投入和市场竞合关系的打造，帮助企业实现战略转型和产业升级，以满足用户未来的主流需求。

表 8-9 总结了小米的用户要素和市场要素协同。第一代苹果手机出来之后，雷军开始考虑在手机行业创业，他买了几十个苹果手机送给朋友，其中包括小米的投资人刘芹。小米的 MIUI 系统出来后，雷军也动员身边的朋友刷机，这些朋友不仅成了小米的用户，有些也成了小米资本、资源和技术的提供者。

表 8-9 小米的用户要素和市场要素协同

发展阶段	用户要素	市场要素	用户和市场要素协同
创业期	技术发烧友；对手机体验要求高；对原安卓系统不满意	安卓爆发前夜；雷军出资创业；发烧友参与 MIUI 开发	根据用户需求，快速迭代开发 MIUI，以产品本身的吸引力获取用户，不以产品本身盈利为主要目标，但为后续产品线扩张奠定基础
成长期	首次使用智能手机的年轻人；性价比要求高；市场上选择少	软硬一体化趋势；B、C 轮快速融资；与低端手机竞争	持续优化 MIUI，软硬件结合提高手机性价比，为手机用户的增长奠定良好基础；利用用户口碑和电商渠道快速推广；成为阿里巴巴和京东之后的第三大电商平台
扩张期	智能设备+中产阶级；性价比高+时间稀缺；市场空白	智能互联网趋势；D、E 轮高额融资；扩大合作竞争范围	围绕用户对智能设备的多元需求开发产品，利用智能产品间关联效应和平台销售实现增长，突出高性价比免除用户货比三家的麻烦；有的产品走销量（基本款电源）吸引用户，有的产品贡献利润（高配版电源）
转型期	用户人群复杂化；产品需求差异大；竞品多，选择难	数据驱动消费趋势；自有资金补充现金流；高端市场竞合	挖掘潜在高端用户的需求和现有用户的潜在需求，使产品和用户需求更加匹配；通过小米之家让用户直接体验小米产品；凭借技术和渠道的持续创新寻找持续增长点

小米公司历史上已完成五次融资，每次融资后都是公司发展的重要节点。如表 8-9 所示，2010 年年底，小米完成 A 轮融资 4100 万美元。2010 年 12 月 10 日，米聊安卓内测版正式发布。2011 年 1 月 8 日，公司因扩张迅速，迁至新址望京卷石天地大厦。2011 年 12 月，小米完成 B 轮融资 9000 万美元。2011 年 12 月 18 日，小米 1 手机第一次正式网络售卖，5 分钟售完 30 万台。2012 年 6 月底，小米完成 C 轮融资 2.16 亿美元。2012 年 6 月 7 日，小米公司通过官网实现 7×24 小时开放购买。2012 年 8 月 16 日，小米 2 手机正式发布。2013 年 8 月，小米完成 D 轮融资，估值 100 亿美元。2013 年 7 月 31 日，小米正式杀入千元智能手机市场，红米手机上市并开放预约。2014 年 12 月，小米完成 E 轮融资，估值 450 亿美元。2014 年 11 月 6 日，小米和大唐电信签署协议，开发松果芯片。2014 年 11 月 19 日，小米和顺为资本以 18 亿元入股爱奇艺。2014 年 12 月 14 日，小米以 12.7 亿元入股美的集团（见表 8-10）。

表 8-10　小米公司融资事件和相关发展节点

小米公司融资事件	融资时间前后的发展节点
2010 年年底，完成 A 轮融资 4100 万美元	2010 年 12 月 10 日，米聊安卓内测版正式发布。2011 年 1 月 8 日，公司因扩张迅速，迁至新址望京卷石天地大厦
2011 年 12 月，完成 B 轮融资 9000 万美元	2011 年 12 月 18 日，小米 1 手机第一次正式网络售卖，5 分钟售完 30 万台
2012 年 6 月底，完成 C 轮融资 2.16 亿美元	2012 年 6 月 7 日，小米公司通过官网实现 7×24 小时开放购买。2012 年 8 月 16 日，小米 2 手机在北京 798 艺术中心正式发布
2013 年 8 月，完成 D 轮融资，估值 100 亿美元	2013 年 7 月 31 日小米正式杀入千元智能手机市场，红米手机上市并开放预约
2014 年 12 月，完成 E 轮融资，估值 450 亿美元	2014 年 11 月 6 日，大唐电信公告，公司全资子公司联芯科技有限公司与北京松果电子有限公司签署协议，开发松果芯片 2014 年 11 月 19 日，小米和顺为资本以 18 亿元入股爱奇艺。2014 年 12 月 14 日，小米以 12.7 亿元入股美的集团

无论是 A 轮融资时公司的迁址，B 轮融资前后小米一代手机的发布，C 轮融资前后小米二代手机的发布，D 轮融资时红米手机的发布，还是 E 轮融资前后小米大规模投资芯片、爱奇艺和美的，都需要从资本市场获得资金，而小米在这些需要投入大量资金满足用户需求的关键时点，都获得了资本市场的认可，获得了需要的资金。

4. 组织要素和产品要素的协同

组织和产品是企业内部的人和事，在企业发展的不同阶段，组织和产品的协同关系决定了企业是否能长期健康发展。在创业期，创始人通常扮演产品经理角色，大多数团队员工的职能都与产品开发和产品推广有关，企业产品团队与管理团队重合度高，管理职能一般以产品开发为导向；在成长期，企业领导者开始把注意力从产品开发转移到商业模式探索方面，高管团队分工更加明确，有高管专职负责产品开发和产品推广；在扩张期，企业领导者的关注重点通常是如何实现产品和收入多元化，团队员工则围绕具体的产品线实现专业化分工，企业组织结构一般采取事业部形式；在转型期，企业领导者主要关注产品和商业模式的可持续性，注重外部环境变化带来的颠覆本企业产品和商业模式的威胁，团队员工和组织结构则围绕探索新的产品方向进行重大调整。表 8-11 总结了组织、产品和市场要素间协同价值的来源。

表 8-11 组织、产品、市场要素间的协同价值

要素间协同目标	要素间的协同价值
组织和产品协同	（1）在创业期，领导者通常扮演产品经理角色，团队员工密切合作，开发和推广产品，产品团队和管理团队重合度高；（2）在成长期，领导者开始把注意力从开发产品转移到探索商业模式，团队员工继续专注产品本身，产品团队多以开发小组形式存在；（3）在扩张期，领导者注重实现产品和收入多元化，团队员工围绕产品线实现专业化分工，产品团队以事业部形式存在；（4）在转型期，领导者注重颠覆本企业产品的威胁，团队员工和组织管理围绕探索新的产品方向进行重大调整
组织和市场协同	（1）在创业期，领导者主要精力放在技术趋势的把握上，团队员工中需要有技术人才，组织管理围绕技术人员设计；（2）在成长期，领导者主要精力放在资本资源的获取上，团队员工中需要增加有融资、公共关系经验的人员，组织管理的重要性增加；（3）在扩张期，领导者主要精力放在市场竞合方面，团队员工和组织架构按细分市场进行调整；（4）在转型期，领导者主要精力放在发现新的市场机会方面，团队员工和组织架构根据新的市场方向进行调整
产品和市场协同	（1）在创业期，支持产品开发、推广和商业模式的资本资源有限，产品特性和商业模式应更多侧重市场合作而非竞争；（2）在成长期，需源源不断地为产品开发、推广投入资本资源，产品差异性应能支持企业应对来自市场的竞争；（3）在扩张期，资源投入、技术稳定性、市场合作对关联产品的开发和推广起到重要作用；（4）在转型期，需要平衡在原有产品和未来产品的开发、推广中投入的资源、技术和市场资源

组织对产品的态度是由创始人决定的。雷军在创立小米之前曾向三家企

业学习如何打造产品，其中一家是同仁堂。雷军认为，同仁堂之所以能够做300多年，经历多轮战火还能活下来，核心是同仁堂对待产品的态度。他经常引用同仁堂创始人的话："炮制虽繁，必不敢省人工；品味虽贵，必不敢减物力。"雷军把同仁堂成功的秘诀理解为"货真价实"，从而提出了小米"把性价比进行到底"的理念。从创业开始，小米便坚持使用最贵的原材料、供应商和组装厂。雷军说，即使是卖699元的红米手机，也是由富士康生产的，意味着加工成本贵了一倍。正是由于创始人对产品精益求精的态度，才形成了小米引以为豪的工匠精神。

高管团队的构成以及他们对产品的理解决定了企业产品战略是否能够落地。小米创业团队有个很大的特点，就是创业时创始人平均年龄43岁，这在年轻人称雄的互联网世界极为罕见。那为什么偏偏是这群"老男孩"在移动互联网时代引领了潮流？小米联合创始人黄江吉说："虽然'90后'对移动互联网产品有先天的优势，但手机牵涉的环节太多了，产品复杂度非常高，需要在软件、硬件、互联网行业有丰富积淀的创始团队才能做手机。"另一位联合创始人洪锋也说："操着卖白粉的心，赚着卖白菜的钱，这句话挺适合手机行业的。"创始团队经验和资源与手机行业产品的高度契合，是小米能够成为国内第一家移动互联网手机厂商的重要原因。

2008年的时候，很多业内人士都觉得手机是一个红海市场，旧的巨头有诺基亚、摩托罗拉等，新巨头有苹果、三星等，但小米的高管团队并没有仅仅把手机看作产品。小米联合创始人黎万强曾讲道："小米远看是营销，近看是产品，放大镜看是商业模式。"雷军曾在2014年乌镇世界互联网大会上用一句话描述小米的商业模式："小米是第一家把硬件用接近成本价的方式销售，然后架构一个移动互联网平台，再在平台上做增值服务的公司。"小米的创始团队对手机以及手机周边产品的前瞻性认识，在小米创立前就为小米后来几年的快速发展奠定了基础。

随着企业的发展，需要在核心产品之外寻找新的发展机遇，这时创始人和高管的战略眼光就显得非常重要。2014年11月，雷军对外公开了他今后的工作重点："今后我主要是关注小米生态链的建设，投资对我们来说只是工具和手段,更重要的是用资本的力量来帮助小米建立完善的软件、硬件、服务和内容的生态链。总结而言,就是围绕小米生态链投资,只要小米做起来了,生态链就能成,生态链的核心是帮助小米业务成长。"

2015年3月全国两会期间,作为全国人大代表的雷军提交了《关于加快制定智能家居国家标准的建议》。雷军说:"加快制定智能家居行业标准,将激发智能家居的爆发式发展,推动中国经济的快速转型,带动我国从'制造大国'向'智造大国'转变。"在讨论智能家居战略的落地执行时,雷军对小米做手环的原因解释道:"大家可能觉得阿里巴巴数据多,但阿里巴巴只有交易数据,小米存储的绝大多数是设备的使用数据。小米手环时时刻刻都联网,存储着用户所有的运动和睡眠休息数据,未来对这些数据的挖掘可以帮助用户改善运动和睡眠,有着巨大的市场空间。"表8-12总结了小米的组织要素和产品要素协同。

表8-12 小米的组织要素和产品要素协同

发展阶段	组织要素	产品要素	组织和产品要素协同
创业期	雷军等手机发烧友创立小米;员工共同投资;平层组织模式	MIUI迭代开发;发烧友口口相传;先做软件,再做硬件	雷军、洪峰等创始人亲自扮演产品经理角色开发MIUI,团队员工密切合作,从事开发、推广、服务和商业模式探索,产品团队和管理团队重合度高
成长期	负责硬件的高管加入;员工自我驱动;三层组织结构	发布中低端手机;口碑营销;外包生产+互联网渠道+单品	周平光等有丰富手机硬件开发经验的高管加入,加速了小米手机的开发进度,用户的口碑传播促进了小米手机爆发式增长,员工的自我驱动和扁平管理支撑了增长
扩张期	更多高管加入;营造小米企业文化;群体智慧和中层决策	小米生态链系列产品;米家平台;"科技界的无印良品"	随着小米生态链的打造,以资本+文化纽带连接起来的生态链企业,依托米家平台等互联网营销渠道,加之对员工个体的激活和授权,支撑着小米的相关多元化
转型期	雷军亲自掌控供应链;员工过万人;推进精细管理	发布高端手机;小米之家体验店;明星广告;自主芯片	随来自OPPO、vivo和华为的竞争加剧,小米通过雷军亲掌供应链、推进精细管理等组织战略,以及发布高端手机、自主芯片、线下渠道、明星广告等产品战略,应对挑战

5. 组织要素和市场要素的协同

技术趋势和市场环境是组织发展的重要外部条件,而团队和组织能力是吸引外部资本和资源的重要因素,组织与市场要素的协同,关系到企业是否能在发展过程中持续获得资源、技术和友好的市场环境。在创业期，创始人的主要精力应放在资源获取和技术趋势的把握上，团队的组建和员工的招聘应该围绕为企业获取长期发展所需的人力资源、技术和资金等而展开；在成长期，企业领导者和高管团队中应该有人在融资和处理与政府、公众等利益相关者关系方面有专长，同时吸引拥有更符合技术发展趋势的专业人才加入团队；在扩张期，企业领导者和高管团队应将更多精力放在市场竞争合作关系的处理上，争取获得更多的合作以支持企业的多元化发展，同时避免因多元化造成过度竞争，组织管理方面，应围绕帮助企业获取多元的市场资源进行调整；在转型期，企业领导者的主要精力应放在发现新的市场机会和把握新的技术趋势方面，团队员工和组织管理则应根据未来的技术和市场趋势进行调整。

在创立小米之前，雷军早已获得了财务自由，早期投资人和团队投入的那些钱，雷军完全可以自己投，但他为何要吸引风险投资呢？小米投资人刘芹曾总结道："我觉得他是要进入一个生态，他是要受到资本市场的压力，就像一个普通创业者一样融资，需要市场对它有客观的反馈，我们投资人在某种程度上扮演这种角色。"雷军从一开始创立小米，就以一种普通创业者的心态，以市场为镜，检验自己和团队对资本的吸引力，力争做到组织与市场的协同发展。

关注趋势演变，根据大势布局，是创业方法论的第一步，也是小米多位联合创始人反复强调的精髓所在。雷军说："在大环境基本不变的时候，创业者只需要关心怎么做，但当大环境巨变的时候，看清趋势再做决定就成为企业成败的关键。不要用战术的勤奋，掩盖战略的懒惰。"小米投资人刘芹说："天道不一定酬勤，选择大于努力。"小米联合创始人、副总裁刘德说："做一家小公司靠打拼，做一家大公司靠运气。所谓运气，就是踩到时代的脉搏上。小米的运气，就是赶上了移动互联网爆发的风口。"创始人团队和投资人对技术趋势的共同认识是决定小米坚定地执行"软件、硬件和互联网服务三位一体"的产品战略和能够获得持续外部投资的关键所在。表 8-13 总结了小米的组织要素和市场要素协同。

表 8-13 小米的组织要素和市场要素协同

发展阶段	组织要素	市场要素	组织和市场要素协同
创业期	雷军等手机发烧友创立小米；员工共同投资；平层组织模式	安卓爆发前夜；雷军出资创业；发烧友参与 MIUI 开发	雷军等创始人利用自己对行业和技术趋势的敏锐观察，在智能手机爆发前创立小米，投入自有资金，显示创业信心，并感召了一批有共同愿景的员工加入
成长期	负责硬件的高管加入；员工自我驱动；三层组织结构	软硬一体化趋势；B、C 轮快速融资；与低端手机竞争	创始团队兼有软件、硬件和互联网背景，符合手机软硬件一体化的趋势，团队的融资能力、员工管理能力和定位能力帮助小米抓住了低端手机快速增长的历史机遇
扩张期	更多高管加入；营造小米企业文化；群体智慧和中层决策	智能互联网趋势；D、E 轮高额融资；扩大合作竞争范围	小米引入有更为丰富背景的高管适应智能互联网发展趋势对人才的要求，通过两轮高额融资，抓住了投资生态链企业的机会，并通过群智共享和决策放权激活组织
转型期	雷军亲自掌控供应链；员工过万人；推进精细管理	数据驱动消费趋势；自有资金补充现金流；高端市场竞合	在大数据驱动消费的趋势下，需求变化更为快速，不掌控供应链和线下渠道的模式难以适应新的趋势，小米因而做出相应组织管理和市场管理方面的调整

6. 产品要素和市场要素的协同

企业的产品要在市场环境中与用户发生联系，产品与市场要素的协同决定着产品是否能够被用户接受，只有经得起市场竞争检验、符合技术趋势的产品才会最终被用户选择。在创业期，市场对企业产品的了解和认同度还不高，企业用来支持产品开发、推广和商业模式探索的资本资源有限，企业应将有限的资源集中于产品核心功能的开发，并将产品集中于细分市场。只有在创业期做到市场 1 厘米宽，才能在成长期把市场做到 1 公里深；在成长期，由于企业需要继续迭代开发产品，市场资源的持续获得就显得非常重要，同时产品的迭代方向是否符合技术和市场发展趋势，也成为产品是否能够实现指数级增长的决定因素；在扩张期，产品多元化战略的顺利实施要求企业不断获得具有内在关联性的资源和技术，同时与市场上相关企业的战略合作也成为企业产品多元化是否能够成功的关键；在转型期，外部资本资源、已有的技术路径和现有的合作关系可能成为企业转型的障碍，是否能够获得符合企业未来发展方向的市场资源、技术和合作关系，成为企业是否能够实现产业升级的先决条件。

在创业初期，小米几乎把所有的资源都集中在 MIUI 的开发上，MIUI 的产品有三个版本：体验版、开发版和稳定版。体验版是每日更新，开发版是每周更新，稳定版是一两个月发布一次。由于资源的集中投入，在小米手机发布前，MIUI 已经吸引了几十万用户，这些用户成为小米手机的天使用户。

2011 年 8 月 16 日，小米召开了发布会暨 MIUI 十周年庆典，发布了第一款手机小米 1。小米手机的定位是高性价比手机。之所以这样定位，因为小米看准了两大趋势：第一个趋势是市场需求趋势，即大量非智能手机用户购买第一部智能手机的市场需求；第二个趋势是技术发展趋势，即摩尔定律将在以手机为主要计算载体的移动互联网行业发挥比传统互联网行业更大的作用，这意味着处理器、存储器、屏幕等核心元器件的性能会加速提升，价格会加速下降。因此，小米采用了和苹果公司类似的产品更新策略，即一款主打手机在市场上畅销 18 个月左右。这种单款爆品的策略可以使手机成本在销售的中后期迅速下降，从而摊薄手机的研发成本。

随着小米生态链的建设，围绕手机的周边产品为小米提供了相对更高的利润。例如，2014 年，小米卖出了 200 万只米兔玩偶，这种毛绒玩具的利润率显然高于手机；2016 年，在米兔的基础上，小米推出了米兔故事机，以赚取内容增值服务的利润。小米利润的另外一个重要来源是不断提高手机和周边产品的性能，打造覆盖低端、中端和高端的全系列产品。例如，小米曾推出售价 899 元的带 1G 硬盘的路由器，而当该产品 2017 年年初升级到 HD 版时，同样 1G 硬盘的路由器价格提高到 1299 元。这说明小米已经成功培养了部分中高端用户的消费习惯，并掌握了足够的定价权。

当小米生态链产品多元化达到一定规模时，很可能与合作伙伴之间产生冲突。为了避免这种冲突的发生，小米生态链负责人刘德曾解释道："小米坚持一种产品只和一家伙伴合作。例如，小米在和 1MORE 合作耳机前，小米生态链上没有耳机产品。"此外，在小米已投资的 60 多家生态链公司中，所有公司小米都只占很小一部分股份，通过这种机制建立小米和公司团队利益的一致性，降低管理成本，扩大合作前景，实现合作共赢。

随着技术趋势和市场环境的发展，小米的商业模式也经历了几次迭代升级。2017 年年初，小米联合创始人刘德说："小米商业模式大概分为四个层次：最初，小米商业模式的特点是高性价比的智能硬件（主要是手机）；接下来，通过小米网、米家和小米线下渠道等品牌渠道，打造小米生态链，为合作伙伴提供接触小米用户的渠道；然后，小米开始为高品质用户提供软件和互联网服务（如小米漫游等）；未来，小米希望补足面向巨大用户群的互联网金融板块。"表8-14总结了小米的产品要素和市场要素协同。

表8-14 小米产品要素和市场要素协同

发展阶段	产品要素	市场要素	产品和市场要素协同
创业期	MIUI迭代开发；发烧友口口相传；先做软件，再做硬件	安卓爆发前夜；雷军出资创业；发烧友参与MIUI开发	操作系统具有引领手机行业发展的作用，小米从MIUI系统切入，并与发烧友一起开发，既积累了用户基础，也做好了开发硬件的准备
成长期	发布中低端手机；口碑营销；外包生产+互联网渠道+单品	软硬一体化趋势；B、C轮快速融资；与低端手机竞争	在用户界面方面有优势的MIUI系统帮助小米打造高性价比的手机，口碑营销、外包生产、互联网渠道、单款爆品等都有助于成本的降低，加之资金的持续投入，使小米可以获得大量中低端手机用户
扩张期	小米生态链系列产品；米家平台；"科技界的无印良品"	智能互联网趋势；D、E轮高额融资；扩大合作竞争范围	小米生态链系列产品以智能互联为主要特征，符合产业发展趋势。生态链企业依托小米销售渠道产生合作关系，小米试图成为"科技界的无印良品"
转型期	发布高端手机；小米之家体验店；明星广告；自主芯片	数据驱动消费趋势；自有资金补充现金流；高端市场竞合	在大数据驱动消费的趋势下，小米提前布局高端手机、自主芯片和云计算平台开发，并配合渠道和营销的转型，力争获取更高附加值

Co-evolution
Strategy
第9章

共演战略的动态性

动态：流入、流出和反馈

1. 战略四要素的动态反馈回路

共演战略四要素随企业发展不断变化。如果每个要素用一个"量"来衡量，下面这几个指标可能比较合适：用户数量、组织能量、产品质量、市场容量。用户数量反映企业服务多少用户，组织能量反映企业的组织效率、产品质量反映企业产品的竞争力、市场容量反映企业所处市场的潜力。

用户数量、组织能量、产品质量和市场容量随着企业发展会不断变化。用户数量的增加来自用户流入，而用户数量的减少来自用户流失；组织能量的提升来自组织活力的增加，而组织能力的下降来自组织惰性的增加；产品质量的提升来自产品创新，而产品质量的下降来自产品过时；市场容量的上升来自市场合作，而市场容量的下降来自于市场竞争。图9-1中反映的要素变化的特征是，每隔一段时间的变化量是一个常数，以时间和要素为轴，做出的图呈现为直线，这种模式被称为线性变化。

图 9-1 战略四要素的线性变化

在实际情况中，各战略要素往往不是简单的线性变化，而是指数型变化。正像企业价值曲线所表示的那样，用户、组织、产品和市场四个要素在创业阶段、成长阶段、成熟阶段和衰退阶段，分别经历缓慢增长、快速增长、增幅趋平和快速衰落的几种情况。其中，成长阶段的快速增长和衰退阶段的快速衰落往往不是线性变化，而是指数变化（见图9-2）。

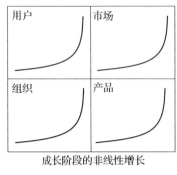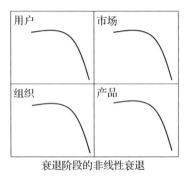

图 9-2 成长期和衰退期的非线性增长 / 衰退

以微信支付为例，微信支付项目在 2012 年年底成立，并于 2013 年 8 月 5 日正式上线。上线后，微信支付一直不温不火，没有引起用户的关注。2014 年 1 月，微信支付和滴滴打车等企业合作，发起"请全国人民打车"的活动，为微信支付引入了一个实际的支付场景。2014 年春节，微信红包在朋友圈刷屏，除夕夜有 458 万人收发了 1576 次红包。然而，春节一过，微信红包又进入一个沉寂期，2014 年全年都没有能够超过当年除夕夜的成绩。进入 2015 年，微信支付开始发力，在春节期间发起了"春晚摇一摇，向全国人民发 5 亿红包"的活动，互动总量达到 110 亿次。2015 年除夕夜有 1.04 亿人收发了 10.1 亿次红包。之后，随着微信红包成为一个"日常社交工具"，微信红包的收发量一路攀升。到 2015 年 8 月初，每日使用量已经超过了当年除夕的数量，而且在当年剩余的其他节日屡创新高。进入 2016 年，微信红包的使用量持续呈指数上升趋势，2016 年除夕，有 4.2 亿人收发了 80.8 亿次红包。

除了微信红包，微信支付陆续引入了微信转账、微信零钱等功能，发布了"微信智慧生活"战略。到 2015 年 8 月，全国支持微信支付的线下商户门店达到 15 万家。2016 年年初，微信支付绑卡实名用户超过 3 亿。2016 年 3 月，微信承受不住提现手续费的巨大压力，开始对提现行为收取千分之一的手续费。

仔细分析一下可以发现，微信支付的指数增长有四个驱动力，分别是用户驱动力、组织驱动力、产品驱动力和市场驱动力。第一，微信支付没有在原来财付通团队内部开发，而是建立了新团队和小团队，凭借灵活的机制快速迭代产品，同时小团队背后有腾讯的强大支持；第二，先是抓住了用户春节发红包的爽痛点需求，接着满足用户移动支付的普遍需求，按微信支付的说法是"多巴胺在前，实用性在后"；第三，对微信红包、摇一摇、转账、零钱等功能持续创新，通过持续创新实现用户对产品功能的正反馈；第四，和央视以及广大线下商户开放合作，凭借微信天然的场景优势迅速拓展线上线下商圈。

	人	事
外	**用户驱动** 先抓发红包的爽点需求，再抓支付的普遍需求	**市场驱动** 与央视、线下商户合作，建开放生态系统
内	**组织驱动** 建立新团队、小团队，机制灵活，背靠腾讯大组织	**产品驱动** 红包、摇一摇、转账、零钱等功能持续创新

图 9-3 微信支付的指数增长

2. 战略要素变化的正向和负向增强回路

引发企业非线性增长的原因，除了图 9-1 所示的要素流入和流出外，还有要素存量和要素流量间的反馈回路。正如第 8 章所讨论的那样，反馈回路有两种情况：一种是增强回路；另一种是调节回路。增强回路的作用是不断放大和强化原有的发展态势。调节回路的作用是使存量水平保持稳定，趋于一个目标进行调节或校正。当系统中存在调节回路时，面对各种变化，调节回路会采取措施，消除这些变化对系统的影响，使存量保持在一个目标值或可接受的范围内。由于这里关注的重点是动态变化的原因，所以我们主要讨论增强回路的作用。

增强回路也可以分为正向增强回路和负向增强回路，正向增强回路通常称为良性循环，负向增强回路通常称为恶性循环。所谓良性循环和恶性循环，是相对于系统的目标而言，如果反馈的结果是趋向系统目标，则为良性循环；反之，如果反馈的结果是背离系统目标，则为恶性循环。对于企业而言，如果反馈的结果是使企业增长，通常是良性循环；反之，如果反馈的结果是使企业衰落，通常是恶性循环。

图 9-4 在图 9-1 的基础上，考虑了正向增强回路和负向增强回路的作用。

以用户要素为例，一方面，随着用户的流入，用户数量增加，增加的用户数量可能对用户流入的渠道和过程产生增强回路效应，从而加快了用户流入速度；另一方面，随着用户的流失，用户数量减少，减少的用户数量可能对用户流出的渠道和过程产生增强回路效应，从而加快了用户流出速度。

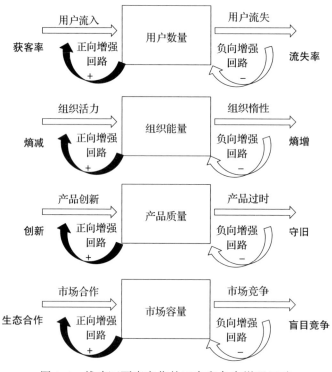

图 9-4 战略四要素变化的正向和负向增强回路

对于组织要素而言，一方面，随着组织活力的增加，组织能量提升，提升的组织能量可能对组织活力的来源产生增强回路效应，从而加快了组织活力增加的速度；另一方面，随着组织惰性的增加，组织能量下降，下降的组织能量可能对组织惰性的增加产生增强回路效应，从而提高了组织惰性水平。

对于产品要素而言，一方面，随着产品创新的增加，产品质量提升，提升的产品质量可能对产品创新的来源产生增强回路效应，从而加快了产品创新的速度；另一方面，随着产品的过时，产品质量下降，下降的产品质量可能对产品的过时产生增强回路效应，从而加快了产品过时。

就市场要素而言，一方面，随着市场合作的增多，市场容量增加，增加的市场容量可能对市场合作行为产生增强回路效应，从而提高了市场合作的可能性；另一方面，随着市场竞争的加剧，市场容量下降，下降的市场容量可能对市场竞争产生增强回路效应，从而加剧了市场竞争。

要想进一步理解非线性增长，就得探究一下各个要素变化的正向增强回路和负向增强回路背后的驱动机制。结合共演战略十二要点，我们分别看一下每个要点背后的正向增强回路和负向增强回路驱动机制。

先看用户要素的三个要点：用户特征、用户需求和用户选择。用户特征可分为生理特征、心理特征和社会特征三方面，生理特征对用户数量到用户流入的正向增强回路没有明显影响，但心理特征和社会特征有影响。从心理特征看，很多用户有"从众心理"。从众心理指个人受到外界人群行为的影响，在自己的知觉、判断和认识上表现出符合于公众舆论或多数人的行为方式，研究表明，只有很少的人能保持独立性，所以从众心理是个体的普遍心理现象。因为用户普遍具有从众心理，所以用户数量越多，对没有加入的人吸引力越大，没有加入的人越愿意成为用户，从而实现正向增强回路。类似地，当用户流失达到一定程度，由于从众心理的作用，越来越多的用户会选择离开，从而形成负向增强回路。

用户另一个重要的心理特征是"损失厌恶"，损失厌恶也被称为禀赋效应。禀赋效应概念是获得2017年诺贝尔经济学奖的理查德·泰勒教授的主要贡献之一，它指的是一个人一旦拥有某种物品，那么他对该物品价值的评价要比未拥有之前大大增加。泰勒发现，人们在决策过程中对"利害"的权衡是不均衡的，对"避害"的考虑远大于对"趋利"的考虑。用网络上广为流传的儿童名著《小王子》里的话说就是，"你在你的玫瑰花上耗费的时间使得你的玫瑰花变得如此重要。"由于损失厌恶的影响，存量中的用户对拥有的商品或服务的评价可能偏离客观情况。如果用户的评价偏向正面，则会引导更多用户加入，形成正向增强回路；如果用户的评价偏向负面，则会引导更多用户流出，形成负向增强回路。

用户的一个重要社会特征是网络效应，网络效应也被称为网络外部性。随着用户数量的增加，所有用户可能从其他用户那里获得了更大的价值，即某种产品对一名用户的价值取决于使用该产品的其他用户的数量。随着网络规模的扩大，网络的价值呈几何级数增长。网络外部性有正向网络外部性和负向网络外部性之分。正向网络外部性指随着同一网络内用户增加，其他用户获得的价值也增大。例如，当只有你一个人使用电子邮件时，这时你所获得的价值就是自有价值，它等于你向自己发邮件，设价值为 1；当再有一个人使用电子邮件时，假设使用者互发邮件，你就从中获得了协同价值，这时价值等于 2；当有第三个人使用电子邮件时，网络价值就等于 6。负向网络外部性指随着同一网络内用户减少，其他用户获得的价值也减少。例如，当你的朋友都不用邮件，而转用微信联系时，邮件网络对你的价值就减少了。

从上面的分析来看，用户要素变化的正向和负向增强回路机制至少有三种：从众心理、损失厌恶和网络效应。这些机制影响了用户需求和用户选择等用户要点，从而影响了用户数量的变化（见图 9-5）。

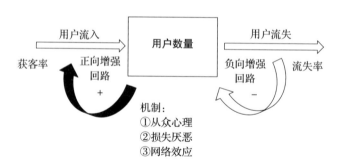

图 9-5　用户要素变化的正向和负向增强回路机制

我们再看一下组织要素的三个要点：领导者、团队员工和组织管理。领导者、团队员工和组织管理在组织能量的积累中有不同的作用，领导者为组织设立目标，团队员工造就组织文化，组织管理推动组织成长，三个要点共同作用，形成正向或负向增强回路（见图 9-6）。我们说，企业发展面临未来方向的不确定性和路径的不连续性，组织目标的作用就是为组织发展指明方向，组织文化和组织成长的作用就是为组织发展开拓路径。

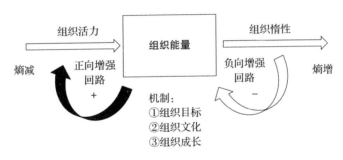

图 9-6　组织要素变化的正向和负向增强回路机制

当一个组织有明确组织目标时，组织能量就会增强，也会吸引更有目标感和使命感的员工加入组织，形成正向增强回路；当一个组织丧失明确组织目标时，组织能量就会下降，有目标感和使命感的员工可能离开组织，形成负向增强回路。

组织文化是团队员工在经营活动中所秉持的价值观念，组织通过组织文化把组织目标落实到日常经营活动中，保障组织活动不会大幅偏离组织目标。良好的组织文化能够提升员工的使命感、归属感、责任感、荣誉感和成就感等，激发组织活力，形成正向增强回路；同时，如果一个组织随着发展产生严重的组织惰性，就会通过组织文化氛围在组织中弥散开来，降低组织能量，形成负向增强回路。

组织成长是组织目标正确、文化优良的直接表现，团队员工不能生活在空洞的组织目标和虚无的组织文化中，而是需要时时刻刻体会到组织的成长并从中获益。成长的组织能够激发团队员工的组织活力，从而形成组织能量的正向增强回路；相反，组织惰性的积累会阻碍组织成长，削弱组织能量，形成负向增强回路。

产品要素有三个要点：产品开发、营销推广和商业模式。这三个要点分别通过学习效应、品牌效应和飞轮效应产生正向和负向增强回路影响（见图 9-7）。学习效应是指企业的工人、技术人员等在长期生产过程中，可以积累产品生产、技术设计经验，从而提高产品开发和生产的效率。企业通过对产品质量的高标准和严要求，可以促使团队员工快速通过学习效应促进产品创新，从而形成正向增强回路；相反，如果企业产品过时，长期没有进步，团队员工就会失去学习机会，无法通过学习效应的积累提高产品质量，从而形成负向增强回路。

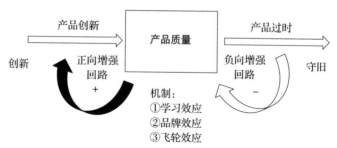

图 9-7　产品要素变化的正向和负向增强回路机制

品牌效应是企业在营销推广中因使用统一品牌，提升用户对企业产品或服务的认知度和认可度所带来的效应。企业通过对产品的营销推广，强化产品的品牌效应，使产品在用户心目中保持认知度和认可度，可以提升产品的市场竞争力，从而形成正向增强回路；相反，如果企业产品过时，就会伤害企业产品使用的统一品牌，损害产品在用户心目中的认知度和认可度，从而形成负向增强回路。

飞轮效应是指一个公司的各个业务模块之间有机地相互推动，就像咬合的齿轮一样相互带动。一开始，从静止到转动需要花比较大的力气，但一旦转动起来，齿轮就会转得越来越快。以亚马逊为例，亚马逊有三个主要业务：面向最终消费者的 Prime 业务、面向卖家的 Marketplace 商业平台，以及面向企业的 AWS 云计算服务。亚马逊的这三个业务针对的是同一条产业链上的三类用户，使用云计算服务的企业处于产业链的最上端，这些企业为 Marketplace 上的卖家提供商品，这些卖家在亚马逊的平台上通过 Prime 业务到达最终消费者。凭借对最终消费者需求的深入了解，亚马逊打造了很好的用户体验，于是有大量的最终消费者使用亚马逊的 Prime 服务。大量的最终消费者吸引了众多卖家，Marketplace 变得越来越有吸引力，积累了大量的数据，使亚马逊有了很好的云计算使用场景；于是，越来越多的企业选用亚马逊的 AWS 云计算服务。有了众多企业的数据，亚马逊对最终消费者就更加了解了。于是，就有了飞轮效应的正向增强回路。

市场要素有三个要点：技术趋势、资源资本和市场竞合，这三个要点分别通过路径依赖、风险规避和生态效应产生正向和负向增强回路影响（见图 9-8）。路径依赖是指技术演进有类似于物理学中的惯性，即一旦进入某一路径（无论是"好"还是"坏"）就可能对这种路径产生依赖。一旦做了某种选择，就好比走上了一条不归之路，惯性的力量会使这一选择不断自我强化，并让你轻易走不出去。如果一家企业选择的技术路径正处于上升期，增长的市场容量会引导企业产生路径依赖，并通过市场合作等进一步扩大市场容量，从而形成正向增强回路。但是，如果一家企业选择的技术路径正处于衰退期，由于路径依赖效应，企业很难转换技术路径，从而倾向于通过市场竞争瓜分有限的市场容量，从而形成负向增强回路。

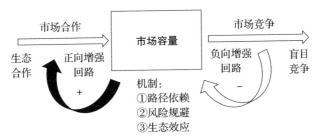

图 9-8　市场要素变化的正向和负向增强回路机制

风险规避指的是资源资本提供方往往希望降低所提供资源资本所面临的风险，越是企业发展好的时候，资源资本提供方越是愿意提供资源资本，越是企业发展有困难的时候，资源资本提供方越是不愿意提供资源资本。当市场容量较大的时候，企业发展前景看好，资源资本提供方基于获利的考虑愿意提供更多资源资本，从而促进市场的进一步发展，形成正向增强回路；当市场竞争加剧时，企业发展前景看淡，资源资本提供方基于风险规避的考虑不愿意提供更多资源资本，进一步加剧了市场收缩，形成负向增强回路。

生态效应指的是企业间通过分工合作，发挥各自优势，形成协同发展的生态体系，产生互惠互利的效应。当一个市场的容量足够大时，企业往往更倾向于分工协作，通过发挥不同角色的作用，共同打造一个生态系统，进一步推动市场的发展，形成正向增强回路。然而，当一个市场空间有限时，市场内的企业更容易按照"物竞天择，适者生存"的法则，强调彼此间的竞争，通过价格战等手段，盲目竞争，进一步导致市场空间的压缩，形成负向增强回路。

综上所述，共演战略要素和要点均有发挥正向和负向增强回路作用的相关理论依据，这些机制的综合作用，决定着在企业发展的不同阶段是正向增强回路起主导作用，还是负向增强回路起主导作用，也决定着企业发展的方向和轨迹（见图9-9）。

	人	事
外	用户 ①从众心理 ②损失厌恶 ③网络效应	市场 ①路径依赖 ②风险规避 ③生态效应
内	组织 ①组织目标 ②组织文化 ③组织成长	产品 ①学习效应 ②品牌效应 ③飞轮效应

图9-9 战略四要素动态变化的相关理论基础

3. 战略要素反馈回路在各发展阶段的变化

在企业发展的不同阶段，正向增强回路和负向增强回路强度的变化对企业发展起着至关重要的作用。就用户要素反馈回路而言，用户流入水平和用户流失水平在创业阶段都较低（见图9-10a），相应地，用户要素反馈的正向增强回路和负向增强回路强度都较低。然而，随着正向增强回路力量的增强，用户流入开始超过用户流失，形成早期的用户积累，启动增长。随着企业能够满足更多用户的需求，用户正向增强回路力量开始占主导地位，负向增强回路的力量相对变弱，企业的用户数量开始快速增长，甚至呈指数增长形式，企业进入成长阶段（见图9-10b）。

用户要素反馈的正向增强回路作用发挥到一定程度后会逐渐减弱，用户流入速度下降，相应地，用户要素反馈的负向增强回路作用逐渐增强，用户流失速度上升。当用户要素反馈的正向增强回路和负向增强回路力量接近平衡时，用户数量增长趋于停滞，企业进入成熟阶段（见图9-10c）。随着用户

第 9 章 共演战略的动态性 // 377

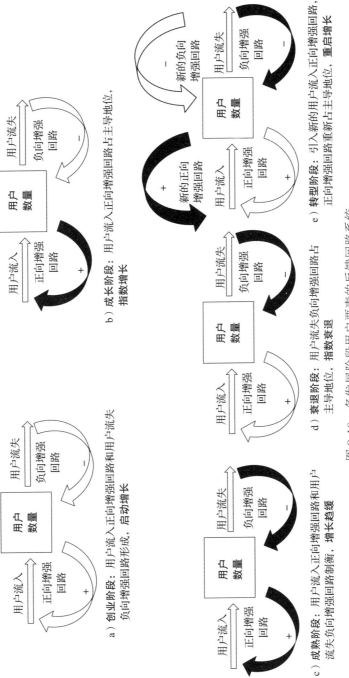

图 9-10 各发展阶段用户要素的反馈回路系统

要素反馈的负向增强回路作用加强，用户流失加速，企业出现用户净流失，企业进入衰退阶段（见图9-10d）。企业原有用户要素反馈中，负向增强回路一旦占据主导地位，就很难逆转。用户数量要想重启增长，就需要建立新的正向增强回路。当然，随着新正向增强回路的建立，新的负向增强回路也会出现，但因为新的正向增强回路占据主导地位，企业新的用户要素反馈回路会为企业带来净用户数量增加，从而重启增长（图9-10e）。

与用户要素反馈回路类似，组织活力水平和组织惰性水平在创业阶段都较低（图9-11a），相应地，组织要素反馈的正向增强回路和负向增强回路强度都较低。然而，随着正向增强回路力量的增强，组织活力开始超过组织惰性，形成早期的组织能量，启动增长。随着组织正向增强回路力量开始占主导地位，负向增强回路的力量相对变弱，企业组织能量开始快速增长，甚至呈指数增长形式，企业进入成长阶段（见图9-11b）。

组织要素反馈的正向增强回路作用发挥到一定程度后会逐渐减弱，组织活力水平下降，相应地，组织要素反馈的负向增强回路作用逐渐增强，组织惰性水平上升。当组织要素反馈的正向增强回路和负向增强回路力量接近平衡时，组织能量增长趋于停滞，企业进入成熟阶段（见图9-11c）。随着组织要素反馈的负向增强回路作用加强，组织惰性加速，企业进入衰退阶段（见图9-11d）。企业原有组织要素反馈中，负向增强回路一旦占据主导地位，就很难逆转。组织能量要想重启增长，就需要建立新的正向增强回路。当然，随着新的正向增强回路的建立，新的负向增强回路也会出现，但因为新的正向增强回路占据主导地位，企业新的组织要素反馈回路会为企业带来组织能量上升，从而重启增长（见图9-11e）。

与组织要素反馈回路类似，产品创新水平和产品过时程度在创业阶段都较低（见图9-12a），相应地，产品要素反馈的正向增强回路和负向增强回路强度都较低。然而，随着正向增强回路力量的增强，产品创新开始超过产品过时，形成早期产品质量的基础，启动增长。随着产品正向增强回路力量开始占主导地位，负向增强回路的力量相对变弱，企业产品质量开始快速提升，甚至呈指数增长形式，企业进入成长阶段（见图9-12b）。

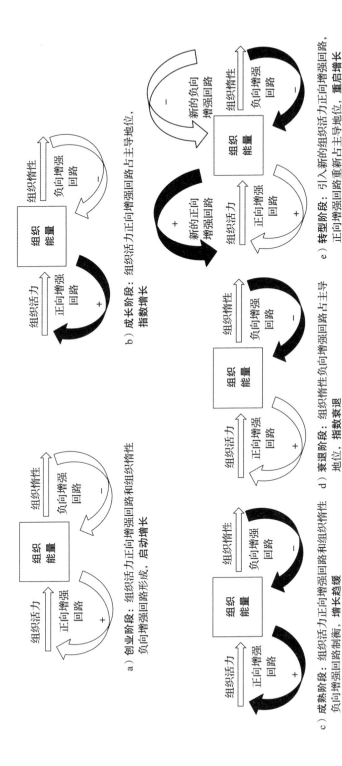

图 9-11 各发展阶段组织要素的反馈回路系统

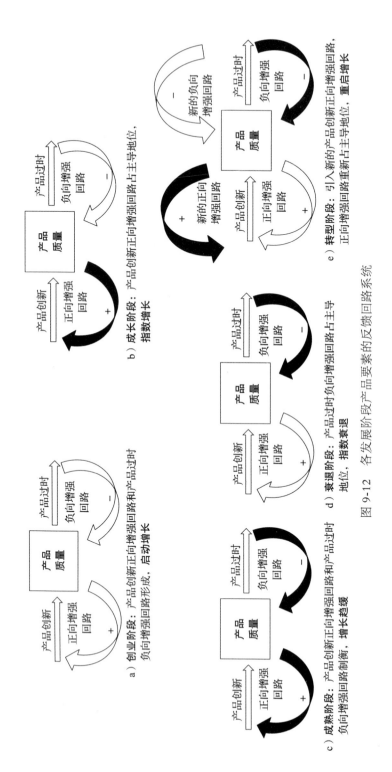

图 9-12 各发展阶段产品要素的反馈回路系统

产品要素反馈的正向增强回路作用发挥到一定程度后会逐渐减弱，产品创新速度下降，相应地，产品要素反馈的负向增强回路作用逐渐增强，产品过时速度上升。当产品要素反馈的正向增强回路和负向增强回路力量接近平衡时，产品质量增长趋于停滞，企业进入成熟阶段（见图9-12c）。随着产品要素反馈的负向增强回路作用加强，产品过时加速，企业进入衰退阶段（见图9-12d）。企业原有产品要素反馈中，负向增强回路一旦占据主导地位就很难逆转。产品质量要想重启增长，就需要建立新的正向增强回路。当然，随着新的正向增强回路的建立，新的负向增强回路也会出现，但因为新的正向增强回路占据主导地位，企业新的产品要素反馈回路会为企业带来产品质量上升，从而重启增长（见图9-12e）。

与产品要素反馈回路类似，市场合作和市场竞争程度在创业阶段都较低（见图9-13a），相应地，市场要素反馈的正向增强回路和负向增强回路强度都较低。然而，随着正向增强回路力量的增强，市场开发开始超过市场竞争，形成早期市场容量的基础，启动增长。随着市场正向增强回路力量开始占主导地位，负向增强回路的力量相对变弱，企业市场容量开始快速提升，甚至呈指数增长形式，企业进入成长阶段（见图9-13b）。

市场要素反馈的正向增强回路作用发挥到一定程度后，会逐渐减弱，市场合作速度下降，相应地，市场要素反馈的负向增强回路作用逐渐增强，市场竞争速度上升。当市场要素反馈的正向增强回路和负向增强回路力量接近平衡时，市场容量增长趋于停滞，企业进入成熟阶段（见图9-13c）。随着市场要素反馈的负向增强回路作用加强，市场竞争加速，企业进入衰退阶段（图9-13d）。企业原有市场要素反馈中，负向增强回路一旦占据主导地位，就很难逆转。市场容量要想重启增长，就需要建立新的正向增强回路。当然，随着新正向增强回路的建立，新的负向增强回路也会出现，但因为新的正向增强回路占据主导地位，企业新的市场要素反馈回路会为企业带来市场容量上升，从而重启增长（见图9-13e）。

除了上述的四要素自身在各发展阶段的反馈回路系统，两两要素之间都存在正向增强回路和负向增强回路。图9-14是一个简要的图示，说明图中相邻两个要素之间的正向增强和负向增强回路关系。

382 // 第三部分　共演战略四路径

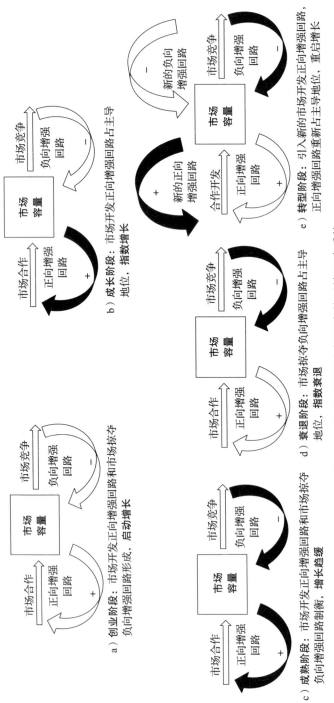

图 9-13　各发展阶段市场要素的反馈回路系统

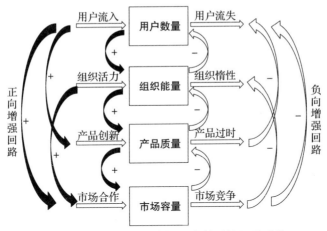

图 9-14 各发展阶段市场要素的反馈回路系统

从用户数量来看，较大的用户数量会吸引更有能力的员工加入，从而提高组织活力和组织能量，而组织能量的提升会影响到产品创新和产品质量的提升，更高的产品质量有利于市场合作和市场容量的增长。类似地，较多的用户数量有助于市场合作和市场容量的提高，也能够帮助企业集中力量进行产品创新和提高产品质量，而较强的组织能量也能让企业更有能力进行产品创新和提高产品质量。因此，图 9-14 左侧实心箭头所表示的正向增强回路成立。

图 9-14 右侧空心箭头所表示的是负向增强回路。市场容量的萎缩会引发市场竞争行为，导致产品质量的下降和产品受欢迎程度的降低。产品在市场上失去竞争力，会打击员工士气，导致组织能量的下降和组织惰性的上升，进而导致组织对用户的服务质量和服务意识下降，加剧用户流失。类似地，市场容量的萎缩会直接打击员工士气，消耗组织能量。同时，市场容量下降后，企业所能服务的用户数量自然降低，用户流失加剧。此外，产品质量的降低也会加快用户的流失。因此，要素之间的负向增强回路成立。

4. 各阶段的主导要素和核心力量

在企业发展的各个阶段，起主导作用的战略要素有所不同，各战略要素的特点也有所不同。在创业阶段，企业首先要抓的是用户需求，只有抓准用户需求，才会有组织的建立、产品的迭代和市场的出现。所以，创业阶段的主导要素是用户。

创业阶段的用户要素讲求一个"精"字。"精"是由"米"+"青"组成的，青是"倩"的省略，表示好看的、漂亮的。所以，"精"是指经过筛选的上等稻米，而"粗"是未经筛糠去碎的糙米。此外，在中国传统观念中，"精"是生命能量的最高级形式，用以活血化气养神。所以，在创业阶段，战略四要素力出一孔，就是"精益创业力"，这里的"精"字，说的就是对用户需求的精准把握。

通过对用户需求的精准把握，让用户需求引导轻型组织的建立。创业阶段的组织要素讲求一个"轻"字。"轻"字是由"车"与"圣"联合起来的，"圣"是"径"的省略，表示便道、小道。合在一起，"轻"表示可以在小道上运转自如的小型战车。在创业阶段，组织就应该像运转自如的小型战车。

建立轻型组织的目的是验证和打磨产品。创业阶段的产品要素讲求一个"磨"字。"磨"字是由"麻"+"石"组成的，麻表示粗糙，石表示石盘，合起来就是有槽纹的石盘。磨字的本义是用两块凿有交错麻点的石盘组成的石具来加工食物，去壳或粉碎。创业阶段的产品就是要不停地打磨，去除不必要的功能，把复杂留给自己，把简单留给用户，形成有市场渗透力的产品。

用有市场渗透力的产品切入市场时要找准市场时机和细分市场，时机说的是何时切入，细分市场说的是从哪里切入。创业阶段的市场要素讲求一个"准"字。"准"（繁体字"準"）字由"冫"和"隼"组成，"冫"本指"冰"，引申指"冰冻""凝固"，"隼"即猎隼，整日游弋于空中，寻找猎物，引申指"鸟头""锐头""尖头"。"冫"和"隼"合起来表示"尖头凝固"，造字的本义是工匠只眯一只眼，以便聚焦观察建筑材料的线面是否水平。

我们说，创业阶段的主导要素是"用户"，是因为创业一定要从用户需求出发，精研用户需求，跟随用户需求建立轻型组织，用轻型组织打磨细分产品，用细分产品切入准市场，实现用户需求和市场的精准匹配。所以说，创业阶段叫作"精益创业阶段"，这个阶段的核心力量是"用户力"（见图9-15）。

在成长阶段，企业首先要抓的是产品迭代，只有抓好产品，才会有市场竞争力，才能满足更多用户需求和支持组织成长。所以，成长阶段的主导要素是产品。成长阶段的产品要素讲求一个"专"字。"专"是"转"字的本字，

"转"字分为两部分,"车"字旁表示缠绕着丝线的纱锤和转轮,"专"字旁象形表示抓住纱锤和转轮的双手。最早的纺织机是手摇纺车,驱动纺车的力来自手,操作时,需一只手摇动纺车,另一只手从事纺纱工作。正是这种繁复无尽地"转啊转",才织出了古代人们得以避寒的身上衣,也正是无数人的专心、专业、专注地打造产品,才有了现代人们的美好生活。

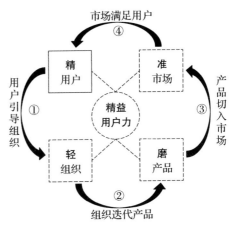

图 9-15 创业阶段的精益用户力

成长阶段的市场要素讲求一个"速"字。"速"字是由"辶"和"束"组成的,"辶"表示行进,"束"表示行囊,造字的本义是背负行囊远行。既然要背负行囊远行,就要有速度。企业成长也一样,既然要用产品满足用户需求,成长阶段就需要快速进入市场,快速获得资源,快速建立竞合地位。

成长阶段的用户要素讲求一个"众"字。"众"字由三个人组成,表示相随、同行的一群人。古体的"众"字写作"眾",造字本义是蓝天红日之下合群生活的广大人群。成长阶段的企业要从服务小众需求向服务大众需求过渡,需要从创新者的单个"人",到早期使用者的"从",再到早期大众的"众"。

成长阶段的组织要素讲求一个"快"字。"快"字由"忄"和"夬"合成,"忄"表示心情,"夬"是开口表达的意思,两者合起来就是有话直说,直率地表达心情。所以,成长阶段的组织不仅仅是对外部的行动快,内部沟通也要直接,有话直接说。

我们说,成长阶段的主导要素是"产品",是因为成长一定要以产品为基础,专注产品的持续创新,用产品引爆市场,快速获得市场发展空间,赢得大众用户,并建立一个快速反应、快速沟通的组织。所以说,成长阶段叫作"专益成长阶段",这个阶段的核心力量是"产品力"(见图 9-16)。

在成熟阶段,企业首先要抓的是市场渗透,只有做增量市场,才能留得住用户,才能做强组织,也才能把产品范围做广。所以,成熟阶段的主导要素是市场。成熟阶段的产品要素讲求一个"增"字。"增"字由"土"和"曾"组成,"曾"是添加的意思,所以"增"就是添加泥土,添砖加瓦。经历成长阶段后,企业已经有了一定的市场地位和基础,进一步的市场扩展要有步骤,不是要"拆东墙补西墙",不是期盼着"东方不亮西方亮",而是"东方亮了西方再亮"。即使是强如通用电气公司,在杰克·韦尔奇大举并购之后,伊梅尔特还是要带领通用电气回归核心,回归工业设备的主业,剥离了白色家电和金融服务等非核心业务。

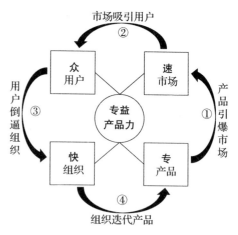

图 9-16 成长阶段专益产品力

成熟阶段的产品要素讲求一个"存"字。"存"字由"才"和"子"组成,"才"表示房柱房梁,借代居所,"子"表示后代,"存"造字的本义是安居乐业,传宗接代,世代延续。所以说,成熟阶段要深挖用户存量,而不是一味强调做大增量。

成熟阶段的组织要素讲求一个"强"字。"强"字由"弘"和"虫"组成,"弘"表示声音大,"虫"指爬行动物,合在一起表示呼啸声震撼人的大型爬行动物,如老虎(大虫)。和"强"相近的一个字是"疆",由"弓"和"畺"组成,表示武力鼎盛,疆域广大。企业家都有意愿把企业做大,但做大的目的是做强,做大的基础也是做强,所以我们才常说"强大",而不是说"大强"。所以说,成熟阶段要做强组织,而不是一味强调做大组织。

成熟阶段的产品要素讲求一个"联"字。"联"字由"耳"和"关"组成,"耳"就是耳朵,简体字"联"中的"关"在繁体中用的是"丝",表示系,造字本义是系在两耳上的耳链,强调两两相连。所以说,成熟阶段的产品之间不能是没有联系的,而是要相互关联。

我们说,成熟阶段的主导要素是"市场",是因为成熟阶段企业面临的市场挑战最大,一方面可能向上走,另一方面也可能向下走。成熟阶段一定要注重增量市场，关注存量用户，做强组织，用关联产品占领增量市场。所以说，成熟阶段叫作"增益扩张阶段"，这个阶段的核心力量是"市场力"（图 9-17）。

在转型阶段，企业首先要抓的是组织转型，只有从组织内部入手，打破组织僵化，才能创新产品，进入新的市场价值网，服务好用户的潜在需求。所以，转型阶段的主导要素是组织。

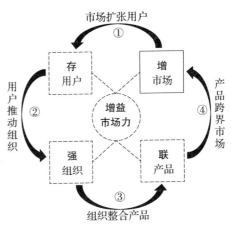

图 9-17　扩张阶段增益市场力

转型阶段的组织要素讲求一个"升"字。"升"的古体字是"昇"，由"日"和"升"（提起酒斗）组成，表示太阳从地平线向上移动。在转型阶段，无论是领导层重拾创始人精神，还是激活员工个体，或者是建立网络化组织，目的都是让组织升级，从原来的层级升至一个更高的层级。

转型阶段的产品要素讲求一个"新"字。"新"字由"辛""木"和"斤"组成，"辛"表示▼形的劈柴铁钎，"木"表示树桩，"斤"表示斧头，合在一起表示用斧、钎等工具劈柴，每一次砍下去都有新的木头露出来，所以衣之始裁为之"初"，木之始伐谓之"新"。在转型阶段，需要在原有产品的基础之上，砍掉一些不必要的功能，增加一些新的元素，破旧立新。

转型阶段的市场要素讲求一个"创"字。"创"字由"仓"和"刀"组成，表示木匠挥刀抢斧，砍凿树料，建造房屋。所以，"创"也有破旧立新的意思。转型阶段的难点是跳出原有的价值网，突破原来的格局束缚，从更大的格局和更远的视野看市场空间和市场前景。

转型阶段的用户要素讲求一个"非"字。"非"字是个象形字，左右两个人背靠背，表示两人思想相背、观念冲突、行为排斥。用在用户要素上，非用户指那些在企业创业、成长、成熟阶段没有被当作用户的潜在用户，这些"非用户"可能和原有用户是完全不同的人群，但这些没有被服务到的用户对企业转型非常重要，可以帮助企业发现新的需求，进入新的价值网、新的市场。

我们说，转型阶段的主导要素是"组织"，因为企业经过长期发展，已经形成很多"堡垒"，而堡垒通常是要从内部突破的，所以转型一定要先从组织内部入手，激发组织活力，让升级的组织创新产品，用创新的产品颠覆市场，引导市场发展创造用户需求。所以说，转型阶段叫作"升益转型阶段"，这个阶段的核心力量是"组织力"（见图9-18）。

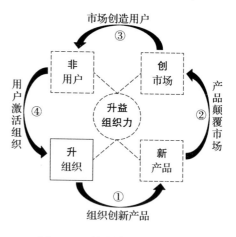

纵观共演战略四阶段，企业的用户、组织、产品和市场四要素都可以

图9-18 转型阶段升益组织力

用一个字概括。在创业、成长、扩张和转型期，概括用户要素的四个字分别是"精""众""存"和"非"，概括组织要素的四个字分别是"轻""快""强"和"升"，概括产品要素的四个字分别是"磨""专""联"和"新"，概括市场要素的四个字分别是"准""速""增"和"创"（见图9-19）。

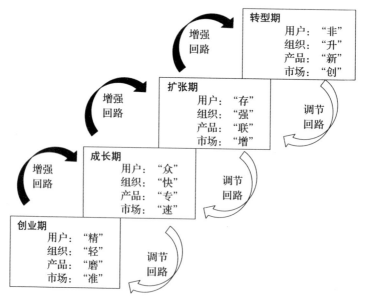

图9-19 共演战略十六字诀

用户演化:笑问客从何处来

回顾从创业阶段到转型阶段,企业在经历的四个发展阶段中,用户要素不断发生演化。用户的要点从创业期的天使用户、爽痛点需求和现有竞品,变为成长期的大众用户、普遍需求和跨越需求鸿沟,扩张期的累积用户、多元需求和满足互补需求,以及转型期的重识用户、潜在需求和需求升/降级。整个演化过程中既有增强回路在起作用,也有调节回路在起作用。在这里,我们简要地把从一个阶段到下一个阶段的系统反馈回路称为增强回路,从下一个阶段到前一个阶段的系统反馈回路称为调节回路(见图9-20)。

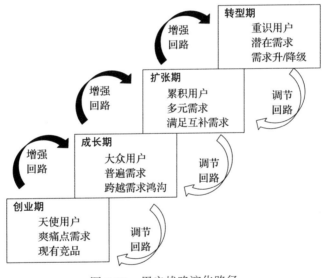

图 9-20 用户战略演化路径

增强回路在用户战略演化路径中的作用机制举例如下。创业期的企业从少量用户开始,通过对用户的用户特征、用户需求和用户选择等方面的理解,确定天使用户人群。随着和用户深入接触,企业开始理解天使用户和其他用户群的异同点,其中的相同点构成企业在成长阶段理解大众用户的基础。进入成长阶段的企业,服务于不同于天使用户的大众用户,由于增强回路的作用,企业累积的用户数量越来越多。随着用户数量增速的减缓,企业进入成熟期,累积用户达到一定的数量,聚集的用户群可能产生新的用户特征、用户需求和用户选择模式，为企业创造了重识用户和进入转型期的机会。

调节回路在用户战略演化路径中的作用机制如下。创业期的企业从少量用户开始，随着用户数量的增多，不同类型的用户开始出现，用户需求开始多样化，这些多样化的需求有着一些共性，其中共性最大的需求就是企业应该优先满足的普遍需求。普遍需求的出现对创业阶段的用户要素起到了调节回路作用。也就是说，当普遍需求出现后，企业就不应单纯满足用户的爽痛点需求了，只有满足普遍需求，才能再次引发用户选择的增强回路，帮助企业跨越需求鸿沟。类似地，当用户数量增长趋缓，企业就要警惕是否即将进入成熟期了。如果进入了成熟期，用户要素的调节回路就会开始发挥作用，企业也就不能简单重复地满足用户的基本普遍需求了，而是要关注用户的多元需求。

为了便于创业者和企业家分析用战略演化路径，我们可以把企业发展的四个阶段中用户要素的三个要点绘制在一张画布中。图9-21中，从左到右依次排列着创业阶段、成长阶段、成熟阶段和转型阶段用户要素的三个要点。运用这个画布，我们可以直观地分析和展示用户要素的演化路径，并分析演化路径中的增强回路和调节回路的作用机制。

利用用户战略演化路径画布，我们可以分析企业用户战略的演化路径。下面就以腾讯为例进行分析（见图9-22）。

网上曾经流行过一个说法，说马化腾是腾讯的"第一产品经理"。马化腾也曾经在香港大学的一次分享中提到："作为产品经理，最重要的能力就是把自己变成傻瓜，发现问题，想清楚为什么这样。然后变成开发者，解决问题。"换句话说，就是要能够一秒钟变成小白，再一秒钟变回专业人士。

马化腾的这个能力实际上是通过长期贴近用户，不断加深对用户需求的理解获得的。1998年，腾讯第一次开技术讨论会，讨论QQ的前身OICQ的时候，马化腾就提出了一个听上去和技术无关且很古怪的问题："我们的用户会在哪里上网？"

创业阶段	成长阶段	扩张阶段	转型阶段
天使用户	大众用户	累积用户	重识用户
爽痛点需求	普遍需求	多元需求	潜在需求
现有竞品	跨越需求鸿沟	满足互补需求	需求升/降级

图 9-21　用户战略演化路径画布

（扫描二维码，可下载画布工具）

马化腾之所以问这个问题，是因为腾讯的 OICQ 模仿的是美国在线公司的 ICQ 软件，当时个人电脑在美国已经非常普及，很多人都是在自己的家里上网，在个人电脑上使用 ICQ 软件，所以 ICQ 软件把用户的聊天内容和朋友列表都存在电脑的客户端上，这样做也有助于保护用户的隐私。但是，在当时的中国，这种模式就行不通了。当时中国的大多数网民都没有自己的电脑，他们通常在网吧上网。如果把聊天内容和朋友列表存在电脑的客户端上，换一台电脑使用 OICQ 的时候，就找不到原来的内容和朋友列表了。于是，OICQ 就把用户信息和好友名单放到了后台的服务器上，解决了这个用户痛点。腾讯的 OICQ 和以后的一些产品，之所以能够取得成功，和包括马化腾在内的主要创始人极度重视用户需求是分不开的。

	创业阶段	成长阶段	扩张阶段	转型阶段
	天使用户	大众用户	累积用户	重识用户
	• 1999年，OICQ推出之后，第一批用户来自PCICQ。很快形成口碑 • 1999年，国庆封网7天，ICQ用户转移 • 1999年，用户设计Logo • 2000年底，与移动梦网的合作，早期用户是中低端市场的青年大众用户	• 从青年为主的中低端用户转向更为普遍的大众 • QQ人成长，"85后"、QQ号，虚拟表达，多面人生	• QQ空间、QQ游戏等用户数量实现快速上涨 • QQ门户在主要新闻报道中与网易等不相上下 • 2010年3月5日，QQ同时在线人数达到1亿人	• QQ用户六成是"90后"，QQ倾向于娱乐化 • 微信用户跨界度大、范围广
	痛点需求	普遍需求	多元需求	潜在需求
	• 在网吧电脑上及时聊天，能够在服务器上保存好友列表和聊天记录 • 适合中国人含蓄的感情沟通方式（寻呼机、短信同理） • 在虚拟世界拥有一个独特的形象	• 更高端的商务需求 • 更普遍地在同一入口下获得一站式服务 • 对社交的更深刻的需求	• 腾讯式运营：锁定一个"真实的诉求"点，在用户体验上力争做到极致——从庞大的用户基数中抓取消费群，在形成一定数量的基础用户之后推出进阶式有偿商业服务——持续优化、延长产品的生命周期，寻找新的诉求点	• 移动改变生活 • QQ：娱乐化社交、场景化通讯 • 微信：社交化娱乐、场景化消费
	现有竞品	跨越需求鸿沟	满足互补需求	满足升级需求
	• SP：移动梦网的其他合作伙伴 • QQ：对ICQ的模仿者、PCICQ等	• 网易2002年11月推出POPO（泡泡） • 与微软旗下的MSN竞争，靠大文件传输等功能跨越鸿沟	• "虚拟运营商"梦破灭 • 推出移动端QQ、PC端与移动端QQ互补 • 社交需求、生活需求、娱乐需求相互补	• 基于移动端的QQ手游、QQ阅读、兴趣部落、QQ钱包、QQ红包、QQ空间"亲子相册"

图 9-22　腾讯的用户战略演化路径画布

后来，随着腾讯的发展，OICQ 改名 QQ。虽然 QQ 用户增长很快，但一直找不到盈利模式，快速增加的用户数量反而造成了巨大的成本，消耗着昂贵的服务器和带宽等资源。这个问题后来是怎么解决的呢？腾讯成立了一个"阿凡达小组"，从用户的角度研究用户需求，研发出一个叫"QQ 秀"的产品，对 QQ 虚拟形象正式收费。在 QQ 秀商城中有服装、眼镜和首饰等各种虚拟物品，售价为 0.5～1 元。在 QQ 秀上线的半年里，就有 500 万人购买了这项服务，平均花费 5 元左右。QQ 秀就是后来腾讯主要的收入来源之一，"虚拟物品"的最初尝试满足了用户在虚拟世界打造一个理想中的自己，实现自己在现实世界无法完成的梦想的需求。

随着 QQ 的快速发展，腾讯累积了大量用户。2001 年 1 月，QQ 注册用户就超过了 4000 万。当时，腾讯的主要产品还是 QQ 客户端和 QQ 秀，这两款产品解决了用户的即时通讯需求和在虚拟世界实现小满足的需求。后来，马化腾提出了打造"一站式在线生活平台"的想法，创造了一个新的英文单词：ICEC。I 代表信息，第一个 C 代表通讯，E 代表娱乐，第二个 C 代表商务。2005 年，腾讯宣布新的战略："希望能够全方位地满足人们在现实生活不同层次的需求，希望自己的产品和服务像水和电一样融入人们的生活"。

后来发生的事情我们都很清楚了，现实生活中的你我，都用着很多腾讯的产品。例如，让我们随时和家人、朋友保持联系的微信，可以随时进行支付的微信支付，很多人用来打发时间的腾讯游戏和腾讯视频等。这些在 QQ 之后出现的腾讯的产品，都围绕着一个核心主题：用互联网技术改变人们的生活方式，用互联网技术连接一切，也就是马化腾提出来的"互联网＋"的概念。

通过梳理腾讯的发展历程，我们也可以把马化腾提出来的"互联网＋"理解为"互联网＋需求"，因为腾讯的发展就是一个对用户需求理解的不断加深的过程。最初，腾讯有点误打误撞地进入网络即时通讯领域，用 QQ 满足了用户沟通交流的需求；后来，用 QQ 空间等满足了用户在网络世界中自我实现的需求；再后来，用游戏和视频等满足了用户的文化娱乐需求；最近几年，微信支付的发展又满足了用户在线下消费场景的许多需求。

组织演化：何须马革裹尸还

从创业阶段到转型阶段，组织要素也不断发生演化。组织要素的要点从创业期的创始人、创业合伙人和扁平组织，变为成长期的创始人成长和团队专业化、层级组织，扩张期的创始人成熟、团队职业化和事业部组织，以及转型期的重拾创始人精神、团队创客化和耗散结构。整个演化过程中既有增强回路在起作用，也有调节回路在起作用（见图9-23）。

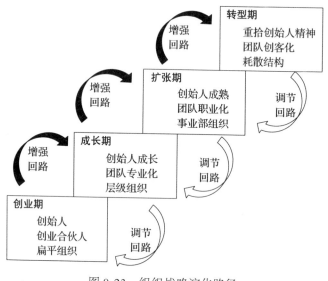

图 9-23　组织战略演化路径

增强回路在组织战略演化路径中的作用机制举例如下：企业从创始人创业开始进入创业期，创始人创业靠的是过去的经验、现在的资源和对未来的乐观预期，随着经验的获取、资源的积累和对未来认知的深入，创始人不断成长。在成长的过程中，创始人会经历很多坎坷，并伴随着企业的成熟而日渐成熟，等到企业进入衰退/转型阶段，创始人需要重拾创始人精神，再次领导企业走上新的征途。类似地，创业团队在创业初期加入企业，也需要不断地通过增强回路加强自身的专业素质，经历专业化、职业化和创客化等过程，适应企业发展的要求。

调节回路在组织战略演化路径中的作用机制举例如下：创业期的企业从扁平组织结构开始发展，随着人员增多超出了有效的管理范围，扁平组织难以适应组织的发展，开始出现层级组织。然而，层级组织的出现会给企业决策效率带来一定程度的损害，所以在层级组织的形成过程中，调节回路会不断发挥作用，使企业在扁平组织的决策效率性和层级组织的决策严谨性之间取得平衡。再如，进入成熟期的企业通常采用事业部制或矩阵式组织结构，这种正式的组织结构长期运行下去，会造成企业组织惰性的增加。所以，即使企业仍处在成熟阶段，为了组织效率的提升，转型阶段组织要素的调节作用也会开始发挥作用，为企业开始引入耗散结构。

我们也可以把企业发展四个阶段中组织要素的三个要点绘制在一张画布中。在图 9-24 中，从左到右依次排列着创业阶段、成长阶段、扩张阶段和转型阶段组织要素的三个要点。运用这个画布，我们可以直观地分析和展示组织要素的演化路径，并分析演化路径中的增强回路和调节回路的作用机制。

创业阶段	成长阶段	扩张阶段	转型阶段
创始人	创始人成长	创始人成熟	重拾创始人精神
创业合伙人	团队专业化	团队职业化	团队创客化
扁平组织	层级组织	事业部组织	耗散结构

图 9-24　组织战略演化路径画布

（此处插入二维码，连接可下载的画布工具）

利用组织战略演化路径画布，我们分析企业组织战略的演化路径。下面就以腾讯为例进行分析（见图 9-25）。

	创业阶段	成长阶段	扩张阶段	转型阶段
	创始人	创始人成长	创始人成熟	重拾创始人精神
	• 喜欢天文学的 Pony 站长 • 1989 年考入深圳大学 • 在黎明电脑实习，股票分析系统，卖 5 万元 • 1993 年毕业进润迅公司，寻呼台业务 • 1995 年创办惠多网的 Pony 站	• 马化腾演讲：即时通讯正由"技术驱动"模式向"应用驱动"再向"服务和用户驱动"模式转变，呈现应用娱乐化、社区化和互动化、个人信息处理、无线互联、安全性、本地化应用趋势资源整合	• 3Q 大战之后进行深刻反思，强调不仅要思考什么是对的，也要思考什么是被认可的 • "打开未来之门" 邮件 • 逐渐出现在公众视野当中	• 成立 12 周年的"打开未来之门"邮件，承诺"开放" • 2010 年 12 月，《关于互联网未来的 8 条论纲》，走出"三峡时代"，上游价值重新崛起，垄断是欲加之罪，占据源头、体验经济、拥有"稀缺性"，解放人、伟公司
	创业合伙人	团队专业化	团队职业化	团队创客化
	• 高中同学许晨晔、张志东、陈一丹同学考入深圳大学；曾李青同年毕业于西安电子科技大学，在深圳电信局工作	• 2004 年底，刘炽平从高盛离职加入腾讯 • 产品经理制	• 招聘海内外高校专业人才 • 2006 年 2 月刘炽平任腾讯总裁，负责战略、投资、投资者关系，制订"5 年商业计划" • 2006 年 11 月，曾李青退休，成为腾讯"终身荣誉顾问"	• 2011 年，"十场神仙会" • 两个能力：资本、流量 • 2012 年，马化腾《灰度法则的七个维度》：组织（冗余度、进化度）；用户（需求度）；产品（速度、创新度、灵活度）；市场（开放协作度） • 2014 年，网大为任 CXO（首席探索官）
	扁平组织	层级组织	事业部组织	耗散结构
	• 1999 年规划，3 年 18 人，坐满 100 平方米的办公室	• 2004 年 7 月，迁入飞亚达大厦，员工 760 人 • 2001 年第一次组织架构改造：公司分为 M 线、R 线和职能部门 • 总办会议制度；"谁主管、谁负责"	• 2005 年第二次组织架构调整：8 个序列；5 个业务部门和 3 个职能部门组成 • 事业部制度形成 • 所有业务基础都来源于流量，形成"大权独揽、小权分散"的模式	• 2012 年 5 月 8 日，腾讯宣布将原有的业务系统升级为六大事业群 • 2014 年 5 月，腾讯进行了第四次组织架构调整，事业群重组为 7 个

图 9-25　腾讯的组织战略演化路径画布

和所有的企业一样，创始人在腾讯的发展过程中发挥了至关重要的作用。大学毕业后，马化腾先是进入一家叫"润迅通信集团"的从事寻呼台业务的公司。寻呼机现在早就没有了，但在马化腾毕业的1993年，寻呼台是非常赚钱的。在润迅的工作经历，不仅让马化腾挣到了创业的最初资本，而且让他对即时通讯业务有了比较深刻的理解。

马化腾在润迅工作几年后，寻呼行业就开始下滑了。1995年，马化腾自己搞了个网站，实际上是美国惠多网在中国深圳的站点。马化腾对这个网站的维护一直持续到创办腾讯之后的一段时间。从网站运营中，马化腾认识到了互联网而不是寻呼机才是通信技术的未来。

有了寻呼机和互联网行业的经验，马化腾进入网络即时通讯行业就一点儿都不奇怪了。1998年，马化腾和张志东等商量着创办一家"无线网络寻呼机"公司，后来马化腾注意到广州电信想要购买一个中文即时通讯工具，就拉了几个哥们儿一起开干，这几个哥们儿包括许晨晔、张志东、陈一丹和曾李青。他们五个后来被称为"腾讯五虎将"。和很多比较成功的创业团队类似，腾讯的创始团队至少有两个特点：一是，大家有相同的经历。除了曾李青，其他几个人都是马化腾的高中同学或大学同学；二是，大家有互补的技能。虽然几位创始人都是学计算机的，但每个人的特长不同，比如马化腾擅长战略，曾李青擅长市场，张志东擅长技术，于是创业之初就自然有了分工。

和所有的大型企业一样，腾讯也经历了创业期、成长期、成熟期和转型期等不同发展阶段。随着企业的发展，创始人所发挥的作用也在变化。创始人之间的密切配合在腾讯的创业期和成长期发挥了重要的作用。等到企业进入成熟期和转型期，创始人的重新分工定位，以及职业经理人的引入就变得非常重要。2017年，只有马化腾和许晨晔还分别担任着腾讯的首席执行官和首席信息官之外，曾李青、陈一丹和张志东都已离职，接替他们职位的都是后来加入腾讯的职业经理人。

高管团队专业化反映了腾讯组织管理的成熟。正如马化腾所说，包括他自己在内的创业合伙人，从2005年就开始找职业经理人和自己搭配。因为他们知道，即使再努力，很多专业管理知识可能还是跟不上。腾讯现任总裁刘炽平就是2005年加入腾讯的。加入腾讯之前，他在高盛任职，负责腾讯在香港的上市。加入腾讯后，刘炽平的第一个职位是"首席战略投资官"，负责原来在腾讯没人管的三个事情：战略、并购和投资者关系。腾讯后来的发展证明，刘炽平带来的国际视野和大局观起到了很大的作用。

除了创始人的发展和高管团队的职业化之外，优化组织架构也是提升组织效率的重要途径。创业之初，马化腾和张志东计划着，3年后员工人数达到18人。实际上，很快创业初期的扁平组织结构已经不能适应业务的发展了。2001年，腾讯就对组织架构进行了第一次改革，整个公司被划为三个部门，分别是市场部门、研发部门和职能部门。在这个时候，腾讯还实行了总办会议制度，定期对公司的重大决策进行讨论。腾讯的总办会议制度一直坚持得很好，多年来一直坚持两周一次，从上午10点准时开始，一般要延续到凌晨。腾讯的总办会一直保持着小规模，2013年腾讯员工人数超过2万人，总办会参加者也不过16个人，保证了决策的高效性。

在2001年第一次组织架构调整后，腾讯根据业务发展情况还进行过几次大的组织架构调整。到2005年，腾讯的业务线已经很多了，原来的市场、研发和职能三类部门的划分就不够用了，于是腾讯按照业务线把组织架构变成了五个业务部门和三个服务支持部门的形式。到2012年，腾讯原来的每条业务线都变得非常得庞大。于是，腾讯又接连进行了两次组织架构的调整，把业务线升级为事业群，分别是微信事业群、社交网络事业群、企业发展事业群、互动娱乐事业群、移动互联事业群、网络媒体事业群和技术工程事业群，这也基本上是现在腾讯的组织架构情况。

企业的事业是由人来完成的，一个组织既要有领导者，也要有管理团队和一线员工。领导者就好像企业的头脑，管理团队和一线员工就好像是企业的躯干和四肢，为了支撑起头脑、躯干和四肢，企业还要有骨骼，而组织架构就是企业的骨骼。在企业发展过程中，头脑、躯干、四肢和骨骼要协调发展。创始人要成长，管理团队要职业化，一线员工的素质也要提升，组织架构也需要不断调整。如果各个方面不能协同发展，就好像一个人的身体发育得不协调一样，或者有个大头、小身子，或者有个头小、肚子大，不仅仅是可笑的，更是危险的。

产品演化：沉舟侧畔千帆过

从创业阶段到转型阶段，组织要素的要点从创业期的 MVP 开发、口碑营销、单点突破，变为成长期的爆款产品、广告营销和规模经济，成就的关联产品、关联营销、范围经济，以及转型期的品类创新、品类营销和生态模式。整个演化过程中既有增强回路在起作用，也有调节回路在起作用（见图 9-26）。

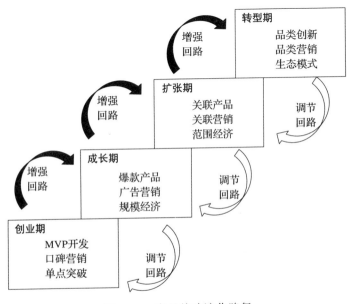

图 9-26　产品战略演化路径

增强回路在产品战略演化路径中的作用机制举例如下：企业在创业期使用 MVP 开发的方式，利用较低成本和较快速度找到能够满足用户需求和市场环境的产品，通过口碑营销和单点突破模式形成爆款产品。进入成长阶段的企业凭借爆款产品和广告营销，扩大企业规模，享有规模经济的好处。企业进入成熟阶段后，原来的爆款产品增长开始下降，企业将凭借这些产品积累的经验，围绕这些产品打造关联产品，形成范围经济。在关联产品的基础上，企业进一步发展，如果能够创新产品品类，就有机会凭借从创业开始，一路发展中形成"点、线、面、体"的增强回路。

调节回路在产品战略演化路径中的作用机制举例如下：企业在创业阶段

形成单点突破的产品时，需要考虑产品的市场潜力，如果产品无法形成规模经济，则需要通过调节回路调整产品方向。同理，如果企业无法围绕主要产品打造关联产品，形成范围经济，则也需要在成长期调整产品方向。进入转型期前，企业也应该检视自身所提供的产品和服务，分析能够基于哪些产品或服务进行品类创新，形成生态优势。

我们也可以把企业发展四个阶段中产品要素的三个要点绘制在一张画布中。在图 9-27 中，从左到右依次排列着创业阶段、成长阶段、成熟阶段和转型阶段产品要素的三个要点。运用这个画布，我们可以直观地分析和展示产品要素的演化路径，并分析演化路径中的增强回路和调节回路作用机制。

创业阶段	成长阶段	扩张阶段	转型阶段
MVP 开发	爆款产品	关联产品	品类创新
口碑营销	广告营销	关联营销	品类营销
单点突破	规模经济	范围经济	生态模式

图 9-27　产品战略演化路径画布

（扫描二维码，可下载画布工具）

利用产品战略演化路径画布，我们分析企业产品战略的演化路径。下面就以腾讯为例进行分析（见图 9-28）。

第 9 章 共演战略的动态性 // 401

创业阶段		成长阶段		扩张阶段		转型阶段	
MVP 开发		**爆款产品**		**关联产品**		**品类创新**	
• "无线网络寻呼系统",一个糟糕的产品,1998~1999 年总收入 100 万元 • OICQ 根据中国用户的习惯进行产品微创新 • OICQ 第一周就造代了三个版本 • 形成与工程师文化交融的产品经理制		• QQ 秀:类熟人社交圈(阿凡达计划)。上线半年,500 万人购买,人均 5 元 • QQ.Com:青年的新闻门户		• 2006 年推出手机 QQ 和超级 QQ 两款移动端新产品,打造移动门户矩阵 • QQ 空间、开心农场、QQ 堂、QQ 宠物;从休闲游戏起家,"游戏之王"的诞生		• QQ 与微信 • 社交类产品与娱乐游戏产品 • 提出"连接一切""互联网+"的新主张 • 微信的红包等新功能 • 收购盛大文学,推动娱乐化社交的新平台 • 打造腾讯云	
口碑营销		**广告营销**		**关联营销**		**品类营销**	
• 因为下载和使用的便捷性,OICQ 在早期很快形成口碑,在同类产品中保持领先 • 上线 2 个月,用户增长 4 倍		• 以流量基础实现导入 • 通过大数据打造定制化营销 • QQ 平台上为游戏和娱乐提供了更多交互元素,形成口碑营销		• "广点通"开效果广告之先河,多终端跨屏平台,2012 年,广告收入首过新浪		• 微信平台的九宫格广告营销 • 更加定制化的广告推送 • QQ 向微信的流量导入 • 微信钱包的九宫格上,为腾讯应用和第三方应用提供快速流量导入	
单点突破		**规模经济**		**范围经济**		**生态模式**	
• 1999 年 2 月,OICQ(QQ),软件体积微创新,220KB,下载 5 分钟 • 个性化头像,陌生人好友;好友列表搬到服务器(因用户上网地点经常变)		• 从人口导入流量 • 对市场上的优秀产品进行模仿和快速改进,进而超越;"全民公敌"		• ICEC(信息、通信、娱乐、商务)在线生活平台 • 围绕"一站式在线生活"迅猛拓展业务范围 • "出外抢地盘,对内重协调"		• 2011 年 6 月,首届合作伙伴大会:"青大家见证腾讯的战略转型" • "互联网+"通讯、娱乐、信息、购物、社交	

图 9-28 腾讯的产品战略演化路径画布

从创业之初开始，腾讯的产品主要是软件。和硬件产品开发不同，软件开发讲求敏捷开发和快速迭代。所谓敏捷开发，说的是先开发软件的基础功能，在不断完善基础功能的过程中，增添附加功能；所谓快速迭代，说的是软件版本要根据使用情况快速更新。以腾讯最早的OICQ为例，在上线第一周，就迭代了三个版本。当时OICQ有三个竞争对手，但这三家公司都没有把网络即时通讯软件作为主要业务，更不要说软件的快速迭代开发了。早年的腾讯虽然资金短缺，但几位创始人坚持把OICQ作为战略性业务进行发展，从其他项目上赚到的钱以及早期融到的资金都投到OICQ上去了。正是因为对OICQ项目的持续投入和快速迭代，才使OICQ在众多竞争产品中脱颖而出，并坚持到了能够挣钱的那一天，成为现在腾讯产品体系的支柱。

说到产品，这几年很多科技企业里都有一个热门职位，叫"产品经理"。在业界，腾讯的产品经理文化是非常有名的。腾讯的第一个产品经理应该是2002年加入腾讯的许良。当时许良去报到，他原来申请的职位有人占了，人事部门没有想好给他个什么职位，就说"你当产品经理吧"。许良问："产品经理是干啥的？"人事部的人说："就是研究产品，等着分配工作。"正是这么一个"闲差"，让许良有机会研究互联网社交产品应该怎么样赚钱。他发现很多用户都希望有个好的虚拟形象，愿意付钱，这个发现成就了腾讯的QQ秀，也是现在众多收费虚拟产品的最初模式。

产品经理这个职位集中体现了科技企业面对激烈的竞争，深入研究用户需求，把用户需求和产品性能密切结合起来，不断提升用户体验的业务特点。在腾讯内部，马化腾有一个称号，叫"邮件狂人"。有一个广为腾讯人所知的段子：一天早上，公司总裁上班，发现马化腾凌晨4：30发的邮件，总裁很快回了邮件，副总裁10：30回了邮件，几个总经理12点回复了讨论结果，到下午3点已经有了技术方案，晚上10点，产品经理发出了详细的开发时间表，总共用了18个小时。腾讯联合创始人张志东认为，腾讯的产品迭代是一个被马化腾邮件推着走的过程。据腾讯的另一位产品大神、微信开发者张小龙说，2007年张小龙主持QQ邮箱改版的一年半时间里，马化腾和

QQ 邮箱团队的邮件就有 1300 份之多。

产品是企业赖以生存和发展的基础，企业要发展，必须能做到三件事：把产品做出来；把产品卖出去；把钱收回来。腾讯把产品做出来，靠的是产品经理文化，是用技术满足用户需求的能力；腾讯把产品卖出去，主要靠的是产品抓住了用户的深层次需求。例如，微信抓住了用户的社交需求，游戏抓住了用户自我实现的需求等；腾讯把钱收回来，主要靠的是不断提升用户体验。例如，越来越方便的微信支付，越来越炫酷的游戏人物等。

市场演化：各领风骚数百年

从创业阶段到转型阶段，市场要素也不断发生演化。市场要素的要点从创业期的创新性技术、初始资本和混沌市场变为成长期的成长性技术、精益融资和蓝海市场，扩张期的主导设计、资本运营、红海市场，以及转型期的范式变革、公司创投和蓝冰市场。整个演化过程中既有增强回路在起作用，也有调节回路在起作用（见图 9-29）。

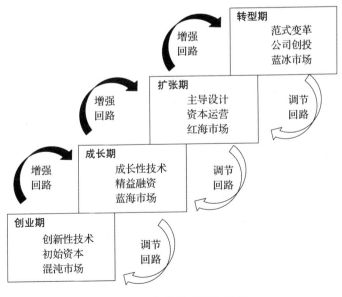

图 9-29　市场战略演化路径

增强回路在市场战略演化路径中的作用机制举例如下：企业在发展过程中会不断地根据技术趋势选择具体的技术方向，从选择创新性技术，到注重技术的成长性和技术的标准化，进而通过跟随甚至引领技术的范式革命，实现企业转型和更大发展。类似地，企业从创业阶段单纯依靠初始资本，到开始被市场认可，能够从市场上获得融资，再后来能够通过资本运营方式扩大企业规模，直到能够运用公司创投等方式捕捉新的机会。从技术跟随到技术引领，从资本获取到资本运用，市场增强回路发挥了关键作用。

调节回路在市场战略演化路径中的作用机制举例如下：企业面临的市场环境，到底是混沌市场，还是蓝海市场，抑或是红海市场和蓝冰市场，都取决于下一阶段的市场环境。对于创业阶段的企业而言，如果当前市场变成蓝海市场遥遥无期，企业就需要考虑是否要在当前的混沌市场中打拼，还是直接寻找一片蓝海市场；对于成长阶段的企业而言，如果当前市场很快要变成红海，就需要考虑怎么样能发现下一片蓝海。总之，在企业发展的过程中，先看到终局，再进行破局的调节回路思维很重要。

我们也可以把企业发展四个阶段中市场要素的三个要点绘制在一张画布中。图9-30中，从左到右依次排列着创业阶段、成长阶段、成熟阶段和转型阶段市场要素的三个要点。运用这个画布，我们可以直观地分析和展示市场要素的演化路径，并分析演化路径中的增强回路和调节回路作用机制。

利用市场战略演化路径画布，我们分析市场产品战略的演化路径。下面以腾讯为例进行分析（见图9-31）。

腾讯开始做OICQ的时候，互联网基础设施还很差，寻呼机还大行其道，网络即时通讯的未来充满了不确定性。在从事网络即时通讯业务的几家企业中，腾讯的实力是最弱的，经常东拼西凑找钱来添加服务器资源，如果不是在金融危机来临之前获得了IDG和电讯盈科的投资，还非常弱小的腾讯肯定难以为继，当时腾讯未来发展的路径也是不连续的。

在腾讯的发展过程中，至少有四次抓住了技术或商业模式创新的关键机会。第一次，是在互联网开始在中国普及的1999年，抓住了网络即时通讯的技术机遇,开发了 OICQ;第二次是在主要的盈利来源电信增值服务面临危机的 2003 年,开发出了虚拟道具销售的商业模式;第三次是在 2008 年,看到游戏从 PC 端向手机端转移的趋势,切入更适合手机的休闲游戏市场,取代盛大成为中国游戏行业的霸主;第四次是在 2011 年,看准移动互联网大潮,针对手机用户打造微信,拿到了"移动互联网的一张站台票"。

创业阶段	成长阶段	扩张阶段	转型阶段
创新性技术	成长性技术	主导设计	范式变革
初始资本	精益融资	资本运营	公司创投
混沌市场	蓝海市场	红海市场	蓝冰市场

图 9-30 市场战略演化路径画布

(扫描二维码,可下载画布工具)

除了准确把握技术大趋势,腾讯还在发展的不同阶段运用了投融资工具,获得了必要的资金和新的发展机遇。例如,1999 年 11 月,腾讯出现资金危机,团队开始融资,2000 年 4 月,IDG 和腾讯签署了投资协议。也就在 2000 年 4 月,纳斯达克股市开始大幅下跌。如果腾讯没能够在这个时间点之前敲定融资,很难想象腾讯能度过那个互联网寒冬。

创业阶段	成长阶段	扩张阶段	转型阶段
创新性技术	支付技术	主导设计	范式变革
• OICQ技术上的微创新： （1）用户内容和列表储存在服务器而不是用户端 （2）软件体积只有220K，比其他产品的3M、5M小很多，便于下载 （3）采用UDP技术，节约服务器成本	• Q币 • 等级制会员服务体系	• 2008年，腾讯游戏元年。代理《穿越火线》《地下城与勇士》，开发系列QQ游戏 • 2008年参股，2011年收购Riot，获得《英雄联盟》 • 2009年游戏超盛大	• 2011年1月推出微信；2012年3月，1亿用户；4月，朋友圈；8月，公众号；2014年1月，红包 • 基于云计算等技术的一系列服务
初始资本	精益融资	资本运营	公司创投
• 1998年创始团队出资50万元，1999年增至100万元 • "不还可以，不过我不要你的股票" • 1999年深圳电信出资60万元，并提供服务器和宽带（联合立项，未占股份） • 2000年4月，IDG和盈科投220万美元，占40%股份	• 2001年，MIH占32.8%股份 • 2004年，在香港上市，上市前，MIH和创始团队各占50%股份	• "腾讯会不会做这个项目？" "如果腾讯做，你如何保证不被干掉"	• 2011年1月，成立产业共赢基金；2013年，投资搜狗；2014年，收购大众点评20%股权，京东15%股权，58同城19.9%股权
混沌市场	蓝海市场	红海市场	蓝冰市场
• 靠移动梦网业务起家，市场受到政府的管制 • 1998～1999年兴起了一批互联网企业，以门户网站为主流，即时聊天软件并没有成为主流，市场模仿和竞争严重	• 从互联网人口开始，延伸到用户生活的方方面面 • 红钻、黄钻、绿钻 • 游戏和互联网娱乐市场	• 2005年，收购Foxmail，vs. Hotmail； • 2006年，拍拍网vs. 淘宝；QQ空间vs. MSNspace vs. 51.com；2007年，QQ音乐vs. iTunes • 2010年3Q大战	• 以云计算为支撑，"连接一切" • "互联网+"新主张 • "粤港澳大湾区"

图 9-31　腾讯的市场战略演化路径画布

发展进入正轨后的腾讯，凭借快速增长的用户数量和强大的获利能力，融资早已不是问题。2011年，在和360大战了300回合后，腾讯改变了以往封闭和强势的风格，开始以开放的姿态打造产业生态，流量和资本就成了腾讯的两大法宝。2011年年初，腾讯宣布成立产业共赢基金，作为腾讯的企业创业投资平台，腾讯产业共赢基金的主要使命是投资产业链上的优质公司，更好地服务腾讯开放平台上的用户。这些年，腾讯通过投资，切入了电商、游戏和出行等诸多领域，投资了京东、Supercell和滴滴出行等众多企业，把腾讯的流量和资本优势延伸到了互联网社交之外的其他行业，打造了以"互联网＋需求"为特征商业生态。

说外部环境是复杂的，还包括企业间的竞争合作关系复杂多变。我们很多人可能还对2010年的3Q（360和QQ）大战记忆犹新。在腾讯和360竞争最激烈的时候，所有使用这两家公司产品的用户都被要求做出一个"艰难的决定"，或者卸载腾讯，或者卸载360。3Q大战给腾讯的战略思想带来了巨大的影响，腾讯宣布战略转型，从原先封闭的内部发展战略转向开放平台战略。腾讯的转变说明企业间的关系不仅仅是你死我活的竞争关系，也在很大程度上是共创共赢的合作关系。

后　　记

在今天信息爆炸的环境里，只要关注几个公众号或头条，每位创业者和企业家都能接触到有关最新的商业实践信息。然而，由于竞争激烈和工作繁忙，很多人无法很好地消化和吸收这些信息，更无法形成系统的方法论。在国内顶尖商学院工作了十余年，限于学术研究的压力，我也没有机会把看到、听到和接触到的创业者和企业家的所思、所想、所为整理出来。

几年来，我密集接触了北京大学光华管理学院博士联合培养项目博1班、创新创业 EMBA 98 班、107 班、MBA 创新创业方向、高管培训等项目的同学，以及北京大学校友创业联合会、1898 咖啡馆、混沌创业营、湖畔大学、170 创业营、碳 9 学社、混序部落等创业群体。通过对这些创业者和企业家的观察，我意识到基于中国创新创业实践的战略管理框架的缺失。在创业者和企业家群体中流行的概念大多是舶来品，他们阅读的书籍也大多是翻译过来的国外著作。这些概念和框架不是基于中国创新创业实践总结出来的，也不会随着中国创业者和企业家的成长而发展，套用共同演化的思路，这些概念和框架并不会和中国企业的实践一起共同演化。

因此，我从 2017 年 1 月初开始，放下手头的一些杂事，用了 11 个月的时间，梳理了本书中呈现的共演战略框架。希望在这个战略分析框架中能够集合鲜活的案例、实用的工具、学术理论前沿和思辨性的哲学思想，给在创新创业大潮中奋力拼搏的创业者和企业家以启发。在本书的框架中，我也将挑选几个重要的研究问题，持续关注，深入挖掘，伴随创业者和企业家的成长，做一些更有意义的研究。

能够让我放下诸多杂事完成本书，离不开北京大学光华管理学院教研体系的支持，离不开参与我在光华各个项目课程同学们的反馈，离不开"光华思想力"项目的大力支持，也得益于上面提到的各个创业群体的无私分享，得益于"得到"App等新媒体上扑面而来的鲜活案例。同时，特别感谢国家自然科学基金杰出青年基金项目（71525004）和面上项目（71472010）、教育部长江学者奖励计划青年学者项目（Q2016009）、北京市社会科学基金项目（11JGB018）提供的资金支持。

最后，要特别感谢机械工业出版社的周中华、王磊、佘广、白婕、郑琳琳、陈丽芳、吴亚军、范泽鑫、岳小月、赵峥等各位老师。没有他们的帮助，这本书无法如此完美地到达你的案头。

路江涌

2017 年 11 月 18 日

春暖花开系列

书名	ISBN	定价
让心淡然（珍藏版）	978-7-111-54744-0	59.00
在苍茫中点灯（珍藏版）	978-7-111-54712-9	39.00
手比头高（珍藏版）	978-7-111-54697-9	39.00
让心安住（珍藏版）	978-7-111-54672-6	49.00
高效能青年人的七项修炼	978-7-111-54566-8	39.00
大学的意义	978-7-111-54020-5	39.00
掬水月在手	978-7-111-54760-0	39.00
波尔多之夏	978-7-111-55699-2	49.00
一城一美好	978-7-111-55608-4	49.00

共演战略

行动手册

CO-EVOLUTION STRATEGY

路江涌 著

机械工业出版社
China Machine Press

内容简介

这本《共演战略：行动手册》是和《共演战略：重新定义企业生命周期》配套的操作手册。

《共演战略：重新定义企业生命周期》用了近300张图，把企业从创业到卓越的发展过程，用图形化的方式勾勒出来。这些图分为三类：第一类是2×2矩阵，用来总结共演战略的系统性规律；第二类是S曲线，用来总结共演战略的动态性规律；第三类是画布，用来把涉及的案例直观地展现出来。

为了让"共演战略"更具实用性，《共演战略：行动手册》运用设计思维理念，把"共演战略"框架中的核心图表，系统地梳理成42个行动工具。这些工具主要包括四部分：

第一部分是共演战略思维模型，主要包括"不确定性和不连续性模型""格局视野模型""四种基本战略模型"和"知识体系模型"等工具。借助这些模型，你可以分析企业战略和个人战略涉及的大格局和大环境。

第二部分是共演战略四要素模型，主要包括"共演战略四要素模型""共演战略基础画布""六个关键战略问题"等工具。借助这些工具，你可以分析企业战略和个人战略的主要组成部分，以及基础的战略问题。

第三部分是共演要素价值曲线四阶段模型，主要包括"用户要素价值曲线""组织要素价值曲线""产品要素价值曲线""市场要素价值曲线"曲线模型，以及"精益创业阶段战略画布""专益成长阶段战略画布""增益扩张阶段战略画布""升益转型阶段战略画布"画布工具。借助这些模型和画布，你可以分析企业发展各阶段的各种战略要素的具体内容和变化。

第四部分是共演战略四路径模型，主要包括各个要素的内部协同和外部协同，以及各阶段的用户力、产品力、组织力和市场力模型。借助这些模型，你可以分析企业发展各阶段之间的战略要素动态演变和发展规律。

编写《共演战略：行动手册》的初衷是为读者提供一套可实操、可落地的思维工具。对于个人而言，利用这些工具，可以深入理解感兴趣的管理现象，分析你面临的真实管理问题；对于企业家而言，利用这套工具，可以系统地和动态地分析战略要素，规划战略阶段并管理战略路径。

路江涌

第一部分 共演战略思维模型

不确定性和不连续性模型

【行动方案】

1. **个体分析**：在下图中，标出一个分析对象的多个维度在未来某段时间内，整体发展方向的不确定性和未来发展路径不连续性的程度（1～10；1为最低，10为最高）。

2. **对比分析**：在下图中，用不同的符号，标出多个分析对象某个维度在未来某段时间内，整体发展方向的不确定性和未来发展路径不连续性的程度。

【思维模型】

复杂 = 不确定性 × 不连续性

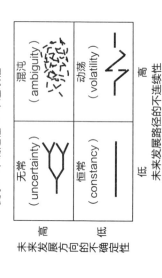

参考：《共演战略》第1章

举例：技术趋势的不确定性和不连续性

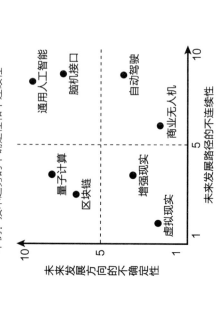

说明：技术的未来发展受两个主要因素的影响：一个是技术本身的成熟度（影响技术方向的确定性）；另一个是社会对技术成熟度（影响应用路径连续性）。例如，虚拟现实的技术成熟度较高，且社会接受度也较高；通用人工智能还未成熟，且社会对技术的负面影响顾虑很多。

格局视野模型

【行动方案】

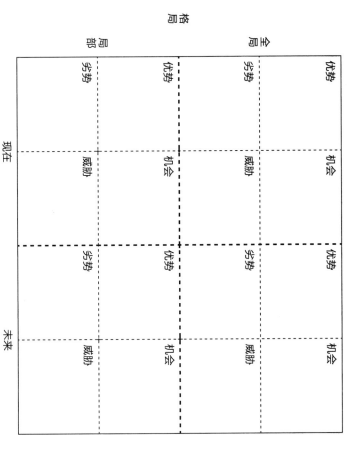

	现在	未来
全局	优势 / 劣势 / 机会 / 威胁	优势 / 劣势 / 机会 / 威胁
局部	优势 / 劣势 / 机会 / 威胁	优势 / 劣势 / 机会 / 威胁

视野

1. 当下局部：在下图中，分析企业当下局部（内部），当下全局（外部），未来全局的优势、劣势、机会、威胁（SWOT）。
2. 分析四个象限的优势、劣势、机会、威胁会如何相互转换。例如，当下局部的威胁放在未来全局看，是否会变成机会。在当下全局看，是否会变成优势；或者，当下局部的劣势放在未来全局看，是否会变成机会。

【思维模型】

战略 = 格局 × 视野

格局\视野	现在	未来
全局	撇全局 站在月球看地球	见终局 站在未来看现在
局部	知现局 立足当下	应变局 知机识变 处变不惊

参考：《共演战略》第1章

举例：创业战略 = 行业格局 × 创业者视野

格局\视野	现在	未来
总体（教育）	**优势** 以书和手机为主的音频适合广泛传播 **劣势** 音频和屏幕限制人的深入思考 **机会** 通识教育，跨界知识，职业学习 **威胁** 针对专门职业打造的平台	**优势** 基于碎片化时间，打造系统知识体系 **劣势** 创始人从事业界经验不足 **机会** 第一阶段、第二阶段可用资源多 **威胁** 来自社群更强的教育直接竞争
局部（知识付费）	**优势** 以知识付费领先品牌，用户付费意愿 **劣势** 品控导致课程开发周期长 **机会** 窗口已打开，用户群扩大 **威胁** 同类竞品日新增多，续费率压力增加	**优势** 知识付费领先品牌 **劣势** 基本国民性个性化需求 **机会** 开放内部知识产品开作与加强用户互动 **威胁** 成为后起教育民的主要补充形式 社群专门竞品耕个性化需求

说明：以得到App所在的知识付费为"局部"，以2018年年初的状况为"现在"，以更广泛的教育行业为"全局"，以两年后的发展为"未来"，对优势、劣势、机会、威胁的分析。仅供参考。

四种基本战略模型

【行动方案】

1. **行业分析**：列出主要使用四种不同战略的行业的名称，思考这些行业面对的不确定性和不连续性方面的差异。
2. **企业分析**：列出同一行业内使用四种不同战略的企业的名称，思考这些企业面对类似不确定性和不连续性时，战略态度的差异。

	低	高
高 (未来发展方向的不确定性)	涌现式战略	适应式战略
低	计划式战略	愿景式战略

未来发展路径的不连续性

【思维模型】

四种基本战略模型

参考：《共演战略》第 1 章

说明：衣食住行等传统行业面临的不确定性和不连续性比较低，通常用计划式战略；电动汽车、无人驾驶、精准医疗等面临确定性的需求，但发展路径上有些技术障碍，适用愿景式战略；互联网金融、云计算等技术未成熟，但具体应用面临不确定性，适用涌现式战略；人工智能等新兴产业，适用适应式战略。

人生四阶段模型

【行动方案】

1. 榜样分析：研究一位你的人生榜样，列出他在童年、青年、中年和老年都做了什么事情，以应对发展方向的不确定性和发展路径的不连续性。思考你能从榜样身上学到什么。

2. 个人分析：标出你现在所处的人生阶段，反思你在已走过的阶段里，是如何应对发展方向的不确定性和发展路径的不连续性的。思考在当下和未来，你应该怎么做。

	低　未来发展路径的不连续性　高	
高 未 来 发 展 方 向 的 不 确 定 性 **低**	青年	童年
	老年	中年

【思维模型】

人生四阶段模型

	低　未来发展路径的不连续性　高	
高 未来发展方向的不确定性 **低**	青年 （无常） 追求成长性， 保持专注度	童年 （混沌） 尝试可能性， 验证喜爱度
	老年 （恒常） 强调持续性， 抑制衰退度	中年 （动荡） 关注增益性， 控制风险度

参考：《共演战略》第 1 章

	低　未来发展路径的不连续性　高	
高 未来发展方向的不确定性 **低**	**青年** 学：17岁，考入宾夕法尼亚大学；21岁，获哥伦比亚大学硕士学位；22岁，和苏珊·汤普森结婚；27岁，菲利普投资俱乐部，成立巴菲特合伙投资公司；38岁，掌管1亿5000万美元	**童年** 4岁，开始推销口香糖给邻居；9岁之前，干过5份"工作"；11岁，购买了平生第一只股票
	老年 70岁（2000年），公司经历20世纪90年代的唯一一次收益下跌；82岁（2012年），称自己经诊断患有前列腺癌	**中年** 40岁（1970年）开始，美国股市低迷；购入大量股份；50岁（1970年），购入可口可乐7%股份；62岁（1982年），购入大量通用电气股份

说明："股神"沃伦·巴菲特从小就尝试做各种生意，开发现了自己的生意天赋。青年阶段，他专注金融和经济学的学习，来斯入行，快速成长；中年时期，他经历美国股市动荡，但由于关注价值投资，控制了投资风险；进入老年期，他经历了多次金融危机，但坚持长期价值投资，重视基本面，从而保持了持续增长。

知识体系模型

【行动方案】

1. **榜样分析**：研究一位你的人生榜样，在下图的空白处列出他的知识体系，包括：他的经历，榜样；他掌握的工具、技能；他掌握的理论和科学知识；他的文化与哲学观。
2. **个人分析**：反思一下你自己的知识积累，在下图的空白处，列出你的知识体系，包括：你的经历，榜样；你掌握的工具、技能；你掌握的理论和科学知识；你的文化与哲学观。

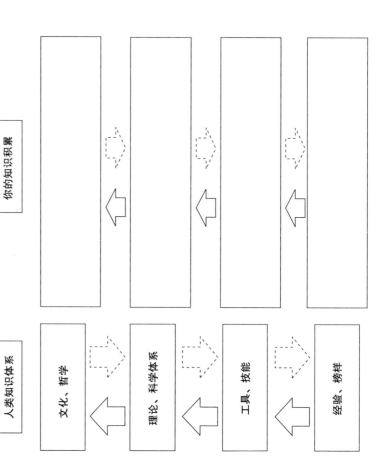

【思维模型】

知识体系模型

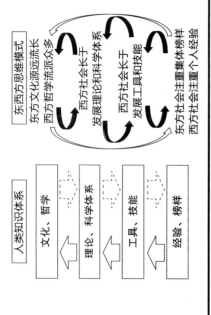

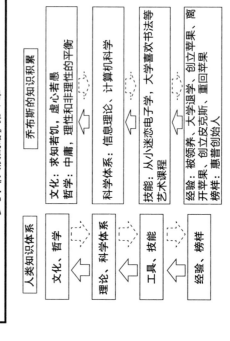

说明：你可以在分析自己或你的榜样的知识体系时，思考哲学、科学、技能和经验这四个层次的知识之间的一致性，以及每个层次内构成要素的多元性。知识体系跨层次的一致性和各层次内要素的多元性，有利于你认知的升级。

第二部分 共演战略四要素

共演战略四要素模型

【行动方案】

1. **本企业分析**：从人和事以及内和外两个维度，在下图的空白处写下本企业自己的用户、组织、产品、市场四个要素的基本特征。
2. **友商分析**：从人和事以及内和外两个维度，在下图的空白处写下本企业友商的用户、组织、产品、市场四个要素的基本特征。
3. **对比分析**：简要对比分析本企业和友商在用户、组织、产品、市场四个要素方面的异同点。

	人	事
外	用户	市场
内	组织	产品

【思维模型】

共演战略四要素模型

	人	事
外	用户	市场
内	组织	产品

参考：《共演战略》第 2 章

	人	事
外	用户 用户特征 用户需求 用户选择	市场 技术趋势 资本资源 市场竞合
内	组织 领导者 团队员工 组织管理	产品 产品开发 营销推广 商业模式

说明：共演战略以系统的视角，从人和事以及内和外两个维度，从用户、组织、产品、市场四个要素出发，对用户特征、用户需求、用户选择、领导者、团队员工、组织管理、产品开发、营销推广、商业模式、技术趋势、资本资源、市场竞合 12 个要点进行分析。

共演战略基础画布（参考《共演战略》第 2 章）

	用户特征	领导者	产品开发	技术趋势
	用户需求	团队员工	营销推广	资本资源
	用户选择	组织管理	商业模式	市场竞合

共演战略基础画布（参考《共演战略》第 2 章）

用户特征	领导者	产品开发	技术趋势
①生理特征	①领导经验	①技术创新	①技术突破性
②心理特征	②领导资源	②流程创新	②技术稳定性
③社会特征	③领导潜力	③产品创新	③技术经济性
用户需求	团队员工	营销推广	资本资源
①需求广度	①团队规模	①营销定位	①资金资本
②需求深度	②团队素质	②营销渠道	②有形资源
③需求频度	③团队成长	③营销力度	③无形资源
用户选择	组织管理	商业模式	市场竞合
①选择意愿	①组织结构	①业务模式	①市场竞争
②选择障碍	②组织制度	②盈利模式	②市场合作
③选择过程	③组织文化	③现金流模式	③市场生态

六个关键战略问题

【行动方案】

在下图的六个问题（Q1：why；Q2：who；Q3：what；Q4：where；Q5：when；Q6：how）后面的空白处，简要回答六个关键战略问题。

- Q1: why（企业为什么存在）？
- Q2: who（企业由谁组成）？
- Q3: what（企业提供什么产品）？
- Q4: where（企业的市场环境如何）？
- Q5: when（企业战略四要素何时发生重要变化）？
- Q6: how（企业战略四要素如何发生重要变化）？

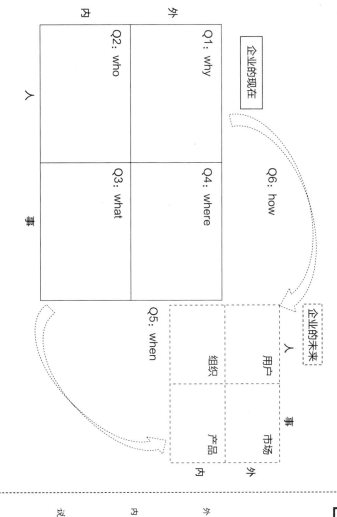

六个关键战略问题

【思维模型】

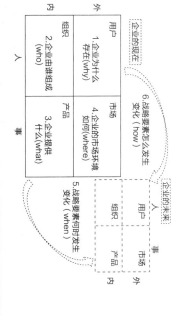

参考：《共演战略》第 2 章

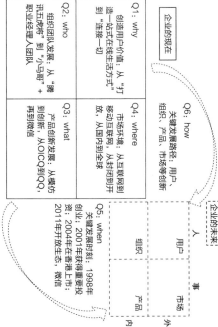

说明：上图分析了腾讯发展过程中的六个关键战略问题。从分析中，可以简要了解腾讯发展过程中用户、组织、产品、市场的基本特征，何时发生了变化，以及如何发生的变化。

第三部分　共演战略四阶段

用户要素价值曲线

【行动方案】

1. **本企业分析**：在下图的空白处，写下本企业自己在创业、成长、扩张、转型/衰退阶段用户价值的创造和创新的特点。
2. **友商分析**：在下图的空白处，写下本企业友商在创业、成长、扩张、转型/衰退阶段用户价值创造和创新的特点。
3. **对比分析**：简要对比分析本企业和友商创业、成长、扩张、转型/衰退阶段用户价值创造和创新特点的异同。

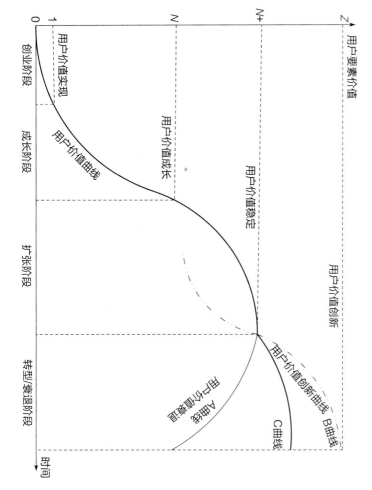

【思维模型】

用户要素价值曲线

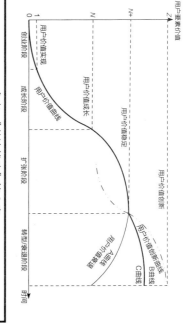

参考：《共演战略》第 3 章

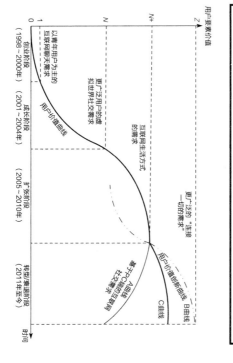

说明：上图以腾讯为例，说明腾讯在创业阶段以青年用户为主的互联网聊天需求，在成长阶段满足以青年用户为主的互联网生活方式需求，扩张阶段满足用户的互联网生活方式需求，泛的"连接一切的需求"，以及持续满足基于传统互联网的社交需求的用户价值创造和创新过程。

组织要素价值曲线

【行动方案】

1. **本企业分析**：在下图的空白处，写下本企业自己在创业、成长、扩张、转型/衰退阶段组织价值创造和创新的特点。
2. **友商分析**：在下图的空白处，写下本企业友商在创业、成长、扩张、转型/衰退阶段组织价值创造和创新的特点。
3. **对比分析**：简要对比分析本企业和友商创业、成长、扩张、转型/衰退阶段组织价值创造和创新特点的异同。

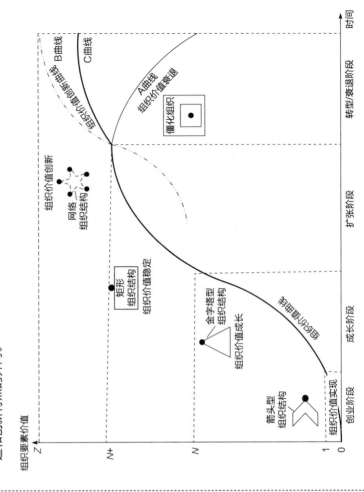

【思维模型】

组织要素价值曲线

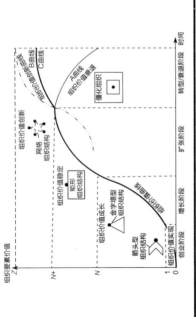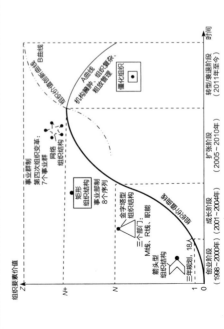

参考：《共演战略》第 3 章

说明：上图以腾讯为例，说明腾讯在创业阶段的箭头型组织结构，在成长阶段的金字塔型组织结构，在扩张阶段的矩形组织结构，在转型阶段的网络组织结构，以及难以避免的组织惰性积累的组织演变过程。

创业阶段（1998～2000年） 成长阶段（2001～2004年） 扩张阶段（2005～2010年） 转型衰退阶段（2011年至今）

产品要素价值曲线

【行动方案】

1. **本企业分析**：在下图的空白处，写下本企业自己在创业、成长、扩张、转型/衰退等阶段产品价值创造和创新的特点。
2. **友商分析**：在下图的空白处，写下本企业友商在创业、成长、扩张、转型/衰退等阶段产品价值创造和创新的特点。
3. **对比分析**：简要对比分析本企业和友商创业、成长、扩张、转型/衰退等阶段产品价值创造和创新特点的异同。

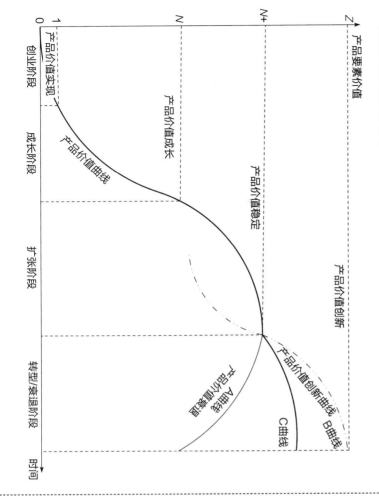

【思维模型】

产品要素价值曲线

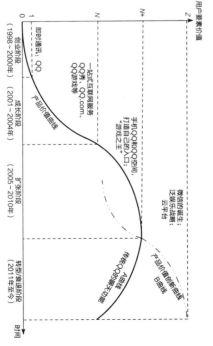  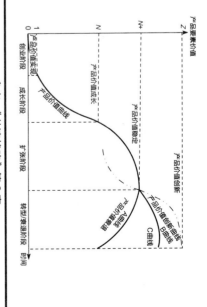

参考：《共演战略》第3章

说明：上图以腾讯为例，说明腾讯在创业阶段即时通讯产品QQ的发展；在成长阶段QQ秀、QQ游戏等产品的发展；在扩张阶段QQ空间等更多入口级产品的发展；在转型阶段微信的出现，以及传统互联网式微下QQ产品的持续发展过程。

创业阶段（1998～2000年）：QQ
成长阶段（2001～2004年）：一站式互联网服务，QQ秀、QQ.com、QQ游戏等
扩张阶段（2005～2010年）：手机QQ和QQ空间，打造自己的入口；"游戏之王"
转型衰退阶段（2011年至今）：微信的诞生；泛娱乐战略胜；云平台；传统QQ向新方向转型

市场要素价值曲线

【行动方案】

1. **本企业分析**：在下图的空白处，写下本企业自己在创业、成长、扩张、转型/衰退阶段市场价值创造和创新的特点。
2. **友商分析**：在下图的空白处，写下本企业友商在创业、成长、扩张、转型/衰退阶段市场价值创造和创新的特点。
3. **对比分析**：简要对比分析本企业和友商创业、成长、扩张、转型/衰退阶段市场价值创造和创新特点的异同。

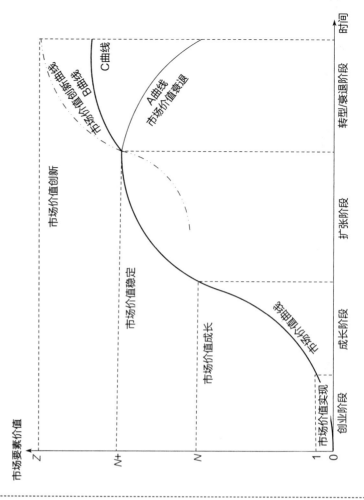

【思维模型】

市场要素价值曲线

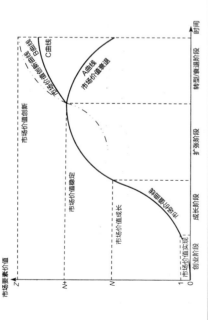

参考：《共演战略》第 3 章

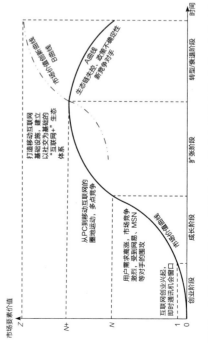

说明：上图以腾讯为例，说明腾讯在创业阶段抓住即时通讯发展的窗口，在成长阶段抓住用户需求高涨的机遇，应对激烈的竞争，在扩张阶段进行多点竞争，建立企鹅帝国，及时阶段推出微信，建立以社交为基础的"互联网+生态体系"的过程。

共演战略四要素价值曲线

【行动方案】

1. **本企业分析**：在下图的空白处，写下本企业自己在创业、成长、扩张、转型/衰退等阶段共演战略四要素价值创造和创新方面的特点，重点思考四要素之间的协同发展。

2. **友商分析**：在下图的空白处，写下本企业友商在创业、成长、扩张、转型/衰退等阶段共演战略四要素价值创造和创新方面的特点，重点思考四要素之间的协同发展。

3. **对比分析**：简要对比分析本企业和友商创业、成长、扩张、转型/衰退等阶段共演战略四要素价值创造和创新方面特点的异同，重点思考四要素之间的协同发展。

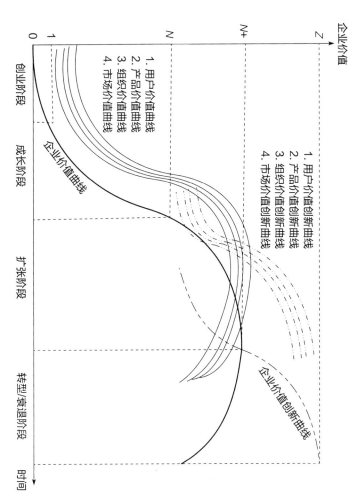

【思维模型】

共演战略四要素价值曲线

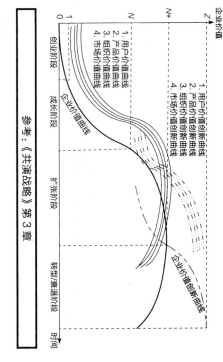

参考：《共演战略》第3章

说明：上图以腾讯为例，说明腾讯在创业阶段、成长阶段、扩张阶段和转型阶段，在用户、组织、产品和市场等共演战略四要素方面的协同发展过程。

精益创业阶段四要素模型

【行动方案】

1. **本企业分析**：从人和事以及内和外两个维度，在下图的空白处，写下本企业自己在精益创业阶段的用户、组织、产品、市场四个要素的基本特征。
2. **友商分析**：从人和事以及内和外两个维度，在下图的空白处，写下本企业友商在精益创业阶段的用户、组织、产品、市场四个要素的基本特征。
3. **对比分析**：简要对比分析本企业和友商在精益创业阶段创业的用户、组织、产品、市场四个要素的基本特征的异同点。
4. 你也可以运用下一页的精益创业阶段战略画布进一步分析精益创业阶段战略要素的详细特征。

	人	事
外	用户	市场
内	组织	产品

【思维模型】

精益创业阶段四要素模型

	人	事
外	**用户** 天使用户 爽痛点需求 现有竞品	**市场** 创新性技术 初始资本 混沌市场
内	**组织** 创始人 创业合伙人 扁平组织	**产品** MVP开发 口碑营销 单点突破

参考：《共演战略》第 4 章

	人	事
外	**用户** 满足青年用户网络聊天的需求，解决不同电脑聊天记录同步的痛点，和ICQ竞争	**市场** 即时通讯行业早期的技术创新红利，融资220万美元，在混沌池市场中摸索出一条路径
内	**组织** 喜欢天文的马化腾和四个小伙伴组成五虎将，建立扁平组织	**产品** 快速迭代OICQ，上线两个月，用户增长四倍，在软件体积等方面创新

说明：上图要总结了腾讯在精益创业阶段（1998～2000年）在满足天使用户的爽痛点需求，组建扁平型创业组织，开发MVP产品实现单点突破，应用创新性技术打开混沌市场等方面的探索。

精益创业阶段战略画布（参考《共演战略》第 4 章）

天使用户	创始人	MVP 开发	创新性技术
痛点需求	创业合伙人	口碑营销	初始资本
现有竞品	扁平组织	单点突破	混沌市场

专益成长阶段四要素模型

【行动方案】

1. **本企分析**：从人和事以及内和外两个维度，在下图的空白处，写下本企业自己在专益成长阶段的用户、组织、产品、市场四个要素的基本特征。
2. **友商分析**：从人和事以及内和外两个维度，在下图的空白处，写下本企业友商在专益成长阶段的用户、组织、产品、市场四个要素的基本特征。
3. **对比分析**：简要对比分析本企业和友商在专益成长阶段的用户、组织、产品、市场四个要素的基本特征的异同点。
4. **进一步分析**：你也可以运用下一页的专益成长阶段战略画布进一步分析专益成长阶段战略要素的详细特征。

	人	事
外	用户	市场
内	组织	产品

【思维模型】

专益成长阶段四要素模型

	人	事
	用户	市场
外	大众用户 普遍需求 跨越需求鸿沟	成长性技术 精益融资 蓝海市场
	组织	产品
内	创始人成长 团队专业化 层级组织	爆款产品 广告营销 规模经济

参考：《共演战略》第 5 章

	人	事
	用户	市场
外	满足大众用户对一站式网络社交服务的需求，跨越从天使用户到大众用户的鸿沟	会员服务体系成型，引入MIH资本，2004年在香港上市，互联网社交产业初步形成
	组织	产品
内	刘炽平加盟腾讯，组织架构改为M线，R线和职能部门，建立总办会议制度	QQ秀成为爆款产品，QQ.com成为青年人的新闻门户，产品快速模仿，快速迭代

说明：上图简要总结了腾讯在专益成长阶段（2001～2004年）在满足大众用户的普遍需求，形成层级组织推动团队专业化，打造爆款产品开成规模经济，以及运用成长性技术在蓝海市场中快速发展的情况。

专益成长阶段战略画布（参考《共演战略》第 5 章）

大众用户	创始人成长	爆款产品	成长性技术
普遍需求	团队专业化	广告营销	精益融资
跨越需求鸿沟	层级组织	规模经济	蓝海市场

增益扩张阶段四要素模型

【行动方案】

1. **本企业分析**：从人和事以及内和外两个维度，写下本企业自己在增益扩张阶段的用户、组织、产品、市场四个要素的基本特征。
2. **友商分析**：从人和事以及内和外两个维度，写下本企业友商在增益扩张阶段的用户、组织、产品、市场四个要素的基本特征。
3. **对比分析**：简要对比分析本企业和友商在增益扩张阶段的用户、组织、产品、市场四个要素的基本特征的异同点。
4. **进一步分析**：你也可以运用下一页的增益扩张阶段战略画布进一步分析增益扩张阶段战略画布的详细特征。

	人	事
外	用户	市场
内	组织	产品

【思维模型】

增益扩张阶段要素模型

	人	事
外	**用户** 累积用户 多元需求 满足互补需求	**市场** 主导设计 资本运营 红海市场
内	**组织** 创始人成熟 团队职业化 事业部组织	**产品** 关联产品 关联营销 范围经济

参考：《共演战略》第 6 章

	人	事
外	**用户** QQ同时上线用户达到1亿，累积用户出现多元化互补需求	**市场** 通过投资和资本运营扩张业务范围和市场影响力
内	**组织** 招聘更多专业人才，进行第二次组织架构调整，形成事业部制	**产品** 推出手机QQ等移动端产品，打造通讯、娱乐产品矩阵，建成一站式生活平台

说明：上图简要总结了腾讯在增益扩张阶段（2005～2010年），在满足累积用户的多元化互补需求，通过创始人和团队的职业化建设事业部组织，形成关联产品矩阵达成范围经济，以及运用主导设计和资本运营在红海竞争中获胜的情况。

增益扩张阶段战略画布（参考《共演战略》第 6 章）

累积用户	创始人成熟	关联产品	主导设计
多元需求	团队职业化	关联营销	资本运营
满足互补需求	事业部组织	范围经济	红海市场

升益转型阶段四要素模型

【行动方案】

1. **本企业分析**：从人和事以及内和外两个维度，在下图的空白处，写下本企业自己在升益转型阶段的用户、组织、产品、市场四个要素的基本特征。
2. **友商分析**：从人和事以及内和外两个维度，在下图的空白处，写下本企业友商在升益转型阶段的用户、组织、产品、市场等四个要素的基本特征。
3. **对比分析**：简要对比分析本企业和友商在升益转型阶段的用户、组织、产品、市场四个要素的基本特征的异同点。
4. **进一步分析**：你也可以运用下一页的升益转型阶段战略画布进一步分析升益转型阶段战略要素的详细特征。

	人	事
外	用户	市场
内	组织	产品

【思维模型】

升益转型阶段四要素模型

	人	事
外	**用户** 重识用户 潜在需求 满足需求升级/降级	**市场** 范式变革 公司创投 蓝冰市场
内	**组织** 重拾创始人精神 团队创客化 耗散结构	**产品** 品类创新 品类营销 生态模式

参考：《共演战略》第 7 章

	人	事
外	**用户** 移动社交成为需求升级网的趋势，娱乐化社交和场景化消费风口形成	**市场** 市场从互联网向移动互联网转型，通过公司创投扩大生态体系，开拓互联网+蓝冰市场
内	**组织** 打造组织的资本和流量两个核心能力，进行组织架构调整，形成7个事业群	**产品** 形成QQ和微信双轮驱动，成为移动通信和移动支付的品类型产品，建立生态商业模式

说明：上图简要总结了腾讯在升益转型阶段（2011 年至今），在满足用户的潜在需求，创始人重拾创业精神打造耗散组织结构，形成产品的品类创新和生态商业模式，以及引领范式变革开拓蓝冰市场等方面的情况。

升级转型阶段战略画布（参考《共演战略》第 7 章）

重识用户	重拾创始人精神	品类创新	范式变革
潜在需求	团队创客化	品类营销	公司创投
需求升/降级	耗散结构	生态模式	蓝冰市场

第四部分 共演战略路径

共演战略系统的构成要件模型

【行动方案】

1. **本企业分析**：在下图的空白处，填入本企业自己的用户、组织、产品、市场四个要素的基本特征，以及企业的战略目标。
2. **友商分析**：在下图的空白处，填入本企业友商的用户、组织、产品、市场四个要素的基本特征，以及企业的战略目标。思考共演战略系统的构成要件之间的协同关系。
3. **对比分析**：简要对比分析本企业和友商共演战略系统的构成要件之间协同关系的异同点。

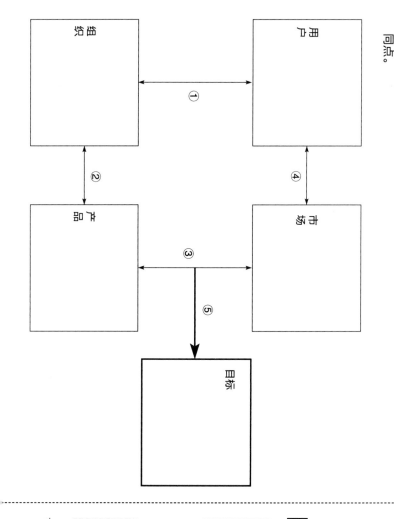

【思维模型】

共演战略系统的构成要件模型

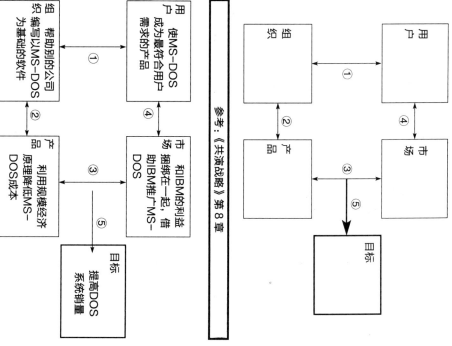

参考：《共演战略》第 8 章

说明：上图简要总结了微软早年的 DOS 软件如何利用共演战略系统构成要件之间的协同关系，达到提高 DOS 软件销量目的的逻辑。

用户要素内部协同模型

【行动方案】

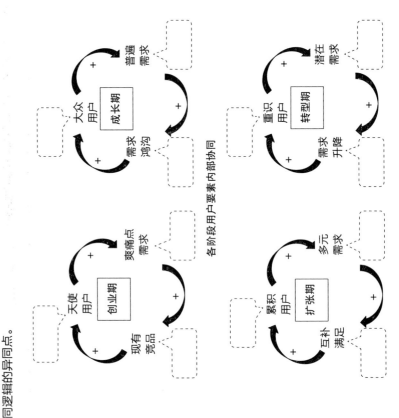

1. 本企业分析：在下图的空白处，填入本企业自己在创业、成长、扩张和转型阶段用户要素内部协同的逻辑。
2. 友商分析：在下图的空白处，填入本企业友商在创业、成长、扩张和转型阶段用户要素内部协同的逻辑。
3. 对比分析：简要对比分析本企业和友商在创业、成长、扩张和转型阶段用户要素内部协同逻辑的异同点。

【思维模型】

用户要素内部协同模型

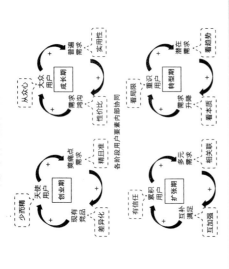

参考：《共演战略》第 8 章

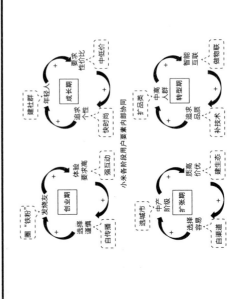

说明：上图简要总结小米公司在创业、成长、扩张和转型阶段用户要素内部协同的逻辑。

组织要素内部协同模型

【行动方案】

1. 本企业分析：在下图的空白处，填入本企业自己在创业、成长、扩张和转型阶段组织要素内部协同的逻辑。
2. 友商分析：在下图的空白处，填入本企业友商在创业、成长、扩张和转型阶段组织要素内部协同的逻辑。
3. 对比分析：简要对比分析本企业和友商在创业、成长、扩张和转型阶段组织要素内部协同逻辑的异同点。

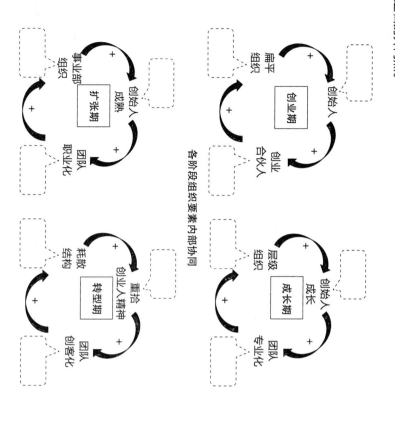

【思维模型】

组织要素内部协同模型

参考：《共演战略》第 8 章

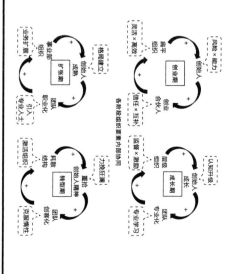

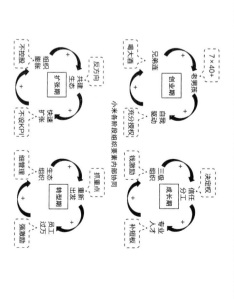

说明：上图简要总结了小米公司在创业、成长、扩张和转型阶段用户要素内部协同的逻辑。

产品要素内部协同模型

【行动方案】

1. **本企业分析**：在下图的空白处，填入本企业自己在创业、成长、扩张和转型阶段产品要素内部协同的逻辑。
2. **友商分析**：在下图的空白处，填入本企业友商在创业、成长、扩张和转型阶段产品要素内部协同的逻辑。
3. **对比分析**：简要对比分析本企业和友商在创业、成长、扩张和转型阶段产品要素内部协同逻辑的异同点。

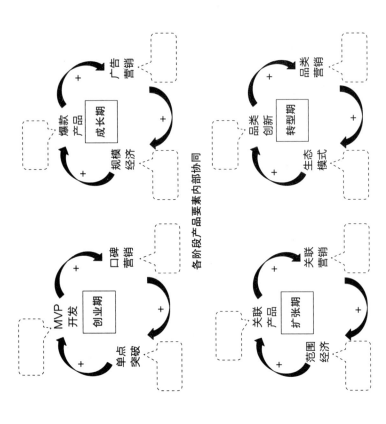

【思维模型】

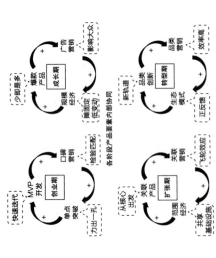

参考：《共演战略》第 8 章

说明：上图简要总结了小米公司在创业、成长、扩张和转型阶段用户要素内部协同的逻辑。

市场要素内部协同模型

【行动方案】

1. **本企业分析**：在下图的空白处，填入本企业自己在创业、成长、扩张和转型阶段市场要素内部协同的逻辑。
2. **友商分析**：在下图的空白处，填入本企业友商在创业、成长、扩张和转型阶段市场内部协同的逻辑。
3. **对比分析**：要对比分析本企业和友商在创业、成长、扩张和转型阶段市场要素内部协同逻辑的异同点。

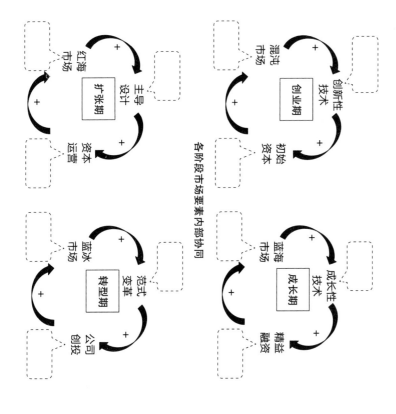

各阶段市场要素内部协同

【思维模型】

市场要素内部协同模型

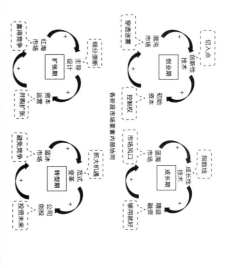

参考：《共演战略》第8章

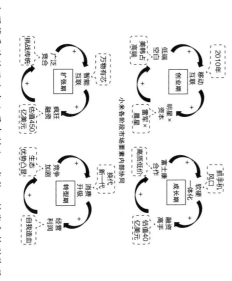

小米各阶段市场要素内部协同

说明：上图简要总结了小米公司在创业、成长、扩张和转型阶段市场要素内部协同的逻辑样。

用户要素和组织要素协同分析表(参考《共演战略》第 8 章小米公司案例)

发展阶段	用户要素	组织要素	用户和组织要素协同
创业期			
成长期			
扩张期			
转型期			

用户要素和产品要素的协同分析表（参考《共演战略》第 8 章小米公司案例）

发展阶段	用户要素	产品要素	用户和组织要素协同
创业期			
成长期			
扩张期			
转型期			

用户要素和市场要素协同分析表（参考《共演战略》第 8 章小米公司案例）

发展阶段	用户要素	市场要素	用户和市场要素协同
创业期			
成长期			
扩张期			
转型期			

组织要素和产品要素协同分析表(参考《共演战略》第 8 章小米公司案例)

发展阶段	组织要素	产品要素	组织和产品要素协同
创业期			
成长期			
扩张期			
转型期			

组织要素和市场要素协同分析表（参考《共演战略》第 8 章小米公司案例）

发展阶段	组织要素	市场要素	组织和市场要素协同
创业期			
成长期			
扩张期			
转型期			

产品要素和市场要素协同分析表(参考《共演战略》第 8 章小米公司案例)

发展阶段	产品要素	市场要素	产品和市场要素协同
创业期			
成长期			
扩张期			
转型期			

创业阶段的精益用户力模型

【行动方案】

1. **本企业分析**：在下图的空白处，分析本企业的创业阶段，在"精用户"和"准市场""磨产品""轻组织"四个方面有什么经验和改进空间。
2. **友商分析**：在下图的空白处，分析本企业的友商的创业阶段，在"精用户""轻组织""磨产品"和"准市场"四个方面有什么值得学习的地方。

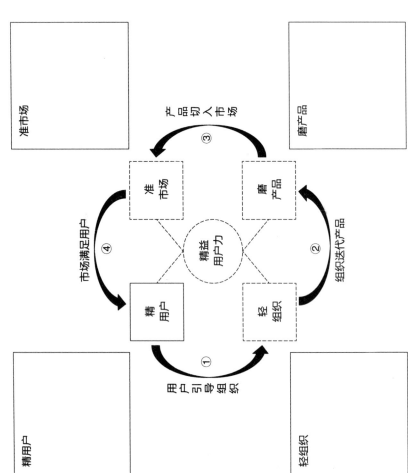

【思维模型】

创业阶段的精益用户力模型

参考：《共演战略》第 9 章

成长阶段专益产品力模型

【行动方案】

1. **本企业分析**：在下图的空白处，分析本企业的成长阶段，在 "众用户" "快组织" "专产品" 和 "速市场" 四个方面有什么经验和改进空间。
2. **友商分析**：在下图的空白处，分析本企业的友商的此阶段，在 "众用户" "快组织" "专产品" 和 "速市场" 四个方面有什么值得学习的地方。

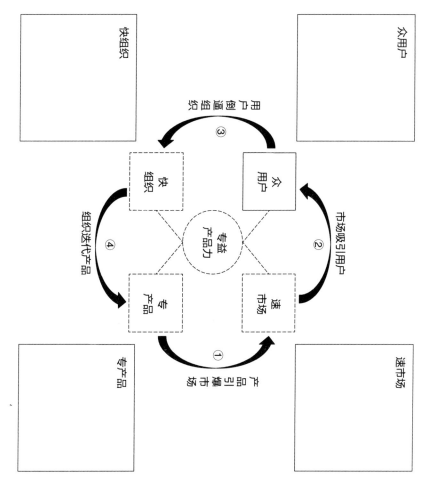

众用户

快组织

速市场

专产品

【思维模型】

成长阶段专益产品力模型

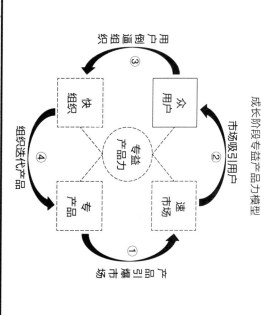

参考：《共演战略》第 9 章

扩张阶段增盈市场力模型

【行动方案】

1. **本企业分析**：在下图的空白处，分析本企业的成长阶段，在"存用户""增市场""强组织""联产品"和"增市场"四个方面有什么经验和改进空间。
2. **友商分析**：在下图的空白处，分析本企业的友商的创业阶段，在"存用户""强组织""联产品"和"增市场"四个方面有什么值得学习的地方。

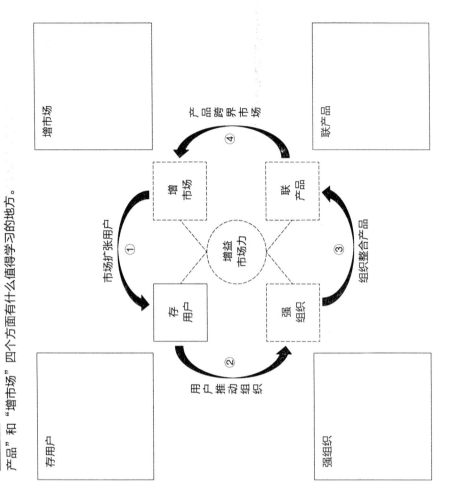

【思维模型】

扩张阶段增盈市场力模型

参考：《共演战略》第 9 章

转型阶段升益组织力模型

【行动方案】

1. **本企业分析**：在下图的空白处，分析本企业的成长阶段，在"存用户""强组织""联产品"和"蹭市场"四个方面有什么经验和改进空间。

2. **友商分析**：在下图的空白处，分析本企业的友商的创业阶段，在"存用户""强组织""联产品"和"蹭市场"四个方面有什么值得学习的地方。

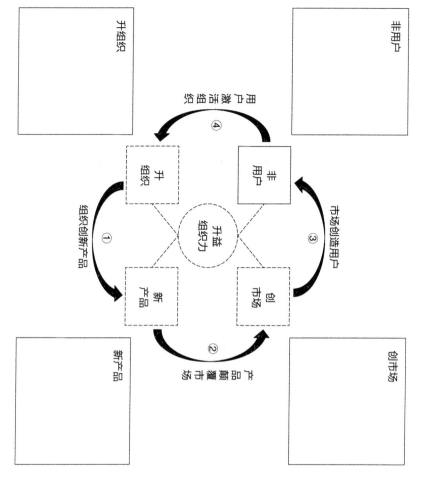

非用户

升组织

新产品

创市场

【思维模型】

转型阶段升益组织力模型

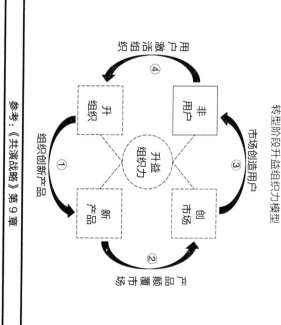

参考：《共演战略》第9章

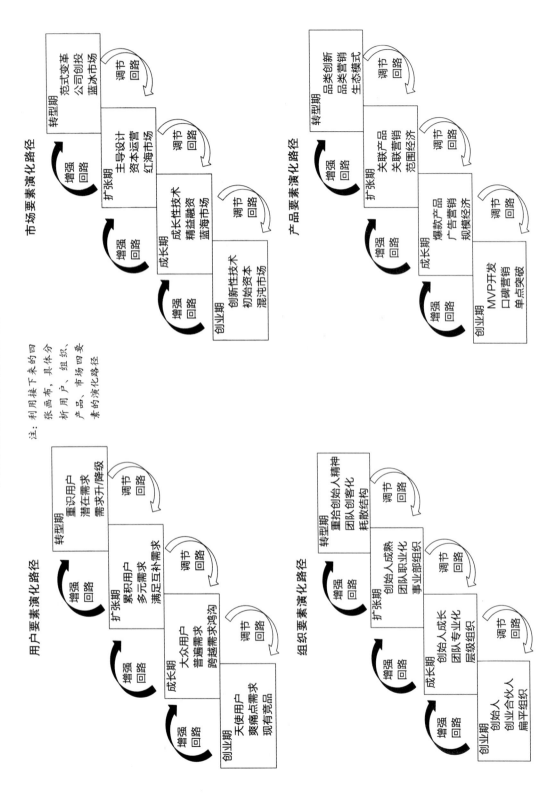

用户要素演化路径画布（参考《共演战略》第 9 章）

	创业阶段	成长阶段	扩张阶段	转型阶段
用户	天使用户 →	大众用户 →	累积用户 →	重识用户
痛点需求	痛点需求 →	普遍需求 →	多元需求 →	潜在需求
现有竞品	跨越需求鸿沟 →	满足互补需求 →		需求升/降级

组织要素演化路径画布（参考《共演战略》第 9 章）

	创业阶段	成长阶段	扩张阶段	转型阶段
	创始人 →	创始人成长 →	创始人成熟 →	重拾创始人精神
	创业合伙人 →	团队专业化 →	团队职业化 →	团队创客化
	扁平组织 →	层级组织 →	事业部组织 →	耗散结构

产品要素演化路径画布（参考《共演战略》第 9 章）

创业阶段	成长阶段	扩张阶段	转型阶段
MVP 开发 →	爆款产品 →	关联产品 →	品类创新
口碑营销 →	广告营销 →	关联营销 →	品类营销
单点突破 →	规模经济 →	范围经济 →	生态模式

市场要素演化路径画布（参考《共演战略》第 9 章）

创业阶段	成长阶段	扩张阶段	转型阶段
创新性技术 ↑	成长性技术 ↑	主导设计 ↑	范式变革 ↑
初始资本 ↑	精益融资 ↑	资本运营 ↑	公司创投 ↑
混沌市场 ↑	蓝海市场 ↑	红海市场 ↑	蓝冰市场 ↑